수제 원목가구 마감 가이드

Jeff Jewitt의 목재 마감

수제 원목가구 마감 가이드

Jeff Jewitt의
목재 마감

JEFF JEWITT 저
최석환 역
이재규 감수

씨아이알

Complete Illustrated Guide to Finishing by Jeff Jewitt
Copyright ⓒ 2004 by Jeff Jewitt
Originally published in the United States of America by The Taunton Press, Inc. in 2004.
All rights reserved.

Korean Copyright ⓒ 2018 by CIR Co., Ltd.
Published by arrangement with The Taunton Press, Inc., Newtown, Connecticut, USA.
Through by Bestun Korea Agency, Seoul, Korea.
All rights reserved.

이 책의 한국어 판권은 베스툰 코리아 에이전시를 통하여 저작권자와 계약한 도서출판 씨아이알에 있습니다.
저작권법에 의해 한국 내에서 보호를 받는 저작물이므로 어떠한 형태로든 무단 전재와 무단 복제를 금합니다.

안전 수칙 : 목공은 기본적으로 위험한 작업입니다. 수공구 혹은 전동공구를 잘못 다루거나 안전 수칙을 무시하면, 영구적인 상해를 입거나 생명을 잃을 수도 있습니다. 이 책을 통해서(혹은 다른 곳에서) 배운 것이라도, 스스로 안전하다는 확신이 들기 전까지는 실행에 옮겨서는 안 됩니다. 작업 중에 뭔가 꺼림직한 느낌이 들면, 일단 작업을 중지하고 다른 방법을 찾아봐야 합니다. 항상 안전을 제일 먼저 고려하면서, 목공을 오래도록 즐기길 바랍니다.

감사의 글

책을 쓰는 데는 많은 사람의 도움이 필요합니다. 아이디어, 제품, 기술적인 조언, 비평, 혹은 단순한 격려 등이 도움이 됩니다. C.A. Technologies의 Bob Niemeyer, Paul Fishbein, Paul Willard, Bob Mellete, 그리고 Mohawk Finishing Products의 Greg Williams, Pat Devine, 그리고 Fuhr International의 Dave Fuhr, Adam Fuhr, 그리고 Target Coatings의 Jeff Weiss 및 Bosch의 Chris Carlson는 기술적인 조언을 해주었고 내용 교정도 도와주었으므로 감사드립니다. Taunton Press의 Helen Albert, Jennifer Peters에게도 감사드립니다. 전자현미경 이미지 작업을 해준 Case Western Reserve University의 David Matthiesen, John Sears, Alan McIlwain, Lara Keefer에게 감사드립니다.

Warmoth Guitar의 Paul Warmoth, The Bartley Collection, Bosch, IC&S, Cleveland Lumber의 Vince Valentino, Mohawk Finishing Products, Zinsser, Porter Cable, Jet Equipment, Stewart MacDonald Guitar Shop Supply, Sandy Pond Hardwoods의 Marc Adams, Jim Kirby, The Beall Tool Company, C.A. Technologies, Accuspray, Kremer Pigments, Solon Ohio의 DSI Distributing, Benco Sales, Turbinaire 등이 제품 지원을 해주었습니다. 감사드립니다.

마지막으로 편집장 Paul Anthony에게 진정으로 감사드립니다. 또한 나의 장인으로 많은 도움을 주신 Homestead의 George Weatherbe, 재능 있는 친구 Barry Reiter에게 감사드립니다. 아내 Susan은 제 글에 생명이 생기도록 사진의 양식, 구도를 정해주었습니다. 아내의 인내와 열정 덕분에 이 프로젝트가 완성될 수 있었으며, 이에 감사드립니다.

목차

서론 • 2
이 책을 보는 법 • 3

단원 I 공구 • 6

제 1 장 마감작업 환경 • 8

 8 마감작업을 위한 공간
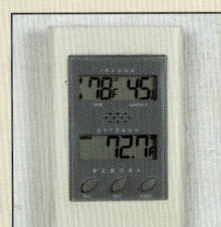 9 온도 및 습도
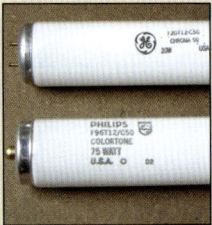 10 조명
 11 난방 및 환기
 13 스프레이 마감
 13 스프레이 부스
 15 마감재의 보관 및 폐기
 17 고정 및 이동 작업
 19 화재 및 폐기물 처리

제 2 장 표면 손질 공구 · 21

38 날 세우기

제 3 장 마감작업 도구 · 42

51 붓

53 분무 장비

단원 II 마감 전 목재 표면 손질 · 58

제 4 장 면을 편평하게 연마하기 · 60

65 수작업으로 연마하기

68 전동공구로 연마하기

71 단판 사포질하기

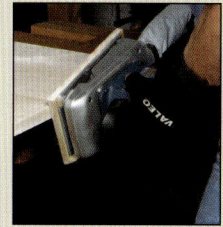
72 가장자리 단면 손질

제 5 장 곡면 혹은 복잡한 형상 손질 · 74

79 단순한 형상

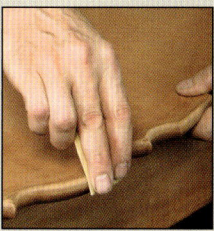
81 몰딩 및 조각부

83 몰딩에 대한 사포질

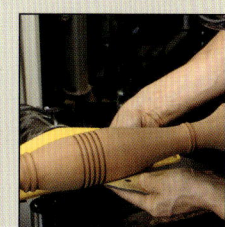
85 목선반을 이용한 손질

제 6 장 　흠집 수리 · 86

95 예방적 조치

96 손상부 수리

97 틈새 메꾸기

98 옹이 및 균열

99 메꿈재 숨기기

단원Ⅲ 목재 표면 채색 · 100

제 7 장 　스테인 기초 및 응용 · 102

114 스테인을 손으로 칠하기

117 스테인을 분무해서 칠하기

119 염료 농축액

120 특수 조색제

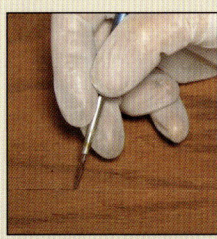
121 문제점 해결

제 8 장 　글레이즈, 패딩 스테인, 토너 · 122

133 글레이즈 칠하기

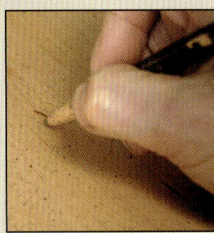
135 낡은 표면 모사하기

137 패딩 스테인

138 토너

제 9 장 천연염료, 화학 스테인, 그리고 표백제 · 140

148 천연염료

149 화학적 채색

151 표백

152 화이트닝 및 흑단 효과 처리

제 10 장 색상 조절 · 153

166 스테인 컨트롤러

168 색상 통일

170 부분 채색

171 색상 맞추기

단원 IV 필러와 씰러 · 174

제 11 장 기공 메꾸기 · 176

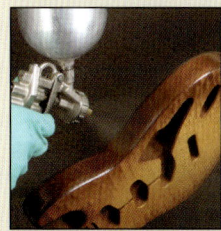
185 필러로서의 마감재

186 유성 필러

187 수성 필러

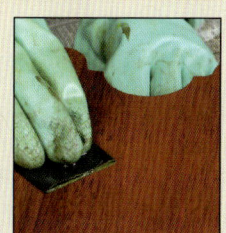
188 기공을 부분적으로 메꾸기

제 12 장　씰러 · 189

194 씰러 기초

196 유용한 씰러

단원 V　마감재 · 198

제 13 장　마감재 선택 · 200

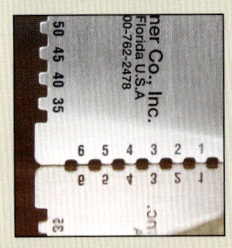
213 마감재 계측

215 붓질 기초

217 분무

220 특정 상황

제 14 장　반응성 마감재 · 222

232 오일 및 바니쉬

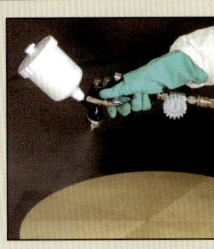
235 컨버전 마감재

237 페인트

제 15 장　증발성 마감재 • 239

248 셸락

252 래커

제 16 장　수성 마감재 • 257

267 손으로 칠하기

270 분무해서 칠하기

제 17 장　마감재 표면 광내기 • 273

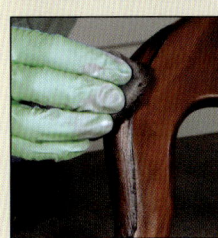
280 손으로 광내기

284 전동공구로
　　광내기

유관업체 • 287
색인 • 288

서론

마감. 가구 제작의 마지막 단계를 이렇게 표현한다. 마감재는 목재를 얼룩이나 수분, 각종 손상으로부터 보호할 뿐만 아니라, 목재에서 깊고 풍부한 느낌이 나게 만들고, 또한 입체감과 광택을 더한다. 개인적으로 마감작업을 제일 좋아하는데, 그 이유는 작업이 최종적으로 완성되는 단계이기 때문이다. 문양이 정말 아름다운 컬리 메이플에 오일이나 셸락을 칠하면 가슴이 떨리고, 전통 마감을 성공적으로 재현해내면 감격스럽다. 여하튼 마감작업은 나무로 무엇을 만들면서 얻을 수 있는 행복 중 하나다.

그러나 대부분의 사람들에게 마감작업은 별로 즐겁지도 않고, 또 관련해서 좋지 않은 경험을 가진 사람도 많다. 안타깝지만 마감작업을 해보면 머피의 법칙이 적용된다는 것을 느끼게 된다. 마감 문제와 관련된 용어를 보자: '피쉬아이(fisheye)', '주름(wrinkling)', '얼룩(splotching)', '블리딩(bleeding)', '오렌지필(orange peel)'. 아무도 가구에 이런 게 나타나길 원하지 않는다.

이 책은 마감의 전 과정에 대해서 설명하며, 독자 여러분에게 앞으로 마감은 즐거운 작업이 될 것이다. 저자는 많은 시행착오를 겪으면서 배웠지만, 여러분은 그럴 시간도 없고 실험해볼 가구도 없을 것이다. 사용 도구, 제품에 대해서 설명하고, 이후 원하는 대로 마감을 조절하는 기법을 설명할 텐데, 이 단계가 되면 마감작업이 즐거워진다. 이 책에서는 설교하듯이 독단적으로 내용을 설명하지 않는다. 이미 검증된 전통적인 방법뿐만 아니라 최신 재료를 사용한 새로운 방법도 모두 설명한다.

마감 전 표면 손질 과정 및 다른 마감 도서에서 잘 볼 수 없는 기법을 설명하는 데 책의 1/3 정도를 할애했다. 마감을 훌륭하게 하는 데는 마감 전 표면 손질 과정이 가장 중요하다. 그다음에 채색기법에 대해서 설명하는데, 대부분의 마감과 관련된 문제는 여기서 생긴다. 한 장(chapter)을 할애해서 스테인 처리와 관련된 문제점을 해결하는 방법을 설명한다. 여기서부터는 심미적인 기준뿐만 아니라 물리화학적인 측면을 고려해서 마감재를 선택하는 방법을 알아본다. 마지막으로 투명 마감재에 대해서 알아보고, 프렌치 폴리싱, 래커 분무, 그리고 수성 마감재에 대해서 설명한다.

항상 열린 마음 자세를 가져야 한다. 특별한 비법까지는 아니라 할지라도, 처음 시작할 때는 실질적으로 도움이 되는 내용이 많다. 따라서 스테인 칠하기, 기공 메꾸기, 마감재 칠하기 등에 대해 결과는 같더라도 과정이 다른 여러 가지 방법을 설명한다. 여러 기법들을 통해서 여러분 자신만의 방법을 생각해내고 시도해보기 바란다. 나는 지난 25년 동안 목재 마감 분야에서 일했지만 여전히 공부하고 있다. 여러분도 이 책을 참고해서, 여러 가지를 시도해보고, 자신만의 기법을 만들어보기 바란다.

이 책을 보는 법

책을 선반에 두고 먼지가 쌓이도록 내버려 두지 말고 자주 들여다보기 바란다. 새롭고 익숙하지 않은 기법을 적용할 때는 의자에 앉아 책을 다시 들춰보아야 한다. 따라서 책은 작업 공간 가까이 두어야 한다.

이 책에서는 목공과 관련된 중요한 내용을 여러 가지 방법으로 설명하고 있다. 다른 실용 분야와 마찬가지로, 목공도 같은 결과를 얻을 수 있는 방법은 여러 가지다. 다음과 같은 기준을 적용해서 그중 한 가지 방법을 선택할 수 있다:

시간. 작업을 서둘러야 하는가, 아니면 수공구를 사용하면서 느긋하게 즐길 수 있는가?

공구. 사람들이 부러워할 만한 공방을 가지고 있는가? 혹은 수공구 및 전동공구를 충분하게 구비하고 있는가?

기술 수준. 초보라서 쉬운 방법을 선호하는가, 아니면 항상 도전하는 자세로 기술을 연마하고 있는가?

과제. 실용적인 물건을 만들고 있는가, 아니면 최고의 작품을 만들어서 사람들에게 보여줘야 하는가?

이런 여러 측면을 고려하여, 각종 기법들을 이 책에서 설명한다.

본인이 원하는 것을 찾기 위해서는 먼저 다음 두 가지 질문에 대한 답을 생각해보아야 한다: 나는 어떤 결과를 원하고 있는가? 그것을 얻기 위해서 어떤 공구를 사용할 것인가?

다른 기법 및 다른 공구를 사용하더라도 같은 결과를 얻을 수 있는 경우가 많다. 또한 어떤 때는 한두 가지 방법 외에는 다른 방법이 없는 경우도 있다. 그러나 이 책에서는 항상 실질적인 방법을 택하기 때문에 일부 과정에서는 본인이 원하는 방법이 없을 수도 있다. 대부분의 일반적인 방법을 포함하고 있으며, 몇몇 기법은 여러분의 목공 기술을 단련시키기 위해서 포함시켰다.

책의 내용은 두 단계로 나눠서 구성했다. 단원은 큰 틀의 기술적인 구분이며, 장에서는 관련 기법들을 설명한다. 각 장에는 유사한 결과를 얻을 수 있는 기법, 과정들이 그룹별로 설명되어 있는데, 가장 일반적인 방법을 먼저 설명하고, 특별한 공구나 높은 기술 수준을 요하는 것을 뒤에 설명한다. 아니면 가장 기본적인 기법을 먼저 설명하고, 다른 일반 공구를 사용해서 실행할 수 있는 또 다른 방법을 설명한 후, 마지막으로 특별한 공구를 이용하는 방법 순으로 설명하는 경우도 있다.

각 단원이 시작되는 부분에는 사진이 여러 개 주어져 있고 쪽 번호가 매겨져 있다. 이것을 목차로 생각하면 된다. 사진은 각 장을 나타내는데, 해당 쪽 번호도 함께 표시되어 있다.

유사한 방식으로, 각 장도 사진으로 시작하는데, 사진은 그룹별로 분류된 기법, 혹은 개별 기법을 나타낸다. 각 그룹에 속하는 여러 방법에 대한 목록 및 해당 쪽 번호가 그룹별로 표시되어 있다.

각 장은 내용에 대한 개요 혹은 간단한 설명으로 시작한다. 여기에는 안전에 관한 내용 및 중요한 일반적인 내용이 포함되어 있다. 작업에 사용되는 공구에 대한 설명, 그리고 작업에 필요한 지그 및 보조장치를 만드는 법도 설명한다.

이 책의 구성에서 중요한 것이 단계별 설명이다. 중요한 과정을 설명하기 위해서 일련의 사진을 배열했다. 이어서 해당 과정을 설명하는데, 직접 따라 할 수 있게 만들었다. 본인이 편한 대로, 설명을 먼저 읽어볼 수도 있고, 사진이나 그림을 먼저 참고할 수도 있다. 그러나 둘 다 보는 것을 기준으로 내용이 구성되어 있다는 것을 알았으면 한다. 다른 방법이 있는 경우에는, 별도로 "[VARIATION]"이라고 표시하고 분리해서 설명했다.

'사진 목차'는 원하는 작업 내용에 관한 설명을 찾아보는 데 도움이 된다.

서로 관련이 있는 기법들은 '장'으로 묶여 있다.

'개요'는
그룹별 기법에 관한 일반적이고 중요한 내용을 설명한다.
또한 지그 및 보조장치를 만드는 법, 공구를 다루는 법, 안전 수칙 등을 설명한다.

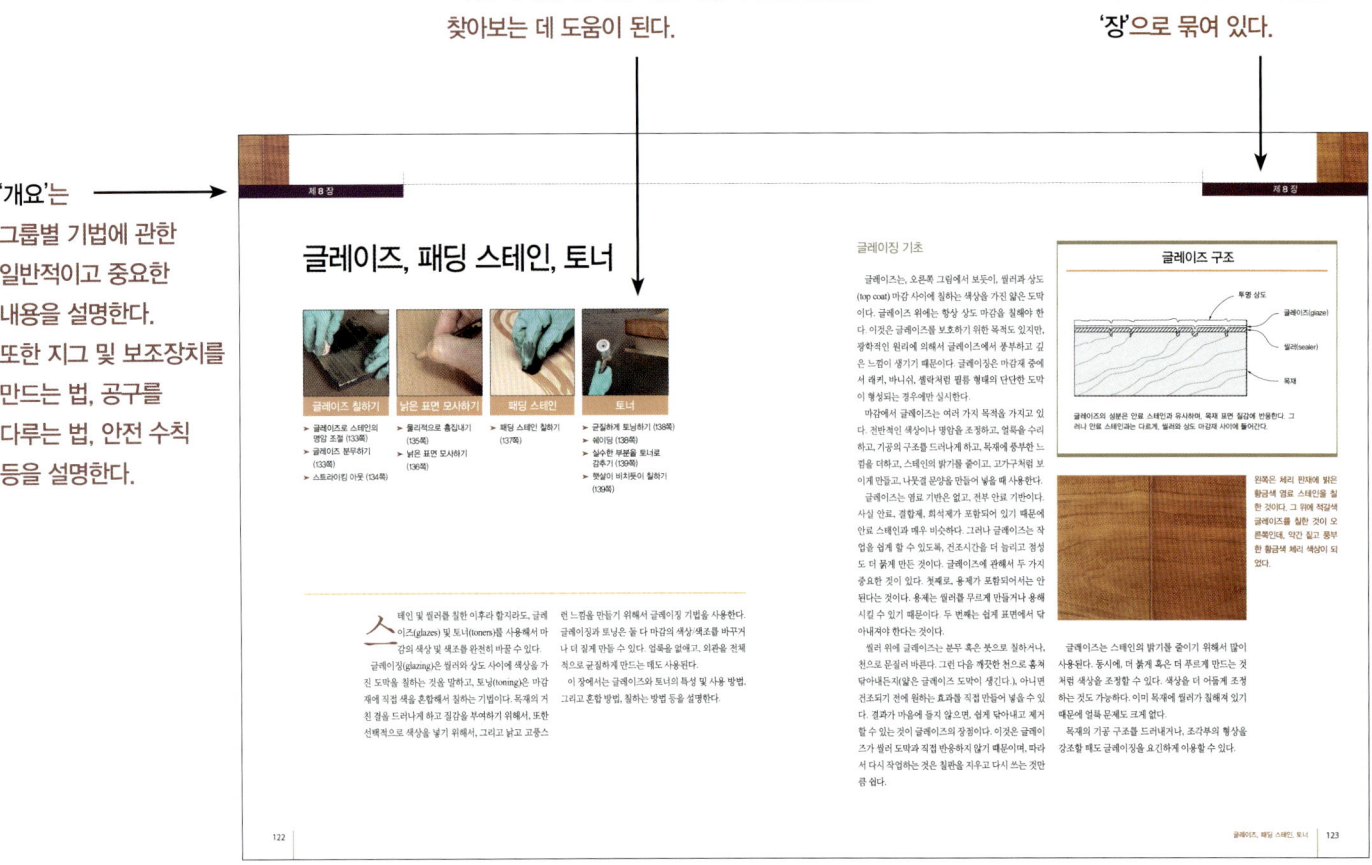

설명을 효율적으로 하기 위해서, 일부 내용은 다른 부분을 참고하도록 하고 있다. 황색으로 표시된 참고 표시 영역은 서론 및 각 단계별 설명에서 자주 볼 수 있다.

느낌표 기호, ⚠ 로 표시된 내용을 숙지하기 바란다. 안전에 관한 내용인데, 그 중요성은 아무리 강조해도 지나치지 않다. 항상 안전하게 작업하고 보안경, 귀마개 및 기타 안전 장구를 착용해야 한다. 작업 방법이 뭔가 이상하면, 바로 중지하고 다른 방법을 찾아본다.

궁금한 것이 있을 때 찾아볼 수 있도록 책 뒤편에 색인 및 유관업체명도 첨부했다.

마지막으로, 기억을 더듬을 때나 새로운 것을 배우고자 할 때 이 책을 읽기 바란다. 독자 여러분이 좀 더 나은 목공인이 되는 데 꼭 필요한 자료가 될 수 있도록 만들었다. 본인이 제일 좋아하는 평끌만큼 익숙해지도록, 이 책을 자주 접해야 그렇게 될 수 있다.

- *편집자* -

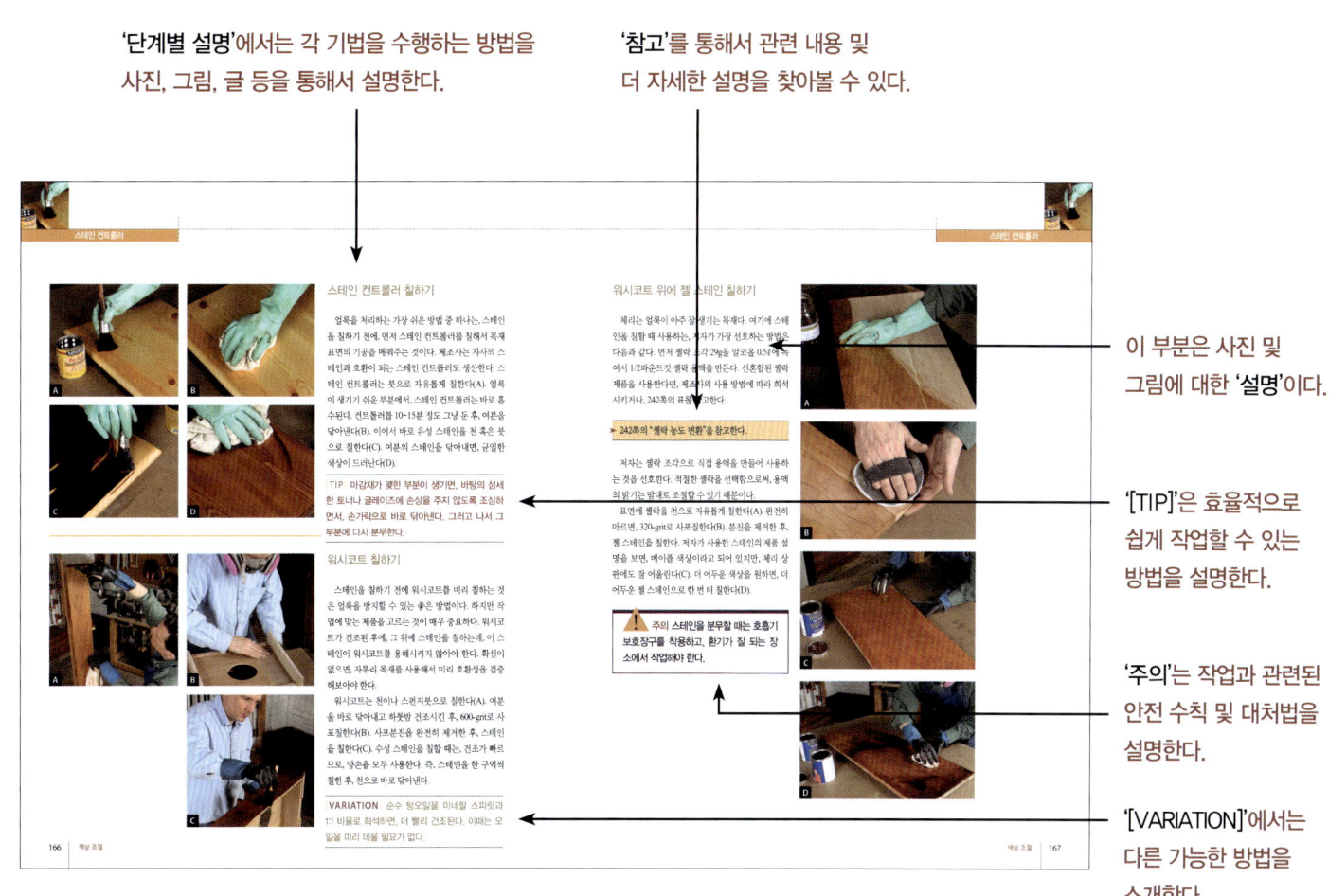

이 책을 보는 법 | 5

마감작업 환경, page 8

표면 손질 공구, page 21

마감작업 도구, page 42

단원 I

공구

목재 표면을 손질하기 위한 공구는, 테이블톱이나 라우터처럼 거창하지는 않지만, 그에 못지 않게 중요하다. 적절한 공구를 사용하면 간단하게 성공적으로 끝낼 수 있는 작업도, 잘못된 공구를 선택하면 악몽 같은 일을 겪을 수도 있다. 마감과 관련된 두 분야는 마감을 위한 목재 표면 손질, 그리고 도장 도구다. 표면 손질 공구는 대패, 스크레이퍼, 샌더 등인데 모두 각각의 용도가 있고, 얻게 되는 결과도 서로 다르다. 도장 도구는 간단한 붓에서부터 복잡한 스프레이 도구까지 다양하며, 마감재와 마찬가지로 도구의 선택이 작품에 큰 영향을 미친다.

공구 외에도 마감을 제대로 하기 위해서 꼭 필요한 것들이 있다. 안전 장비, 재료 보관 장소, 그리고 따뜻하고 밝고 환기가 잘되는 작업실이다.

제 1 장

마감작업 환경

대량 생산 업체든지 아니면 개인 주택 지하실이든지 마감작업 공간은 깨끗하고 환기가 잘되고 충분히 밝아야 한다. 더불어 날씨가 추울 때는 난방을 할 수 있는 것도 매우 중요하다. 인화성 및 유독성 재료를 사용할 때는 증기(蒸氣) 및 스프레이 비말을 강제 환기시킬 수 있어야 한다. 작업물을 작업 중에 고정시킬 수 있는 도구, 그리고 마감재 등을 보관하기 위한 보관장 혹은 선반도 필요하다.

마감작업을 위한 공간

마감작업은, 기계 작업을 하는 공간에서 분리된, 독립적인 공간에서 수행하는 것이 가장 이상적이다. 현실적으로 이것이 어렵다면, 마감작업 공간은 가능한 한 멀리 떨어뜨려 배치한다. 날씨가 좋다면 실외에서 작업하는 것도 괜찮다. 실내 및 실외 작업과 관련된 몇 가지 고려 사항은 다음과 같다.

목재의 표면을 손질하고 마감재를 천으로 칠할 때는 튼튼한 작업대가 매우 요긴하다. 사진의 공방은 남향으로 큰 유리창이 있는데, 이를 통해서 자연광이 많이 들어온다. 보조적으로 천장에 직관형 형광등도 설치되어 있다.

Luthier Don MacRostie가 전용 마감실에서 만돌린(mandolin)에 마감작업을 진행하고 있다. 벽은 백색으로 칠하고, 형광등에 갓도 달아서, 작업실 빛을 고루 분산시켜 주었다.

제1장

테이블톱 정반을 투명 플라스틱 페인트받이 비닐로 덮은 후, 마감작업대로 활용할 수 있다. 의자 다리에 석고보드용 나사 4개를 박아 올려놓으면, 더 쉽고 깔끔하게 마감작업을 할 수 있다.

실내 작업

비좁은 공방에서는 작업대 혹은 테이블톱 정반 정도가 마감을 할 수 있는 유일한 장소다. 이 경우는 페인트받이 천을 이용해서 톱과 작업대를 보호해야 한다. 기계 작업이나 사포질 후에는 먼지가 가라앉는 시간으로 적어도 12시간을 확보할 수 있도록 계획을 세워야 한다. 주변에 공기청정기가 있으면 이 시간을 많이 단축시킬 수 있다. 날씨가 따뜻하면 환풍기를 돌려서 먼지를 밖으로 배출시킬 수 있으나, 추운 날에 그렇게 하면 열도 같이 빠져나가므로 삼가하도록 한다. 일반 공방 내에서 마감작업을 해야 한다면, 건조가 빠른 셸락이나 천으로 칠할 수 있는 오일, 바니쉬 등을 사용하는 것이 최선이다. 이런 마감재에는 먼지가 잘 붙지 않으므로 먼지로 인해서 표면에 하자가 생기는 것을 피할 수 있다.

날씨가 괜찮다면 밝고 환기가 잘되는 실외에서 작업하는 것이 좋다. 그늘에서 작업해야 함에 유의한다. 톱질보조대 2개와 파티클보드 하나로 훌륭한 임시 작업대를 만들 수 있다.

실외 작업

공방이 비좁은 경우, 밝고 자연 환기가 되는 실외에서 작업하는 것도 한 방법이다. 물론 날씨가 도와주어야 한다. 춥거나 지나치게 덥고 습한 날은 피해야 한다. 날씨가 좋다면 톱질보조대 두어 개를 사용해서 야외에서 마감을 해도 좋다. 다만 직사광선이 전혀 들지 않는 그늘에서 작업해야 한다. 그늘이 충분하지 않고, 본인이 부지런하다면, 천이나 비닐로 텐트를 칠 수도 있을 것이다. 바람이 분다면 창고나 다른 구조물 벽 옆에 합판으로 바람막이를 설치할 수도 있다. 실외에서 마감작업을 하더라도 항상 실내에서 건조시킨다. 절대로 실외에 밤새도록 그냥 두어서는 안 된다.

온도 및 습도

공방에서 조절하기 제일 어려운 것이 온도와 습도다. 마감재는 온도 18~29°C, 상대습도 50% 이하에서 가장 잘 경화된다. 온도가 10°C 이하로 내려가면 경화가 지연되거나 경화가 일어나지 않는 마감재가 많다. 열은 그 자체보다는 높은 습도가 수반될 때 문제를 일으키는 경우가 많다. 3만 원 이하의 저렴한 디지털 온습도계를 구입해서 온도 및 습도를 측정할 수 있다. 상대습도가 85%를 넘는다면, 환풍기로 공기순환을

제 1 장

잘 시키는 경우가 아니라면 - 수성 마감재를 칠한 경우에 특히 필요하다 -, 마감작업을 피하는 것이 좋다. 습도가 매우 높은 경우에 유동성과 경화시간을 줄이기 위해서 첨가제를 사용할 수 있는 마감재도 있다.

목재의 함수율도 고려해야 하는데, 가구를 만드는 데 적절한 함수율은 5~8% 정도다. 목재 수분계(wood moisture meter)를 사용하면 원목의 함수율을 정확하게 측정할 수 있다. (목공 공구 판매처를 통해서 구입할 수 있다.) 수분계가 없다면 건조된 목재를 실내에 들여와 짜맞추고, 마감을 하기 전에 적어도 2주 정도 환경에 적응할 수 있는 시간을 주어야 한다.

조명

마감에 제일 좋은 빛은 자연광이다. 자연광은 풀스펙트럼을 다 가지고 있기 때문에 마감 색상을 정확하게 확인할 수 있다. 그러나 공방에 창문이 많이 없으면 형광등과 백열전구를 사용해야 한다. 나는 형광등을 선호하는데, 켈빈(K, Kelvin)으로 표시되는 색온도와 연색지수(CRI, Color Rendering Index)가 제품마다 다양하기 때문이다. 색온도가 3,000K 정도로 낮으면, 촛불과 같은 따뜻한 느낌이 생긴다. 5,000K 정도의 높은 색온도는 차가운 색으로 간주되지만, 이것이 자연광에서 볼 수 있는 풀스펙트럼에 가깝다. 색을 맞출 때는 5,000K, 90CRI 정도가 일반적인 표준이다. 이러한 전구는 일반 전구보다 비싸고 전기도 많이 소모하므로, 분무실이나 스테인을 칠하는 구역 등 색상을 정확히 보는 것이 중요한 공간에만 설치한다. 안타깝게도 모든 전구에 색온도와 연색지수가 표기되어 있는 것은 아니기 때문에 조명 전문점에서 구입해야 할 것이다.

천장은 무광 백색 페인트로 칠하고 직관형 형광등을 설치하여, 공방의 전체적인 조명을 좋게 만든다.

디지털 온습도계를 사용해서, 마감작업하기에 적절한지 본다. 사진의 윗줄이 실내 수치인데 온도가 25.6°C(78°F)이고, 습도가 45%이므로 마감작업하기에 적절하다.

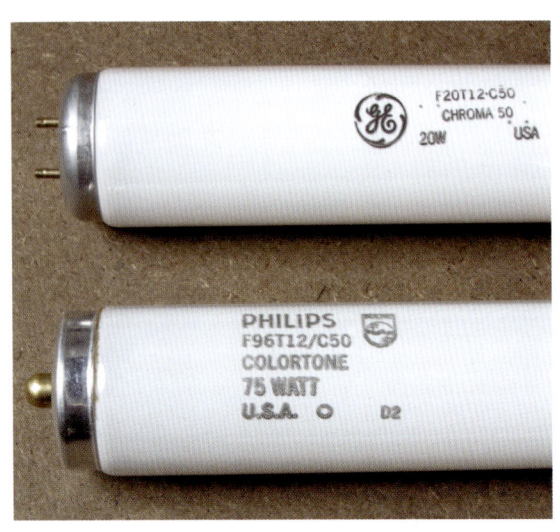

풀스펙트럼 형광등에 색온도나 CRI 지수가 표시되어 있지 않은 경우는 많지만, 모델명에 Chroma 50, Colortone 50, SPX 50처럼 일반적으로 숫자 50이 들어 있다.

만약 천장이 어두운 색상이거나 등을 매달아야 한다면 빛을 반사할 수 있도록 형광등에 갓을 붙이도록 한다. 나는 작업대나 워크스테이션에 조명이 필요하면 백열등을 사용한다. 65W 이동식 투광등으로 옆 방향에서 낮은 각도로 작업대 표면을 비추면, 작업하고 있는 목재 표면의 흠집이 잘 드러난다.

제 1 장

사진은 마호가니 반달형 탁자의 상판인데, 이처럼 넓고 큰 판재는, 빛을 위에서 비추는 대신 옆에서 낮은 각도로 비추면 흠집이 더 잘 보인다.

사진은 상업 공방에서 사용하는 완전 밀폐식 복사 난방기인데, 마감 및 분무 작업 공간을 난방하는 데는 충분하다. 이 설비는 외부에서 들어오는 공기를 덮힌 후, 대형 파이프 둘레로 열을 방사하고, 공기는 다시 외부로 내보낸다.

난방

겨울철에는 공방에 난방을 하고 마감작업을 진행한다. 16℃ 이하 혹은 32℃ 이상의 온도에서도 마감작업이 가능할 수도 있지만, 마감작업을 위한 최적의 공방의 온도는 21~27℃다. 이용할 수 있는 설비를 사용해서 난방을 하면 된다. 가스난로, 전기난로, 장작난로 등을 사용할 수 있다. 그러나 장작난로나 불을 피우는 형태, 그리고 뜨거운 열이 나는 전열소자를 사용하는 형태는 인화성 마감재 주위에서 사용하기에는 위험하다.

인화성 물질을 사용하는 상업 공방에서는, 난방할 때 지켜야 하는 관련 법규를 숙지하도록 한다. 우리 주의 법에 따르면, 불꽃이 보이지 않는 완전 밀폐 시스템을 사용해야 하므로, 적외선 튜브 히터를 설치했다. 이것은 공기를 외부에서 흡입하여 완전 밀폐된 공간에서 가열한 후, 튜브를 통해서 아래 방향으로 복사열을 전달하고 공기는 다시 외부로 배출하는 구조다. 깨끗하고 먼지나 그을음이 생기지 않으며, 에너지도 많이 소비하지 않는다. 이 외에도 외부로 배기되는 완전 밀폐식 가스 혹은 프로판 난로도 안전한 선택이다.

환기

마감작업 및 양생 중에는, 거의 모든 마감재에서, 해로운 용제가 공기 중으로 기화된다. 안전 장구를 착용하지 않는다면, 환기가 잘되는 곳에서 작업하는 것이 건강을 지키는 최선의 방법이다. 맞통풍이 되고, 공기가 작업자와 작업물을 지난 후 환풍기를 통해서 외부로 나가는 구조를 가진 실내에서, 환풍기 근처에서 작업하는 것이 가장 이상적이다. 환풍기의 크기는 다음과 같이 결정한다. 먼저 방의 부피를 계산하고(가로, 세로, 높이를 곱한다.), 그 부피 전체를 매 분마다 환기시킬 수 있는 용량(m^3/min)을 가진 환풍기를 설치한다. 이 정도면, 붓으로 마감작업을 하는 경우에는 증기가 충분히 배출된다. 그러나 이런 방식이 제대로 작동하려면, 신선한 공기가 외부로부터 들어오는 유입구도 있어야 한다.

마감작업 환경 | 11

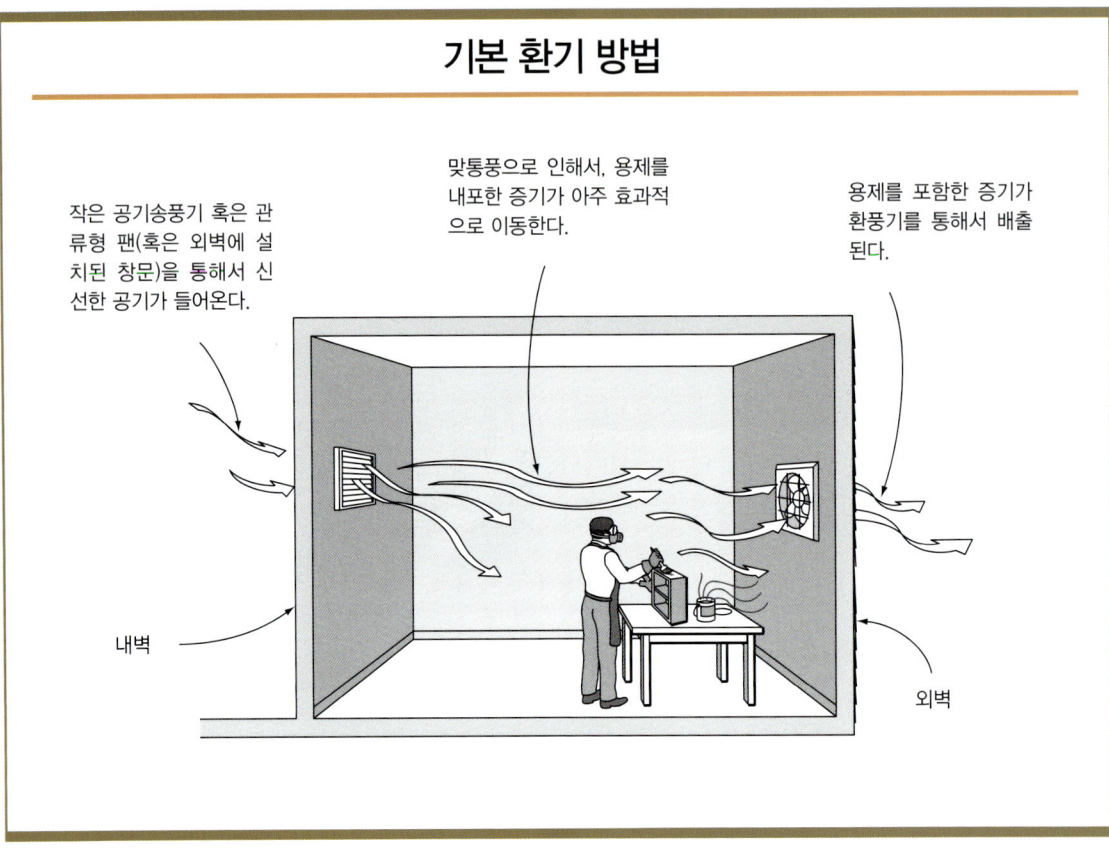

기본 환기 방법

- 작은 공기송풍기 혹은 관류형 팬(혹은 외벽에 설치된 창문)을 통해서 신선한 공기가 들어온다.
- 맞통풍으로 인해서, 용제를 내포한 증기가 아주 효과적으로 이동한다.
- 용제를 포함한 증기가 환풍기를 통해서 배출된다.
- 내벽
- 외벽

그러나 겨울철에는 내부의 따뜻한 공기도 같이 빠져나가므로 이런 방식은 좋지 않다. 마감재를 붓으로 칠한다면 다른 방법을 사용할 수 있다. 먼저, 비인화성인 수성 마감재를 사용하는 것이 가능한지 검토한다. 유성 마감재를 사용한다면, 증기가 모이는 것을 막기 위해서, 가능한 한 넓은 구역에서 작업한다. 그리고 유기증기용 방독마스크를 착용한다. 불꽃이 있는 난로나 난방기 근처에서 작업하면 안 된다. 일단 마감재를 칠한 후에는 문이나 창문을 열어서 공기가 들어오게 하고 환풍기를 돌려서 공기를 배출시킨다.

이후에, 문을 다시 닫고 난방을 해서, 마감작업한 가구를 건조시킨다.

[TIP] 공방에서 증기를 배출시키기 위해서 환풍기를 돌릴 때는 새 공기가 들어올 수 있도록 창문을 항상 연다.

실외 그늘진 곳에서 분무하는 것은 좋다. 다만, 자동차, 이웃집, 정원 등에 영향을 미치지 않도록 조심한다. 마감재에는 인체에 유해한 화학물질이 포함되어 있기 때문에, 건강을 지키기 위해서 방독마스크를 쓴다.

스프레이 마감

장비를 잘 다룰 줄만 안다면, 분무 장비를 이용하여 마감하는 것도 아주 좋다. 인화성 용제 기반 마감재를 사용하는 경우에는, 실외에서 작업하는 것이 쉽게 할 수 있는 최선의 방법이다. 소음이나 마감재 냄새로 인해서 이웃에 피해가 가지 않도록 조심해야 한다. (또한 스프레이 비말이 이웃집 자동차, 창문 등에 묻지 않도록 더욱 주의해야 한다.)

셋업을 잘 하면, 수성 마감재는 실내에서도 분무할 수 있다. (인화성 재료는 방폭환기팬(explosion proof fan)과 방폭등기구(explosion proof lighting fixtures)가 설치된 전용 마감실에서 분무해야 하며, 그렇지 않으면 실내에서 작업하면 안 된다.) 실내에서 분무할 때는 스프레이건에서 나오는 스프레이 비말을 잘 배출시켜야 한다. 건강이나 안전 문제 외에도, 작은 입자 형태로 가구에 붙어 표면을 거칠게 만들기 때문이다. 간단한 방법은 창문이나 문 앞에 종이상자로 부스

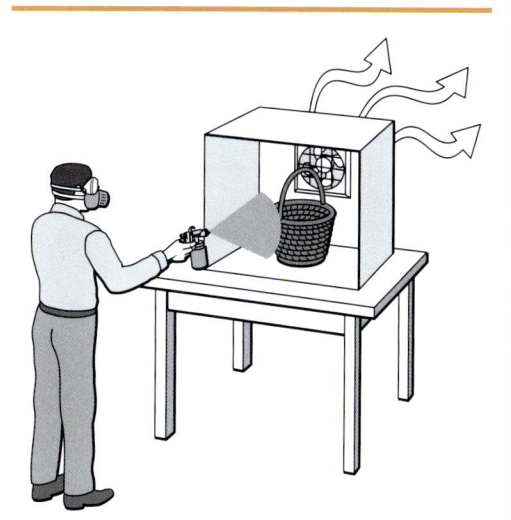

간단한 스프레이 부스

실내에서 수성 마감재로 작업하는 경우에는, 포장 박스를 이용해서 스프레이 부스를 만들 수 있다. 포장 박스의 한쪽 면은 잘라내고, 반대편에 작은 문을 내서 환풍기를 설치하고, 증기와 스프레이 비말을 배출시킨다. (주의: 인화성 마감재를 분무할 때는 이 방식을 사용하지 않는다.)

를 만들어 분무하는 것이다. 또는 바닥에서 천장에 닿게 스프링 막대를 세우고 비닐을 둘러쳐서 마감 구역을 만드는 방법도 있다. 혹은 세탁기나 냉장고 포장 박스를 사용해서, 뒤편에 환풍기 구멍을 뚫어주면 저렴한 부스가 된다.

스프레이 부스

상업 공방을 운영하거나, 공방이 공단 내에 있다면 관련 법규를 준수해야 한다. 이 경우 마감재를 분무한다면 스프레이 부스(spray booth)를 설치해야 한다. 스프레이 부스는 직접 제작할 수도 있고, 구입할 수도 있다. 스프레이 부스의 가격은 좋은 테이블톱 정도 가격부터 시작하지만, 중고는 인터넷 경매 사이트에서 헐값에 구할 수도 있다.

제1장

전체 부스를 완제품으로 구입하는 경우에는, 부스의 크기에 적합한 용량으로 방폭환기팬이 이미 설치되어 있다. 스프레이 부스 내의 고속 환기팬은 공방 내부의 공기를 밖으로 빠르게 배출시킨다는 점에 유념한다. 따라서 이에 대응하는 환풍장치를 설치해서, 외부 공기가 스프레이 부스 앞쪽으로 들어오도록 만들어줘야 한다. 비용이 좀 드는 설비지만, 상업 공방에서는 그만한 가치가 충분하다.

사진은 앞이 트인 철제 부스 제품이다. 관련 법규에 따라 방폭환기팬, 방폭모터, 방폭등기구가 설치되어 있고, 벽체는 철제로 제작되어 있다. 소화기도 가까이 설치되어 있는 것을 볼 수 있다.

▶ 부스 관리

스프레이 부스를 잘 관리해서, 최적의 기능을 발휘할 수 있도록 해야 한다. 부스를 효율적이고 안전하게 사용할 수 있는 방법은 다음과 같다.

- 철제 부스에 빛을 반사하는 부스 코팅(spray booth coating)을 칠해서 사용한다. 일시적으로 도막을 칠하는 것이며, 스프레이 비말로 인해서 심하게 더러워지면, 뜯어서 버린다.
- 바닥에 일시적으로 난연시트지(fire-retardant paper)를 테이프로 붙여서, 바닥 자체도 보호하고, 빛도 반사시킬 수 있다. 이 용지를 벽면에도 붙여두고, 색상을 확인할 때 혹은 스프레이건을 조정할 때 팔레트 용도로 사용할 수 있다.
- 필터를 교환한다. 특히 뒷부분의 플래넘 필터(plenum filters)는 50% 이상이 막히면 갈아주어야 한다. 이 필터는 유해물질로 분류될 수도 있으므로, 쓰레기통에 버리기 전에 관련 법규를 확인한다.
- 부스의 내부 및 외부 바닥은 진공청소기로 자주 청소한다.

철제 부스에 고무질의 백색 페인트를 칠해두고, 나중에 마감재가 쌓이면 뜯어내어 버리는 것이 좋은 방법이다. 이것은 스프레이건 혹은 라텍스 페인트 롤러로 칠한다.

난연시트지를 바닥에 임시로 붙여서 스프레이 비말이 바닥에 묻는 것을 방지할 수 있으며, 잘 안 보이는 작업물 밑부분에 반사광을 비출 수도 있다.

실내에서 인화성 마감재를 분무할 때는 올바른 설비를 갖추고 작업해야 한다. 사진의 공방에는 방폭환기팬과 방폭등기구가 설치되어 있다. 사진은 잘 보이도록 하기 위해서, 환풍기 앞쪽 필터를 떼고 찍은 것이다.

사진의 부스 문짝에는 여과 필터가 설치되어 있다. 부스 환풍기로 배출하는 공기와 같은 양의 공기가 위쪽의 외부 공기 유입장치를 통해서 흡입된다.

사진의 철제 내화보관장은 지역 소방 법규를 만족한다. 보관장은 스프레이건 작업 테이블 옆에 두고 쓰면 편하다. 이 작업 테이블은 후지어 캐비닛(Hoosier cabinet)으로 불리는 고전적인 제품인데, 상판이 사기로 되어 있어 청소하기 편하다.

법규에 따르면 부스에 사용하는 등기구는 방폭 기능이 있는 것을 사용해야 한다. 등기구, 전기장치, 환기장치는 자격이 있는 전문가의 도움을 받아야 할 것이다. 더구나 미국의 건축물 화재안전기준에 따르면 자동물 혹은 분말 스프링클러(automatic water or dry powder sprinklers)를 설치해야 한다. 배기통의 설치 위치도 관련 법규를 확인할 필요가 있다. 상업용 건물에 부스를 설치할 때는 해당 소방서에 문의해서 관련 법규를 만족하는지 확인해야 한다.

마감재의 보관 및 폐기

인화성 마감재는 화재를 방지하기 위해서 철제 보관장 안에 보관해야 한다. 미국에서는 상업 공방의 보관장은 NFPA(National Fire Protection Association) 화재안전기준을 만족해야 한다. 가정의 개인 공방에서는 강판의 게이지(gauge) 번호가 적어도 22는 되어야 한다(역자주: 22-gauge metal은 두께가 약 0.8mm다.).

마감작업을 하는 동안에는 액체, 분말, 반죽 형태의 재료를 대상으로, 부피를 재고 옮겨 담는 일이 많다.

제1장

마감재를 계량한 후 덜어서 사용하는 데는 플라스틱 펌프병 혹은 세척병이 아주 좋다. 스테인레스 계량컵과 국자는 주방용품 판매점에서 구입할 수 있다.

2만 원짜리 주방용 저울이면 고체 셸락(shellac flakes)을 계량하기에 충분하다(왼쪽). 좋은 저울을 사용하면 그램 단위까지도 잴 수 있다(가운데). 매우 정밀한 계량을 원하면 10만 원 정도 하는 디지털 저울을 구입한다(오른쪽).

마감재와 용제가 든 병에는 라벨을 인쇄해서 붙인다. 라벨에는 상품명, 날짜, 제조업체의 물질안전보건자료(MSDS, Material Safety Data Sheets)에서 가져온 보건 및 안전에 관한 정보 등을 기록해둔다.

여러 간단한 도구로 이 작업을 한다. 대부분 인터넷을 통해서 구할 수 있다. 계량도구는 약국, 주방용품 판매점, 미용 용품점에서도 구입할 수 있다.

액상 재료 옮기기

깡통에 들어 있는 액상 제품을 옮기는 데는 작은 국자가 제일 좋다. 또한 펌프가 달린 플라스틱통도 요긴하다. 미리 계량해두고, 반복해서 사용하는 액체는 플라스틱 세척병을 이용하는 것이 좋다. 사용하는 양이 적은 경우엔 노즐 부분이 끝으로 가면서 가늘어지는 형태의 흡입기를 사용하면 좋은데, 재료가 걸쭉하면 점성에 맞춰 노즐의 일부를 잘라버리고 사용한다.

계량

재료가 분말이든 액상이든, 부피보다는 무게로 계량하는 것이 더 정확하다. 전통적인 기계식 팔저울(triple-beam balance) 대신에 요즘은 디지털 저울을 많이 사용하는데, 영점 조절이 매우 편하다. 저울은 최대 용량(g으로 표시)과 눈금 단위(1g 혹은 0.1g 단위로 주어짐)로 구분된다. 소량을 자주 계량한다면 0.1g까지 읽을 수 있는 저울을 구입한다. 최대 용량이 200g이고, 눈금이 0.1g이면 10만 원 이하로도 구입할 수 있다. 고체 셸락처럼, 대략적인 무게만 알아도 된다면 저렴한 주방용 저울 혹은 우체국 저울도 괜찮다.

마감재나 용제를 다른 용기로 옮길 때는, 라벨을 붙이고 상품명과 날짜를 기록해둔다. 프린터로 인쇄해도 되고 빈 라벨에 손으로 써도 된다. 제품 설명 및 안전 수칙은 제품 용기에서 뜯어내어 따로 보관해두는 것이 좋다.

제1장

사진과 같이 쇼울더 바이스(shoulder vise) 및 앤드 바이스(end vise)가 장착된 작업대에 작업물을 고정시켜놓고, 사포질하는 것이 제일 좋다. 고정용 쐐기와 앤드 바이스를 이용하면 패널을 작업대 위에 판판하게 고정시킬 수 있다. 서랍 등 기타 형상이 일정하지 않은 작업물은 쇼울더 바이스에 고정시킨다.

고정 및 이동 작업

작업물을 옮기고, 지지하고, 고정시키는 데 사용할 수 있는 보조장치 및 액세서리가 있으면, 훨씬 효율적으로 작업을 진행할 수 있고, 마감작업 결과도 훨씬 낫다.

사포질 및 대패질을 제대로 하기 위해서는 작업대가 꼭 필요하다. 작업대는 튼튼해야 하고 작업물을 제대로 고정시킬 수 있어야 한다. 캐비닛 제작자용 튼튼한 작업대에 테일 바이스(tail vise)와 쇼울더 바이스가 붙어 있으면 모든 작업물을 완벽하게 고정시킬 수 있다. 그러나 공방에서는 간단하게 퀵릴리스 바이스를 부착해서 만들더라도, 튼튼하게 만들기만 하면 충분하다. 패널을 작업대에 판판하게 고정시키기 위해서는 바이스에 고정용 쐐기(sliding stop dog)가 붙어 있어야 한다.

작업물을 공방 내에서 이리저리 옮길 때는 카트나 돌리가 매우 유용하다. 단단한 판이나 패널만 있으면

작업대에 퀵릴리스 바이스(quick-release vise)가 붙어 있다면, 판재의 옆면을 대패질할 때 유용하다. 작업대 위에 상판을 고정할 때는, 자투리 판재를 바이스에 고정시켜 고정용 쐐기로 사용하면 편하다.

낡은 문짝을 카펫으로 감싸고 네 개의 고무 캐스터(caster)를 붙여서, 오디오장과 같은 큰 물건을 옮기는 데 사용할 수 있는, 돌리(dolly)를 저렴하게 만들 수 있다.

캐스터를 붙여서, 원하는 크기 및 높이에 맞춰 쉽게 제작할 수 있다. 내가 오디오장이나 찬장 등 큰 물건을 옮길 때 사용하는 건 낡은 문짝에 100mm(4인치) 고무(neoprene) 캐스터를 붙여서 만든 자작 돌리인데, 잘 굴러서 아주 좋다.

마감작업 환경 | 17

제1장

작업물이 바닥이나 목재에 긁혀서 흠이 생기는 것을 방지하는 데는 충격흡수 바닥매트를 사용하는 것이 좋다. 이삿짐 담요를 사용할 수도 있지만 금방 지저분해진다. 마감작업 전후에 덮어두거나, 배달할 때 감싸는 용도로는 일반 담요가 더 낫다.

마감작업용 보드(finishing boards)는 마감재를 칠할 때 사용한다. 서랍, 문짝, 선반 등 여러 형태의 작업물을 한꺼번에 마감할 때 유용하다. 마감작업용 보드 중에 제일 좋은 것은 네일보드(nail boards)인데, 못이나 나사 끝에 작업물을 올려놓고 작업한다. 마감재를 칠할 때는 눈에 띄지 않는 부분을 먼저 올려놓고 칠하고, 밖으로 드러나는 부분은 나중에 칠한다.

네일보드는 만들기 쉽다. 합판에 석고보드용 나사 4개를 박으면 된다. 혹은 타카를 사용해서 스테이플(staples)을 가로, 세로 100mm 간격으로 박는다. 이렇게 하면 작업물의 무게를 균등하게 배분시켜서 마감재에 흠이 생기는 것을 최소화할 수 있다. 이 두 가지 방법 중에, 페인트를 칠할 경우에는, 정확한 위치에 석고보드용 나사의 날카로운 끝이 위로 올라오도록 해서 박은 네일보드가 최고다. 스테이플은 뭉툭한 끝이 페인트에 자국을 남긴다. 그러나 투명 마감재로 칠하는 경우에는 스테이플 자국이 거의 보이지 않는다.

건조대(drying racks)가 있으면, 공간을 효율적으로 사용할 수 있다. 마감작업한 부재를 층층이 쌓고, 바닥에 바퀴가 있어서 밀어서 장소를 옮길 수 있는 형태가 최고다. 아니면, 벽에 4×4(100mm×100mm) 각목 2개를 세워서 고정시키고, 세로로 125mm 간격으로 구멍을 뚫은 후, 지름 25mm 정도의 목봉(혹은

사포작업 중에 작업물을 보호하기 위해서 고무재질의 바닥매트를 깐다. 카펫이나 천매트보다 훨씬 깨끗하게 유지할 수 있다.

일정한 간격으로 못을 박아서 만든 마감작업용 보드는 스테인 작업이나 투명 마감재를 칠할 때 패널을 올려두는 용도로 사용한다. 13mm 두께의 OSB(Oriented Strand Board, 일방향 스트랜드보드) 혹은 합판을 사용하고, 25mm 스테이플을 가로, 세로 100mm 간격으로 박아서 네일보드를 만든다. 페인트를 칠하는 경우에는, 자국이 생기는 것을 막기 위해서 스테이플 대신에 석고보드용 나사를 사용한다.

사진의 이동식 건조대는 PVC 파이프의 길이를 조절할 수 있다. 주방 찬장 부재를 건조시키기 위해 제작한 것이다.

제1장

이동식 회전작업대 바닥에 캐스터를 붙이고, 넘어지는 것을 막으려고 모래주머니를 얹어 무게를 더했다. 바닥판에는 지름 50mm 파이프를 설치하고, 상판에 지름 30mm 파이프를 붙인 후, 바닥판 파이프에 끼워서 사용한다. 파이프의 길이를 다르게 해서 상판을 만들어두면, 원하는 높이로 골라 끼워서 쓰면 된다.

마감작업을 하는 공간에는 ABC형 소화기를 비치해 둔다. (역자주: A, B, C는 화재의 종류를 나타낸다.) 소화기는 정기적으로 검사해야 한다.

PVC 파이프)을 끼워서 만들 수도 있다.

분무(스프레이)로 마감해야 하는 작업물이 많으면, 마감작업용 회전작업대(finishing turntable)를 사용하면 편하다. 합판을 회전 선반에 붙인 다음, 이것을 다시 탁자에 철물로 고정시키면 된다. 회전작업대와 돌리를 결합시키면 더욱 효과적으로 다양하게 쓸 수 있다. 바닥에 캐스터를 붙여서 움직일 수 있게 만들고, 모래주머니를 얹어서 넘어지는 것을 방지한다. 나사형 바닥 플랜지(threaded floor flange)를 사용해서, 파이프를 상판과 바닥판에 연결한다.

화재 및 폐기물 처리

대부분의 마감재에는 인화성 물질 혹은 환경에 유해한 물질이 포함되어 있다. 우선적으로 마감작업 공간에는 ABC형 소화기가 구비되어 있어야 한다. 이 소화기로 공방에서 발생하는 3가지 형태의 화재를 진압할 수 있다. 물론 상업 공방은 의무적으로 구비해야 한다. 가장 위험한 형태는 마감작업에 사용한 천을 제대로 뒷처리하지 않아서 발생하는 자연발화다. 마감작업에서 발생하는 화재 형태 중에는 이것이 단연 제일 많다. 마감작업에 사용한 천은 적절하게 뒷처리해야 한다! (20쪽의 설명 참조)

제1장

사용한 용제(solvents)는 위쪽의 맑은 부분만 별도의 용기에 보관하고 있다가, 나중에 작업면이나 붓을 세척할 때 사용한다.

▶ 마감작업에 사용한 천을 폐기하는 방법

유성 마감재를 칠할 때 사용한 천은 뒷처리를 제대로 하지 않으면 저절로 발화할 수 있다. 천을 물에 담근 후 잘 펴서 널어 말린다. 완전히 마른 후에 쓰레기통에 버린다.

마감작업에 사용한 폐기물은 적절히 처리해야 한다. 수성 제품(유해물질을 함유하고 있음)이라 하더라도 하수구에 바로 버려서는 안 된다. 많은 지자체가 페인트 및 용제 재활용 프로그램을 운영하며, 이러한 물질을 수거한다. 상업공방에서는 비용을 들여 유해물질을 처리하거나 용제회수장치를 갖추어야 한다. 한 달에 20ℓ 이상의 용제를 폐기해야 한다면, 용제회수장치를 설치하는 편이 더 경제적이다.

미네랄 스피릿이나 래커 희석제 등 용제는 쉽게 재활용할 수 있다. 불순물이 용기 밑바닥에 가라앉을 때까지 보관한 다음, 위쪽 맑은 부분을 별도 용기에 따라 옮겨서, 표면 세척이나 붓 세척에 사용할 수 있다.

유해물질을 폐기하는 것이 허용되지 않는 경우에는 실외에서 자연 기화시키는 것이 최선이다. 그러나 유성 마감재와 톱밥을 같이 섞으면 화재 발생 위험이 있으므로 주의해야 한다. 폐기물을 바닥이 얕은 팬에 담은 다음, 실외에서 충분히 기화, 건조시킨 후에는 쓰레기통에 버려도 된다.

제품의 성분, 건강 및 안전에 관한 내용을 숙지하여, 제품의 유해성을 파악하는 것이 제일 중요하다. 따라서 용기에 표시되어 있는 내용을 읽어봐야 한다. 법규에 따르면, 공산품은 물질안전보건자료(MSDS, Material Safety Data Sheets)를 사용자에게 제공해야 한다. 개인용품이든지 산업용품이든지, 유해성분의 포함 여부에 상관없이, 제품에 대한 MSDS를 제조사에 요청할 수 있다.

제 2 장

표면 손질 공구

날 세우기

▶ 대팻날 세우기 (38쪽)
▶ 핸드 스크레이퍼 날 세우기 (39쪽)
▶ 캐비닛 스크레이퍼 날 세우기 (40쪽)
▶ 곡선 스크레이퍼 날 세우기 (41쪽)

목재 표면을 얼마나 잘 손질했느냐가 마감 결과에 큰 영향을 미친다. 마감작업 전의 목재는 깨끗하고 매끈해야 한다. 수압대패, 자동대패, 톱 등에 의해서 생긴 가공 자국, 그리고 위로 드러난 목섬유는 제거해야 한다. 마감재에 광택이 있으면 곡면이 확연히 드러나므로, 편평한 면은 완벽하게 편평해야 한다. 마감재나 스테인으로 결함을 숨길 수 있다고 생각해서는 안 된다. 오히려 더 잘 드러나는 경우가 많다.

마감작업 이전 표면 손질에 사용되는 공구는 두 종류로 나눌 수 있다. 절삭 공구와 연삭 공구다. 절삭 공구에는 대패, 스크레이퍼(scrapers), 줄(files) 등이고, 연삭 공구로는 단순한 사포 시트로부터 대형 고정식 드럼 샌더, 벨트 샌더에 이르기까지 다양하다. 목재의 표면 손질 작업에는 절삭 공구 및 연삭 공구가 동시에 사용되는 경우가 많다.

절삭 공구

작업량이 많으면 전동 샌더로 표면 손질을 하는 경우가 많지만, 작업에 따라서는 대패나 스크레이퍼 등도 유용하다. 사포보다 나무를 훨씬 빨리 깎아낼 수 있고, 분진도 적게 생기기 때문이다. 날이 잘 선 손대패를 사용하면, 대부분 목재에서 제재 자국을 제거할 수 있을 뿐만 아니라, 마감작업 전에 별도의 사포질이 거의 필요 없을 정도로 매끈하게 깎을 수 있다. 뜯기는 경향이 있어서, 다루기 어려운 목재는 스크레이퍼나 사포를 사용하는 것이 좋다.

벨트 샌더와 같은 전동공구는 목재를 편평하게 가공할 때 많이 쓰인다. 바닥판 및 롤러를 미네랄 스피릿으로 닦아주면 최고의 성능을 발휘한다.

21

제 2 장

대패

목재 표면을 편평하고 매끈하게 깎을 때는 손대패를 사용하는 것이 가장 효율적이다. 특히, 제재 자국이 심하거나 자동대패(planer)에서 스나이프(snipe)가 생기는 경우에 손대패를 사용하면 좋다. 그리고 공구 작업 자국을 약간 남겨서, 낡은 고가구 느낌을 만들 때도 최고다.

저자는 통상 다음 세 종류의 대패를 사용한다; 블록플레인(block plane), 잭플레인(jack plane; 막대패), 스무딩플레인(smoothing plane; 마무리대패). 상판, 다리, 에이프런 등 긴 부재에서 제재 자국을 없앨 때는 잭플레인이 좋다. 잭플레인은 몸체가 길기 때문에 상판처럼 큰 패널을 초기에 편평하게 깎을 때 유용하다. 이보다 짧은 스무딩플레인은 일반적인 마무리 작업에도 사용하지만, 큰 패널 작업에서는 잭플레인 뒤에 이어서 깎는 용도로 적합하다. 블록플레인은 가장자리 단면에서 톱자국을 제거하고, 마구리를 깎을 때 좋다.

대패는 대팻집 바닥을 완벽하게 평면으로 튜닝(tuning)을 해야 제대로 된 작업이 가능하다. 대팻날을 제자리에 끼운 상태로, 곧은자를 바닥에 대보면 편평한지 확인할 수 있다. 만약 바닥이 편평하지 않으면, 두꺼운 유리, 혹은 테이블톱이나 수압대패의 정반에 120-grit 방수사포를 붙이고, 대패 바닥의 평을 잡는다. 대팻날이 아주 예리하지 않으면, 목재가 뜯긴다. (38쪽의 "대팻날 세우기"를 참고한다.) 그러나 괴목처럼 결이 복잡하면 튜닝이 잘된 대패에 예리한 날을 장착해도 작업이 쉽지 않다. 이런 경우엔 스크레이퍼를 사용한다.

스크레이퍼

스크레이퍼가 목재를 깎는 원리는 약간 다르다. 대팻날은 끝부분이 목섬유를 잘라내지만, 아래 그림에서 보듯이 스크레이퍼는 단면 모서리의 날카로운 후크가 목섬유를 잘라낸다. 스크레이퍼는 뜯김이 별로 생기지 않는 절삭 방식이지만, 튜닝이 잘된 대패를 사용할 때만큼 면이 깨끗하게 나오지는 않는다.

목재의 면을 깎을 때, 저자가 가장 애용하는 대패 세 가지는 (왼쪽부터) no. 6 잭플레인, no. 4 스무딩플레인, 그리고 저각 블록플레인이다.

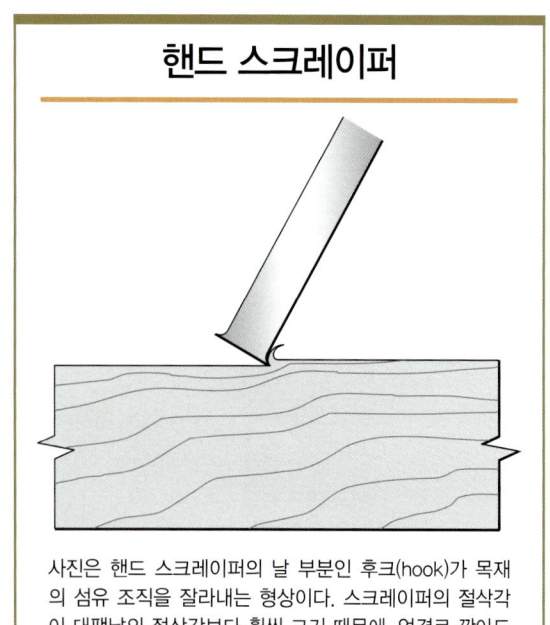

핸드 스크레이퍼

사진은 핸드 스크레이퍼의 날 부분인 후크(hook)가 목재의 섬유 조직을 잘라내는 형상이다. 스크레이퍼의 절삭각이 대팻날의 절삭각보다 훨씬 크기 때문에, 엇결로 깎아도 뜯기는 일이 별로 없다.

제 2 장

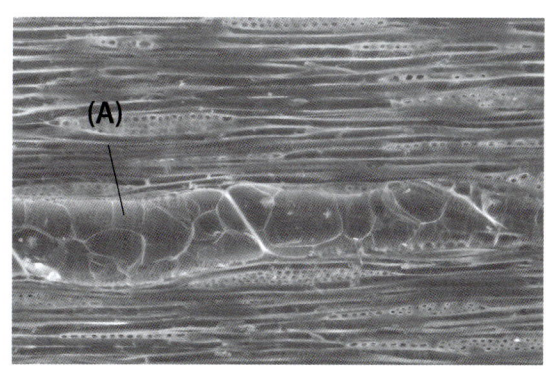

월넛의 표면을 대패로 깎은 후 찍은 현미경 사진이다. 가운데 크게 패인 부분(A)은 기공이다. 세포 조직이 매우 깨끗하게 잘린 것을 볼 수 있다. 이런 면은 마감재를 칠하지 않아도 반짝거린다.

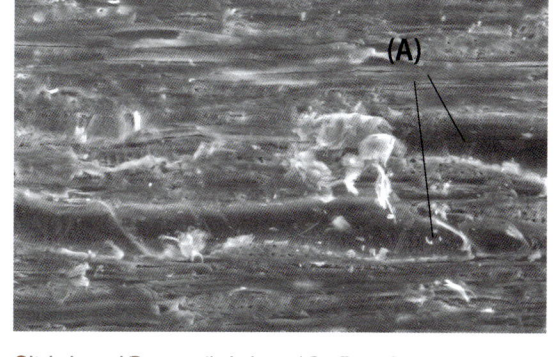

월넛의 표면을 스크레이퍼로 깎은 후 찍은 현미경 사진이다. 이 경우에는, 두 기공(A) 사이를 보면, 대패로 깎은 경우보다 세포 조직이 더 뜯기는 것을 볼 수 있다. 대패로 깎은 경우처럼 세포 구조가 명확히 보이지는 않는다.

스크레이퍼는 저자가 애용하는 절삭 공구다. 대패와 마찬가지로 날을 잘 세워야 제대로 사용할 수 있는데, 사용해보면 그동안 스크레이퍼 없이 어떻게 작업했는지 의아할 것이다. 스크레이퍼는 기본적으로 핸드 스크레이퍼와 캐비닛 스크레이퍼 두 종류가 있다.

핸드 스크레이퍼(hand scrapers)는 단단하고 편평한 강재 조각이다. 작업이 용이하며, 대패나 사포로 작업이 어려운 구석도 작업이 가능하다. 핸드 스크레이퍼는 카드 스크레이퍼(card scrapers)라고도 불리는데, 평면뿐만 아니라 곡면도 빠른 작업이 가능하기 때문에, 다리처럼 복잡한 형상도 가공 자국을 효과적으로 없앨 수 있다. 핸드 스크레이퍼의 모양은 여러 가지다. 사각형 형태의 핸드 스크레이퍼로 90% 이상의 작업을 수행할 수 있으며, 라우터 비트나 쉐이퍼의 가공 자국을 없애는 데는 곡선형 스크레이퍼가 유용하다. 곡선형 스크레이퍼는 날 세우는 방법만 알면, 코브 몰딩(cove molding)이나 카브리올 다리(역자주: 영국 양식의 곡선형 가구 다리)의 복잡한 면을 다듬는 데는 최고다. 캐비닛 스크레이퍼는 스크레이퍼 플레인(scraper planes)이라고도 불리는데, 금속 스크레이퍼에 몸체를 붙여서 평면을 깎을 때 작업을 수월하게 할 수 있도록 만든 것이다. 패널이나 상판을 다듬을 때, 특히 많이 깎아내야 할 때나 작업이 어려운 목재인 경우에는, 캐비닛 스크레이퍼가 좋다. 캐비닛 스크레이퍼로 작업한 후에는 핸드 스크레이퍼로 마무리하는 것이 일반적이다.

표면을 깎을 때 매우 유용한 스크레이퍼는 (아래부터 시계 방향으로) 거위목 핸드 스크레이퍼, 곡선형 핸드 스크레이퍼, 직선형 핸드 스크레이퍼, 소형 캐비닛 스크레이퍼, 그리고 no. 80 Stanley™ 캐비닛 스크레이퍼다.

제 2 장

줄

일반적으로 줄은 목재 표면을 손질한다기보다는 목재를 깎아내는 용도로 인식되고 있다. 그러나 밴드 쏘로 자른 다음 가장자리의 곡선을 다듬을 때나 복잡한 형상의 카브리올 다리를 손질할 때 아주 좋다. 또한 다른 공구로는 닿기 어려운 구역도 줄로는 종종 작업이 가능하다.

표면 손질용으로는 8인치나 10인치 반원형 거친 날(half-round bastard-cut), 혹은 8인치나 10인치 반원형 가는날(smoothing)의 줄을 추천한다. '4-in-1' 줄(detailing file)은 반원의 한쪽은 거친날이고 반대쪽은 가는날로 이루어져 있는데, 이것도 유용하다.

연삭 도구(sanding tools)

목재를 다듬는 가장 기본적인 방법이 사포질(sanding; 샌딩)이다. 사포질은 대패질이나 스크레이핑 작업에서 요구되는 기술적인 능력이 필요하지 않고, 대패질로 생길 수 있는 뜯김 현상도 없다. 사포는 비교적 저렴하며 입자 크기를 나타내는 그리트(grits)가 다양하기 때문에 아주 거친 목재 표면에서부터 매우 고운 목재 표면까지 모두 작업이 가능하다. 그러나 분진이 많이 생기는 것이 단점이다.

사실 사포질이라는 용어는 부적절하다. 요즘은 사포를 만드는 데 모래를 사용하지 않기 때문이다. 연삭 제품(sanding products; abrasives)은 다양한 재료로 만들어진다. 자세한 것은 뒤에 다시 설명한다. 중요한 것은 대패나 스크레이퍼가 목재를 잘라내는 것과 달리 이들 제품은 목재를 갈아낸다. 따라서 목재 표면을 매끈하게 만들려면, 거친 사포에서 시작하여 고운 사포로 순차적으로 옮겨가면서 작업해야 한다.

연삭 제품의 특성

연삭 제품은 종류, 모양, 거칠기, 그리고 (다른 항목만큼 중요하게 취급되지 않는) 뒷면 재질 등이 매우 다양하다. 그러나 결론만 말하면 두 가지만 고려하면 된다. 그것은 연마재 입자와 뒷면 재질이다. 연마재 입자에 대해서 먼저 설명한다.

연마재 입자

연마재 입자의 역할은 표면의 목재를 작은 가루로 잘라내는 것이다. 입자의 종류에 따라서 작업 결과가 달라진다. 입자의 종류는 반대편 쪽 그림에서 볼 수 있듯이 몇 가지가 있다.

석류석(garnet)은 각이 진 입자 모양인데 가장자리가 매우 날카로워서 목재를 깔끔하게 잘라낸다. 석류석은 내부에 균열이 형성되어 있으며, 이것이 사용 중에 쪼개지면서 날카로운 면이 새로 생긴다. 아주 단단하지는 않아서 쉽게 닳으므로, 연삭 장비 제품보다는 수작업 공구 제품에 적합하다. 그러나 저렴하며, 전동 장비로 연마한 이후, 수작업 사포질에 쓰면 좋다.

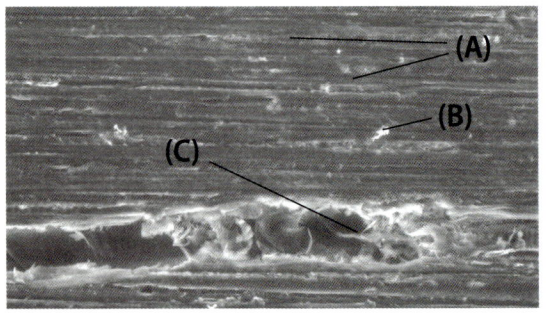

180-grit로 사포질하면, 목재 표면을 깎을 수는 있지만, 목재의 세포 조직도 손상된다. 긁힌 자국(A) 및 작은 조각(B)이 남고, 기공의 둘레도 깨진다(C).

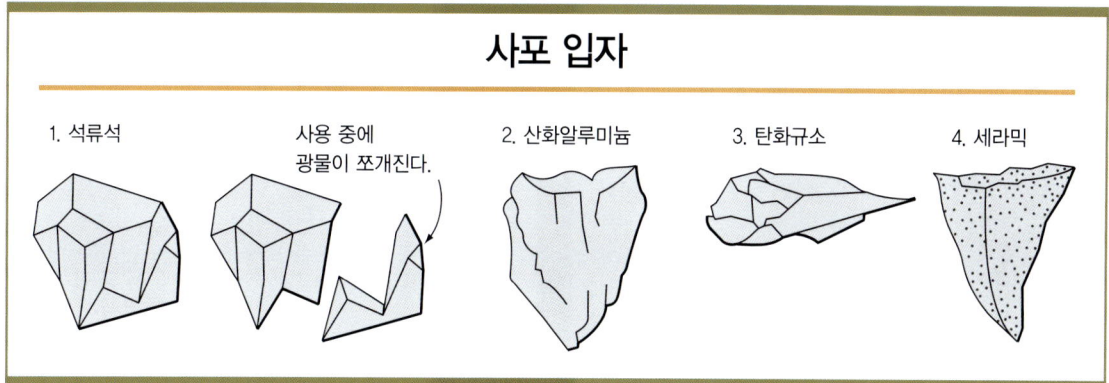

사포 입자

1. 석류석
사용 중에 광물이 쪼개진다.
2. 산화알루미늄
3. 탄화규소
4. 세라믹

산화알루미늄(aluminum oxide) 입자는 석류석보다 단단하고 둘레가 날카롭다. 따라서 사포가 단단하고 내구성이 좋아서 목공에서 가장 널리 쓰인다. 오크나 메이플 같은 하드우드 및 열대 목재의 사포작업에 유용하다.

탄화규소(silicon carbide) 입자는 바늘처럼 뾰족한 형상을 띤다. 잘 부서지긴 하지만, 절삭 공구처럼 깊고 깔끔하게 잘라낸다. 탄화규소는 산화알루미늄보다 더 강하고, 더 비싸다. 원 목재 표면을 직접 사포질 할 때도 사용할 수 있지만, 단단하고 강한 마감재 표면을 연마할 때 더 적합하다. 공구 표면에 심하게 슨 녹을 제거할 때도 유용하다.

세라믹 알루미나 및 지르코니아 알루미나는 유리질 세라믹 혹은 산화지르코늄과 산화알루미늄의 합금이다. 입자는 단단하며, 작은 미정질 구조는 사용 중에 닳으면서 저절로 날카로워진다. 시트 형태로는 판매되지 않고, 전동 연삭 공구용 벨트, 슬리브, 드럼에 사용된다. 세라믹 입자는 내구성이 좋고 열도 많이 나지 않지만 150-grit까지만 시판된다.

[TIP] 최근에는 스테아르산 사포(stearated sandpaper)가 시판되는데, 작업 중 사포 표면에 찌꺼기가 잘 뭉치지 않고, 열에 대한 저항성도 높다. 이 사포를 사용하면, 지저분한 습식 샌딩(wet sanding) 대신에 마감재를 건식 샌딩(dry sanding)할 수 있다.

뒷면 재질 및 접착제

입자는 뒷면 위에 접착제로 붙인다. 뒷면과 접착제는 사포의 유연성 및 내구성에 영향을 미친다. 뒷면 재질로는 종이, 천, 혹은 플라스틱 필름이 사용된다.

종이가 가장 많이 사용된다. 무게(혹은 두께)별로 A, C, D, E, F로 구분하는데, A가 가장 얇고, F가 가장 두껍다. 종이가 얇을수록 유연하다. 180, 220-grit처럼 고운 사포는 주로 A를 사용하고, 100, 80-grit처럼 거친 사포는 두껍고 질긴 C, D를 많이 사용한다.

고정식 혹은 이동식 벨트 샌더처럼 내구성이 중요한 경우에는 천을 주로 사용한다. 천은 무게별로 J, X, Y로 구분한다. J가 가장 가볍고 유연하고, Y가 가장 무겁고 두껍다.

사포 거칠기

사포의 거칠기 등급을 정하는 기준은 세 가지가 있다; CAMI, FEPA, micron. 미국에서 가장 많이 사용되는 체계는 CAMI(Coated Abrasives Manufacturers Institute)다.

FEPA는 입도를 나타내는 숫자 앞에 p를 붙이는데, 220-grit까지는 CAMI와 동일하다. 그 이후는 같은 입도라고 할지라도 FEPA가 CAMI보다 숫자가 더 크다. micron 체계는 앞에 M을 붙이는데, 220-grit 이상의 고운 사포에 사용된다.

거칠기 단계의 연속성은 CAMI가 낫고, FEPA 및 micron은 기준을 엄격하게 적용한다. 원 목재에 직접 사포질할 때는 거칠기 단계의 연속성이 별로 중요하지 않지만, 마감재 표면을 연마하는 경우에는 각 단계 사이 간격이 좁은 것이 도움이 많이 된다.

36-grit부터 80-grit까지는 주로 목재의 모양을 깎는 데 사용하고, 100-grit에서 200-grit까지는 주로 평을 잡고 표면을 다듬는 데 사용한다. 손으로 혹은 장비를 사용하는, 일반적인 원 목재 사포질에는 100-grit에서 240-grit까지의 안티로딩 코팅된(anti-loading coating; 역자주: 사포 표면에 찌꺼기가 엉겨 붙지 않도록 입힌 코팅) 산화알루미늄 사포가 최고다. 마감작업을 하면서, 각각의 도막을 가볍게 건식 샌딩할 때는 320-grit에서 600-grit 정도의 안티로딩 사포를 사용하는 것이 가장 좋다. 습식 샌딩에서는 400-grit에서 1200-grit 정도의 탄화규소 방수사포를 사용한다.

사포의 입자 크기 비교

CAMI	FEPA	Micron	Generic
1500		3	Microfine
		5	
		6	
1200			
		9	
1000			
800	p2000		Ultrafine
	p1500	15	
600	p1200		
500	p1000		
	p1000		
400	p800		Superfine
		25	
360	p600		
		30	
320	p420	35	Extrafine
		40	
	p360		
280		45	
		50	
240	p280		
		55	Fine
		60	
220	p220	65	
180	p180		
150	p150		
120	p120		Medium
100	p100		
80	p80		
60	p60		Coarse
30	p30		

필름이 제일 비싼 뒷면 재질이며, 3M의 Imperial Mcrofinishing 사포 등 고급 제품에 쓰인다. 원 목재에 직접 사포질할 때도 쓸 수는 있지만, 주로 마감재를 연마해서 광을 낼 때 사용한다.

[TIP] 시중에서 쉽게 구할 수 없는 여러 특수 사포는 이 책의 마지막 부분에 수록된 유관업체를 통해서 구할 수 있다.

사포 제품

손에 잡고 사용하거나 장비에 붙여서 사용할 수 있는 다양한 종류의 사포가 시판된다. 모양도 시트, 디스크, 벨트, 드럼 형태 등 용도별로 다양하다.

시트 형태의 표준 크기는 9인치×11인치(230mm×280mm)인데, 작은 크기로 잘라서 사용하면 된다. A-사포는 곡면이나 복잡한 면을 사포질할 때 손에 잡고 작업하기 좋다. C-, D-사포는 더 뻣뻣하므로 평면을 편평하게 사포질할 때 좋다.

디스크 형태는 입자 크기, 뒷면 재질, 접착제 등에 따라서 매우 다양한 종류가 있고, 낱개 디스크 혹은 두루마리 형태(roll)로 시판된다. 디스크는 뒷면의 접착제를 이용하거나(PSA), 찍찍이 형태(Velcro™ 형태)로 샌더의 패드에 접착시킬 수 있다. 연마재가 다 닳을 때까지 계속 사용하는 목공 전문 업체에서는 PSA가 낫다. 그러나 가끔 사용하는 경우나 곡면을 사포질하는 경우엔 쿠션이 있는 찍찍이 형태가 낫다.

사포에 입자 크기를 나타내는 숫자는 적혀 있지만, 입자의 재료나 밀폐형/개방형 코팅(closed coating/open coating; 역자주: 입자가 뒷면을 완전히 덮고 있는 형태를 밀폐형 코팅이라고 한다. 이 경우 사포작업도 더 잘되고 더 매끈한 표면을 얻을 수 있다.)에 대한 언급은 없다. 사진에서 금색 및 연회색은 스테아르산 코팅(안티로딩)된 것이다.

디스크형 사포는 입자 크기, 뒷면 재질, 접착제 종류 등이 다양하다. 디스크에 뚫려 있는 구멍은 샌더 패드에 뚫려 있는 구멍과 위치가 일치하며, 이 구멍을 통해서 분진이 빠져나간다.

제 2 장

벨트, 드럼 슬리브의 표면의 연마재 입자로는 산화알루미늄 또는 세라믹, 아니면 이 둘을 섞어서 사용한다. 바탕면 재질로는 주로 천이 사용되며, 와이드 벨트에서는 종이가 사용되기도 한다. 드럼 슬리브의 뒷면 재질이 더 두껍고 질기다.

폼패드와 블록은 주로 곡면 윤곽의 사포질에 사용된다. 습식 샌딩과 건식 샌딩 둘 다 사용할 수 있는 것도 있고, 습식 샌딩에만 사용할 수 있는 것도 있다. 패드는 세척이 가능하고, 탄화규소 혹은 산화알루미늄을 개방형 셀(open-cell; 역자주: 기포가 서로 연결되어 열려 있는 형상이므로 물이 통과한다.) 혹은 폐쇄형 셀(closed-cell; 역자주: 각각의 기포가 닫혀 있어서 물이 통과하지 못한다.)의 발포고무(foam)에 접착시킨 것이다.

스틸울과 수세미 사포(synthetic steel wool)는 패드 혹은 두루마리(roll) 형태로 시판된다. 000과 0000 스틸울, 그리고 극세사(고동색) 혹은 초극세사(회색) 합성 연마패드가 가장 많이 쓰인다.

벨트(belts) 및 드럼 슬리브(drum sleeves)에서는 산화알루미늄 혹은 세라믹, 아니면 이 둘을 같이 사용한다. 뒷면 재질로는 일반적으로 천을 사용하는데, 와이드 벨트 샌더(wide belt sanders)용으로는 종이로 만들어진 것도 있다. 공방에서 사용하는 소형 드럼 샌더에 감아 사용할 수 있는, 두루마리 형태의 벨트 사포도 있다.

스핀들 샌더에는 슬리브를 사용하며, 곡면이나 외형을 사포질할 때는 표면이 유연한 공기주입식 샌딩 드럼(air-filled pneumatic drums)을 사용한다.

폼패드(foam pads; 발포 패드) 및 블록(blocks)은 건식 또는 습식으로 부재의 곡면/외형을 사포질할 때 주로 사용한다. 주로 탄화규소 혹은 산화알루미늄을 발포 재료에 접착시켜서 만든다. 방수가 되고 물 세척이 가능한 경우가 많다.

스틸울(steel wool)은 아주 가는 강선을 뭉쳐놓은 것이다. 사용 중에 강선 부스러기가 떨어져 나오기 때문에 원 목재 혹은 마감작업 중간 단계에서는 사용하기 곤란하고, 상도 후에 마지막으로 문질러서 광을 낼 때 주로 사용한다. 스틸울 대신에 나는 합성 연마패드(수세미 종류)를 사용한다. Scotch-Brite™, Bear Tex™, Mirlon™ 등의 제품은 합성 섬유를 무작위로 엮은 후, 연마재 입자와 접착제를 사용해서 슬러리를 만들어 함침시킨다. 패드도 스틸울과 대응되는 거칠기 등급으로 제조, 시판된다.

플러터 시트휠(flutter sheet wheels)은 사포의 둘레를 띠 모양으로 잘라 가르고, 중심축에 모아 고정시킨 형태다. 전동드릴, 탁상드릴, 탁상 그라인더에 물려서 사용한다. 대량생산 업체에서, 곡면 형상 혹은 몰딩 처리한 가장자리를 사포질할 때 유용하다.

사포 관련 도구

작업량이 많으면 주로 전동 장비로 사포질을 하지만, 몰딩이나 복잡한 조각면은 손으로 직접 사포질해야 섬세하게 작업할 수 있다. 또한 장비를 사용하더라도 마지막에는 손으로 섬세하게 사포질해주는 것이 필요하다. 마감작업 중 각 도막 사이에서 가볍게 사포질할 때도 손으로 작업한다.

손 사포질에는 많은 도구가 필요하지는 않다. 사포 자체와 그 뒤에 대는 블록이 제일 중요한 부분이다. 블록에 대해서는 제4장 및 5장에서 설명한다. 그 외는 사포를 자르고, 저장하는 방법 정도다.

사포 시트는 원하는 크기로 잘라서 사용한다. 작업대 가장자리에 낡은 쇠톱날을 붙여두고, 사포를 자르는 데 사용하면 편리하다.

플러터 샌더(flutter sanders)는 사포를 띠 모양으로 자른 후, 가운데에 모으고 축에 고정시킨 형태다. 탁상드릴이나 드릴 축에 고정시켜 사용한다. 대량생산 업체에서, 곡면 혹은 몰딩 처리한 가장자리를 사포질할 때 아주 유용하다.

▶ 개방형 코팅과 밀폐형 코팅

사포 표면에 부착된 연마재 입자의 분포 밀도는 다양하다. 개방형 코팅(open coating)은 입자가 뒷면을 40~70% 정도 덮는다. 반면에 밀폐형 코팅(closed coating)은 100% 전부 덮는다. 개방형 코팅은 목재 분진이 사포 표면에 뭉쳐 붙는 것을 방지하기 위해서 사용하고, 원 목재에 직접 사포질할 때는 항상 개방형 코팅을 사용한다. 밀폐형 코팅은 습식 샌딩에 적합하다.

작업대 가장자리에 낡은 쇠톱날을 하나 붙여두면, 사포 시트를 원하는 크기로 바로 자를 수 있다. 작업대에 나사를 박는 게 싫어서, 양면 테이프로 붙였다.

보관함을 만들어서 사포를 편평하게 보관한다. 밀폐된 캐비닛 안에 넣고 서 깨끗하고 건조하게 유지하는 것이 좋다.

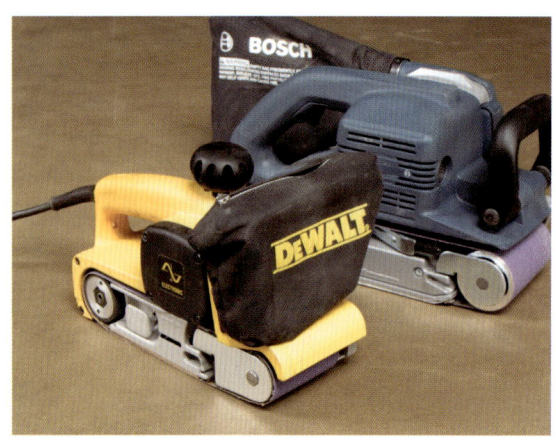

포터블 샌더 중에 가장 강력한 형태는 벨트 샌더다. 4인치× 24인치(100mm×610mm) 대형 샌더(오른쪽)는 빠르게 깎을 때 좋고, 3인치×21인치(75mm×533mm) 소형 모델(왼쪽)은 섬세한 작업에 적합하다.

사포 시트는 종류별로 분리해서 정리해야 하며, 또한 편평하게 보관해야 하므로 보관함을 이용하는 게 좋다. 가능한 한 건조하고 서늘한 곳에 보관한다. 공방에서 생기는 먼지가 사포 위에 쌓이는 것을 막으려면 보관함을 캐비닛 안에 넣어둔다. 공방이 습하면 캐비닛 안에 방습제를 넣어두고, 아울러 그 위에 뭔가를 올려두면, 사포가 말리지 않는다.

포터블 샌더(휴대형 샌더)

대부분의 사포작업에 전동 샌더가 사용되며, 전동 샌더의 종류는 다양하다. 흠집을 없애고 빠른 시간 안에 평을 잡을 수 있는 것도 있고, 구석이나 복잡한 형상을 사포질하는 데 적합한 것도 있다. 가장 일반적인 포터블 샌더는 벨트 샌더, 오비탈 샌더, 원형 샌더, 디테일/프로파일 샌더다.

벨트 샌더는 상판, 옆판 등 폭이 넓은 원목 부재로 작업할 때, 초기에 표면을 편평하게 깎는 일처럼 부하가 큰 작업에 적합하다. 좀 작고 가벼운 벨트 샌더는 곡면이나 마구리를 연마하거나, 보다 섬세한 작업에 사용한다. 무거운 100mm×610mm(4인치×24인치) 샌더는 무게, 바닥면 크기, 작업 강도 등을 고려할 때 판재를 편평하게 연마하는 데 적합하다. 보통은 75mm×533mm(3인치×21인치) 벨트 샌더가 적절하다.

오비탈 샌더는 지터버거(jitterbug) 혹은 바이브레이터 샌더(vibrator sanders, 사각형 샌더)라고도 불린다. 이 샌더는 표준 사포의 절반 혹은 1/4 크기를 사용한다. 패드가 소용돌이 형태로 움직이면서 회전한다. 편평한 윗면 혹은 편평한 가장자리 단면을 연마할 때는 원형 샌더보다 훨씬 사용하기 쉽다. 또한 패드의 가장자리가 직선이기 때문에 상자형 구조의 디바이더나 서랍의 옆면을 사포질할 때도 구석에 바짝 붙여서 작업할 수 있다. 목재를 빨리 갈아내야 하는 경우는 제외하고, 상감 작업한 부분 혹은 단판을 집성한 부분 등을 섬세하게 사포질하는 경우에 최고라고 할 수 있다.

대부분의 오비탈 혹은 '지터비거' 패드 샌더(사각형 샌더)에서는 절반 혹은 1/4 크기의 사포를 사용한다. 비닐 패드가 장착되어 있어서 PSA 사포(접착식 사포)를 사용할 수 있는 모델은 사포를 빠르게 교체할 수 있다. 예전 샌더에 사용할 수 있는 교체 비닐 패드도 있다.

원형 샌더는 손바닥으로 잡는 형태, 총의 손잡이 형태, 그리고 둥근 통처럼 생긴 형태(왼쪽부터)가 있다. 집진기 호스를 연결할 수 있는 포트가 대부분 붙어 있다.

원형 샌더는 상업 공방, 취미 공방을 막론하고 가장 많이 쓰이는 샌더다. 오비탈 샌더의 궤도 운동과 디스크 샌더의 회전 운동이 합해진 형태로 움직인다. 따라서 연삭 작용은 강하고, 사포 자국은 좀 더 불규칙하게 발생하기 때문에 오비탈 샌더로 작업한 경우보다 눈에 덜 띈다.

원형 샌더의 손잡이 형태 및 패드의 크기는 다양하며, 패드는 지름 5, 6, 8인치가 주로 쓰인다. 손바닥으로 잡는 형태와 총의 손잡이 형태는 모터와 샤프트가 같은 선상에 있으므로 힘을 주면서 사용하기가 쉽다. 통상 5인치 혹은 6인치 패드를 사용한다. 반면에 통처럼 생긴 형태는 모터와 샤프트가 서로 직각 방향으로 장착되어 있다. 모터의 출력이 강력하지만, 작업 시 힘 조절도 쉬운 편이다.

디테일 샌더와 프로파일 샌더는 작은 영역을 사포질하는 데 적합하다. 디테일 샌더는 진동하는 얇은 삼각형 패드가 붙어 있으며, 비좁은 구역을 사포질할 수 있다. 이와 달리 프로파일 샌더의 패드는 앞뒤로 직선 운동한다. 프로파일 샌더에 오목하거나 볼록한 헤드

디테일 샌더를 사용하면 귀찮은 손사포질을 하지 않아도 된다. 왼쪽 모델은 디테일 샌더와 프로파일 샌더의 조합 모델인데, 작업에 따라 헤드를 교체할 수 있다.

를 붙여서 몰딩을 사포질할 수 있으며, 삼각형 패드를 붙여서 세부 작업하는 것도 가능하다. 벨트 디테일 샌더는 작은 풀리(pulley)가 앞으로 튀어나온 형태인데, 좁은 곡면을 사포질할 때 유용하다.

제 2 장

고정식 샌더

몇 년 전까지만 하더라도 고정식 샌딩 장비는 너무 크고 비쌌다. 그러나 요즘은 크기를 줄인 소형 모델이 많이 시판되는데, 드럼 샌더, 스핀들 샌더, 에지 샌더(edge sander) 등이 있다.

고정식 벨트 샌더 및 디스크 샌더

크기가 비교적 작은 장비들이다. 부재의 크기가 작아서 장비 위치에서 작업하는 것이 쉬운 경우에 매우 유용하다. 벨트 샌더(stationary belt sanders)의 샌딩면은 수평인 것도 있고 수직인 것도 있는데, 일부 모델은 두 위치를 바꿔가면서 사용할 수 있다. 벨트의 크기는 다양하다. 디스크 샌더(disk sanders)는 커다란 회전 디스크가, 면이 수직으로 향하도록 장착되어 있는데, 빗면을 다듬거나 작은 부재를 손질하거나 볼록한 면을 사포질할 때 사용한다. 벨트 샌더와 디스크 샌더가 같이 붙어 있는 모델인 '벨트 디스크 샌더'가, 공방 크기를 불문하고, 아주 인기가 좋다.

와이드 벨트 샌더와 스트로크 샌더

판재를 전체적으로 편평하게 깎을 때 혹은 편평한 부재를 사포질할 때는 와이드 벨트 샌더(wide-belt sanders)나 스트로크 샌더(stroke sanders)가 최고다. 두 장비 모두 폭이 넓은 사포가 루프 형태로 연속적으로 이어져 있는 형태다. 지압판으로 사포면을 부재에 누르는 방식으로 작동한다. 와이드 벨트 샌더에서는 부재가 컨베이어 위를 통과할 때 지압판이 회전하는 사포를 부재 위로 누르는 구조다. 스트로크 샌더는 작업자가 지압판을 부재에 직접 눌러주는 구조로 되어 있다. 이 두 장비는 비싼 편이지만, 많은 양을 한꺼번에 깎아내기 때문에 작업 속도가 빠르다.

고정식 드럼 샌더

고정식 드럼 샌더(stationary drum sanders)는 작은 공방에서 와이드 벨트 샌더 대신에 구입할 수 있는 장비다. 와이드 벨트 샌더는 한 번에 많은 양을 깎아내지만, 드럼 샌더는 한 번에 깎아내는 양도 적고 속도도 더 느리다. 그래도 폭이 넓은 판재를 편평하게 깎을 수 있고, 얇은 판재와 작은 부재를 사포질할 때는 최고다.

에지 샌더

에지 샌더는 수직으로 긴 벨트가 장착되어 있는 벨트 샌더라 할 수 있는데, 문짝이나 패널의 가장자리를 깎거나 다듬는 데 사용한다. 마구리를 사포질할 때나 빗각을 다듬을 때 아주 유용하다. 특히 알판구조의 문짝에서 패널의 가장자리를 깎아 맞출 때 아주 좋다. 또한 양쪽의 벨트 풀리(belt pulley) 부분을 이용해서 오목한 면도 다듬을 수 있다.

벨트 샌더와 디스크 샌더가 같이 붙어 있는 벨트 디스크 샌더는 빗면을 다듬거나 작은 부재를 손질하거나 볼록한 면을 사포질할 때 편하게 사용할 수 있다.

제 2 장

에지 샌더는 문짝, 서랍의 전면 및 가장자리를 깎아 다듬은 후, 구멍에 끼워 넣는 작업을 할 때 아주 유용하다.

드럼 샌더로는 전면 프레임, 폭이 넓은 패널 등을 빠르게 작업할 수 있다. 집진기에 연결하면 밖으로 나오는 분진도 거의 없다. 일부 모델은 사포의 거칠기가 서로 다른 두 개의 드럼이 장착되어 있다.

스핀들 샌더

스핀들 샌더(oscillating spindle sander)는 곡면을 사포질할 때 사용한다. 드럼은 회전하면서 동시에 위아래로도 움직이기 때문에, 목재의 면이 타지 않아서, 깔끔하게 사포질할 수 있다. 일부 모델은 테이블을 경사지게 기울일 수 있기 때문에 각이 있는 면도 사포질할 수 있다. 이동식인 벤치탑(benchtop) 모델은 가격이 저렴한 편이다.

스핀들 샌더는 곡면을 다듬는 데 최고다. 고정식 대신에 이동식 모델도 괜찮다.

표면 손질 공구 | **33**

제 2 장

원형 샌더는 원형 사포에 뚫린 구멍을 통해서 분진을 흡입하는 훌륭한 구조를 가지고 있다. 샌더의 전원 스위치를 켜면 집진기도 같이 켜지는 모델이 아주 편하다.

집진 장비

 작업 중 분진을 들이마시면 건강에 해롭다. 공방을 환기시키는 정도로는 해결이 안 된다. 건강을 지키려면 다음 두 가지 방식을 모두 사용해야 한다. 하나는 분진이 발생하는 초기 위치에서 집진하는 것이고, 다른 하나는 별도로 인체 호흡기를 보호하는 것이다. 여기서는 분진을 장비에서 바로 모으는 시스템에 대해서 설명하고, 호흡기를 보호하는 장구에 대해서는 제3장에서 다룬다.

 집진하는 방법에는 몇 가지가 있다. 가장 간단하고 효과적인 방법은 집진기를 샌더와 같은 연삭 공구에 직접 연결해서, 분진이 실내에 퍼지기 전에 바로 빨아들이는 것이다. 대부분의 고정식 장비는 집진기나 진공 호스를 연결할 수 있는 포트가 있고, 포터블 샌더도 진공백을 제거하면 진공 호스와 연결할 수 있다. 그러나 안타깝게도 일부 미세먼지는 여전히 빠져나오고, 또한 포터블 샌더에 진공 호스를 연결하면 거추장스럽기도 하다.

 작업 부재가 아주 크지 않으면, 상판을 통해 분진을 빨아들이는 다운드래프트 테이블(downdraft table)을 사용하는 것이 낫다. 테이블 내부에 장착된 필터가 분진을 제거하는 구조다. 일부 모델에는 상판이 두껍고, 부재를 고정시킬 수 있는 엔드 바이스도 장착되어 있다. 다운드래프트 테이블이 호사스러워 보일 수도 있지만, 작은 공방에 적합한 모델도 있다.

 공기청정기를 설치해서 공기 중에 계속(아니면 적어도 바니쉬 상도 마감 때까지는) 떠다니는 미세먼지를 제거해주는 것도 아주 좋다.

다운드래프트 테이블은 분진을 일차적으로 직접 빨아들인다. 사진의 모델은 엔드 바이스와 고정용 쐐기가 달린 작업대인데, 테이블 내부에 팬이 장착되어 있어서 상판에 있는 구멍을 통해서 분진을 빨아들인다.

에어 공구

샌더 중에는 압축공기로 구동하는 제품도 많다. 이 경우 공기 압축기(컴프레서)도 필요하다. 공기 압축기는 스프레이 장비에 연결해서 마감재를 칠할 때도 사용되는데 그건 해당 장에서 설명하고, 여기서는 에어 샌더와 공기 압축기에 대해서만 설명한다.

샌더

원형 샌더, 지터버그 샌더(jitterbug sander), 플러터 샌더(flutter sander)가 일반적인 형태의 에어 샌더다. 에어 샌더는 전동 샌더보다 작고 가벼운 것이 장점이다. 또한 가격도 싸고 진동도 적다. 따라서 한번 에어 샌더를 사용해본 사람은 전동 샌더로 되돌아가기 쉽지 않다. 단점은 대형 고정식 공기 압축기가 필요하기 때문에 작은 공방이나 가정에서는 사용하기 쉽지 않다.

에어 샌더의 두 가지 단점은 다음과 같다: 첫째는, 큰 문제는 아니지만, 정기적으로 오일(oil)을 칠해주어야 한다. 아니면 자동 급유장치를 설치할 수도 있다. 더 큰 문제는, 공기가 많이 필요하기 때문에 대형 공기 압축기가 필요하다는 것이다.

에어 샌더도 전동 샌더와 형태는 유사하다. 사진의 왼쪽부터 원형 샌더, 1/3 시트 오비탈 패드 샌더(사각형 샌더), 샌딩 스타(sanding star) 사포가 장착된 회전식 에어 공구다.

공기 압축기 기본 사항

공기를 대기압 이상으로 압축하면 에너지를 지니게 된다. 이 에너지를 분출시켜서 공기 흐름을 만들어서 장비를 작동시키는 것이다. 공기 압축기가 하는 일은 세 가지다. 펌프를 가동시켜 공기를 압축시키고, 압축공기를 저장 탱크에 보관하고, 조절기를 통해서 공기를 적절히 공급하는 것이다.

마감작업을 하는 공방에서는, 피스톤이 공기를 압축하는 단계에 따라 1단(single-stage) 혹은 2단(two-stage) 구동 공기 압축기를 사용한다. 2단 구동 방식이 효율이 더 좋고 열이 덜 난다. 일반적으로 이동식 공기 압축기가 1단 구동이고, 고정식은 2단 구동이다.

사진은 2단 구동 80갤런(300ℓ)짜리 공기 압축기인데, 100psi(7.03kgf/cm², 0.69MPa)의 토출 압력과 26cfm(0.74cmm 혹은 12.3ℓ/s)의 토출 용량을 가지고 있다. 스프레이 장비와 에어 공구를 동시에 사용하는 공방에서도 사용 가능하다.

제 2 장

▶ 공기 압축기 선택 방법

공기 압축기를 선택할 때 마력에 너무 현혹되지 않아야 한다. 제일 중요한 것은 토출 압력과 토출량이다. 공기 압축기를 구입할 때는 공방에서 사용하는 모든 에어 공구에 대한 공기 요구량을 먼저 산정해야 한다. 두 개 이상의 공구를 동시에 사용한다면 필요한 양을 전부 합해야 한다. 그러나 대부분의 공구는 간간이 사용되므로, 모든 에어 공구에 대한 필요량을 전부 합한 다음, 둘로 나누는 정도가 적절하다.

공기 압축기는 급유식과 비급유식이 있다. 급유식이 일반적으로 더 비싸지만 조용하고 열이 적게 발생한다. 비급유식은 소음이 더 심하고 열이 많이 발생한다. 대신에 비급유식은 토출 공기에 오일이 포함되어 있지 않으므로, 스프레이 마감작업 시 나쁜 영향을 미치지 않는다.

공기 압축기의 용량을 이해하기 위해서는 cfm과 psi를 알아야 한다: cfm(cubic feet per minute)은 공기의 부피고, psi(pounds per square inch)는 공기압이다. 공기 압축기의 용량은 부피(토출량)와 압력으로 표현되는데, 에어 공구가 요구하는 것도 이 두 가지다. (역자주: 1cfm=0.028cmm(cubic meter per minute)에 해당한다.)

예를 들어서 소형못 타정기는 90psi(6.33kgf/cm^2, 6.2기압, 0.62MPa), 2cfm(0.057cmm 혹은 0.94ℓ/s) 정도가 필요하다. 못을 박을 때는 공기를 순간적으로 확 공급해야 하므로, 많은 양이 필요하지는 않으나 높은 압력이 필요하다. 이와는 달리, 스프레이건을 사용할 때는 10~12cfm(0.28~0.34cmm), 40~50psi(2.81~3.52kgf/cm^2) 정도가 필요하고, 에어 샌더를 계속 돌리려면 90psi(6.33kgf/cm^2)로 16~19cfm(0.45~0.54cmm) 정도로 공급해야 한다.

공기 배관

에어 공구를 호스에 직접 끼워 연결하는 것도 가능하지만, 스프링이 장착된 착탈식 구조를 사용하는 것이 편하다. 이동식 공기 압축기에 스프레이건만 연결해서 사용한다면, 고무 호스로 공기 압축기와 스프레이건을 연결한 다음, 공기 압축기에 붙어 있는 공기 조절기(레귤레이터)로 압력을 조절하면 된다. 그러나 대형 공방에서 대용량 공기 압축기를 사용한다면, 호스가 바닥에 굴러다니도록 하는 것보다는 파이프로 배관을 설치해서 사용하는 것이 낫다. 그렇게 하면 파이프가 공기 저장 탱크의 역할도 약간 하게 된다. 파이프는 벽에 높이 설치하고, 필요한 위치에서 호스를 내린다.

공기를 사용하는 위치가 정해져 있다면, 공기 압축기에서 그곳으로 바로 파이프를 설치하면 된다. 하지만 여러 곳에서 공기를 사용한다면, 공방 가장자리에 돌아가면서 파이프를 설치한다. 파이프를 공기 압축기의 탱크 방향으로 약간 기울여서 설치하면 습기가 탱크로 도로 흘러들어간다. 혹은 파이프 다리 쪽으로 모이도록 하면 배수가 용이하다. 공기압이 떨어지는 것을 막으려면, 지름이 큰 파이프를 사용하고, 벽에서 아래로 내릴 때는 바로 꺾지 말고 곡선을 그리면서 내린다.

제 2 장

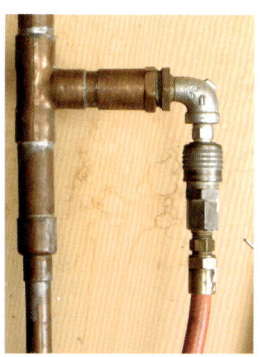

나사가 있는 파이프 철물을 구리관에 납땜한 후, 공기 호스에 연결시킨다.

공기 파이프는 공기 압축기 방향으로 기울어지게 설치한다. 파이프 속의 수분이 압축공기 저장탱크로 도로 흘러들어가게 만들든지, 파이프의 아랫부분에 모이도록 해서 쉽게 제거할 수 있도록 만든다.

공기 압축기를 켜면 자동으로 작동하는 자동 배수 장치의 하나다.

파이프는 흑관(black iron pipe)이나 아연도금관(galvanized pipe)이 좋다. 파이프는 직접 가공하기 어려우므로 배관 전문가에게 의뢰하는 것이 일반적이다. (직접 설치하는 경우, 플라스틱 혹은 PVC 관을 사용하면 절대 안 된다! 플라스틱관은 압축공기 저장용으로 제작된 것이 아니다.) 혹은 구리관을 사용하면 가공도 쉽고 땜질도 용이하다. L형 구리관(역자주: 구리관은 두꺼운 순서대로 K, L, M, N형으로 구분한다.)을 사용하고, 나사형 파이프 철물을 끝에 납땜으로 연결한 후, 공기 배관에 연결한다. 구리관의 땜납이 열에 녹으면서 불꽃이 크게 발생할 수 있으므로, 상업 공방이나 화재의 위험성이 높은 곳에서는 피해야 한다.

필터

압축공기에는 수분이 상당히 포함되어 있기 때문에 공구나 마감작업에 좋지 않은 영향을 미친다. 따라서 공기 호스와 공구 사이에 제습 필터를 설치하거나, 배관 시스템에 필터를 설치해야 한다. 급유식 공기 압축기는 오일필터를 설치해서 오일 입자가 마감재에 섞이지 않도록 해야 한다. 필터는 여러 종류가 있다. 필터/조절기(레귤레이터) 일체형은, 공기 압축기 쪽으로 직접 가지 않아도, 현 작업 위치에서 바로 공기 압력을 조절할 수 있다. 오일 필터, 수분제거필터(에어필터), 그리고 방습제 등이 모두 필터의 종류다. 공기 압축기에 수분이 차는 것을 최소화하려면, 탱크 내 응축수를 주기적으로 비워주어야 한다. 아니면 응축수 자동 배출(오토 드레인) 장치를 설치한다.

표면 손질 공구 | 37

대팻날 세우기

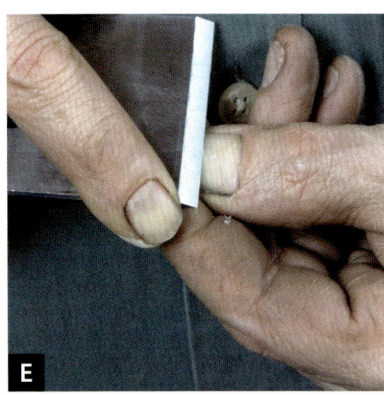

저속(1,725rpm) 그라인더에 화이트 산화알루미늄 휠을 장착해서 대팻날의 주 빗각연마면(primary bevel)을 25° 정도로 세운다(A). 그런 다음 1200-grit 숫돌에서 날을 세운다(B). 날을 세우는 작업을 호닝(honing)이라고 한다. 날의 연마면과 숫돌의 면이 잘 밀착되도록 조금씩 앞뒤로 움직여가면서 자리를 잡는다. 그런 다음 호닝을 시작하는데, 팔뚝과 손목을 고정하고 몸으로 작업해야 연마면의 각이 움직이지 않는다. 날의 좌우측 끝을 중앙부보다 약간 더 연마한다. 이렇게 하면 대패질할 때 대팻날의 양쪽 모서리가 목재 속으로 파고드는 것을 막을 수 있다. 2차 연마면인 리딩에지의 폭은 0.8mm(1/32인치) 이하가 적절하며, 그 이상은 바람직하지 않다.

그다음 단계는 6000-grit 숫돌에서 작업한다. 나구라(nagura)숫돌을 사용하는데, 숫돌에서 생기는 고운 현탁액(slurry)을 이용해서 날의 뒷면을 연마한다(C). 뒷면에 광택이 생기면 날을 다시 뒤집은 후, 앞서 한 것처럼 연마면(primary bevel)을 숫돌면에 정확히 대서 맞춘다. 그런 다음 앞으로 5° 정도 더 기울인 다음 손목과 팔뚝을 고정시킨다. 작은 원을 그리는 듯한 동작으로 연마면의 끝에 날을 세운다. 이 부분을 마이크로베벨(microbevel)이라고 한다(D). 앞서와 마찬가지로 날의 좌우 끝부분은 약간 더 연마한다.

대팻날로 손톱 표면을 얇게 깎아보면 대팻날이 날카롭게 섰는지 확인할 수 있다(E). 마이크로베벨과 힐(heel) 부분은, 연삭 숫돌바퀴(grinding wheel)를 사용해서 연마한 거친 면과 비교해서, 더 반짝이는 것을 확인할 수 있다.

핸드 스크레이퍼 날 세우기

핸드 스크레이퍼(카드 스크레이퍼)에 날을 세우기 위해서는 제일 먼저 줄(file)로 끝부분의 단면을 편평하게 갈아낸다. 거친 연마용 줄(single-cut mill bastard file)을 쓰면 되는데, 슴베(손으로 잡는 끝부분)를 클램프나 고정용 쐐기(bench dog)에 고정한 다음 작업한다(A). 손가락이 고무재질로 코팅된 작업용 장갑을 끼면 손도 보호할 수 있고 스크레이퍼도 단단히 잡을 수 있다. 단면이 완전히 편평하게 연마하면, 전 길이에 걸쳐서 빛이 일정하게 반사된다.

다음 단계로 단면을 1200-grit 숫돌에서 연마한다. 스크레이퍼를 약간 휘어잡으면 숫돌과 스크레이퍼 사이를 직각으로 유지할 수 있다(B). 작은 원을 그리면서 앞뒤로 움직여서 줄 작업으로 생긴 자국을 없앤다. 그런 다음 스크레이퍼 양면을 숫돌에 대고 갈아서 버(burrs)를 없앤다.

스크레이퍼를 작업대 끝에서 0.8mm(1/32인치) 정도 안쪽에 댄다. 등유나 경유를 한두 방울 윤활제로 바른 다음, 버니셔를 적절한 세기로 누르면서, 스크레이퍼 면에 평행하게 몇 번 당겨준다. 마지막엔 버니셔를 10° 정도 눕힌다(C).

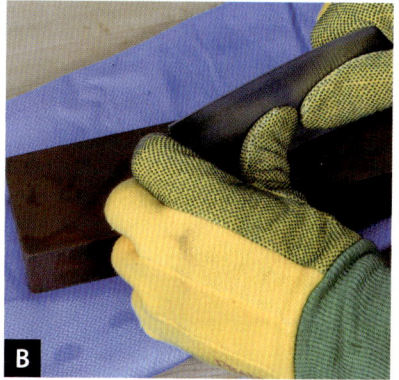

[TIP] **스크레이퍼에 날을 세울 때 사용하는 압력의 크기는 체중계를 이용해서 가늠해볼 수 있다. 10kgf 정도의 세기로 누르면 적절하다(D).**

스크레이퍼 가장자리를 손상시키지 않도록, 스크레이퍼 중앙부를 클램프로 고정시킨다. 버니셔가 스크레이퍼 면과 직각을 이루도록 손에 잡고, 10kgf 정도의 힘으로 누른 채, 몇 번 당긴다(D). 그리고 나서 5° 정도 기울인 다음, 같은 압력으로, 두세 번 더 누르면서 당긴다. 마지막엔 12° 정도 기울여서 당긴다(E).

날 세우기

캐비닛 스크레이퍼 날 세우기

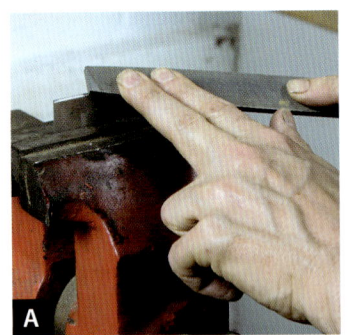

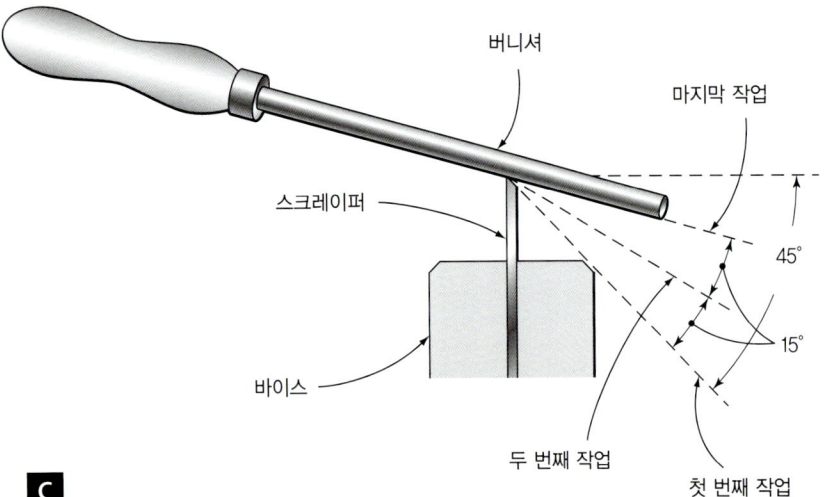
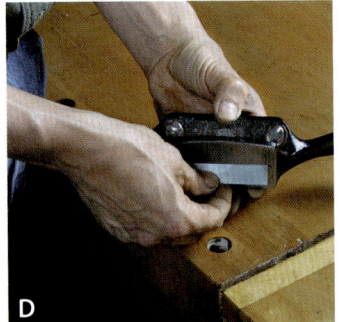

캐비닛 스크레이퍼도 핸드 스크레이퍼와 유사한 방법으로 날을 세운다. 다만, 스크레이퍼 한쪽 모서리에만 버(burr)를 만든다. 스크레이퍼를 바이스에 단단히 고정한 다음, 파일(file)을 사용해서 단면을 45° 빗각으로 연마한다. 스크레이퍼의 뒷면 모서리에 일정하게 전부 버가 생길 때까지 파일로 연마한다.

스크레이퍼의 뒷면을 1200-grit 물숫돌(혹은 기름숫돌)로 연마해서 버를 없앤다. 그다음, 1200-grit 숫돌에서 빗각 연마면을 간다. 강한 불빛으로 비스듬히 비춰보면, 작업이 제대로 되었는지 확인할 수 있다. 처음의 거친 줄작업 자국이 남아 있는 부분은 흐릿하게 보이지만, 제대로 연마된 부분은 반짝인다.

핸드 스크레이퍼와 마찬가지로 버니셔로 뒷면을 따라 눌러 당겨주면서 가장자리를 다듬는다. 이때 버니셔를 약간 기울인다(B).

스크레이퍼를 바이스에 고정하고, 버니셔를 45°로 잡고, 빗각 연마면 위를 눌러 몇 번 잡아당긴다. 그런 다음 수평 방향으로 15° 정도 각을 줄인 다음 몇 번 더 눌러 당긴다. 마지막에 각을 15° 정도 더 줄인 다음 몇 번 눌러 당긴다. 마지막 단계에서 버니셔는 수평과 15° 정도 각을 이룬다(C).

버를 손상시키지 않으려면 스크레이퍼를 밑에서부터 올려 본체에 끼운다(D). 두 개의 나사를 조여서 날을 고정한 다음, 뒷부분 중앙의 나비나사를 조인다(E). 이렇게 하면, 스크레이퍼의 가운데 부분이 눌려서 약간 휘어진다. 일부 조정한 후에는 대팻밥이 깔끔하게 넓게 깎일 것이고, 작업하기 어려운 컬리메이플(curly maple; 컬리단풍)에서도 패이거나 날 자국이 생기지 않는다.

곡선 스크레이퍼 날 세우기

파일을 사용해서 손으로, 거위목 스크레이퍼(gooseneck scrapers) 및 곡선 스크레이퍼(curved scrapers)를 연마하는 것은 약간 어렵다. 더 좋은 방법은 Dremel™에 고운 산화알루미늄 휠을 장착해서 가장자리 단면을 연마하는 것이다(A). 그런 다음, 1200-grit 숫돌에서 스크레이퍼의 넓은 면을 연마함으로써, 단면에 생긴 버를 없애준다. 가장자리를 다듬은 후에는 버니셔로 버를 만드는데, 버니셔를 아래로 5° 정도 기울여서 작업한다(B). 스크레이퍼를 목제 쇼울더 바이스에 고정한 후 작업하는 편이 더 쉽다.

곡선 스크레이퍼의 오목한 부분을 연마할 때는, 320-grit 탄화규소 방수사포를 고무 드럼(rubber drum) 둘레에 감은 다음, 비눗물을 약간 적셔서 작업한다(C). 볼록한 면도 이런 방식으로 작업할 수 있다.

[VARIATION] 25mm×760mm(1인치×30인치) 크기의 소형 탁상 벨트 샌더에 320-grit 벨트를 끼워서, 연마 및 버 세우는 작업을 한꺼번에 빠르게 할 수 있다. 벨트가 아래 방향으로 회전하면서, 연마 및 버 작업이 동시에 진행된다. 이때 작업 중에는 벨트 뒤쪽에 있는 고정판을 제거한다.

제 3 장

마감작업 도구

붓
- ▶ 붓 세척 및 보관 (51쪽)
- ▶ 굳어진 붓을 되살리는 법 (52쪽)

분무 장비
- ▶ 압력 용기 기본 세팅 (53쪽)
- ▶ 스프레이건 세척 및 보관 (54쪽)
- ▶ 스프레이건 세팅 (55쪽)
- ▶ 터빈 구동 스프레이건 (56쪽)
- ▶ HVLP 변환 건 (57쪽)

마감작업에 사용되는 도구는 천, 붓, 그리고 스프레이건 세 가지다. 천이나 붓으로 칠하는 것은 경제적이긴 하나 노력이 많이 들고, 분무(spray)는 빠르기는 하나 비경제적이다. 분무 도장도 완벽하지는 않으므로, 천이나 붓으로 마감재를 칠하는 것도 이상할 것이 없다. 이 장에서는 마감재를 칠하는 도장 공구에 대해서 알아본다.

손으로 작업하는 도구

마감작업은 손으로 직접 쉽게 할 수 있다. 천, 종이 수건, 붓 중 하나를 사용한다.

헝겊, 천, 패드

흡수가 잘되는 깨끗한 면천은 모두 마감작업에 사용할 수 있다. T셔츠를 만드는 데 많이 사용되는, 100% 무명이 좋다. 와이핑 바니쉬(wiping varnishes) 기법을 적용하는 데는 종이 수건도 좋다. Vita™이나 Scott™처럼 표면 요철이 없는 것이 좋다. 프렌치 폴리싱(French polishing) 기법에는 리넨(linen; 아마), 100% 양모(wool), 모슬린(muslin; 고운 면직물) 등이 적합하다. 셸락이나 래커를 패딩기법으로 칠할 때는 적절한 패드를 도료 전문점에서 구할 수 있다. 점조성 천(tack cloth)은 마감의 각 단계별 사포질 후 분진을 제거하는 데 적합하다. 넓은 바닥이나 벽에 마감재를 칠할 때는 양모 장착 도장도구(lamb's-wool aplicators)나 사각형 천 패드(short-nap rectangular pads)를 사용할 수 있다. 바니쉬나 수성 마감에는 스펀지붓(foam brushes; 폼브러쉬)이 적합하다.

제 3 장

왼쪽 위에서부터 시계 방향으로, T셔츠 천 및 종이 수건은 일반적인 스테인(stain) 혹은 글레이징(galzing) 작업에 적합하다. 곱고 보풀이 없는 패딩(사진의 가운데)은 마감재를 칠할 때 혹은 광택을 낼 때 사용된다. 점조성 천(아래 오른쪽)은 분진을 닦아낼 때 좋고, 올이 굵은 삼베(burlap)는 페이스트 우드필러(paste wood filler; 눈메꿈재) 작업 시 표면을 문지를 때 사용하며, 모슬린은 프렌치 폴리싱 작업에 사용한다.

붓

붓은 재질, 모양, 가격에 따라 종류가 아주 많지만, 크게 둘로 나눌 수 있다: 천연소재 혹은 합성소재. 천연 강모붓(bristles)은 주로 돼지털(China bristle)로 만들며, 유성 마감, 바니쉬, 셸락, 래커 등을 칠할 때 사용할 수 있다. 합성 강모붓은 나일론이나 폴리에스터 같은 인조 섬유를 사용해서 만든다. 합성 강모붓은 수성 마감재를 포함한 대부분의 마감작업에 사용할 수 있다. 붓을 선택할 때 중요한 것은 털의 모양이다. 둥글고 털이 많은 것은 마감재를 많이 흡수시킬 수 있고, 반면에 끝이 끌의 날처럼 뾰족하게 모아지는 붓(chisel tip brushes; 치즐팁 브러쉬)은 구석이나 패인 곳을 칠할 때 좋다.

사각형 붓은 끝이 직각 모양이다. 이 붓은 저렴하며, 크게 중요하지 않은 일반적인 작업에 사용한다. 끝이 뾰족하게 모아지는 붓은, 중앙부에 긴 털을, 그리고 가장자리에 짧은 털을 수작업으로 배치한 것이다. 이 붓으로 더 매끈하게 칠할 수 있다. 붓은 둥근 붓도 있고 사각형 붓도 있지만, 둥근 붓에 털이 두 배 정도 더 많이 들어 있다. 따라서 마감재를 그만큼 더 많이 흡수하므로 더 낫다고 할 수 있다.

붓은 크게 두 종류로 나눌 수 있다. 스펀지붓, 합성 패드, 합성 강모붓은 등은 합성 붓이다(사진의 위쪽). 천연 붓은 주로 돼지털을 사용해서 만든다. 아래에서 세 번째는 오소리 털로 만든 것이고, 맨 아래쪽은 돼지털에다 염색을 해서 오소리 털 느낌을 낸 것이다.

태클론 붓(Taklon brush; 사진의 왼쪽)은 구석에 칠할 때는 좋지만 마감재를 많이 흡수하지는 못한다. 둥근 바니쉬 붓(사진의 오른쪽)은 마감재를 많이 흡수하며, 또한 몰딩(moldings) 등을 전체적으로 감싸면서 칠할 수 있다. 모조 오소리 붓(가운데)은 이 둘의 중간이다.

기본 구성

각종 마감작업에 사용되는 기본적인 붓은 다음과 같다.

끝이 뾰족한(치즐팁) 양질의 사각 강모붓 두 자루를 구비해서 투명 마감재를 칠할 때 사용한다. 세밀한 작업에는 25mm 폭의 붓이 적합하며, 넓은 면적은 60mm 붓으로 두루 칠할 수 있다. 50~60mm 붓이 3~4만 원 정도다.

만 원 이하의 저렴한, 원형 혹은 사각형 붓 몇 개를 구비하여, 스테인이나 글레이즈(glaze)를 칠할 때 사용한다.

1~3만 원대의, 양질의 50mm 합성 강모붓을 구비해서, 수성 마감재를 칠할 때 사용한다.

미술붓도 갖추어두면 좋다. no. 1, no. 4를 포함하여, 몇 개를 준비해두면, 섬세한 작업에 쓸 수 있다. 가격은 개당 6~7천 원 정도다.

고운 나일론으로 만든 미술붓(통칭: 태클론 붓)과 25~60mm 크기의 치즐컷(끝이 끌날 형태) 원형 붓을 몇 개 구비해두고, 글레이징(역자주: 하도 위 채색 작업), 고가구 풍의 작업, 그리고 국부적으로 하이라이트를 넣는 작업 등에 사용할 수 있다.

스프레이건

스프레이건은 압축공기로 액상 마감재를 뿌리는 도구다. 지난 4반세기 동안 이 분야는 엄청나게 발전했다. 낭비되는 마감재 양을 줄이고 가구 등에 직접 도장되는 비율을 높이기 위해서, 즉 도착효율(transfer efficiency)을 개선하기 위해서 스프레이건을 설계하는 사람들은 많은 노력을 기울였다. 무화(atomization)시키는 방법, 즉 액상 마감재를 작은 입자로 변환시키는 방법이 도착효율을 결정한다. 마감재를 무화시키는 방법은 크게 세 가지다: 전통적인 고

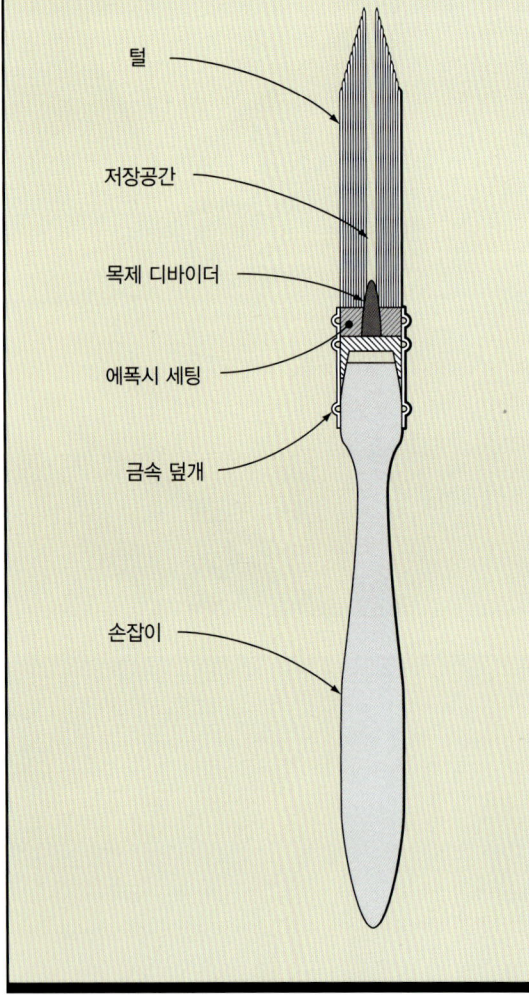

붓의 구조

붓의 털은 손잡이에 에폭시로 고정되어 있다. 이를 금속 덮개로 감싸고, 리벳을 박아 손잡이에 고정시킨다. 붓에 마감재가 많이 흡수될 수 있도록, 목제 디바이더를 가운데에 삽입하여 저장공간을 만들어준다. 붓을 마감재에 담그면, 모세관 현상을 통해서 마감재가 털 속으로 흡수되어 저장공간에 모이게 된다.

- 털
- 저장공간
- 목제 디바이더
- 에폭시 세팅
- 금속 덮개
- 손잡이

제 3 장

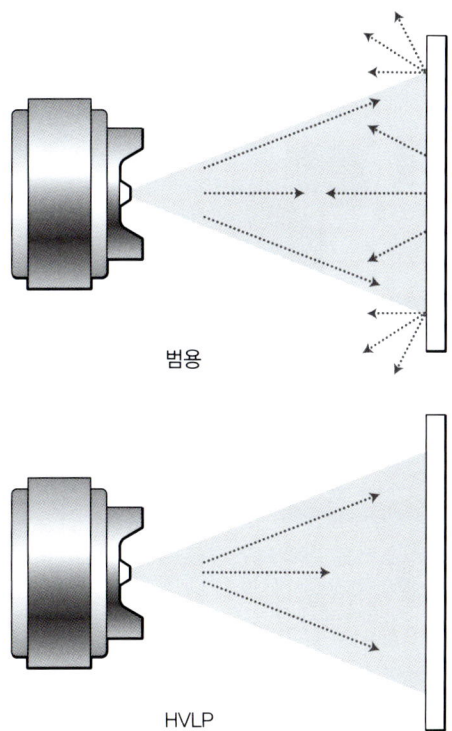

범용

HVLP

터빈구동방식의 HVLP 건(High-Volume, Low-Pressure guns)은 일반적으로 하나의 시스템 단위로 판매되며, 건(gun), 터빈, 그리고 공기를 많이 내보내야 하기 때문에 지름이 큰 공기호스가 포함되어 있다.

변환방식의 HVLP 건은 공기 압축기에서 나오는 고압의 공기를, 압력은 낮추고 부피는 늘리는 방식으로 변환시킨다. 스프레이건의 크기 및 공기호스의 지름이 작다는 것을 알 수 있다.

압 스프레이 방식, 저압 스프레이 방식(HVLP, High-Volume, Low-Pressure), 그리고 에어리스(airless) 방식.

범용 스프레이건

오랫동안 사용된 전통적인 스프레이건은, 공기 압축기로부터 나오는 압축공기가 마감재를 뿜어내면서 무화시키는 방식이다. 매우 매끈한 마감을 얻을 수는 있지만, 낭비가 심하다. 고속으로 분사되기 때문에 오버스프레이(overspray), 즉 목재 표면에서 튕겨져 나온 후 비산되는 양이 많다.

HVLP

저압 스프레이건(HVLP guns, High-Volume Low-Pressure guns)은 전통적인 스프레이건과 작동 방식은 같지만, 도착효율이 훨씬 높다. 이름에서 알 수 있듯이 많은 양의 마감재를 저속으로 분사하기 때문에

오버스프레이가 훨씬 적다. HVLP에는 두 가지 형태가 있는데, 공기를 보내는 형식에 따라 터빈구동(turbine-driven)방식과 변환(conversion)방식이다.

터빈구동방식의 HVLP 시스템에는 많은 양의 공기를 보낼 수 있는 터빈이 장착되어 있다. 따라서 통상의 대용량 공기 압축기를 구입하지 않아도 된다. 가격은 수십만 원에서 100만 원 전후이며, 70만 원 정도면 괜찮은 것을 구매할 수 있다.

변환방식 스프레이건은 일반적인 공기 압축기를

마감작업 도구 | 45

제 3 장

LVLP 건(왼쪽)이 HVLP 변환 건(오른쪽)보다 에어 캡 구멍 지름이 더 작다. LVLP 건은 부채꼴 모양으로 분무하지 못하고 분무량도 적지만, 요구되는 공기량이 HVLP 변환 건보다 적기 때문에 저용량의 공기 압축기로도 작업 가능하다.

에어어시스티드 에어리스 펌프(air-assited airless pumps)는 도착효율과 속도가 빠르기 때문에 인기가 높다. 고압 펌프를 사용해서 스프레이건의 미세 구멍으로 마감재를 분무한다.

사용한다. 공기를 제한해서 공기압은 낮추고 부피는 늘린다. 초기의 변환방식 모델은 많은 양의 공기가 필요했으나, 그 이후 LVLP 건(Low-Volume, Low-Pressure guns)이 개발되었는데, 이것은 10cfm 이하의 공기로도 작동이 잘되므로 소형 공기 압축기로도 구동이 가능하다. 변환방식 스프레이건 가격은 저렴한 것은 10만 원 정도며, 산업용은 60만 원 정도다.

에어리스건과 에어어시스티드건

에어리스건은 고압 피스톤 펌프로 구동한다. 마감재는 노즐의 작은 슬릿(slit; 좁고 길쭉한 틈새)을 통해서 14~41MPa(2000~6,000psi)로 뿜어진다. 에어리스 방식은, 주변의 일반적인 작업에서 페인트를 두껍게 칠할 때 좋다. 즉, 표면이 아주 매끈하지는 않더라도 작업을 신속히 진행해야 하는 경우에 적합하다.

에어어시스티드(air-assited; 공기보조식) 에어리스 건은, 원리는 에어리스와 같지만, 압력이 더 낮고, 특수한 에어캡을 사용해서 마감재를 한 단계 더 무화시킨다. 에어리스 장비의 가격은 200만 원 이상이며, 작업속도를 높이고 오버스프레이를 줄이는 것이 중요한 산업용으로 적합하다.

스프레이건 기초

스프레이건 작업의 요지는 미세하게 무화된 마감재를 균질하게 가구 등 작업물에 칠하는 것이다. 마감재의 점성, 스프레이건 세팅이 성공 여부를 결정짓는다.

처음에는 마감재를 희석하지 않고 분무해본다. 만약 마감재의 점성이 너무 높으면 칙칙거리면서 제대로 분무되지 않는다. 이 경우 니들(needle) 및 노즐(nozzle)의 크기를 키우거나, 마감재 1ℓ당 희석제(thinner)를 30g 단위로 점진적으로 추가해가면서, 균질하게 도장할 수 있도록 맞춘다. 요즘은 환경보호 차원에서 용제(솔벤트)를 희석제로 권하지 않는 추세다. 수성 마감재는 5~10%를 넘지 않는 범위에서 물로 희석한다. 불확실하면 마감재 제조사에 문의한다.

제 3 장

스프레이건 구조

공기 압축기를 사용하는 **스프레이건**은 작동 원리가 거의 같다. 터빈구동식은 약간 차이가 있지만, 기본 구조는 같다. 공기 압축기로부터 배출된 공기(녹색)가 공기유입구(A)를 통해 들어온다. 공기유입을 조절할 수 있는 밸브(B)가 붙어 있는 경우도 있다. 방아쇠(C)를 당기면 플런저 로드(plunger rod, D)가 눌리면서 밸브가 열리고 에어캡(E)을 통해서 공기가 분출된다.[1] 방아쇠를 더 잡아당기면 스프링 장착 니들(F)이 뒤로 밀리면서 토출구가 열리고 마감재(회색)가 에어캡에서 무화되면서 분무된다.

토출량 조절 밸브(G)는 니들이 뒤쪽으로 이동하는 거리를 제한함으로써 마감재의 토출량을 제한한다. 패턴 조절 밸브(H)를 닫으면 공기는 에어캡의 가운데 구멍 및 옆의 작은 구멍을 통해서만 배출된다.[2] 이때 마감재는 작은 원형 패턴으로 분무된다. 토출량 조절 밸브를 뒤로 열면 에어캡의 바깥쪽 뿔에서도 공기(주황색)가 배출되면서 패턴이 원형에서 타원형으로 납작하게 바뀐다.

[1] 터빈 블리더스타일 건(turbine bleeder-style guns)은 터빈을 켜면 공기가 에어캡을 통해서 지속적으로 토출되며, 별도의 에어밸브가 없다.
[2] 터빈 건(turbine guns)은 에어캡을 돌려서 패턴의 폭을 조절한다.

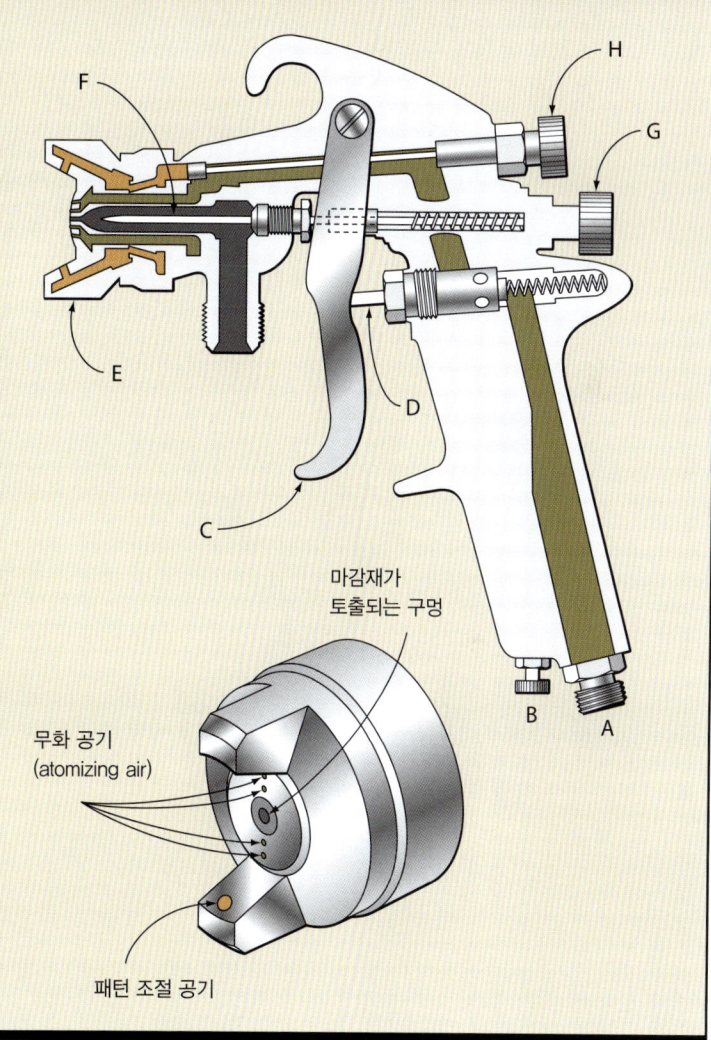

보호 장비

대부분의 마감재에는 인체에 유해한 물질이 포함되어 있다. 따라서 작업자의 피부, 눈, 폐를 보호해야 한다. (287쪽 참고)

장갑

용제나 마감재를 다룰 때는 양질의 내약품 안전 장갑을 착용한다. 얇은 비닐, 라텍스 계열의 장갑은 오래가지 않으므로 튼튼한 장갑이 필요하다. 니트릴(nitrile) 장갑이 좋은데, 특히 솜털을 덧댄 것이 손의 땀을 흡수할 수 있어서 아주 좋다. 페인트 제거제와 같은 독한 약품을 계속 취급하면, 두꺼운 고무(neoprene)장갑이 제일 낫다. 장갑이 두터우므로, 안에 면장갑을 하나 더 착용하면 훨씬 더 편하다.

마감재 공급 원리

스프레이건에 마감재가 공급되는 원리는 다음 4가지 중 하나다.

흡상식(suction)–전면으로 공기가 분출되면서 생기는 흡입작용으로 인해서, 마감재가 벤튜리관을 통해서 저장소로 흡인된다. 즉, 아래쪽 마감재 용기로부터 마감재가 튜브를 통해서 빨려 올라간다. 범용의 고압 스프레이건에 적절한 방식이며, 점도가 높은 마감재를 낮은 압력에서 사용하는 HVLP 건에서는 부적합하다.

중력식(gravity)–마감재가 자중으로 스프레이건 속으로 공급되므로 흡상식의 문제점을 해결할 수 있다. 점도가 높은 마감재를 효과적으로 분무하며, 세척도 쉽다.

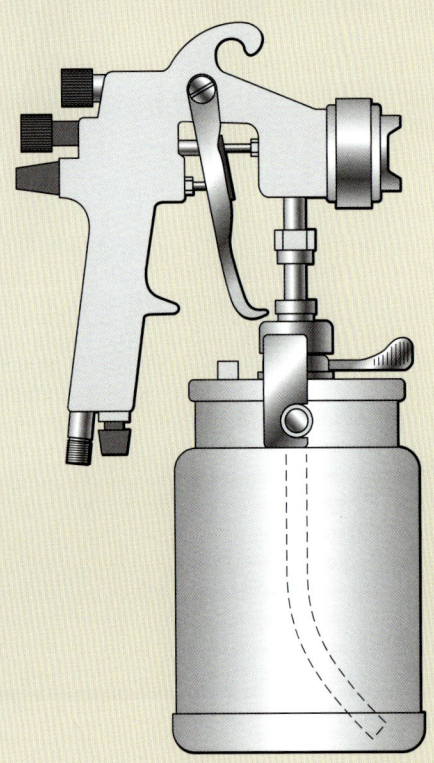

흡상식 스프레이건은 사이펀 원리를 이용해서 용기에서 마감재를 빨아올린다. 용기 윗부분에 공기구멍 밸브가 붙어 있는 것을 볼 수 있다.

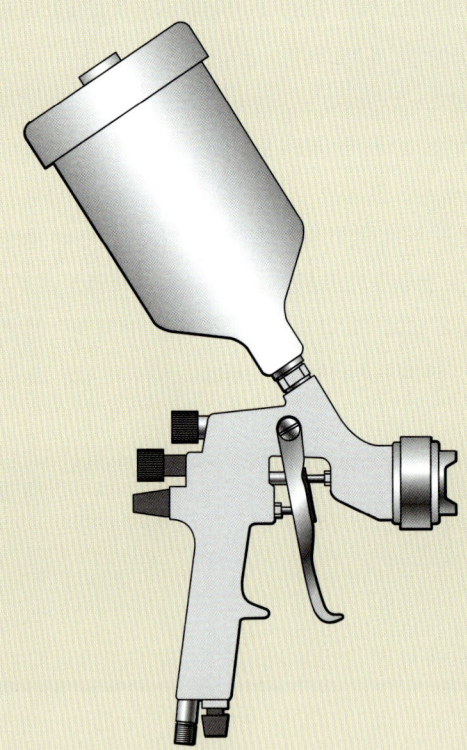

중력식 스프레이건은 용기가 위쪽에 붙어 있다. 이것도 용기에 공기구멍이 필요하다.

제 3 장

압송식(pressure) – 압송 공급 시스템에서는, 스프레이건의 용기 혹은 호스로 스프레이건에 연결된 별도의 원격 압력 용기에 압축공기로 압력을 가한다. 압송식 스프레이건 내에는 1ℓ 정도의 마감재가 들어가지만, 별도의 원격 압력 용기에는 크기에 따라 2~200ℓ 정도 담을 수 있다.

펌프식(pump) – 펌프 공급 시스템에서는 다이아프램 펌프 혹은 피스톤 펌프를 사용해서 마감재를 스프레이건으로 보낸다. 범용 스프레이건이나 HVLP 건에서는 다이아프램 펌프를 사용할 수 있지만, 에어리스와 에어어시스티드 에어리스 스프레이건에는 피스톤 펌프를 사용해서 마감재를 고압으로 공급한다.

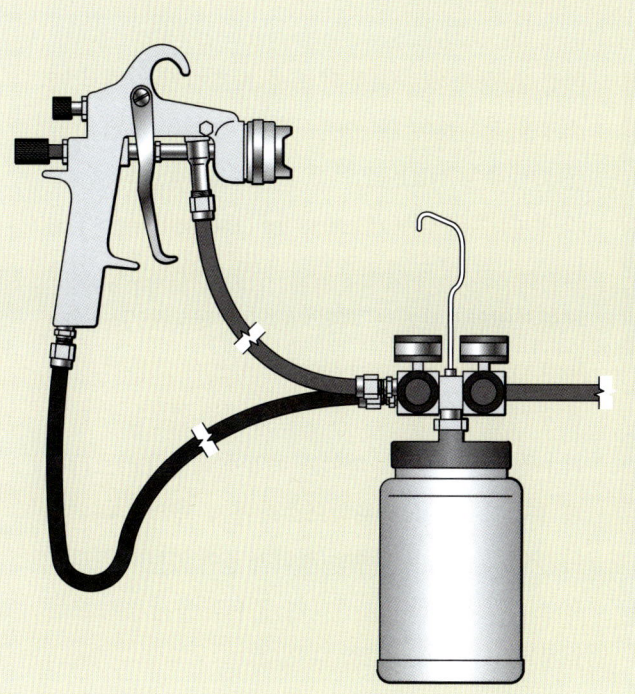

용기에서 스프레이건으로 압력을 사용해서 마감재를 공급하는 방식이 압송식 스프레이건이다. 그림은 별도의 원격 압력 용기를 사용하는 경우인데, 작업 시 스프레이건을 좀 더 자유로이 사용할 수 있다.

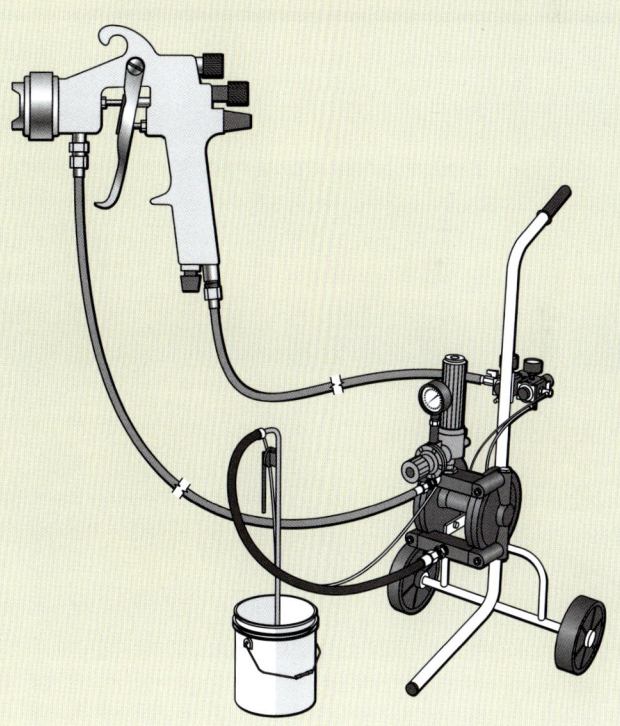

그림은 다이아프램 펌프 시스템이다. 공기 압축기가 공기를 공급하고, 그 힘으로 펌프가 사이펀의 원리를 통해서 마감재를 스프레이건으로 보내는 구조다.

▶ Jewitt의 분무 작업 규칙 3가지

1. 가능한 한 낮은 압력을 사용한다. 재료를 절약하고 오버스프레이를 줄일 수 있다. 오렌지필(orange peel; 마감작업 표면에 오렌지껍질과 같은 거칠고 작은 홈이 생기는 현상으로 공기압이 낮거나 마감재의 점성이 높으면 발생)이 생기면, 매끈한 표면을 얻을 때까지 공기압을 5psi(0.034MPa; 0.35kgf/cm²)씩 증가시킨다. 그래도 해결되지 않으면 마감재를 희석한다. 이것 마저도 안 되면, 니들/노즐을 작은 걸로 교체해본다.

2. 최상의 마감을 위해서는 마감재를 희석하지 말고, 가능한 한 작은 크기의 니들/노즐-에어캡 조합을 사용한다. 노즐의 지름이 작을수록 무화가 잘된다. 작은 노즐을 사용하기 위해서 희석을 해도 되나, 지나치지 않도록 주의한다.

3. 스프레이건은 세척을 잘 해서, 항상 깨끗하게 유지한다. (54쪽의 스프레이건의 세척 및 관리를 참고해서 항상 최상의 상태를 유지시킨다.)

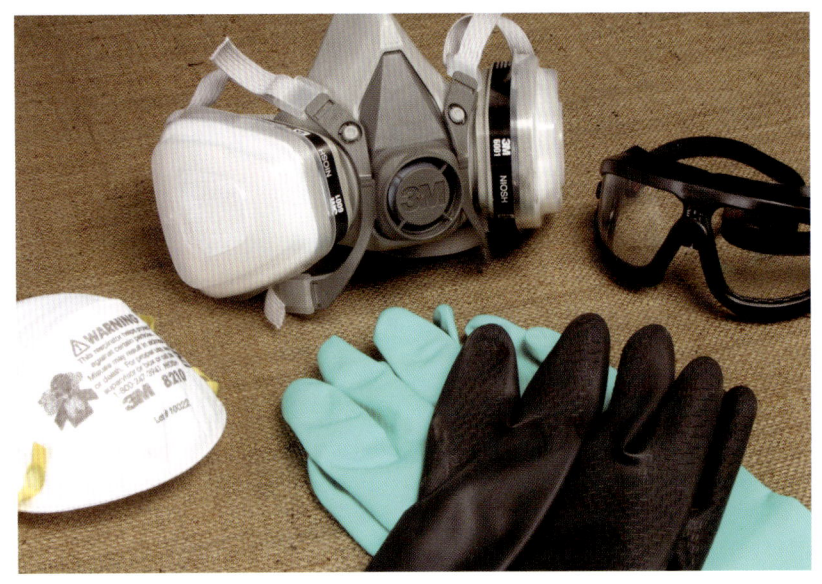

마감작업을 할 때는, (위에서 시계 방향으로) 유기증기용 카트리지형 방독마스크, 비말방지용 보안경, 니트릴 장갑(녹색), 네오프렌 고무장갑(흑색), 분진 마스크 등이 필요하다.

눈 보호

마감작업을 할 때는 양옆도 막혀 있는 사이드비말방지 보안경을 착용해야 한다. 목공 장비를 다룰 때 사용하는 일반적인 보안경은 적합하지 않다. 식염수를 사용하는 비상 안구세척대도 갖추고 있으면 좋다.

호흡기 보호

마감작업을 할 때는 목재 분진, 오버스프레이된 마감재, 용제 증기로부터 몸을 보호하기 위해서 마스크를 착용해야 한다. 사포질을 할 때는 목재 분진을 막아주는 NIOSH 인증 호흡보호구를 착용한다. (역자주: 미국 CDC(Centers for Disease Control and Prevention, 미국 질병통제관리국) 산하에 있는 미국 국립산업안전보건연구원(NIOSH, National Institute for Occupational Satety and Health)은 호흡기 장비들에 대한 시험을 실시하고 품질 인증 업무를 수행한다.) 유기 증기, 박무, 페인트 작업에 적합한 카트리지형 호흡보호구를 착용함으로써 용제 증기에 대비해야 한다. 분진을 막아주는 필터가 붙어 있는 카트리지형 호흡보호구 착용을 권하며, 분진과 용제 증기 모두로부터 호흡기를 보호할 수 있다.

붓 세척 및 보관

붓을 여러 개 구비하면, 가격이 제법 나가므로 잘 관리해야 한다. 붓을 사용한 후에는 마감재 찌꺼기를 전부 제거하고, 붓의 털 모양이 변형되지 않도록 관리해야 한다.

붓의 세척은, 붓에 마감재를 묻히기 전에 이미 시작된다고 할 수 있다: 붓에 마감재를 묻히기 전에, 세척 용제(solvent)에 먼저 담금으로써 털을 펴준다. 이렇게 해두면 나중에 세척하는 것이 훨씬 쉽다. 마감작업을 끝낸 후에는 깨끗한 천으로 붓에 묻은 여분의 마감재를 제거하고, 붓을 세척 용제에 담가 휘젓는다. 용제를 닦아낸 다음, 그리스(grease) 제거제가 포함된 식기 세제로 털에 거품을 낸다. 덮개 가까이 있는 털에 특히 신경을 쓰면서, 앞뒤로 젖히면서 세척제를 고루 묻히고, 손바닥으로 비벼 거품을 낸다(A).

끈적한 느낌이 사라질 때까지 물로 씻어낸다. 그런 다음 다시 한번 씻어낸 후, 손잡이를 양쪽 손바닥 안에 잡고 돌려서 물을 털어낸다(B). 붓솔(brush comb)을 사용해서 털을 고르게 정리한다(C). 종이 수건으로 붓의 옆쪽 및 끝을 감싼다(D). 붓은 매달아놓거나 서랍 속에 보관한다.

A

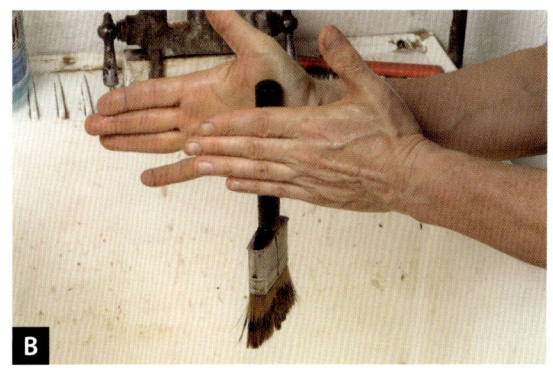

B

C

D

굳어진 붓을 되살리는 법

세척을 적당히 하거나 제대로 하지 않아서, 비싼 붓이 딱딱하게 굳어졌더라도 대부분 되살릴 수 있다. 먼저 붓을 Citristrip™ 같은 NMP(n-methyl pyrrolidone; n-메틸 피롤리돈; 페인트 제거제의 하나) 계열 페인트 제거제에 담근다. NMP는 염화메틸렌(MC, Methylene Chloride) 계열의 페인트 제거제보다는 털에 부담이 적다. 4시간 정도 담가둔 후, 장갑을 낀 손으로 털을 주물러준다(A). 붓을 작업대 끝에 대고, 물러진 마감재를 철솔로 닦아낸다. 털을 세게 눌러야 하며, 특히 덮개 근처를 잘 닦아낸다(B). 따뜻한 물 및 식기 세척제를 사용해서 페인트 제거제/마감재 찌꺼기를 잘 씻어낸다(C). 남은 찌꺼기가 있으면 붓솔을 사용해서 전부 털어내고, 털을 정리한다. 따뜻한 물을 다량 사용해서 마지막으로 헹군다. 앞에 설명한 붓 보관법대로, 붓을 싸서 보관한다.

압력 용기 기본 세팅

원격 용기에 마감재는 다음과 같이 넣는다. 먼저 압력 용기에 마감재를 반쯤 채우고 뚜껑을 체결한다. 공기 호스를 용기의 공기 조절기(air regulator)에 유출구에 연결하고, 마감재 호스도 마감재 유출구에 연결한다. 스프레이건의 공기 유입구에 공기호스를 연결하고, 또한 마감재 호스도 마감재 유입구에 연결한다(A). 모두 단단하게 체결시킨 다음, 케이블 타이로 선을 묶는다. 공기 압축기의 공기 호스를 마감재 용기의 공기 조절기에 연결한다. 공기 조절기의 역할은, 공기 압력의 일부는 용기로 보내고, 나머지는 스프레이건을 작동시키도록 나누는 것이다.

압력을 맞추는 방법은, 먼저 용기의 조절기 압력을, 투명 마감재는 5psi(0.034MPa; 0.35kgf/cm^2), 두꺼운 도장은 10psi(0.068MPa; 0.70kgf/cm^2) 정도로 맞춘다. 스프레이건의 공기 유입을 닫은 상태로, 마감재가 뿜어질 때까지 방아쇠를 당긴다. 마감재가 분출되는 형태가, 아래로 휘기 전에 일직선으로 300~400mm 정도 뻗도록, 용기의 압력을 맞춘다(B). 이것이 일반적인 작업 압력이지만, 작업 속도에 맞춰 조절할 수 있다.

마감작업이 끝나고 세척을 해야 하는데, 스프레이건과 마감재 호스를 거꾸로 불어내야 한다. 공기 압축기를 끄고, 용기의 압력을 내린 다음, 용기의 뚜껑을 분리한다. 공기 호스를 다시 연결한 다음, 손가락으로 스프레이건의 노즐을 막고 방아쇠를 당기면, 마감재가 용기 방향으로 거꾸로 흐르게 된다(C). 마지막으로 용제를 사용해서 시스템 내부를 씻는다. 용기에 용제를 반쯤 채운 다음, 이전처럼 용기에 압력을 넣고, 스프레이건의 무화 밸브를 닫고, 용제를 용기에 도로 분사시킨다(D).

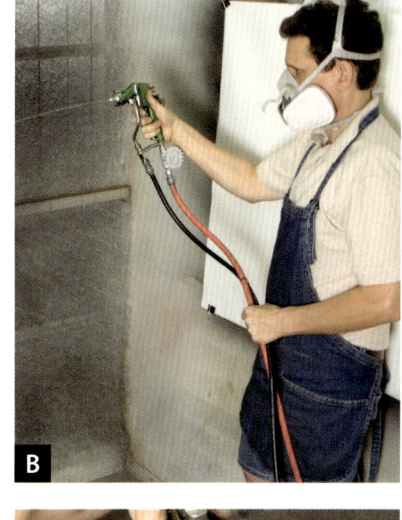

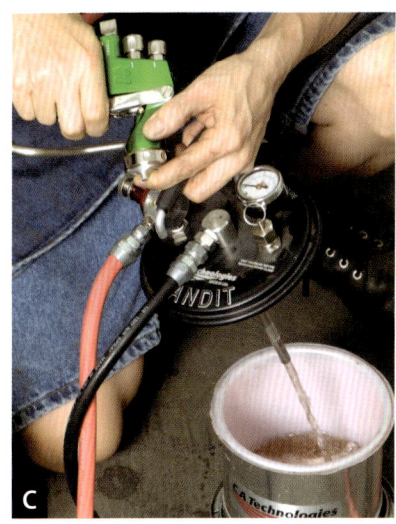

분무 장비

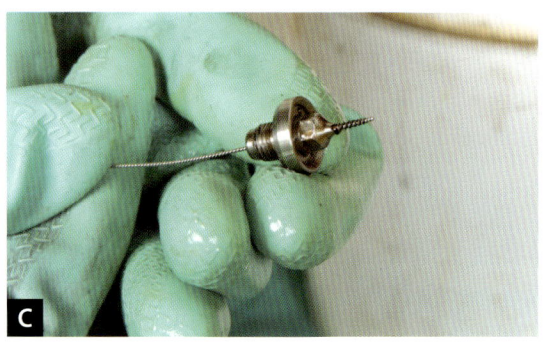

스프레이건 세척 및 보관

스프레이 마감과 관련된 문제는 대부분 스프레이건의 에어캡, 니들, 노즐 등을 주기적으로 세척하지 않을 때 발생한다. 관리에 필요한 솔, 니들 등은 유관 업체에서 구입할 수 있다. (298쪽의 유관업체 참고) 에어캡, 니들, 노즐을 스프레이건에서 분리한 다음 적절한 용제에 담근다. (스프레이건 본체는 절대 용제에 담그지 않는다.) 니들은 깨끗한 천으로 닦고, 에어캡은 부드러운 황동솔로 닦는다(A). 에어캡의 뒤쪽에서 공기구멍 속으로 와이어 니들을 밀어 넣는다(B). 에어캡의 가운데 구멍을 청소한 다음, 작은 황동솔을 노즐 구멍으로 밀어 넣는다(C). 찌꺼기를 전부 닦아 내고 안팎으로 고루 살핀다. 니들보다 노즐을 먼저 넣고, 스프레이건을 다시 조립한다. 그런 다음 니들에는 바셀린이나 스프레이건 윤활제를 작은 솔을 사용해서 바르고, 방아쇠 나사에도 윤활제를 바른다.

몇 시간 내로 스프레이건을 다시 사용할 예정이면, 이렇게 전체적인 세척은 하지 않아도 된다. 대신에, 스프레이건을 용기 위에 대고 방아쇠를 당겨 마감재를 빼낸다. 그런 다음 깨끗한 용제를 조금 뿜어낸다. 에어캡을 빼내서 작은 아세톤 용기에 담가둔다(D). 이렇게 하면 마감재가 에어캡 구멍 안에서 굳어지지 않는다. 나중에 사용하기 전에, 아세톤을 완전히 기화시킨 후, 에어캡을 조립한다.

스프레이건 세팅

마감재를 균질하게 분무하기 위해서는 다음 절차를 따르는 것이 쉽고 정확하다: 먼저 자투리 목재 하나를 세로로 세워두고, 스프레이건의 에어캡을 돌려서 수평 패턴으로 분무할 수 있도록 맞춘다. 목재와 스프레이건 사이의 거리를, 스프레이건 제조업체에서 추천한 만큼 유지한 채, 마감재를 분무한다. 마감재가 흘러내리기 시작할 때까지 분무한다. 이때 마감재 방울 사이의 간격이 서로 비슷하게 유지되면 적절하다(A). 그렇지 못하면, 노즐/에어캡 조합을 바꾸든지, 아니면 부품을 깨끗하게 세척해본다.

흑색 페인트를 백색 크라프트지(craft paper)에 뿌려보면서 문제점을 확인하는 것도 가능하다. 제대로 맞춰졌다면, 에어캡을 수직으로 맞춰 분무하면, 타원형 패턴이 생기는데, 패턴 내 입자가 전부 균질하다(B). 입자가 크고 거칠면, 공기 압력이 낮거나 마감재의 점성이 너무 진한 것이다(C). 필요에 따라, 공기 압력과 마감재의 점성을 적절히 조절한다.

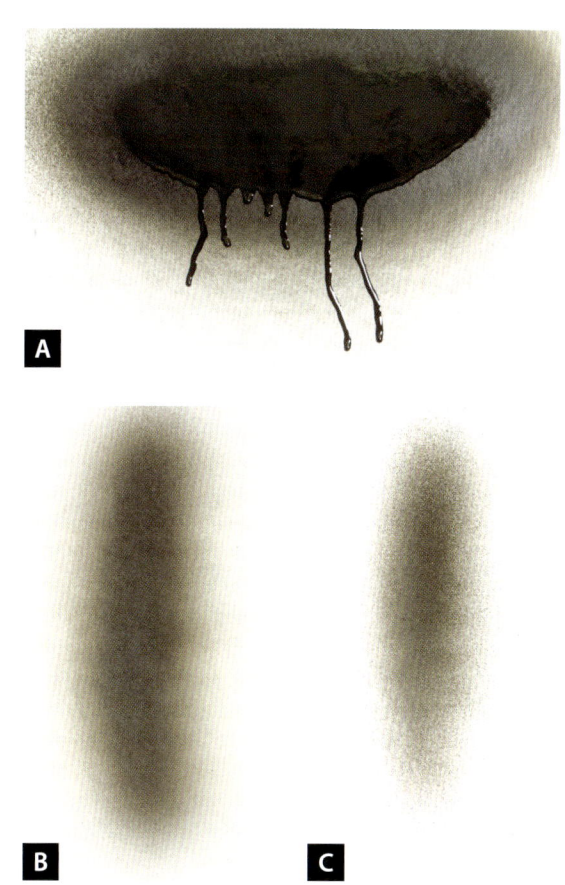

작업물 위에 분무할 때는, 범용 스프레이건은 200~250mm 정도 떨어진 위치에서 분무하고, HVLP 건은 150~200mm 떨어진 위치에서 분무한다. 스프레이건을 작업물 바깥을 조준한 다음 방아쇠를 당긴다. 팔로 원호를 그리지 말고 옆으로 가로지르면서 한 층 분무한다. 마감재에 방울이 맺히면 안 된다. 반대쪽으로 작업물을 완전히 벗어나서 방아쇠를 놓는다. 다음 분무는 첫 번째 칠한 부분과 폭이 반 정도 겹치도록 분무한다. 이런 식으로 끝까지 작업한다. 먼 쪽에서 시작하여 몸 쪽으로 옮기면서 분무하면, 오버스프레이가 마르면서 표면이 거칠어질 수 있으므로, 몸 가까운 쪽에서부터 시작하여 멀어지는 쪽으로 순차적으로 분무하는 것이 좋다(D). 수직면에 분무할 때는 가능한 한 빠르게 작업해야 마감재가 흘러내리는 것을 막

을 수 있다. 스프레이건을 제대로 세팅하고, 작업 속도를 적절히 유지해야, 건조된 후에 표면이 매끈하고 거칠어지지 않는다.

터빈 구동 스프레이건

　HVLP 터빈건을 사용할 때는, 호스 길이가 허용하는 한, 터빈 장치를 작업 위치로부터 멀리 떨어뜨린다. 니들/노즐 크기 조합을 제대로 선정하기 위해서는, 먼저 점도컵(viscosity cup)을 사용해서 마감재의 점성을 측정해야 하는데, 측정법은 제조사가 제시하는 방법에 따른다(A). 스프레이건 컵에 마감재를 채운 다음, 공기 호스를 연결한다. 자투리 패널을 사용해서 시험 분무해본다(B). 사진의 분무 패턴은 너무 크며, 패턴의 가장자리 부분에서 너무 많이 분무된다. 아래 사진(C)은 더 작은 니들/노즐-에어캡 조합을 사용한 것인데, 분무 패턴이 훨씬 균질하다. 가장자리나 작은 면적에 분무할 때는 에어캡을 45° 돌려서 분무 패턴의 폭을 좁힌다(D).

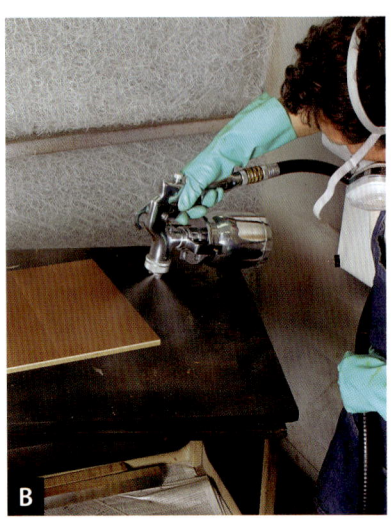

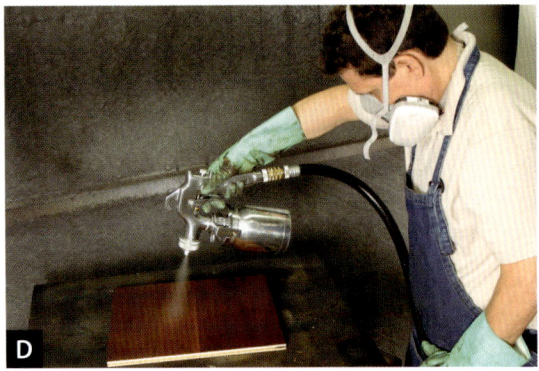

HVLP 변환 건

범용이든 아니면 HVLP, LVLP든 압축공기를 사용하는 스프레이건은 사용할 공기 압력을 정해야 한다. 마감재를 잘 무화시키는 범위 내에서는 가능한 한 낮은 압력을 사용한다. 그래야 재료 낭비를 줄이고, 오버스프레이를 막을 수 있다. 도료 제조사가 압력을 추천하기는 하지만, 사용하는 스프레이건에 맞춰 최적의 압력을 정하는 것이 제일 좋다. HVLP 제조사는 최대 유입 압력을 스프레이건 본체 혹은 사용설명서에 표시해두는데, 스프레이건에서 공기가 아주 약간만 나갈 정도로 방아쇠를 당긴 상태로 공기 압축기의 압력을 그에 맞춘다. 스프레이건에 미니 레귤레이터를 달면, 공기 호스 내에서 떨어지는 압력을 고려할 필요 없이, 좀 더 정확하게 맞출 수 있다(A).

다음으로는 공기조절 밸브와 패턴 조절 밸브를 맞춘다. 먼저 시계 방향으로 끝까지 돌려서 밸브를 닫고 시작하는 게 낫다.

▶ 47쪽의 그림을 참고한다.

스프레이건에 내부 압력조절 밸브가 달려 있으면, 밸브를 열어둔다. 방아쇠를 누른 상태로, 토출량 조절 밸브를 반시계 방향으로 몇 바퀴 돌려 연다(B). 가장자리에 조심스레 분무할 땐 토출량을 적게 조절하고, 넓은 면적에 분무할 때는 완전히 연다. 그다음엔 원하는 분무 폭에 맞춰서 패턴 조절 밸브를 조정한 다음(C), 자투리 보드에 시험 분무해본다. 제대로 도포가 되면, 마감이 비균질하고 거칠어지는 순간까지 공기압을 5psi(0.034MPa; 0.35kgf/cm^2) 단위로 계속 줄인다. 그런 다음 공기압을 다시 5psi 증가시킨다. 이 압력이 작업에 적절한 값이다.

면을 편평하게 연마하기, page 60

곡면 혹은 복잡한 형상 손질, page 74

흠집 수리, page 86

단원 II

마감 전 목재 표면 손질

테이블톱, 라우터, 수압대패, 자동대패 작업 후에 남는 목재 표면의 거친 자국은 마감작업 전에 전부 없애야 한다. 아무리 마감을 잘해도 숨겨지지 않기 때문이다. 마감작업 시간의 33~50%가 목재의 표면 손질에 사용되는 시간이다. 따라서 분진도 적게 생기고 시간도 많이 들지 않는, 또한 정해진 순서대로 효과적으로 수행할 수 있는 적절한 표면 손질 기법을 익히고 있어야 한다. 이 단원에서는 목재의 표면을 손질하는 최선의 방법을 소개하는데, 수공구 및 전동공구 둘 다 사용한다. 편평한 면 및 복잡한 형상의 표면 모두를 대상으로 하며, 최선의 기법, 절삭 공구, 사포질에 관해서 익힌다. 마지막에는 사포질이나 스크레이핑으로도 해결이 잘 안 되는 흠집이나 실수한 부분을 수정하는 방법에 대해서 설명한다.

제 4 장

면을 편평하게 연마하기

수작업으로 연마하기

- 판재를 편평하게 깎기 (65쪽)
- 손 사포질하기 (66쪽)
- 스크레이핑 (67쪽)

전동공구로 연마하기

- 이동식 벨트 샌더로 편평하게 깎고 사포질하기 (68쪽)
- 원형 샌더로 편평하게 깎고 사포질하기 (69쪽)
- 사각형 샌더로 사포질하기 (70쪽)
- 드럼 샌더로 편평하게 깎기 (70쪽)

단판 사포질하기

- 단판 사포질하기 (71쪽)
- 원목에서 단판까지 편평하게 깎기 (71쪽)

가장자리 단면 손질

- 판재 단면 대패질 (72쪽)
- 사각형 샌더로 판재 단면 사포질하기 (73쪽)
- 벨트 샌더로 판재 단면 사포질하기 (73쪽)

제 4 장

앞에서 언급했듯이 마감의 질은 마감작업 전에 목재 표면을 얼마나 잘 손질했느냐에 따라 크게 좌우된다. 수압대패, 자동대패는 목재의 표면을 편평하고 매끈하게 깎기는 하지만, 그것도 어느 수준까지다. 표면이 매끈해 보이지만 날자국이 남기 때문에, 스테인 흡수가 균질하지 못한 경우도 있고, 마감작업 후에도 자국이 비치는 경우도 있다.

최종적인 표면 손질 작업에는 사포, 손대패, 스크레이퍼 등을 사용한다. 손질 방식은 작업물의 성격에 달려 있다. 예를 들어, 페더럴 테이블(Federal table; 역자 주: 서양 전통 탁자 형식의 하나)을 전통가구 양식에 따라 만든다면, 대패나 스크레이퍼 같은 절삭 공구만 있어도 된다. 반면에 현대적인 식탁이나 회의용 탁자을 제작한다면, 표면이 완전히 편평해야 하므로 현대적인 연마 장비가 필요하다.

사용 목재에 따라서도 접근 방법이 다르다. 예를 들어, 결이 복잡한 컬리 메이플(curly maple)이라면, 대패 대신에 벨트 샌더나 드럼 샌더를 사용하면 훨씬 빠르게 편평하게 깎을 수 있다. 그러나 자동대패의 자국은 손대패로 몇 번 밀어서 없애는 것이 더 효과적이다. 따라서 절삭 공구와 연마공구 둘 다 익혀야 한다.

이 장에서는 편평한 면을 손질하는 최선의 기법에 대해서 설명하고, 다음 장에서는 곡면 및 복잡한 형상의 면을 손질하는 방법을 알아본다.

사전 준비

몇 가지를 미리 생각해두면, 작업이 훨씬 수월하다. 먼저 판재를 집성할 때는 평을 잘 맞춰서 추가 작업을 줄여야 한다. 또한 편하고 효과적으로 작업할 수 있도록 공방을 셋업한다.

클램프로 판재를 집성할 때는 판재가 서로 정렬이 잘되도록 최대한 신경을 쓴다. 판재 단면에 접착제를 바른 다음, 제일 바깥쪽 클램프 두 개만 먼저 죈다. 그런 다음 젖은 천으로 여분의 접착제를 닦아내고, 판재를 샌드위치처럼 가운데에 두고 양쪽 단부에 19mm(3/4인치) 멜라민 소폭판(batten; 널빤지)을 클램핑해서, 판재를 정렬시킨다. 나머지 클램프도 전부 설치하고 죈다.

판재를 집성할 때 잘 정렬시키면, 이후 평을 잡을 때 수고를 덜 수 있다. 사진은 멜라민 보조목을 사용해서 판재를 정렬시키는 모습이다.

[TIP] 파이프 클램프의 파이프가 흑관(black iron)이면, 파라핀 종이을 삽입해서 목재에 묻어나지 않게 한다.

사포질, 스크레이핑, 대패질 등은 편안한 높이에 맞춰서 작업하고, 역광으로 조명을 설치해두면 표면의 긁힌 자국이나 흠집을 확인하기 용이하다. 저전력 투광등을 자투리 목재에 클램핑해서 고정시킨 후, 작업대 높이로 비추면 긁힌 자국이나 흠집이 잘 드러난다.

제 4 장

얇은 부재는 작업대 위에 고정하기 어려우므로 드럼 샌더를 이용해서 사포질한다.

샌딩 테이블은 높이가 적당해야 한다. 저자는 판재를 사포질할 때는 허리 높이에 둔다. 이동식 작업등을 비추고, 흠집을 확인한다.

계획 수립

표면이 평면인 경우엔, 완벽하게 편평하고 매끈하여 흠집이나 패인 곳이 없도록 판재를 준비해야 제대로 된 것이다. 수압대패, 자동대패, 그리고 톱 작업 후 상태에 따라 표면 손질에 필요한 작업량이 정해진다. 틀(frame)이나 에이프런(apron)처럼 폭이 좁은 부재는 제재 후 비교적 편평하므로 제재 자국을 사포질하는 정도로 충분하다. 반면에 탁자 상판이나 문의 패널은 집성된 판재이므로 전체적으로 편평하게 깎은 후, 표면을 매끈하게 사포질해야 한다.

작업물을 조립하기 전에, 가능하면 각 부재의 표면 손질을 먼저 한다. 이렇게 하는 것이 훨씬 쉽다. 최종적인 사포작업만 조립 후에 진행한다.

표면을 편평하게 깎을 수 있는 공구는 여러 가지다. 곧은결의 비집성 에이프런, 다리, 서랍 앞판 등은 손대패로 몇 번 밀어서 매끈하게 깎고 평을 잡을 수 있다. 나뭇결이나 문양이 복잡한 판재는 사포질, 혹은 스크레이핑 후에 사포질을 하는 것이 최선이다. 판재가 얇아서 작업대 위에 고정시키기 까다로운 경우는 고정식 드럼 샌더로 사포질한다. 보통은 목재의 특성에 맞춰 수공구와 전동공구를 고루 사용하는 것이 최선이다.

전동 샌딩 장비

사포질에 이용할 수 있는 전동 샌딩 장비는 여러 가지다. 벨트 샌더, 사각형 샌더, 원형 샌더 등 이동식 샌더는 비교적 저렴하며, 쉽게 구할 수 있다.

이동식 벨트 샌더

나는 목공작업, 마감작업, 그리고 재마감작업에 벨트 샌더를 아주 많이 이용했다. 지난 몇 년 동안 벨트 샌더 8대를 폐기했으니, 가히 벨트 샌더를 잡아먹는 기계라 할 만하다.

제 4 장

▶ 나뭇결을 가로질러 사포질하기

사포질은 순결 방향으로 해야, 사포 자국이 나뭇결 혹은 문양 등과 모양과 방향이 겹치면서 잘 드러나지 않는다는 얘기를 늘 듣는다. 그러나 나뭇결을 가로질러 사포질하는 것이 더 나은 경우도 있다. 나뭇결을 가로질러 횡방향으로 사포질하면, 사포면의 연마재 입자가 목재의 세포조직을 가로질러 자르고 지나가므로 한꺼번에 많은 양이 제거된다. 따라서 판재의 평을 잡을 때처럼 많은 양을 한꺼번에 없애야 할 때는 도움이 된다. (68쪽의 "이동식 밸트 샌더로 편평하게 깎고 사포질하기"를 참고한다.)

나뭇결을 가로질러 사포질할 때나 사각형 샌더 혹은 원형 샌더를 사용할 때는 사포의 거칠기 단계를 건너뛰지 않아야 한다. 저자는 보통 100-grit 사포에서 시작해서 120-, 150-, 180-, 그리고 마지막엔 220-grit 순서로 작업한다.

전동공구로 사포질을 한 다음에 남는 횡방향 혹은 원

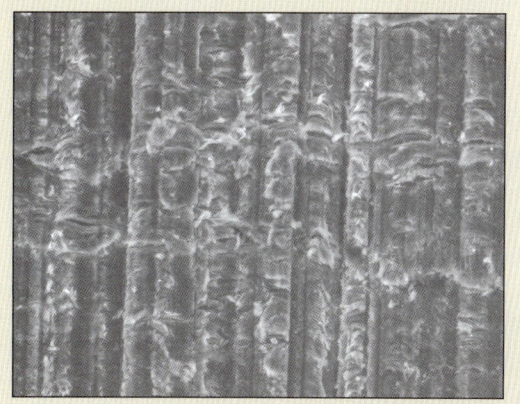

표면을 100배로 확대 촬영한 것인데, 위 아래에 180-grit 사포 자국이 나뭇결을 가로질러 깊은 홈 모양으로 보인다.

형 사포자국 등은 손으로 사포질해서 없앤다. 이때는 전동공구에서 사용한 사포 중 가장 고운 사포 단계부터 시작한다.

비용을 많이 들이지 않고, 탁자 상판 등 각종 판재을 사포질하는 데는 벨트 샌더가 최고다. 판재를 편평하게 깎을 목적이면, 재정이 허락하는 한 가장 크고 무거운 벨트 샌더를 구입한다. 개인적으로는 4인치 × 24인치(100mm × 600mm) 모델을 가장 좋아하는데, 크고 무거워서 큰 판재도 단시간에 작업할 수 있다. 구입할 때 따라오는 금속제 바닥판 대신에 그라파이트 바닥판으로 교체해서 사용하면 성능이 더 좋다. 사용설명서의 액세서리 부분에서 확인한다.

구입할 때 붙어 있는 금속제 바닥판(platen) 대신에 그라파이트 바닥판으로 교체해서 사용하면 작업 성능이 좋아진다.

제 4 장

사포를 오래 쓰는 법

사포를 오래 쓰기 위한 요령은 다음과 같다:
1. 사포작업 전에 접착제나 테이프 등을 전부 제거한다.
2. 샌딩벨트나 디스크에 뭉친 분진을 주기적으로 닦아낸다. 이 용도로 시판되는, 고무재질이고 표면이 오돌토돌한 청소용 스틱이 있다.
3. 가끔은 사포시트를 합성 연마패드나 질긴 카펫 조각에 문질러, 표면에 묻은 톱밥 분진을 제거해준다.

시판되는 고무재질의 청소용 스틱을 사용해서 벨트, 디스크를 가끔 청소해주면 더 오래 쓸 수 있다.

벨트 샌더나 드럼 샌더에는 사포 연마입자로 내구성이 좋은 세라믹 알루미늄이 좋다. 개인적으로는 3M의 Purple Regalite™ 벨트를 선호한다.

[TIP] 샌딩 장비에 집진장치가 붙어 있더라도 방진 마스크를 착용해야 한다.

사각형 샌더 혹은 원형 샌더

벨트 샌더로 작업 후에는 원형 샌더나 사각형 샌더로 추가 작업을 한다. 단판(veneer)일 경우는 원형 샌더나 사각형 샌더부터 바로 시작한다. 마무리는 보통 150-에서 220-grit 정도의 사포로 작업하는데, 스테아린산 산화알루미늄 사포(stearatd aluminum oxide)가 제일 나은 것 같다.

고정식 샌더

판재를 편평하게 깎는 작업을 자주 한다면, 드럼샌더나 와이드벨트 샌더(wide-belt sander)를 구비하는 것도 좋다. 둘 다, 수공구로는 깎기 어려운, 일정한 면을 얻을 수 있다. 작은 공방에 적절한 드럼 샌더도 많이 시판된다. 큰 공방에서는 드럼 샌더보다 작업이 빠른 와이드벨트 샌더를 구비하는 것이 좋을 것이다.

손 사포질

전동 샌더가 널린 요즘, 손으로 사포질하는 것은 시대착오로 느껴진다. 그러나 원형 샌더 혹은 사각형 샌더 작업 후에 남는 자국을 매끈하게 없애는 데는 손 사포질이 아주 좋다.

손으로 편평한 면을 사포질할 때는 뒤에 샌딩블록을 대는 것이 좋다. 고무로 만들어진 것이 많은데, 편평하고 단단하지만, 유연해서 연마입자가 목재를 함부로 갈아내지 않는다. 목제 샌딩블록을 쓴다면, 비슷한 이유로, 한쪽 면에 코르크 층을 접착제로 붙여서 쓰는 것이 좋다.

석류석(garnet) 입자가 붙은 사포를 사용하면 독특하고 매끈한 표면을 얻을 수 있다. 손 사포질은 보통 순결 방향으로 작업을 하므로, 중간단계를 좀 건너뛰어도 된다. 100-grit 다음으로 150-grit 내지 200-grit 정도로 건너뛸 수 있다.

판재를 편평하게 깎기

집성하지 않은 곧은결 판재의 평을 잡는 데는 대패가 제격이다. 먼저 고정용 쐐기나 정지턱을 사용해서 판재를 고정시킨다. 판재가 휘어져 있다면 오목한 부분을 아래로 향하게 놓고, 모서리가 건덜거리면 움직이지 않도록 자투리 나무를 끼워받친다. 처음에는 날이 잘 세워진 잭플레인(Jack plane)을 사용해서 나뭇결에 대각선 방향으로 과감하게 깎아낸다(A). 몇 번 깎은 다음, 반대편 대각선 방향으로 대패질해서 깎는다. 종종 곧은자(스트레이트에지)를 사용해서 틈이 보이는지 확인한다(B). 양쪽 대각선 방향으로 편평하게 깎였으면, 이제 순결 방향으로 밀어서 매끈하게 깎는다(C). 마지막으로는 스무딩플레인를 사용해서 민다(D). 결과가 마음에 들면 여기서 끝을 내고, 아니면 핸드스크레이퍼와 240-grit 사포로 마저 다듬는다(E).

[TIP] 대팻집 바닥에 밀랍(beewax)을 한 번 문질러 두면, 대패질할 때 마찰이 많이 줄어든다.

손 사포질하기

230mm×280mm(9인치×11인치) 사포를 4등분해서, 고무나 코르크가 덧대어진 샌딩블록에 감싼다. 목재의 양쪽 끝을 왕복하면서 적절한 힘으로 누르면서 결을 따라 사포질한다(A). 나뭇결에 완전히 평행하게 하는 것보다는 7°~10° 정도 기울어진 방향으로 사포질하면 좀 더 효율적으로 목섬유를 제거할 수 있다. 매번 이전에 사포질한 부위가 반 정도 겹칠 수 있게 사포질한다(B). 사포를 합성 연마패드나 거친 카펫에 가끔 문질러 분진을 제거한다. 사포로 목재의 일부만 지나치게 갉아내지 않도록 조심한다. 사포는 너무 오래 쓰지 말고, 밀리기 시작하면 새 것으로 바꾼다.

빗면을 사포질할 때는 왼손 엄지과 오른손 검지로 눌러 샌딩블록을 빗면에 밀착시킨다(C). 왼손 집게로 샌딩블록의 아랫면 가장자리를 받친다. 마지막에는 220-grit 사포로 빗면 모서리를 약간 다듬는다.

사포나 기타 공구를 사용해서 작은 부재의 표면을 사포질할 때, 모서리 부분을 깎아내지 않고 편평하게 사포질하는 것은 거의 불가능하다. 또한 부재를 손으로 고정하는 것도 매우 어렵다. 따라서 부재를 사포 위에서 문질러 다듬는 것이 수월한데, 샌딩보드(sanding board)를 사용하는 것이 최선이다. 샌딩보드는 멜라민이나 합판에 사포를 접착제로 붙여서 만든다. 부재를 샌딩보드 위에서 앞뒤로 문질러 사포질한다(D).

[TIP] 220-grit보다 고운 사포를 사용할 필요는 없지만, 수성 마감재를 칠할 예정이면, 320-grit까지 사포질해두어야, 나뭇결이 일어나는 현상(grain-raising)을 많이 줄일 수 있다.

스크레이핑

카드스크레이퍼(card scraper)로 편평한 면을 깎을 때는 세가지 동작을 사용한다: 미는 동작, 당기는 동작, 그리고 쓸어내는 동작. 각 동작마다 손의 위치가 약간씩 다르다.

처음에는 미는 동작부터 한다. 스크레이퍼의 양쪽 끝을 손가락으로 감싸고, 엄지손가락으로 가운데를 눌러 약간 휘어진 형태로 잡는다. 이건 양쪽 모서리가 목재 속으로 파고 드는 것을 막기 위한 것이다(A). 이렇게 하면 먼 위치까지 쉽게 밀어버릴 수 있다. 그러나 몸 쪽 가장자리에서 이렇게 하다가는 면이 패일 수 있다. 따라서 이 부분은 당기는 동작을 사용하며, 스크레이퍼가 판재를 벗어날 때까지 몸 쪽으로 당긴다(B). 이때는 엄지손가락을 스크레이퍼의 끝에 두고, 나머지 손가락으로 스크레이퍼 뒷면 가운데를 눌러 약간 휘어지게 잡는다. 마지막 단계는 면을 가로질러 쓸어내는 동작이다. 스크레이퍼의 가장자리를 잡고, 스크레이퍼 모서리가 목재를 파고 들지 않도록 약간 눌러 휘게 잡은 후, 면을 가로질러 쓸어 깎는다(C).

[TIP] 스크레이퍼는 여러 두께가 있다. 얇은 스크레이퍼는 큰 힘을 주지 않아도 쉽게 휘므로 작은 구역에서 작업할 때 용이하다. 그러나 작업 시 스크레이퍼가 상당히 뜨거워지므로, 고무재질이 부착된 작업용 장갑을 낀다. 그러면 스크레이퍼도 손에 잘 잡히고 열도 차단할 수 있다.

의자 다리처럼 폭이 좁은 면은 스크레이퍼를 휘어 잡고 작업하기 애매하다. 스크레이퍼가 다리의 모서리 부분을 뜯어낼 수 있기 때문이다. 이때는 스크레이핑 전에 미리 220-grit 사포로 가장자리를 약간 다듬고 시작하는 것이 쉽다. 다리처럼 폭이 좁은 목재를 스크레이핑할 때는 가운데 손가락, 약손가락, 그리고 새끼손가락을 스크레이퍼 아래에 대고, 손가락으로 다리의 옆면을 누르면서, 스크레이퍼를 다리에 밀착시킨다(D). 장부 근처의 좁은 구역에서는 스크레이퍼의 끝부분만 사용한다(E).

이동식 벨트 샌더로 편평하게 깎고 사포질하기

집성한 판재를 편평하게 깎을 때는 이동식 벨트샌더가 가성비 기준으로 최고라는 것이 개인적인 생각이다. 여기서 설명하는 크로스해칭(cross hatching) 기법을 사용하면 면을 고루 편평하게 깎을 수 있다.

먼저 캐비닛 스크레이퍼로 판재 사이의 집성 단차 및 접착제 찌꺼기를 전부 깎아낸다(A). 먼저 샌더가 조율이 잘되어 있는지, 그리고 바닥판이 깨끗하고 판판한지 확인한다. 그러고 나서 샌더에 100-grit 벨트를 장착한다.

[TIP] 사진처럼 진동방지장갑을 끼면 손의 피로감을 줄일 수 있다.

판재를 작업대에 고정시키고, 샌더를 판재 나뭇결의 대각선 방향으로 끝까지 너덧번 밀어준다(B). 그 다음엔 반대편 대각선 방향으로 작업하는데, 전체 판재에 걸쳐 연마자국이 고루 생길 때까지 계속한다(C). 이때 다른 곳보다 더 밝게 빛나는 부분이 보이면, 그곳이 약간 움푹한 구역이다. 이때는 양쪽 대각선 방향 모두 다시 작업해야 한다. 작업한 자국이 균질하게 생기면 이제 나뭇결과 평행하게 밀면서 횡방향으로 생긴 자국을 없앤다(D). (용제를 가볍게 펴 발라보면 작은 자국도 확인할 수 있다.) 횡방향 자국이 없어지면, 120-grit 벨트로 바꾼 다음 나뭇결에 평행하게 밀어 깎는다. 이후 150-grit 벨트로 다시 교체한 후, 나뭇결에 평행하게 계속 작업한다.

이제 판재가 편평하게 되었으므로, 면을 매끈하게 다듬기만 하면 된다. 150-grit 사포에서 시작해서 각 단계를 거쳐 220-grit까지 사포질한다.

원형 샌더로 편평하게 깎고 사포질하기

벨트 샌더만큼 효과적이지는 않지만 원형 샌더로도 판재를 편평하게 깎을 수 있다. 이론적으로 보자면, 원형 샌더는 어느 방향으로 작업하든지 결과는 같다. 왜냐하면 패드가 회전하면서 남기는 원형의 큰 자국은 작은 편심 궤도 회전으로 인해서 없어지기 때문이다(A). 그러나 벨트 샌더에서 설명한 크로스해칭 기법을 적용하면, 더 확실하게 고른 면을 얻을 수 있다. 원형 샌더는 12mm 혹은 15mm(5인치 혹은 6인치) 패드를 주로 사용하는데, 개인적으로는 면적이 큰 6인치 패드를 선호한다.

표면에서 접착제 찌꺼기를 스크레이핑으로 전부 제거한다. 그리고 100-grit 혹은 그보다 고운 사포를 샌더에 장착한다. 먼저 한 방향으로 작업하고(B), 그 다음에 반대편 방향으로 작업한다(C). 가장 고운 사포 단계까지 작업을 끝낸 후, 같은 거칠기의 사포를 손에 잡고, 결을 가로질러 생긴 사포 자국을 없앤다(D).

원형 샌더는 패드가 원형이기에 구석이나 면이 서로 만나는 꺾이는 부분에서 작업하기 어려운 것이 단점이다. (이런 작업은 다음에 설명하는 사각형 샌더를 사용한다.)

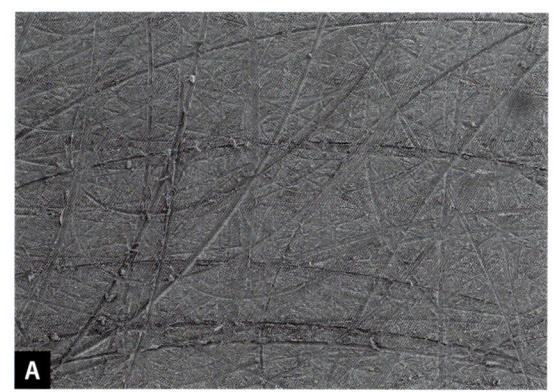

사각형 샌더로 사포질하기

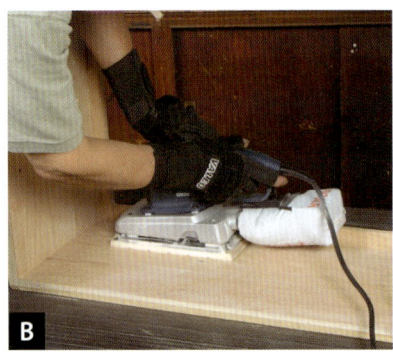
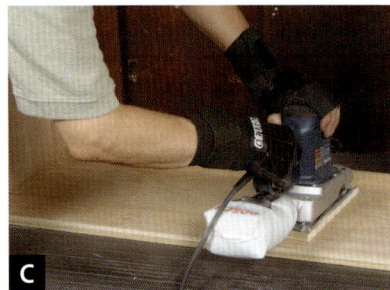

판재를 편평하게 깎는 용도로는, 사각형 샌더(vibrator sander)는 벨트 샌더나 원형 샌더만큼 신속하게 작업하는 것이 어렵다. 그러나 패드의 옆부분을 상자형 구조의 디바이더나 전면 프레임에 붙여서 작업할 수 있는 구조이므로, 구석이나 두 판재가 이어지는 구역에서 효과적으로 작업할 수 있다. 예를 들어, 전면 프레임이 있는 책꽂이를 사포질한다면, 옆판과 연결된 바닥판 혹은 윗판을 먼저 사포질한다(A). 그런 다음 샌더를 90° 돌려서 긴 변 가장자리를 사용해서 전면 프레임의 바로 안쪽까지 사포질한다(B). 이후에는, 패드의 앞부분 모서리가 전면 프레임을 치지 않도록 주의하면서, 다양한 방향으로 움직이면서 사포자국을 섞어준다(C). 마지막으로는 사포자국이 남아 있으면 손 사포질로 없앤다.

드럼 샌더로 편평하게 깎기

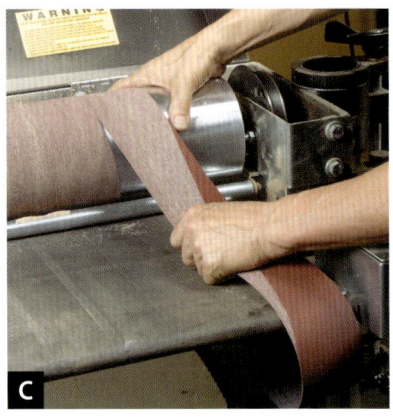

80-grit 사포를 드럼 샌더에 장착하고, 컨베이어 테이블을 판재의 두께보다 6mm(1/4인치) 더 낮춘다. 샌더의 전원은 끈 상태로, 판재를 샌딩드럼 아래로 밀어 넣는다(A). 컨베이어에는 전원을 넣지 말고, 드럼에만 먼저 전원을 넣는다. 그런 다음 회전하는 드럼이 목재 표면에 닿을 때까지 컨베이어 테이블을 올린다. 이제 컨베이어의 전원을 켜고 판재를 깎는다. 판재가 빠져나오면 손으로 받는다(B).

테이블을 단계별로 조금씩 올리면서 같은 방식으로 계속 깎아나간다. 80-grit 사포로 판재의 전면적을 사포질한 후에는, 120- 혹은 150-grit 사포로 바꾸고 마지막 사포질을 수행한다(C). 드럼 샌더로는 마감을 진행할 수 있을 정도로 표면이 매끈해지지 않으므로, 원형 샌더를 사용해서 최종 사포질을 한다. 원형 샌더 작업에서는 드럼 샌더에서 마지막으로 사용했던 사포보다 한 단계 더 거친 사포에서부터 시작한다.

단판 사포질하기

스크레이퍼를 사용해서 베니어테이프(veneer tape)를 가능한 한 전부 제거한다(A). 탁자 가장자리 단면에 단판(veneer)을 붙였다면, 사포질로 상판 윗면과 높이를 맞춰야 단판이 뜯기는 것을 막을 수 있다. 샌딩블록에 120-grit 사포를 감고, 탁자의 바깥에서 가운데 방향으로 밀면서 사포질한다(B).

전동공구를 이용하는 경우엔 손의 위치가 중요하다. 양손으로 단단히 잡고 면에 밀착시켜야 한다. 집진기 호스와 전선을 벨크로밴드를 사용해서 묶은 후, 작업에 방해가 되지 않도록 팔에 두른다(C). 120-grit 사포로 시작하며, 가장자리를 먼저 사포질하고, 그 다음에 중앙으로 들어가면서 사포질하는데, 작업 구역이 계속 겹치도록 움직인다. 판재가 편평하게 다듬어졌다고 생각되면, 용제(솔벤트)로 표면을 닦아서 접착제나 테이프 찌꺼기 남은 것을 제거한다(D). 이어서

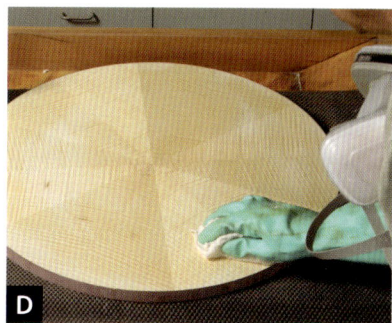

150, 180, 220-grit 사포 순으로 바꿔가면서 작업한다.

원목에서 단판까지 편평하게 깎기

모서리를 상감처리하거나(사진), 원목을 덧대기한 경우엔, 원목을 단판 높이에 맞춰 깎는 것은 까다로운 일이다. 지금과 같이 웬지(wenge)로 상감한 경우에는 스크레이퍼가 최고의 도구다. 그러나 원목으로 폭이 넓게 덧대기한 경우는 블록플레인이 낫다. 스크레이퍼가 단판 속으로 파고 드는 것을 막기 위해서, 사진에서 보듯이 왼손을 사용해서 스크레이퍼를 단판 표면에서 머리카락 굵기만큼 띄운 상태로 작업한다. 오른손은 손가락 마디를 작업대 위에 대고 스크레이퍼 밑을 휘게 잡는다(A). 상감 부분을 모두 편평하게 깎는다. 마지막 단계로 스크레이퍼를 상판 바깥 방향으로 밀어 깎다가(B), 끝에서는 스크레이퍼를 돌리면서 방향을 바꾸어, 덧대기 한 부분 위로 지나가도록 밀어준다(C).

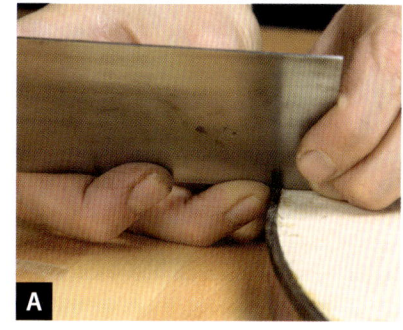

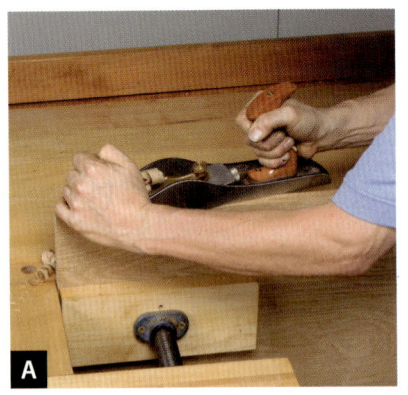
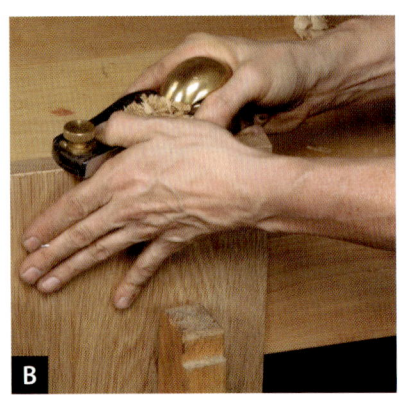

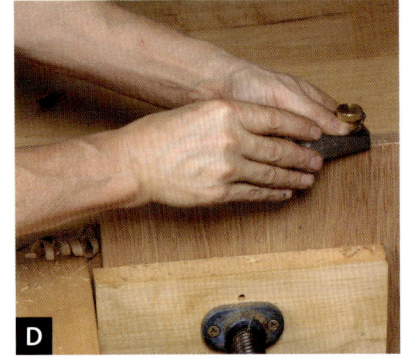

판재 단면 대패질하기

단면은 손대패를 사용하면 빠르고 효과적으로 깎을 수 있다. 단면이 길이 방향 나뭇결이고 손대패의 대팻날이 잘 서 있다면, 대패질 후 더 이상 손댈 것이 없을 정도로 깔끔하다. 화이트오크와 같은 하드우드를 무늬결제재(plainsawn)한 경우라면, 사진과 같은 저각 잭플레인(low-angle jack plane)을 사용하는 것이 최고다(A).

마구리도 같은 저각 잭플레인을 사용할 수는 있지만, 일반적으로는 저각 블록플레인을 더 많이 사용한다(B). 나뭇결을 직접 가로질러 마구리를 대패질하면, 반대편 모서리가 뜯기게 된다. 이때는 반대편 짧은변 모서리를 경사지게(chamfer) 미리 깎아내버리면 문제를 해결할 수 있다(C). 아니면 항상 양쪽 끝에서 가운데 방향으로 대패질한다(D). 긴 변 모서리도 같은 블록플레인으로 두어 번 밀어서 빗각으로 깎아준다(E).

스크레이퍼로 마구리를 깎는 것도 가능하나, 아주 매끈하게 깎기는 어렵다(F). 따라서 180- 혹은 220-grit로 사포질해서 마무리해야 한다(F).

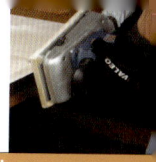

사각형 샌더로 판재 단면 사포질하기

전동 샌더를 사용한다면 사각형 샌더(vibrator sander)가 최고다. 원형 샌더와는 달리 사각형 샌더는 패드를 작업면에 밀착시킬 수 있다. 일단 전원을 끄고, 샌더의 패드를 단면에 댄 다음, 좌우로 약간 움직이면서 잘 밀착시킨다(A). 그 상태로 전원을 켜고, 샌더를 아래위 그리고 옆으로 약간씩 움직이면서 사포질한다. 특정 부위를 지나치게 갈아내지 않도록 주의한다(B). 길이 방향 나뭇결 및 마구리 나뭇결 모두 사각형 샌더로 작업할 수 있다(C).

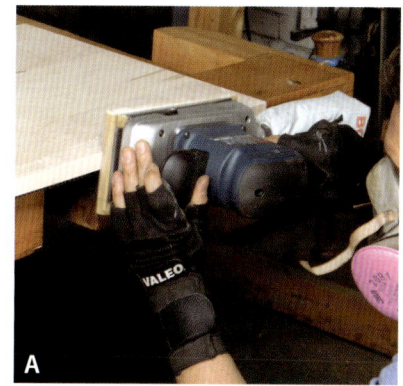

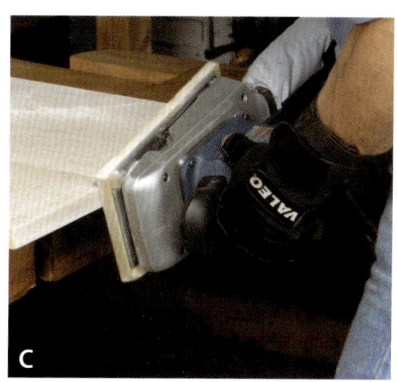

벨트 샌더로 판재 단면 사포질하기

단면 작업에는 75mm×530mm(3인치×21인치) 소형 변속 벨트 샌더도 사용할 수 있다. 이때는 판재를 잘 고정시킨 후, 제일 느린 속도에 맞추고 작업해야 한다. 탁자 상판과 같은 큰 부재는 쇼울더 바이스와 높이 조절이 가능한 벤치슬레이브(bench slave, 역자주: 보조 받침대)를 사용해서 편안한 높이로 맞추고 작업한다(A). 앞쪽 손의 손가락을 뻗어서 부재 면에 대고 작업하면, 샌더를 안정적으로 유지시키면서 작업할 수 있다. 마구리 나뭇결을 사포질할 때도, 부재를 테일 바이스에 고정시킨 후, 마찬가지 방법으로 작업하는 것이 제일 좋다(B). 필요하면, 직각자로 각을 확인하면서 작업한다(C).

제 5 장

곡면 혹은 복잡한 형상 손질

단순한 형상

- 둥근 모서리 단면 사포질 (79쪽)
- 손으로 페이링 및 사포질 하는 법 (79쪽)
- 전동 장비를 이용한 곡면 사포질 (80쪽)

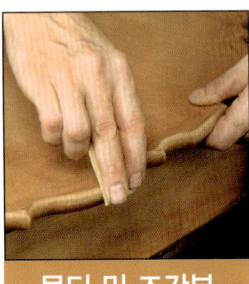

몰딩 및 조각부

- 몰딩 처리된 단부를 손으로 사포질하기 (81쪽)
- 전동 디테일 샌더 사용 (82쪽)
- 조각된 몰딩에 대한 사포질 (82쪽)

몰딩에 대한 사포질

- 복잡한 몰딩의 사포질 (83쪽)
- 샌딩블록 만들기 (84쪽)

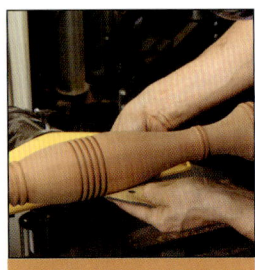

목선반을 이용한 손질

- 목선반에서 사포질하기 (85쪽)
- 복잡한 부재에 대해서 접착 조립 후 사포질하기 (85쪽)

제 5 장

가구의 모든 면이 편평하지는 않다. 곡면, 윤곽선, 복잡한 외형을 다듬어야 하는 경우가 많다. 복잡한 몰딩이나 카브리올 다리(cabriole leg; 역자주: 유럽 양식의 곡선형 가구 다리)도 그렇다. 편평한 면과 마찬가지로, 제일 먼저 흠집이나 불규칙한 부분, 제재 자국 등을 없앤다.

앞 장에서 설명한 기본적인 내용은 곡면에도 동일하게 적용된다. 하지만, 편평한 면을 사포질할 때는 단단한 샌딩블록을 사용했지만, 곡면을 다듬을 때는 다른 방법이 필요하다. 이 장에서는 면이 편평하지 않을 때 사용하는 샌딩블록을 소개하고, 사용 방법도 알아본다.

처음에 부재를 자를 때는 절삭선에 약간 못 미치게 자르고, 이후 이 선을 참고해서 사포작업을 한다. 사포분진이 있으면, 연필선이 칼금보다 눈에 잘 띈다.

절삭 작업의 중요성

목재 표면을 손질하는 것이 수월하게 되려면, 앞서 실시하는 절삭 작업에서 지켜야 하는 내용이 있다. 먼저, 첫 번째 제재 단계에서 장비의 날이 날카로워야 한다. 라우터의 비트나 쉐이퍼의 커터가 무디면, 목재가 타거나 뜯기게 된다. 이렇게 탄 자국이나 뜯긴 부분을 없애려면, 힘들게 사포질해야 한다. 단면의 윤곽을 깎을 때는 판재의 윗면이 편평하고 직선인지 확인해야 한다. 그렇지 않으면, 패턴비트가 불규칙한 모서리를 따라가므로 윤곽선도 불규칙하게 깎인다. 라우터 비트나 쉐이퍼 커터의 절삭 자국을 최소화하기 위해서는, 목재가 타지 않는 범위 내에서, 가장 느린 속도로 작업한다.

곡선을 밴드쏘로 자른다면, 절삭선에 약간 못 미치게 잘라서 선이 보이게 두면, 윤곽을 다듬을 때 도움이 된다. (위쪽 사진 참고) 같은 모양을 반복해서 깎는 경우엔, 라우팅 패턴을 만들어 사용하는 것도 고려해 본다. 라우터 비트가 날카로우면, 라우터 작업 후 손 볼 것이 별로 없다.

스핀들 선반가공물은, 목선반을 갖추고 있지 않다면, 바 클램프로 작업대에 고정시킨다.

부재를 고정시키는 방법

가능하면 조립하기 전에 각 부재를 전부 사포질한다. 그러나 휘어졌거나 둥근 부재는 고정시키기 까다롭다. 작업대의 쇼울더 바이스나 테일 바이스를 사용해서 고정시킬 수도 있지만, 파이프 클램프나 바 클램프를 사용해서도, 목선반 가공물이나 카브리올 다리처럼 애매한 형상의 부재를 고정시킬 수도 있다. (위 사진 중 아래쪽 사진 참고) 목선반이 있다면, 목선반의 양쪽 센터 사이에 다리를 고정시킬 수 있다. 부재의 단면을 사포질할 때는, 부재를 작업대 위에 놓고 앞으로 내밀어서 고정시킨다. 몰딩이 얇은 경우엔 자투리 판재에 순간 접착제를 점으로 찍어 임시로 붙인다. 아니면 자투리 판재에 적절한 크기의 홈을 파고 끼워 고정하는 것도 한 방법이다.

곡면 혹은 복잡한 형상 손질 | 75

샌딩블록과 샌딩패드

곡선 및 윤곽선 부분을 사포질할 때는 사포를 받치는 방식도 잘 선택해야 한다. 샌딩블록을 대고 곡면을 사포질하면, 원래의 아름다운 형상을 손상시키기 쉽다. 예를 들어, 원형 샌더에 단단한 패드를 장착하고 오목한 면을 사포질하면, 패드 둘레 모서리가 목재의 표면을 파게 된다. 반대로 볼록한 면을 단단한 패드로 사포질하면, 표면의 일부가 편평하게 깎인다. 몇 가지 방법으로 이러한 문제를 피할 수 있다.

라우터로 모따기 한 모서리 혹은 곡선 모서리를 사포질할 땐 같은 윤곽을 가진 샌딩블록을 사용한다. 직접 만들어 쓰는 것이 한 방법이다.

▶ 84쪽의 "샌딩블록 만들기"를 참고한다.

아니면, 시판되는 샌딩블록 중에서 모양이 맞는 것을 골라서 쓸 수 있다.

▶ 83쪽의 "복잡한 몰딩의 사포질"을 참고한다.

왼쪽 아래에 설명한 대로 형상 조절이 가능한 샌딩블록도 시판된다.

곡면의 폭이 넓을 때는, 목공 및 자동차 업계에서 사용하는 유연하게 휘어지는 샌딩블록(아래 사진 참고)을 사용할 수 있다. 목선반 가공품을 비롯해서 일반적인 곡면을 사포질할 땐, 발포고무 샌딩패드, 수세미 사포 혹은 사포에 쿠션을 붙인 제품 등을 이용하면 된다. 매우 유연하므로 표면 형상이 특이하더라도 사포질이 가능하다. 샌딩디스크를 붙여서 쓸 수 있는 발포고무 샌딩패드는 아주 유용하다. (다음 쪽의 왼쪽 사진을 참고한다.)

▶ 조절 가능한 샌딩블록

Lignomat사의 'Vario-Pro' 샌딩블록은 여러 개의 움직이는 판으로 구성되어 있어서 원하는 윤곽선 형상에 맞춰 조절할 수 있다. 형틀 게이지(contour gauge)와 유사한 방식이다. 나사를 푼 다음, 사포질할 면에 눌러 윤곽을 본뜬 다음 나사를 다시 죄어 고정한다. 형상이 복잡하면 일부 섬세한 부분이 갈려나갈 수도 있지만, 단순한 오목, 혹은 볼록면을 사포질하는 데 아주 좋다.

사진의 에이프런 같은 곡면은 자동차 용품점에서 구할 수 있는 유연한 패드에 PSA 사포를 붙여서 사용한다.

제 5 장

카브리올 다리처럼 곡면이거나 형상이 복잡한 경우에는, 12mm 쿠션과 그립이 붙어 있는 샌딩패드가 제격이다.

손가락 부분이 고무 코팅된 작업용 면장갑을 사용하면 땀 흡수도 잘되고, 손도 보호할 수 있다.

사진의 사포는 매우 유연한 특수 접착제를 사용해서 제작했기 때문에, 섬세한 형상을 대상으로 작업할 때 아주 유용하다.

조각품, 복잡한 형상의 몰딩 등 작업하기 어려운 면은, 최후의 수단으로, 사포를 몇 번 접어서 손으로 잡고 사포질한다.

페어링 작업

곡면에서 불규칙한 부분을 다듬어주는 것을 페어링(fairing)이라고 한다. 모서리 단면에서 울퉁불퉁한 부분이 있으면, 페어링을 먼저 한 다음 사포질을 해야 한다. 줄이나 스크레이퍼로 쉽게 작업할 수 있다. 처음에 절삭작업 시 연필선을 조금 남겨두고, 페이링 작업할 때 이를 기준으로 작업한다. 페어링 후에 손이나 공구를 사용해서 사포작업을 한다. 스핀들 샌더를 이용하면 페어링과 사포작업을 동시에 진행할 수 있다. 곡면의 형상에 맞는 샌딩블록에 사포를 붙여서 작업하면, 페어링과 사포작업을 한꺼번에 할 수 있다.

손 사포질

개인적으로도 공구를 사용해서 사포작업하는 것을 선호하지만, 형상이 복잡할 때는 손 사포질이 최선이다. 사실 소형 공방뿐만 아니라 대량생산 업체에서도 손 사포질을 얼마나 많이 하는지 알면 놀랄 것이다. 손으로는 생각할 수 있는 거의 모든 형상에 쉽게 맞출 수 있기 때문이다. 사포는 거칠기 때문에 손을 보호하기 위해서 장갑을 껴야 한다. 일반적인 야외 작업용 장갑이 좋다. (위쪽 가운데 사진을 참고한다.) 손바닥이 고무 코팅된 작업용 장갑을 끼면 사포와 작업물이 손에 잘 잡힌다. 손 사포질에는 A형 사포(역자주: 사포의 종류는 25쪽을 참고한다.)가 제일 적절하다. 사포 제작에 매우 유연한 접착제를 사용함으로써, 작업면 형상에 쉽게 맞출 수 있는 제품도 있다. (위쪽 오른쪽 사진을 참고한다.)

곡면 혹은 복잡한 형상 손질 | 77

제 5 장

컨투어 샌더(contour sander)와 접착식 PSA 사포를 사용하면, 사포가 블록에 완전히 밀착되기 때문에, 작업물의 깔끔한 윤곽선을 그대로 나타낼 수 있어서 아주 좋다.

벨트 샌더를 바이스에 거꾸로 고정시키면, 사진과 같은 작은 크기의 장식용 장부 쐐기도 사포질할 수 있다. 벤치슬레이브(bench slave; 작업용 보조 받침대)로 샌더 앞쪽을 받친다.

C형 혹은 D형 사포는 단단한 샌딩블록에 붙여 사용하는 것이 좋다. 개인적으로는 접착식인 PSA 사포를 선호하는데, 다양한 폭의 제품이 롤(roll) 형태로 시판된다. 적절한 길이로 잘라 고무재질 혹은 여타 면이 매끈한 샌딩블록에 붙여서 사용한다.

전동 샌더를 이용한 사포질

곡면 형상의 단면은 스핀들 샌더로 사포질하는 것이 가장 효율적이다. 여차하면 탁상드릴에 드럼 샌더를 장착해서 사용할 수도 있다. 그러나 대부분의 탁상드릴 베어링은 축 방향(여기서는 옆 방향) 힘을 받을 수 있도록 설계되어 있지 않다. 오목한 면은 에지 샌더나 벨트 샌더의 바퀴 부분을 사용해서 작업할 수 있다. 볼록한 면은 고정식 디스크 샌더와 에지 샌더로 페어링과 사포질을 할 수 있다.

이동식 샌더도 사용 가능하다. 원형 샌더에 쿠션이 붙은 패드를 사용하면 돔(dome) 형태의 면도 사포질할 수 있다. 벨트 샌더를 지그를 자체 제작해서 고정시키거나 바이스에 거꾸로 고정시키면 작은 곡면을 쉽고 빠르게 사포질할 수 있다. (왼쪽 아래 사진을 참고한다.) 좁은 구역에 작업이 가능한 디테일 샌더(detail sander)도 있지만, 손으로 하는 것이 더 빠르고 쉽다. 크라운 몰딩(crown molding)과 같은 복잡한 형상은 각 면을 하나씩 순서대로 작업하는 것이 최선이다. 복잡한 형상을 한꺼번에 사포작업하려다 보면 섬세한 원래 모양을 망가뜨릴 수 있다.

> ### ▶ 시트 사포 접는 법
>
> **경량 사포로 손 사포질**할 때, 시트 사포를 패드 모양으로 접어서 사용하는 것이 손에 잡기 좋다. 사포면의 연마재 입자가 서로 부딪혀 닳는 것을 막는 방법은 다음과 같다. 먼저 시트를 반으로 접은 후, 그림처럼 반 정도 자른 후, 1/4 크기로 접는다. 노출된 양면을 사용한 후에는, 안쪽으로 접힌 면이 밖으로 나오도록 뒤집는다. 작게 만들려면, 1/4시트를 3등분해서 접는다.
>
> | 1. 짧은변에서 반 정도 자른다. | 2. 오른쪽 아랫 부분을 뒤로 접어 올린다. | 3. 오른쪽 윗 부분을 왼쪽 뒤로 접는다. | 4. 아랫 부분을 뒤로 접어 올린다. |
>
>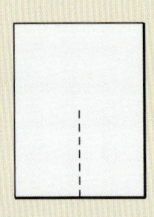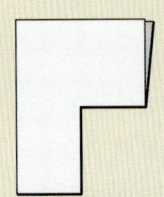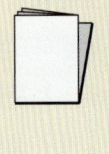

둥근 모서리 단면 사포질

가구 제작에서는 라운드오버(roundover) 라우터 비트로 작업한 모서리가 많다. 원래 직각인 부분을 둥글게 라운더오버 형태로 깎을 때 불규칙한 부분이 생기는데, 이것을 먼저 페어링 작업으로 없애준다. 마구리는 거칠고 밀도가 높으므로, 이 부분은 사포를 코르크 부착 샌딩블록에 감아 사용한다(A). 부재를 고정한 다음, 가장자리 편평한 부분부터 시작해서 둥근 부분으로 넘어가면서 사포질하는데, 샌딩블록을 외곽 형상 둘레로 돌아 사포질하면, 나뭇결 방향과는 평행이 된다. 이후 컨투어 샌딩블록으로 라운드오버 부분을 다듬는다(B). 마구리 쪽에 남은 사포 자국은 라운드오버 길이 방향으로 구두 닦듯이 사포질해서 없애는데, 사포는 1/3 크기로 겹쳐 접어서 단단하게 만들어 사용한다(C). 나뭇결 방향 단면은, 마구리와 다르게 결이 거칠지 않기 때문에, 고무재질 컨투어 샌더(rubber contour sander)로 같은 작업을 한 번에 수행할 수 있다(D).

손으로 페어링 및 사포질하는 법

곡면에서 불규칙한 부분을 제거할 때는, 눈이 고운 스무딩 파일(smoothing file)로 페어링을 먼저 한다. 줄(file)을 양손으로 잡고, 오목한 면은 줄의 볼록한 반원부를, 반대로 볼록한 면은 줄의 편평한 면을 부재면에 비스듬하게 댄다(A). 작업 중 면의 상태는 시각과 촉각으로 판단한다(B). 자투리 목재에 곡면의 형상을 따고, 직접 샌딩블록을 만들어 적용하면 아주 매끈한 면을 얻을 수 있다(C). 샌딩블록의 길이는 100mm 전후면 되지만, 폭은 작업 단면보다는 약간 더 두꺼워야 한다. 코르크를 양면테이프로 샌딩블록에 붙이면, 부재면에 더 잘 밀착된다(D).

전동 장비를 이용한 곡면 사포질

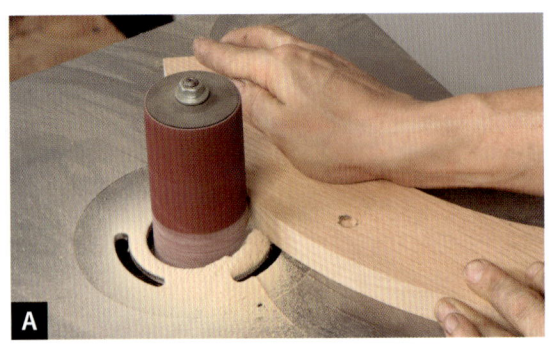

가장자리 곡면은 스핀들 샌더를 사용해서 다듬는 것이 제일 낫다. 그러나 장비를 다루는 데는 약간의 숙련이 필요하다. 일정한 압력으로 부재를 누르면서, 물흐르듯이 부드럽게 움직이는 것이 매우 중요하다. 머뭇거리면 부재에 홈이 패인다. 드럼이 시계 방향으로 회전하므로 부재가 작업자의 몸 쪽으로 튀어나오게 된다. 따라서 약간 오른쪽으로 비켜서서 부재의 앞부분이 스핀들과 4~5시 방향이 유지되도록 한다(A). 멈추지 말고 전 길이를 한 번에 부드럽게 밀어준다(B). 반경이 작은 오목한 면이나, 안쪽 면을 작업할 때는 지름이 작은 스핀들을 사용한다(C). 방법은 같으며, 작업면이 스핀들과 4시 방향을 이루도록 잡는다(D).

[VARIATION] 볼록한 면은 디스크 샌더로 작업할 수 있다. 그러나 디스크가 단단하고 편평하기 때문에, 물흐르듯이 밀지 않으면, 자칫 편평하게 깎일 수 있다. 테이블 아래쪽으로 회전하는 부분, 즉 디스크의 왼쪽 부분에서만 작업한다. 한쪽 끝에서 시작해서, 멈추지 말고 반대편 끝까지 한 동작으로 깎아야 한다. 디스크로 인해서 결에 횡방향으로 자국이 생기므로, 최종적으로 손 사포질로 면을 다듬어야 한다.

몰딩 처리된 단부를 손으로 사포질하기

몰딩의 반경이 작은 경우는 손으로 사포질하는 것이 최선이다. 손대패로 깎을 수도 있지만, 사진의 부재는 쉐이퍼로 대량 가공한 것이다. 몰딩의 원래 맛을 살리기 위해서 먼저 스크레이퍼로 곡면을 다듬는다(A). 이어서 곡면의 반경과 일치하는 올챙이 모양의 컨투어 샌더를 선택해서 다듬는다(B). 작업이 어려운 구석은 손 사포질로 처리한다(C). 사포질을 하다 보면 위쪽이 약간 둥글게 깎이므로, 코르크 블록에 사포를 감고, 이를 이용해서 가장자리의 각을 다시 세워준다(D).

몰딩 및 조각부

전동 디테일 샌더 사용

몰딩 처리된 모서리는 디테일 샌더(detail sander)로도 작업이 가능하다. 제일 윗부분의 반경이 작은 구역은, 마찬가지로 반경이 작은 패드를 장착해서 사포질한다(A). 그런 다음 반경이 큰 패드로 바꿔 장착해서 아랫부분을 사포질한다(B). 곡면 처리된 모서리에서는 디테일 샌더로 작업이 어려우므로, 고무재질 컨투어 샌더를 이용해서 손으로 작업한다(C).

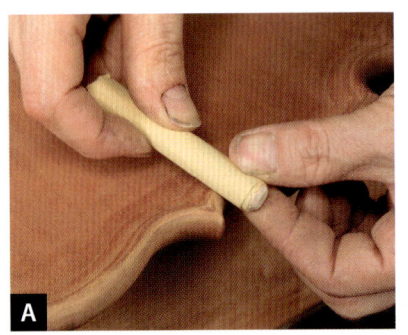

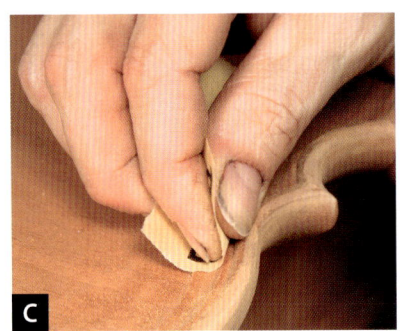

조각된 몰딩에 대한 사포질

사진은 대량 생산된 파이크러스트 테이블(piecrust table, 파이껍질 테이블; 역자주: 도드라진 가장자리에 주름 장식이 새겨진 작은 탁자)인데, CNC 라우터로 깎은 것이다. 손으로 조각한 것이라면 사포질이 필요 없겠지만, 라우터 비트로는 한계가 있으므로, 가장자리의 각 구역을 부드럽게 연결해주는 것이 필요하다. 꽂임촉(나무못)에 150-grit A형 사포를 감고, 오목한 윤곽을 다듬는다(A). 볼록한 윤곽은 손으로 다듬는다(B). 안쪽의 오목한 반달부는 손가락으로 사포를 안쪽으로 눌러 넣어 다듬는다(C). 마지막으로 고무재질 컨투어 샌더로 가장자리의 각을 세운다(D).

82 곡면 혹은 복잡한 형상 손질

복잡한 몰딩의 사포질

몰딩의 형상이 복잡한 경우엔 구역을 나눠서 모양별로 적절한 샌딩블록을 골라서 작업하는 것이 제일 낫다. 사진의 크라운 몰딩이 좋은 예다.

보통 큰 코브(cove, 안반달; 역자주: 오목한 형상의 몰딩)를 먼저 사포질하는데(A), 옆부분이 깎여서 무디게되면 나중에 도로 손볼 수 있다. 다음에는 작은 반경의 오목한 면은 고무재질 컨투어 샌더로 작업한다(B). 부재의 반경보다 약간 더 작은 반경의 샌더를 골라서 쓰는 것이 좋다. 이후 볼록한 면은 적절한 모양의 컨투어 샌더로 작업한다(C). 옴폭 들어간 부분은 V자 모양의 컨투어 샌더를 사용한다(D). 편평한 코르크 블록을 이용해서, 가장자리의 편평한 두 면을 사포질해서 마무리한다(E).

샌딩블록 만들기

몰딩의 단면이 복잡한 형상이 아니라면, 전체폭을 한꺼번에 사포질해서, 작업시간을 많이 절약할 수 있다. 이때 단면의 윤곽을 본떠서 샌딩블록을 만들고 이를 이용한다.

먼저 길이 100mm 가까이 되도록 몰딩을 준비한 후, 가구용 고형 왁스를 얇게 바른다. 자투리 멜라민 조각으로 몰딩 둘레에 울타리를 만든다. 모서리는 맞댄이음 형태로 순간접착제로 붙인다. Bondo® 같은 폴리에스터 자동차 수리용 채움재(auto-body filler)로 채우고, 몰딩에 대고 누르는데, 위쪽으로 약간 올라오게 남긴다(A). 몰딩보다 3mm 정도 더 크게 소나무 블록을 준비해서 나사 3개를 박는데, 나사머리가 6mm 정도 튀어나오게 박는다. 이제 블록을 채움재 안으로 눌러 넣는다(B). 채움재를 몰딩에 밀착시키고 여분은 옆으로 삐져나오게 만든다. 5~10분이 지나서 삐져나온 부분을 살펴보면 고무질로 변하는 것을 확인할 수 있다. 이 시점에서(즉, 채움재가 굳어지기 전에) 몰딩 및 울타리처럼 만든 부분을 떼어낸다(C).

채움재가 경화될 때까지, 적어도 4시간은 기다려야 한다. 경화되면서 약간 뒤틀릴 수는 있지만, 220-grit A형 사포를 몰딩에 댄채로 경화된 채움재를 문질러서 윤곽을 정확히 맞출 수 있다(D). 이제 블록에 트럭 베드 라이너(truck bed liner)를 얇게 뿌린다(E). 이것은 강력 우레탄 제품인데, 사포질할 때 쿠션도 약간 생기고, 또한 PSA 사포를 떼어내는 것도 쉬워진다.

목선반에서 사포질하기

사포질은 아래쪽 1/4에 해당하는 부분만 진행하기를 권한다. 즉, 심압대(tailstock) 쪽에서 봤을 때, 6시에서 9시 방향까지다. 목선반을 천천히 돌린다. 목선반 작업에서는 형상이 바뀌는 부분을 정확히 표현하는 것이 중요하므로, 이를 망가뜨리지 않도록 매우 조심해서 사포질한다. 벨크로 사포(역자주: 찍찍이 형태로 붙일 수 있는 사포)를 붙일 수 있는 부드러운 패드가 목선반 사포질용으로는 최고다(A). 작업물에 감길 수 있으므로, 안전을 위해서 손에 띠를 둘러감지 않는다. 오목한 부분에 잘 맞춰 작업할 수 있다(B). 섬세한 부위 및 작은 홈은, 1/4사포를 3등분해서 접은 다음 패드 형태로 만들어 작업한다(C).

개인적으로는 320-grit까지 사포질해서, 나뭇결 횡방향으로 생긴 자국을 전부 없앤다. 그런 다음 목선반을 멈추고, 220-grit 사포로 나뭇결과 평행한 방향으로 사포질한다(D). 목선반을 반대로 돌리면서, 목선반 공구를 사용해서, 형상이 바뀌는 부분만 약간 깎아 다듬는 것도 가능하다.

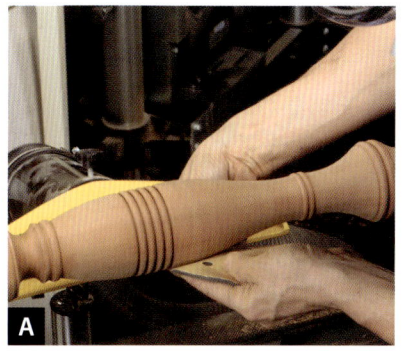

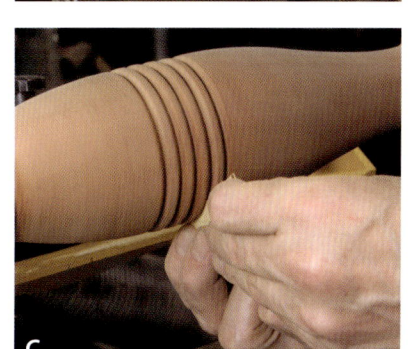
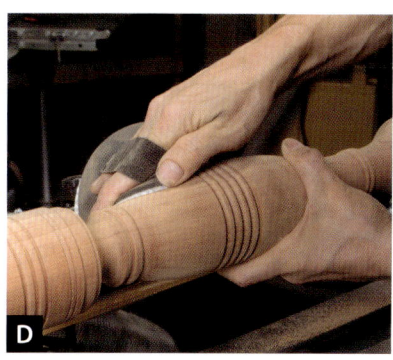

복잡한 부재에 대해서 접착 조립 후 사포질하기

접착 조립하기 전에 가능한 한 모든 표면 손질을 마치는 것이 좋다. 그러나 작은 테이블에 붙이는 카브리올 다리처럼 여러 디자인 요소를 이어 연결해야 경우는 미리 표면을 손질할 수 없다.

다리의 곡선 형상이 서로 이어지도록 스무딩 파일(smoothing file; 역자주: 눈이 고운 줄)로 다듬는다(A). 곡선형 스크레이퍼의 오목한 부분을 사용해서 줄의 작업 자국을 없애고 곡선을 더욱 다듬는다(B). 핸드 패드에 쿠션을 덧대고 사포질한다(C). 다리의 끝부분 등 일부 필요한 부분에서는, 좀 더 단단한 고무 패드를 사용해서, 윤곽선을 뚜렷이 세운다(D).

제 6 장

흠집 수리

|  |  |  |  |  |

예방적 조치
- 접착제가 삐져나오지 않게 하는 법 (95쪽)

손상부 수리
- 쪽이 나간 부분의 수리 (96쪽)
- 눌린 자국의 수리 (96쪽)

틈새 메꾸기
- 퍼티로 틈새 메꾸기 (97쪽)
- 에폭시로 틈새 메꾸기 (97쪽)

옹이 및 균열
- 에폭시로 갈라진 곳 및 옹이 메꾸기 (98쪽)
- 순간접착제로 갈라진 곳 혹은 쪼개진 곳 메꾸기 (98쪽)

메꿈재 숨기기
- 색상이 어두운 메꿈재 숨기기 (99쪽)
- 색상이 옅은 메꿈재 숨기기 (99쪽)

마감작업 전에 아무리 열심히 목재 표면을 손질해도 흠집이 남는 경우가 많다. 그래도 너무 실망할 필요 없다. 추가적인 일이라고 생각하는 대신, 표면 손질의 마지막 단계라고 생각해야 한다. 당연한 하나의 과정이므로, 흠집이나 결함을 쉽게 수리할 수 있으면, 마감작업도 즐겁다.

접착제 자국, 사포질 자국, 패인 곳, 눌린 곳 등은 마감작업 시작 전에 수리하는 것이 훨씬 쉽다. 이 장에서는 흠집을 찾아내서 수리하는 방법, 또한 처음부터 흠집이 생기지 않도록 하는 방법에 대해서 설명한다. 옹이나 균열처럼 처음부터 존재하는 결함을 처리하는 방법도 설명한다.

흠집을 최소화하는 방법

몇 가지 기준을 지키면, 흠집이나 얼룩을 최소화할 수 있다.

- 표면 손질이 끝났으면, 마감작업을 곧 이어 진행한다. 마감을 시작하기 전에 부재가 더러워지거나 눌리거나 긁힐 위험이 높다. 다른 부재를 제작하는 동안 뒤틀리거나 변색될 수도 있다. 따라서 대형 상판, 문짝, 그리고 여러 패널은 맨 마지막에 제작하는 게 좋다.
- 부재를 조립할 때 접착제 자국이 남지 않도록 조심한다. 삐져나오는 접착제의 양을 최소화하기 위해서는 발라야 하는 접착제 양이 얼마나 되는지 몸으

제 6 장

문짝을 만든 후 마감작업을 하지 않은 채, 틀을 만드는 기간 동안, 여름 내내 습한 공방에 방치해두었더니 문짝이 뒤틀렸다.

접착 작업을 하는 테이블은 편평하고 닦아내기 쉬워야 한다. 이 용도로는 멜라민 혹은 라미네이트판이 좋다.

접착제 잔여분은 마르기 전에 바로 닦아낸다. 솔이 고운 칫솔에 물을 묻혀 구석까지 깨끗이 닦아낸다.

로 익혀야 한다. 항상 가조립을 먼저 해보고 나서 접착 조립하면, 얘기치 못한 일이 일어나는 것을 막을 수 있다. 접착제가 떨어지거나 삐져나오면, 칫솔 혹은 깨끗한 천으로 바로 닦아낸다.

- 접착 조립은 접착제가 잘 붙지 않는 멜라민 혹은 라미네이트판 위에서 작업한다. 접착제 묻은 게 눈에 잘 띄고, 닦아내기도 쉽기 때문이다. 표면에서 목재가 잘 미끄러지므로 긁힐 확률도 적다. 클램프 물림턱에 보호 패드를 대서 작업 부재를 보호하는 것이 좋다.
- 접착제를 닦아낼 때는 증류수를 사용하도록 한다.

수돗물에는 용존 철염(iron salts)이 들어 있어서 체리나 오크처럼 탄닌이 많이 포함된 목재에 닿으면 회색 얼룩이 생긴다.

- 작업 중 실수로 인해 작은 조각이 깨지면, 접착제로 바로 붙인다.

표면 상태 확인

스테인 및 마감작업 전에 목재의 표면이 제대로 손질되었는지 확인해야 한다. 모서리가 직각인 경우는 사용 중에 쉽게 마모되므로, 뾰족해서 사용 시 불편한 모서리는 윤곽을 약간 부드럽게 다듬는다. 마감작업을 할 때, 액상의 마감재는 표면 장력으로 인해서 뾰족한 모서리 부분은 잘 칠해지지 않는 경향이 있으므로, 결국 제대로 보호되지도 않는다. 모서리에 마감재 도막이 제대로 형성되지 않으면, 각 도장 중간에 사포질할 때(scuff sanding), 그 부분이 갈려나가면서 원목이 드러날 수 있다. 표면 손질에서 사용한 사포 중에서 가장 고운 거칠기의 사포를 사용해서 모서리 윤곽을 다듬는다. 모서리가 둥근 모양이면 사포를 손에 잡고 작업한다. 아니면 단단한 샌딩블록을 대고 사포질함으로써 작은 빗면으로 깎을 수도 있는데, 사실 고급 수제 가구에서 이런 섬세한 손길을 볼 수 있다.

제 6 장

220-grit 사포에 단단하고 편평한 샌딩블록을 대고 사포질해서, 모서리에 작은 빗면을 깎아넣으면 심미적인 느낌이 난다.

마감작업 전에 알코올로 문질러보면 눌린 자국이 드러난다. 이 부분을 나중에 퍼티로 메꾸는 것보다는 마감작업 전에 뜨거운 증기로 복구하는 편이 낫다.

가능하면 흠집은 눈에 안 띠게 숨기는 것이 좋다. 수피(나무껍질) 부분이 있으면 이를 TV장 옆판 뒤쪽에 배치해두면 텔레비전에 가려서 눈에 잘 띠지 않는다.

최종적인 점검을 하기 전에 우선 목재 분진 및 부스러기는 압축공기로 불어내거나 집진기를 사용해서 깨끗이 없앤다. 옆에서 강한 조명을 비추어보거나, 미네랄 스피릿, 나프타(기화속도가 더 빠름), 알코올, 아세톤 등으로 문질러서 표면을 자세히 조사한다. 수성 마감재를 사용할 예정이면, 마지막 두 용제를 사용한다. 이들 용제를 목재 표면에 바르면 표면 흠집, 접착제 얼룩, 사포질 자국 등이 잘 드러난다. 흠집을 확인하면 이 장에서 설명하는 대로 수리하고, 또 한번 확인한다. 표면이 말끔히 정리되었으면, 목재 표면이 완전히 마르고, 용제 냄새가 전혀 나지 않을 때까지 기다린 후, 스테인 작업 및 마감작업을 진행한다.

흠집 제거 방법

흠집을 눈에 띠지 않는 구역에 배치하는 것이 한 방법이다. 아니면 사포질, 스크레이핑, 표백, 증기 등으로 제거할 수 있다. 흔히 접하는 흠집을 제거하는 방법은 다음과 같다:

움푹 들어간 곳(depressions)이 생길 수 있다. 이것은 판재의 평을 정확히 잡지 못한 경우, 혹은 사포 자국이 깊은 경우 이를 제거하는 과정에서 생길 수 있다. 상대적으로 패인 곳이 얕으면, 목재 표면이 건조한 상태에서는 잘 드러나지 않더라도, 마감재를 칠하면 드러난다. 이를 해결하려면 패인 곳 주변에서 평을 전체적으로 다시 잡아야 한다.

얕게 패인 영역만 사포질을 다시 하면, 마감재를 칠한 다음에는 표시가 난다. 너무 깊게 패이지 않았다면, 주변 구역에 맞춰 완화시킬 수 있다. (다음 쪽을 참고한다.)

사포질 후 남은 자국은 더 고운 사포로 사포질해서 없앤다. 주변 영역과 페더 샌딩(feather sanding)해서 작업 구역만 특별히 드러나지 않도록 만든다. 사포 자국은 스크레이퍼로 없앨 수도 있는데, 이후 마무리 작업에서 사용한 가장 고운 사포로 사포질해서 끝낸다.

접착제 얼룩은 예리한 끌이나 스크레이퍼로 없앨 수 있다. 이후 앞서와 마찬가지로 마무리 작업에서 사용한 가장 고운 사포로 사포질해서 끝낸다.

잿빛 물얼룩은 수돗물의 철염으로 인해서 생기는데, 옥살산 목재 표백제(axalic acid wood bleach)를 발라서 없앨 수 있다.

▶ 146쪽의 "표백제"를 참고한다.

눌린 곳은 수증기를 사용해서 복원한다. 열과 수증기를 가하면 눌린 목섬유가 처음 위치로 부풀어 오른다. 아니면 적어도 비슷한 위치까지 올라오므로 사포질로 평을 맞출 수 있다.

▶ 96쪽의 "눌린 자국의 수리"를 참고한다.

목재로 메꾸기

때우거나 메꿔야 한다면, 퍼티(putty)나 다른 메꿈재(filler; 필러) 대신에, 가급적 목재가루를 사용해서 메꾸는 것이 최선이다. 더 단단하고, 보기도 더 좋다. 대부분의 퍼티보다 구조적으로 더 튼튼하며, 세월이 흐르면서 주변 목재와 마찬가지로 자연스레 변색이 일어난다.

치핑(chipping)이란 잘못된 라우터 작업 혹은 각종 기계 작업 중에 목재가 뜯겨져 나가는 것을 말한다. 주로 가장자리나 모서리에서 이런 현상이 자주 나타난다.

▶ 페더 샌딩

페더 샌딩(feather sanding)은 얕게 패인 곳을 그 주변과 더불어 사포질함으로써 패인 곳이 눈에 띄지 않게 만드는 방법이다. 이때는 가장 고운 사포를 사용해야 하는데, 처음에는 코르크를 붙인 샌딩블록에 150- 혹은 180-grit 사포를 감아서 시작한다. 여러 방향을 섞어 밀면서 패인 곳을 없애준다. 아래 그림처럼, 대각선 방향, 나뭇결 횡방향, 마지막으로 나뭇결에 평행한 방향 순으로 작업한다. 패인 곳에서 멀어질수록 누르는 압력을 줄인다.

에폭시나 순간접착제와 같은 딱딱한 메꿈재를 갈아 다듬을 때도 페더 샌딩 기법을 이용한다. 이런 딱딱한 메꿈재는 목재보다 더 단단하기 때문에, 나뭇결에 평행하게 사포질하면 메꿈재 주변이 패인다.

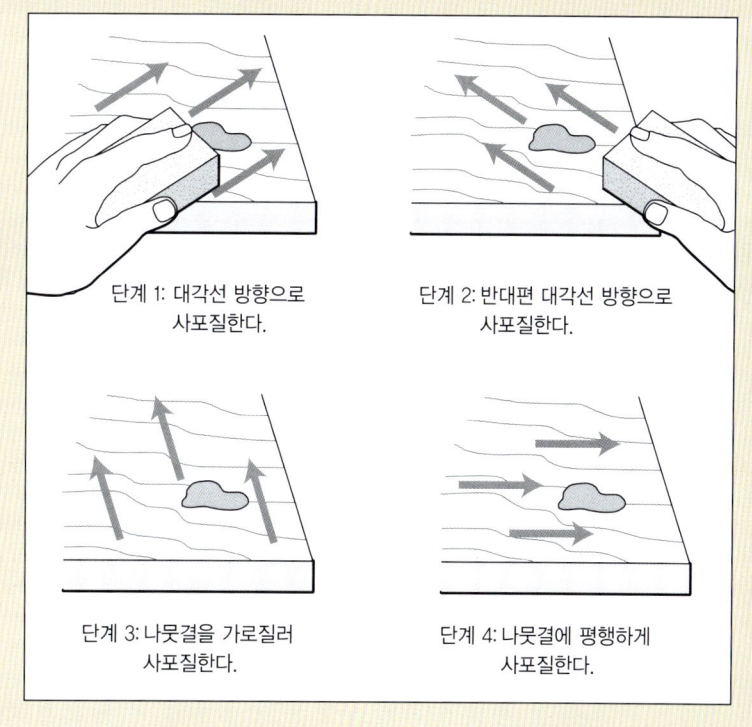

단계 1: 대각선 방향으로 사포질한다.
단계 2: 반대편 대각선 방향으로 사포질한다.
단계 3: 나뭇결을 가로질러 사포질한다.
단계 4: 나뭇결에 평행하게 사포질한다.

제 6 장

나무로 메꿀 때는 갈라진 데는 쐐기 형태로 잘라 넣고(왼쪽), 옹이는 '더치맨(dutchman)' 패치로(가운데), 그리고 모서리가 뜯긴 경우엔 삼각형으로 깎아 붙인다.

뜯겨져 나간 조각을 찾을 수 있으면, 바로 접착제로 도로 붙이는 것이 제일 낫다. 순간접착제는 바로 굳어지므로, 작업을 이어갈 수 있다. 뜯어진 조각을 찾지 못하면, 결, 색상, 질감 등이 비슷한 목재로 모양을 만들어서 붙여 넣는다.

쪼개지거나 갈라진 것은, 결에 평행하다면 나뭇조각을 길게 잘라 넣고 접착해서 메꿀 수 있다. 판재 단부에 생기는 큰 균열이나 할렬은 이런 방법으로 수리할 수는 있지만, 구조적으로 튼튼하려면 정확하게 맞춰 끼워 넣어야 한다. 따라서, 이렇게 수리한 부분은 힘을 받는 이음부에는 사용하지 않아야 한다.

옹이 혹은 손상이 큰 부위는 나무로 수리하는 것이 최선이다. 가장 쉬운 방법은 수리할 영역을 드릴로 얕게 파내고, 탁상드릴에서 플러그 커터를 사용해서 목심을 잘라 넣는 것이다. 그러나 둥근 모양 때문에 바로 표시가 난다.

이보다는, 나무를 예쁜 모양으로 잘라서 상감 방식으로 메꿔 넣는 것이 더 보기 좋을 것이다. 이러한 용도로, 라우터와 함께 사용할 수 있는 키트도 판매된다. (287쪽의 "유관업체"를 참고한다.) 키트에는 라우터 템플릿 가이드가 들어 있는데, 탈부착이 가능한 간격 조절 링이 붙어 있다. 먼저 손상이 간 부분을 라우터로 얕게 깎아내는데, 간격 조절 링을 붙인 템플릿을 대고 깎는다. 그다음엔 템플릿에서 간격 조절 링은 떼내고, 메꿔 넣을 나무를 깎는다. 이런 식으로 맞춰 깎으면, 나무가 수리 부위에 정확히 들어맞는다. 나무의 결, 색상, 질감도 서로 맞춘다면, 수리 부위는 거의 표시나지 않는다.

균열, 옹이 등을 수리할 때, 의도적으로 이쁘게 모양을 낼 수도 있다. 가구 디자이너 조지 나카시마(George Nakashima)는 갈라지거나 쪼개진 곳에 주먹장(dovetail) 형태로 상감하듯이 넣어서 디자인에 엑센트를 주는 것으로 유명하다.

메꿈재 사용

스크레이핑이나 사포질로 다 제거할 수도 없는 상황에서는 메꿈재로 메우는 것이 최선일 경우도 있다. 쪼개지거나 갈라진 곳, 눌린 곳, 파인 곳, 옹이, 이음부의 틈새 등에 모두 적용할 수 있으며, 메꿈재는 시판되는 것을 쓸 수도 있고, 직접 만들어 쓸 수도 있다. 여기서는 5가지의 서로 다른 형태의 메꿈재에 대해서 설명한다.

메꿈재(우드 필러)의 종류(왼쪽부터 시계 방향으로): 용제 기반 및 라텍스 혼합 퍼티; 파우더 퍼티; 폴리에스터 레진, 에폭시, 그리고 목재가루; 레진 스틱; 그리고 왁스 크레용

프리믹스 퍼티

프리믹스 퍼티(premixed putties)는 우드 필러(wood filler), 우드 도우(wood dough), 플라스틱 우드(plastic wood)라고도 불린다. 종류가 다양하고, 여러 이름으로 판매된다. 바르기 쉽고, 마른 뒤에는 사포질도 잘된다. 다른 것보다 상대적으로 수축이 더 많이 일어나는 제품도 있으나, 구조적인 강도를 가진 제품은 없다. 대부분 스테인 작업이 가능하다고 되어 있으나, 목재에 직접 스테인한 부분과 같은 색상이 나오는 것은 거의 없다. 그러나 안료를 첨가해서 색상을 조정할 수 있으므로, 자투리 목재를 사용해서 미리 색상을 혼합해본다.

퍼티는 크게 두 가지다: 용제 기반 그리고 라텍스(수성). 용제 기반 퍼티는 빨리 마르므로 다음 작업을 바로 진행할 수 있다. 냄새가 심하고, 용기 안에서 빠르게 마르므로 사용하기가 좀 불편하다는 것이 단점이다. 라텍스 필러는 냄새가 거의 없고 용기 안에서 빨리 마르지도 않는다.

프리믹스 퍼티로는, 폭이 6mm를 넘지 않으면, 눌린 곳, 패인 곳 등을 메꿀 수 있고, 작은 이음부 틈새도 메꿀 수 있다. 몰딩 작업 시 못자국을 메꿀 때도 좋다. 나는 용제 기반 퍼티 및 라텍스 퍼티 둘 다 사용하며, 그 위에 스테인을 칠한다. 그러나 퍼티와 스테인의 색상을 맞출 수 있다고 기대하지는 않는다. 메꿈재의 색상이 스테인 칠한 부분의 색상과 다르면, 터치업(touch up; 부분 도장)으로 보완한다.

▶ 99쪽의 "색상이 옅은 메꿈재 숨기기"를 참고한다.

파우더 퍼티

파우더 퍼티는 물에 섞어 반죽처럼 사용하며, 굳어지면 매우 단단하다. 물을 최소한으로 사용하면, 거의 수축이 일어나지 않는 아주 좋은 메꿈재다. 단점이라면 물과 혼합하는 작업이 필요하고, 또한 바로 사용해야 한다는 것이다. 색상은 미색 계통밖에 없으나, 스테인이 잘 칠해지므로 색상을 보정할 수 있다.

제 6 장

▶ 퍼티와 기공

오크(oak; 참나무)나 애쉬(ash; 물푸레나무)처럼 기공이 많은 목재를 대상으로 **메꿈재를 사용할 때는** 주의할 점이 있다. 주위 기공에 메꿈재가 묻으면 스텐인 및 마감재가 통과하지 못하므로, 사진에서 보듯이 밝은 자국이 남는다. 따라서 메꿈재를 채우기 전에 마스킹 테이프로 주위를 덮거나, 작은 나뭇조각이나 스크류드라이버 끝을 이용해서 메꿈재를 정확하게 채워 넣는다.

못자국 주위에 밝은 색상의 얼룩이 보이는데, 이는 잔여 메꿈재 때문에 스테인이 제대로 묻지 않았기 때문이다.

2성분 폴리에스터 레진은 단단하고 강도가 세며, 사포질도 잘된다.

2성분 메꿈재

나는 두 종류의 2성분 메꿈재를 사용한다: 에폭시와 폴리에스터 레진. 에폭시는 묽은 투명 액체인데, 여기에 역시 투명한 경화제를 같은 양만큼 섞으면 굳어진다. 폴리에스터 레진은 자동차 수리용 메꿈재로 많이 쓰이는데, 걸쭉한 퍼티 형태이며, 경화제를 소량 첨가하면 굳어진다.

둘 다 경화하면 매우 단단하여, 구조적인 강도를 지니며, 수축도 별로 일어나지 않는다. 따라서 옹이로 인한 구멍, 큰 균열, 그리고 6mm 이상의 큰 홈을 수리하는 데 좋다. 특히 탁자의 상판, 그리고 메꿈재 수축이 바로 눈에 띄는, 드러나는 면에 사용하면 좋다. 물론 갈라진 곳, 작은 균열, 그리고 이음부 틈새에도 사용할 수 있다.

폴리에스터 레진(수지)은 사포질이 아주 잘된다. 그러나 2액형 에폭시에서 레진과 경화제를 같은 비율로 섞으면 사포질이 잘 안 된다. 사포질이 잘되는 더 딱딱한 에폭시를 만들려면, 레진을 경화제보다 2배 더 많이 섞는다. 옹이나 갈라진 곳의 폭이 3mm 이상이면, 나뭇조각을 길게 잘라 에폭시로 붙여 넣는 것이 최선이다.

▶ 98쪽의 "에폭시로 갈라진 곳 및 옹이 메꾸기"를 참고한다.

에폭시나 폴리에스터 메꿈재에 색상을 넣으려면, 목재가루 혹은 안료 분말을 섞어 원하는 효과를 얻을 수 있다.

에폭시에 색을 넣는 것은 아주 쉽다. 작업 중 생긴 목재가루를 바로 섞어 넣으면, 부재와 색상이 같아진다. 아니면 아예 대비되는 색을 넣어 장식적인 느낌을 줄 수도 있다.

제 6 장

목재 내부에서 가지와 가지가 만나는 흠결(bark inclusion)은 에폭시와 녹색 안료를 사용해서 메꾸면, 디자인에 에메랄드 색상의 엑센트를 줄 수 있다.

순간접착제

작은 균열, 뜯긴 곳, 작은 옹이 등을 수리할 때는 순간접착제(cyanoacrylate glue)가 최고다. 강력 순간접착제 혹은 CA 접착제라고 불리는데, 바르면 바로 굳어지므로 하던 작업을 계속 진행할 수 있다.

작업 부재의 목재가루를 순간접착제에 섞어 색에 맞출 수 있다. 그러나 순간접착제에 목재가루를 미리 섞어 넣을 수는 없다. 대신에, 수리할 부분에 순간접착제를 먼저 바르고, 이것이 굳어지기 전에 목재가루를 뿌려 사포질하듯이 바른다.

▶ 98쪽의 "순간접착제로 갈라진 곳 혹은 쪼개진 곳 메꾸기"를 참고한다.

[TIP] 목재가루와 목공용 접착제로 직접 메꿈재를 만들어 작은 크기의 흠집을 수리하는 데 사용할 수 있다. 그러나 수축이 상당히 많이 일어나고, 스테인이 잘 칠해지지 않는다.

왁스 크레용과 레진 스틱

왁스 크레용(wax crayons)과 레진 스틱(resin sticks)은 마감 전문가들이 널리 사용하며, 다양한 색상으로 판매되고 있다. 왁스 크레용은 마감재가 묻지 않기 때문에 스테인 및 마감작업이 끝난 후에 사용한다. 레진 스틱은 주로 셸락으로 만들며, 열가소성 막대 형태로 판매된다. 이는 눌려 패인 곳, 눌린 곳, 그리고 긁힌 자국 등 각종 흠집을 수리하는 데 사용된다.

왁스 크레용은 몰딩 작업에서 생긴 못자국을 메꿀 때 아주 편하다.

스테인을 칠하지 않고 마감한 목재는, 목재의 색상보다 약간 더 짙은 색의 크레용을 사용하는 것이 좋다. 대부분의 목재는 시간이 지나면서 더 어두워지고 약간 황변이 일어나기 때문이다. 체리는 상당히 많이 어두워지므로 더 짙은 색으로 칠하는 것이 좋다.

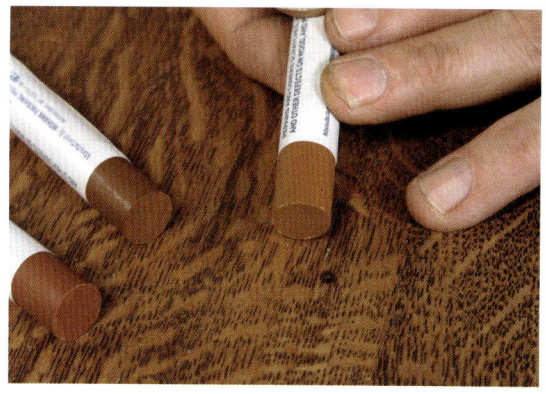

왁스 크레용은 못자국을 메꾸는 데 아주 좋다. 그냥 구멍에 대고 문지른 다음, 천이나 사포 뒷면으로 여분을 닦아낸다.

흠집 수리 | 93

제 6 장

체리 패널에 나무진이 모인 부분이 있는데, 레진 스틱을 뜨거운 나이프로 떠서 발라 수리한다.

레진 스틱을 바른 후, 코르크 블록에 고운 면직물을 감아 알코올을 바르고, 수리 부위를 문질러 다듬는다.

▶ 메꿈재에 색 넣기

메꿈재에 색을 넣어 목재와 색상을 맞추는 것은 쉽다. 메꿈재와 호환이 되는 재료는 모두 사용할 수 있다. 예를 들어 유성 퍼티에는 회화용 유화물감을 쓸 수 있고, 수성 퍼티에는 아크릴 물감이나 수성 목재 염료(dyes)를 쓸 수 있다. 그러나 이들에는 물이나 용제가 포함되어 있기에, 마르면서 수축이 일어난다. 이 경우엔 건조한 안료(pigments)를 사용하는 편이 낫다. 다른 화학물질이나 용제를 첨가하지 않으므로, 호환성 문제가 없다.

레진 스틱은 마감작업 중에 눌리거나 손상을 입은 경우에 주로 사용한다. 이것으로 눈에 안 띄게 완전히 숨기는 것은 어렵지만, 상자구조의 옆부분 같은 곳에 눌린 자국이 있다면 눈에 잘 띄지 않는다. 그러나 눌린 자국이 탁자 상판처럼 바로 보이는 곳이라면 레진 스틱은 사용하지 않는 것이 좋다. 이때는 마감재를 스크레이핑 후(박리제로 제거하는 것보다 쉽다), 사포질해버리거나 증기를 사용해서 복원시킨다.

마감작업 전에 원 목재 표면에 바로 레진 스틱으로 수리하는 것도 가능하다. 뜨거운 나이프로 레진을 떠서 수리 부위에 바른다. 블록에 천을 감고 알코올을 묻혀 문지르거나, 아니면 사포질로 평을 맞춘다.

접착제가 삐져나오지 않게 하는 법

장부맞춤을 할 때, 삐져나오는 접착제를 닦아내는 작업만 안 해도 훨씬 수월하다. 조립하기 전에 장붓구멍의 둘레를 예리한 끌로 도려낸다(A). 그런 다음 블록플레인으로 장부의 끝부분 네 모서리를 빗면으로 깎는다(B). 접착제를 장붓구멍의 안쪽 면과 장부의 앞쪽 모서리에 바르는데, 장부 턱에서 6mm 정도 떨어진 위치까지만 바른다(C). 클램핑 후 접착제가 삐져나오지 않는 것을 보면 마음이 흐뭇할 것이다(D). 접착제가 삐져나오지 않는다고 해서 결교(starved joint; 약한 결합)가 되는 것은 아니다; 클램핑 압력 때문에 여분의 접착제가 밖으로 밀려나오지 않도록, 장붓구멍의 윗부분에 여유 공간을 만들어준 것뿐이다.

[VARIATION] 수성 PVA 접착제(목공용 화이트글루)나 아교를 사용하고, 수성 스텐인을 칠할 예정이면, 천에 스테인을 묻혀서 접착제 여분을 닦아낼 수 있다.

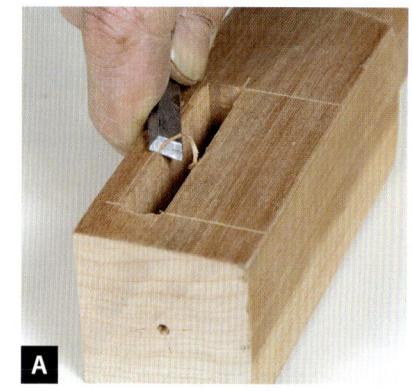
A

B

C

D

VARIATION

쪽이 나간 부분의 수리

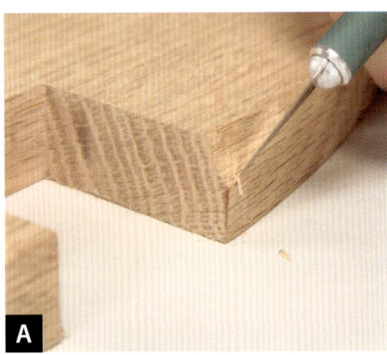

작업 중에 목재의 일부가 깨지면, 그 조각을 잃어버리기 전에 즉시 접착제로 도로 붙인다. 조각이 완전히 떨어져 나가고 없으면, 작토 나이프(X-Acto™ knife)로 남아 있는 거스러미를 제거하고 다듬는다(A). 나는 순간접착제 중에서 점성이 큰 것을 사용하는데, 손에 접착제가 묻어서 붙는 것을 막기 위해서, 미리 고형 왁스를 손가락에 묻히고 작업한다(B). 접착제가 완전히 굳어지기 전에 사포질해서 다듬는다(C). 사포질로 생긴 목재가루와 순간접착제를 섞어, 남은 틈새를 전부 메꿀 수 있다.

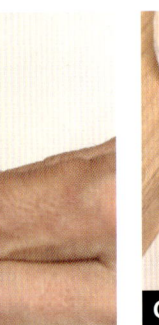

눌린 자국의 수리

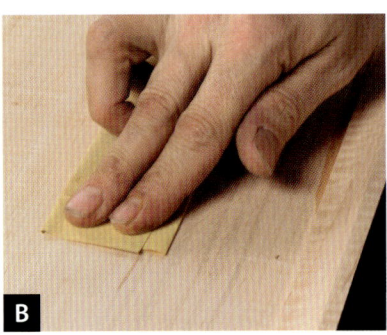

스테인 작업 전에 용제로 문질러 닦아보았더니 컬리 메이플 상판에 눌린 자국이 발견되었다. 이것을 수리하기 위해서, 먼저 증류수를 표면에 발라 목섬유가 부풀게 만든다. 그런 다음 증류수로 적신 천을 덮고, 다리미 세팅을 면(cotton)에 맞추고 30초 정도 눌러준다(A). 수리 부분을 수시로 확인하면서 더 이상 부풀어 오르지 않을 때까지 다리미로 눌러준다. 마지막에 바깥쪽으로 펴서 밀어주는 방식으로 사포질해서 면을 다듬는다(B).

퍼티로 틈새 메꾸기

사진은 알판 구조의 문짝인데, 재단 오차로 인해서 가로대(rail)에 틈새가 생긴 것이다. 보통 이 정도 크기의 틈새는 나무를 얇게 깎아 끼워 넣는다. 그러나 짧은변 방향이 나뭇결 방향이기 때문에 목재를 횡방향을 자르면 쪼개지게 된다. 따라서 그 대신에 틈새 양편으로 마스킹테이프를 붙이고, 라텍스 퍼티(latex putty)를 채워 넣었다(A). 퍼티가 굳은 후 테이프를 제거하면, 퍼티가 테이프 두께만큼 위로 남게 된다(B). 단단한 블록에 사포를 감고 사포질해서 없애고 높이를 맞춘다(C).

사진은 탁자 모서리를 연귀맞춤한 것인데 속이 깊은 틈새가 생겼다. 이런 경우는 수축이 적은 폴리에스터 수지를 사용하는 것이 낫다. 목재 색상으로 판매되는데, 안료 분말을 섞어 색상을 조절할 수 있다. 수리 부위 주변은 마스킹테이프로 보호한다(D).

에폭시로 틈새 메꾸기

투명한 5분 에폭시는 경화가 빠르고 색을 넣기도 쉬운 훌륭한 메꿈재다. 탁자 상판에 웬지(wenge)로 테두리를 장식한 경우엔, 흑색과 갈색 안료를 섞어 넣어서 색을 맞출 수 있다. 틈새에서 접착제 찌꺼기를 작토 나이프로 제거한다(A). 애쉬 부분을 마스킹테이프로 가린 다음, 한쪽 에폭시에만 안료를 섞는다(B). 이제 에폭시 둘을 같이 섞어서 틈새를 채우는데, 주변보다 약간만 더 높게 바른다(C). 에폭시는 5분 내에 경화되지만, 사포질할 정도로 단단하지 않으므로, 몇 시간 정도 기다렸다가 사포질한다.

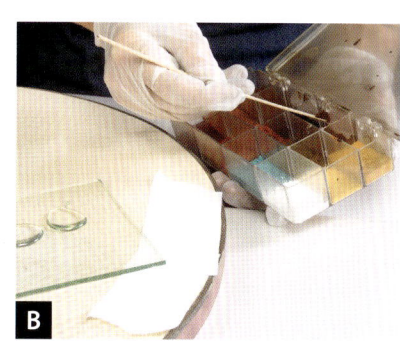

에폭시로 갈라진 곳 및 옹이 메꾸기

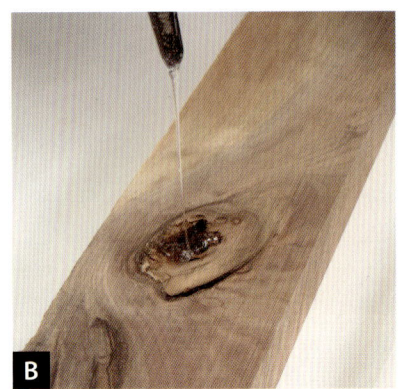

사진의 월넛 판재처럼, 큰 균열이나 옹이를 메꾸는 데는 에폭시가 아주 효과적이다. 옹이를 먼저 가열하면, 에폭시가 더 잘 흘러 채워진다(A). 에폭시는 나무 막대나 미술용 팔레트 나이프로 흘려 넣는다(B). 틈새에 길쭉한 나뭇조각을 잘라 넣어, 판재를 보강할 수도 있다. 반대편을 테이프로 막고, 에폭시로 채운다. 나뭇조각은 자투리 판재에서 끌로 잘라낸다(C). 나뭇조각은 결 방향으로 잘라내었기에, 튼튼하게 균열에 끼워 넣을 수 있다. 망치로 가볍게 두드려 박는다(D). 에폭시가 굳은 다음 나뭇조각이 튀어나온 부분은 톱으로 잘라내고, 수리 부위 전체를 사포질한다.

순간접착제로 갈라진 곳 혹은 쪼개진 곳 메꾸기

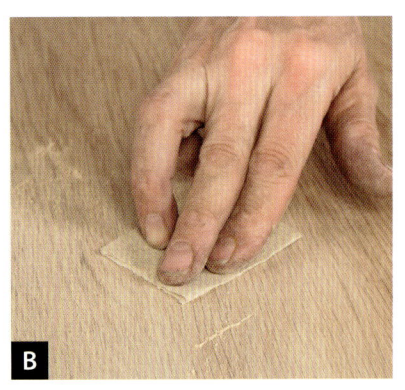

순간접착제는 아주 묽은 것부터 꿀처럼 끈적한 것까지 점성이 다양하다. 사진의 오크 상판에서 보듯이 작은 균열은 묽은 에폭시를 바른다(A). 이후 150-grit 사포로 사포질하면, 목재가루가 접착제 안에 채워지면서 균열이 보이지 않게 된다(B).

사진의 오크 판재의 끝에서 보듯이 균열이 큰 경우는 점성이 더 큰 접착제를 쓴다(C). 접착제를 바른 다음, 같은 방법으로 주위를 사포질해서 목재가루를 만들어내고, 접착제 속으로 밀어 넣어서 균열을 채운다(D). 순간접착제용 경화촉진제를 살짝 뿌려주면 바로 굳어진다. 틈새가 크면, 한 번 더 메꾼다.

색상이 어두운 메꿈재 숨기기

먼저 판재의 전체 면을 셸락으로 칠한다. 셸락을 칠하면, 최종 마감 후 상태와 유사하게, 색상이 약간 어두워진다. 이 색상을 기준으로 안료를 혼합한다. 이제 투명 재료에 안료를 섞는다. (저자는 다른 마감재와 같이 작업이 가능한, 호환성이 좋은 디왁스드 셸락(dewaxed shellac)을 사용한다.) 회화용 4호붓을 사용해서, 판재의 가장 어두운 부분에 맞춰 조색하고, 어두운 색상의 메꿈재(필러) 위에 칠한다(A). 마른 후에, 약간 옅은 색으로 조색해서 위에 또 칠한다(B). 이때 어두운 색상의 안료를 약간 남겨두면, 나뭇결이나 문양처럼 보인다(C).

흔히 볼 수 있는 실수는, 판재를 가까이서 들여다보면서 가장 비슷한 색상을 만들어 칠하는 것이다. 그렇게 하지 말고, 텔레비전 화면이 색상을 표현하는 방식을 모방하는 것이 좋다. 즉, 붓의 끝으로, 서로 다른 색을 고루 찍어 바르는 것이다. 텔레비전 화면이 3가지 색의 픽셀을 사용해서 모든 색을 표현하는 방식과 비슷하다. 약간 떨어져서 보면, 점들이 서로 섞여 보이면서 좀 더 자연스럽다.

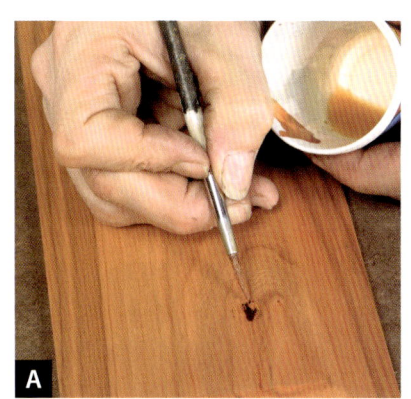
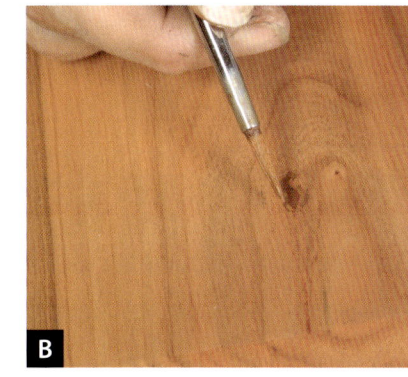

색상이 옅은 메꿈재 숨기기

퍼티 및 각종 메꿈재는, 마르면서 주변 목재보다 색이 옅어지고, 또한 나뭇결과 자연스레 연결되지 않기 때문에 눈에 잘 띈다. 간단한 해결책은 처음부터 셸락에 안료를 넣어서, 퍼티의 색상을 조금 짙게 만든 다음, 4호붓으로 바른다(A). 그다음에 1호붓으로 가는 나뭇결을 그려 넣는다(B). 만약 나뭇결의 선이 너무 넓으면, 원래의 색상 및 4호붓을 써서 선의 폭을 조정한다(C).

스테인 기초 및 응용,
page 102

글레이즈, 패딩 스테인, 토너,
page 122

천연염료, 합성 스테인,
그리고 표백제, page 140

색상 조절, page 153

단원 Ⅲ

목재 표면 채색

목재 마감작업 중에 표면에 색상을 넣는 것은 아주 중요한 작업이다. 별 인기 없는 목재를 아주 매력적으로 보이게 만들고, 문양이 있는 목재는 더 아름답고, 풍부하고, 깊이감 있게 만들어준다. 또한 여러 종류의 목재를 섞어서 쓸 때, 결함을 숨길 때, 그리고 고가구처럼 만들고자 할 때 색상을 넣는다.

그러나 목재에 색을 입히는 작업에는 해결해야 할 어려운 점이 있다. 색상이 너무 짙거나 옅게 보이는 경우도 있고, 스테인을 칠하는 것이 어렵거나 아니면 아예 칠해지지 않는 경우도 있다. 그러나 다행스럽게도, 제품 및 사용법에 대해서 조금만 이해하면, 많은 문제를 해결할 수 있다.

이 단원에서는 스테인 제조에 사용되는 각종 재료 및 효과적인 사용법에 대해서 알아본다. 색상을 정확하게 구현하는 방법, 얼룩이 생기지 않게 하는 방법 등을 알아본다. 그리고 목재에 아름답고 풍부한 느낌을 줄 수 있는 스테인 작업 방법을 설명한다.

제7장

스테인 기초 및 응용

스테인을 손으로 칠하기

➤ 유성 스테인 바르는 방법 (114쪽)
➤ 수성 스테인 혹은 염료 칠하기 (115쪽)
➤ NGR 스테인 칠하기 (116쪽)
➤ 알판 문짝에 스테인 칠하기 (116쪽)

스테인을 분무해서 칠하기

➤ 수성 스테인 분무하기 (117쪽)
➤ 유성 스테인 분무하기 (118쪽)

염료 농축액

➤ 염료의 혼합, 계량, 복제 (119쪽)

특수 조색제

➤ 길소나이트/아스팔트 스테인의 제조 (120쪽)

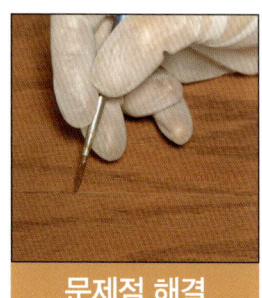

문제점 해결

➤ 접착제 얼룩 지우기 (121쪽)
➤ 사포질로 생긴 자국 혹은 뚫어진 곳 처리 (121쪽)

스테인 작업이란 나무의 결, 문양을 덮어 숨기지 않으면서, 표면에 색을 입히는 것을 말한다. 재료에 포함된 착색제로 인해서 색상이 발현된다. 스테인은 크게 두 종류가 있다. 대부분 안료 기반 스테인 아니면 염료 기반 스테인이다. 물론 안료 및 염료를 모두 사용한 경우도 있다. 이 장에서는 안료 스테인과 염료 스테인에 대해서 설명하고, 화학물질과 같은 특수 스테인은 제9장에서 설명한다.

안료 스테인

안료 스테인의 구성 성분은 세 가지다: 안료, 결합제(binder; 바인더), 희석제(thinner). 안료는 색을 띠는 작은 입자로 구성되어 있으며, 용제에 녹지 않는다. 결합제와 희석제의 혼합물을 전색제(vehicle)라고 부른다.

안료는 천연산 아니면 합성으로 크게 나눌 수 있다. 더 나누면 유기와 무기로 구분할 수 있다. 목재 스테인에 널리 사용되는 천연 무기 안료는 광물 안료(earth colors)라고 불리는데, 실제로 땅에서 파낸 광물을 씻어 말린 것이기 때문이다.

102 | 스테인 기초 및 응용

유성 와이핑 스테인(오른쪽 뒤)은 린시드오일(왼쪽 뒤) 혹은 알키드 바인더, 미네날 스피릿, 광물 안료(앞쪽)로 구성되어 있다.

안타깝게도 지하 광물은 백색, 흑색, 그리고 적색, 황색 등 순수 원색은 별로 없다. 따라서 이들 색은 자연에서 구하든지 화학적으로 합성한다. 업계에서는 안료를 다음과 같이 구분한다.

광물 안료(earth pigments)로는 엄버(umbers; 암갈색), 오커(ochres; 황토색), 씨에나(siennas; 황갈색), 반다이크브라운(van dyke brown; 진한 갈색) 등이 대표적이다. 이외에 약간 녹색을 띠는 것도 있고, 점판암(슬레이트; slate)의 색을 띠는 것도 있다. 목재의 색상을 띠는 스테인은 대부분 광물 안료로 만든다.

백색 안료는 1970년대 시판 페인트 성분에 납의 사용이 금지되기 전까지는 대부분 납 성분이었다. 요즈음은 거의 인공 합성한 산화티타늄이다.

흑색 안료는 여러 공정을 거쳐 제조된다. 대부분 카본블랙(carbon black)인데, 천연가스를 불완전 연소시켰을 때 용광로에 생기는 그을음이다. 램프블랙(lampblack) 안료는 기름이 연소될 때 생기는 그을음이다.

합성 유기 안료는 페인트색인 적색, 황색, 청색 안료 등이다. 이들은 화학 구조로 분류하며, 프탈로시아닌 블루(phthalocyanine blue), 카드뮴 레드(cadmium reds), 카드뮴 옐로우(cadmium yellow), 퀴나크리돈 레드(quinacridone reds) 등이다. 아조(azos), 프탈로시아닌(phthalocyanines) 등은 염료와 유사한 화학 구조를 가지고 있다.

투명 안료/마이크로 안료는 가시광선보다 작은 크기이기에 통상의 안료 스테인보다 더 투명하다. 이들 안료는 내광성(빛에 색이 바래지 않는 성질)이 탁월하고 거의 염료만큼 투명하여, 가구 마감작업에서 내광성이 부족한 염료를 대체하는 재료로 인기가 높다. 투명 적색산화철(red oxide)과 황색산화철(yellow oxide)이 가장 일반적이다.

브론즈 안료 및 펄 안료(bronze and pearlescent pigments)는 금속 분말이거나 운모(mica; 마이카)에 각종 메탈 옥사이드(metal oxide)를 도포하여 만든다. 브론즈 안료는 - 보통 알루미늄, 아연, 구리로 만든다. - 불투명 금속 같은 외관을 띠게 된다. 펄 마이카 안료를 글레이즈나 투명 마감재에 혼합하면 보는 각도에 따라 미묘하게 색이 변하는 진주빛이 된다.

제 7 장

목재의 표면이 거칠면, 안료 스테인의 색상이 더 짙어진다. 패널의 왼쪽은 스테인을 칠하기 전에, 물과 변성 알코올을 반반 섞은 다음, 표면에 발라서 나뭇결을 일으켜 세운 것이다.

아스팔트는 유전에서 천연으로 채취할 수도 있고, 원유 정제 공정에서 부산물로 얻을 수도 있다. Gilsonite™가 천연 채취 아스팔트 상품명이다. 보통은 분말 형태로 시판되며, 미네랄 스피릿, 테레빈유, 자이렌에 녹는다. 섬유가 없는 주택지붕 공사용 타르도 사용 가능하다. 아스팔트 스테인은 염료와 안료 형태의 착색제를 모두 함유하고 있다. 내광성이 아주 우수하고, 일반적인 안료나 염료로는 재현하기 어려운 선명한 황갈색을 얻을 수 있다.

결합제와 희석제로 만들어지는 액상의 전색제에다 안료를 섞어서 목재의 표면에 부착시킨다. 결합제는 안료를 감싸서 목재 표면에 붙인다. 희석제는 점성, 침투성, 그리고 건조속도를 조절하기 위해서 넣는다. 안료 스테인 내의 결합제는 각종 마감재에서 사용되는 결합제와 같다. 린시드오일, 텅오일, 알키드, 아크릴, 우레탄 등이다. 소비자 입장에서 종류를 나누는 방식은, 주로 안료 스테인에 들어가는 전색제의 종류에 따른다: 유성, 바니쉬, 래커, 수성.

개별 목재의 표면 질감에 따라서, 안료가 드러나는 정도가 다르므로, 구현되는 결과도 다르다. 스테인을 문지르면 안료 입자가 큰 기공에 침착한다. 오크나 애쉬 같은 환공성(環孔性) 목재(ring-porous woods; 역자주: 가을에 생긴 목질부와의 경계에 봄에 생긴 목질부의 큰 도관(導管)이 고리 모양으로 나란히 있는 목재)는 밝고 어두운 부분이 뚜렷이 구분되어 드러난다. 그러나 버치, 월넛, 마호가니 같은 산공재(diffuse-porous wood; 散孔材; 역자주: 도관(導管)이 일 년 윤층(輪層) 내에 골고루 분포되어 있고 춘재(春材)와 추재(秋材)의 도관 굵기가 거의 같으며 전체적으로 분포되어 있는 목재)는 훨씬 균질하게 스테인이 칠해진다.

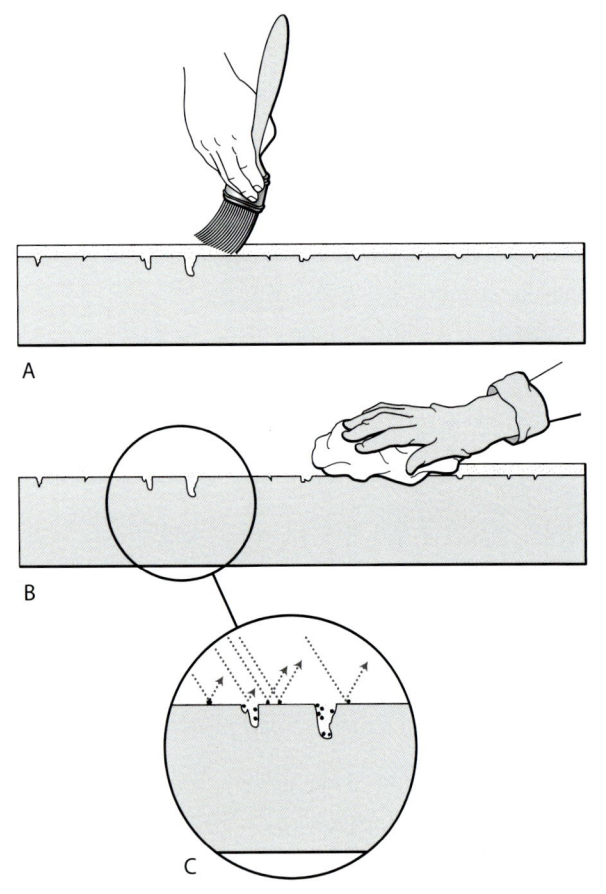

안료 스테인의 원리

안료 스테인을 칠하는 방법은 안료 입자, 결합재, 용제의 혼합물을 붓으로 칠하거나 천으로 문질러 바른다(A). 혼합물을 문지르면, 조직이 치밀한 부분은 대부분 그냥 닦여 나오지만, 기공 속으로는 안료가 채워진다(B). 안료 입자의 크기는 가시광선의 파장보다 크기 때문에 빛을 반사한다(C).

제 7 장

애쉬 같은 환공재에 안료 스테인을 칠하면 나뭇결이 뚜렷이 드러난다(왼쪽). 버치 같은 산공재에 칠하면 색상이 좀 더 균질하게 발현되고(가운데), 메이플처럼 조직이 치밀한 목재에서는 결이 거의 드러나지 않는다(오른쪽).

염료 분말을 용매에 녹이면 유색 용액이 된다. 사진의 갈색 염료에는 적색, 황색, 청색, 흑색 입자가 모두 들어 있다.

메이플처럼 조직이 치밀한 목재에 안료 스테인을 칠하면, 안료를 받아들일 수 있는 결이 거의 없기 때문에 목재에 색을 입히는 것이 어렵다. 안료 스테인을 여러 번 칠해서 색상은 짙게 만들 수 있지만, 나뭇결과 문양이 제대로 보이지 않게 된다. 따라서 조직이 치밀한 목재는 염료 스테인을 사용하는 것이 더 낫다.

안료 스테인을 구매할 때 주의할 것은, 가게에서 본 견본 색상이 그대로 재현되지 않는다는 것이다. 견본은 주로 파인, 오크 등 매끈하고 기공이 많은 소프트우드나 결이 거친 하드우드를 사용한다. 체리, 메이플 등 여러 목재에서 서로 다르게 구현되므로, 실제 프로젝트에 사용되는 목재 자투리에다 먼저 칠해보고 판단해야 한다

염료 스테인

염료 스테인은 두 가지 측면에서 안료 스테인과 다르다. 먼저, 염료는 액상 용매에 녹는다. 염료 분말을 액상 용매에 녹이면, 색깔이 있는 분자 크기의 입자로 채워진 용액이 된다. 두 번째는 염료는 결합제가 필요하지 않다는 것이다. 입자의 크기가 워낙 작기 때문에, 분자 간 화학적인 힘으로 인해 목섬유에 쉽게 흡착된다.

이것은 목재의 기공 형상이나 표면의 여러 불규칙한 구조와는 별 상관이 없다는 것을 뜻한다(염료를 결합제에 섞거나 겔 형태로 칠하지 않는 한). 액상 염료 조색제가 목재에 균질하게 색을 입힌다. 또한 용해된 염료의 입자가 너무 작아서 빛이 관통하므로, 비록 어두운 색의 염료라 할지라도 투명 조색제다. 수성 염료를 사용하면 균질한 채색이 가능하다. 그러나 결을 드러나게 하는 데는, 알코올 기반 염료 스테인과 NGR 염료 스테인(non grain raise stain; 역자주: 나무의 결을 일으키지 않는 스테인, 목모방지 착색제)이 더 낫다. 염료가 탁월한 스테인인 것처럼 들리지만, 안료 스테인(특히, 천연 광물 안료)보다 내광성이 약하다는 것을 기억해야 한다.

제 7 장

염료가 목재에 색을 입히는 방식

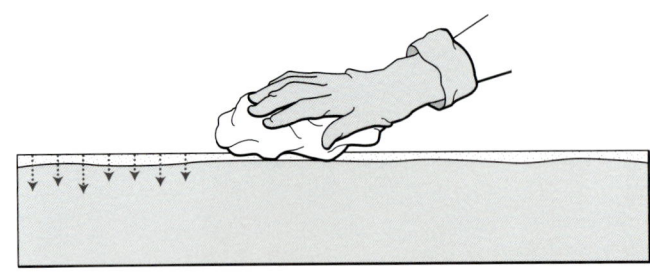

A

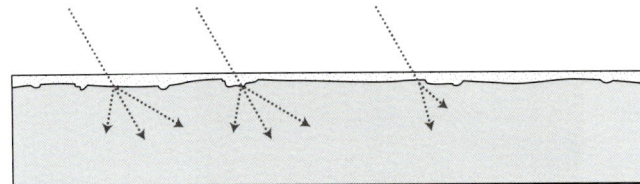

B

메이플처럼 나뭇결이 조밀하고 고운 목재에서는 표면의 거칠기와 무관하게 염료가 균일하게 채색된다. 이것은 염료 입자가 분자 크기만큼 작아서 목질 세포에 쉽게 흡착되기 때문이다(A). 염료 입자는 너무 작아서 빛을 굴절 혹은 반사시키지도 못하므로 염료는 투명하다(B).

염료 스테인은 분말이나 농축액을 사용해서 제조한다. 요즘 염료 스테인은 사용하기도 쉽고, 항상 원하는 색상을 얻을 수 있다.

19세기 중반까지 모든 목재의 염료는 천연 재료였다. 그러나 합성 염료가 생산되면서, 업계가 이를 빠르게 받아들였다. 사용하기도 쉽고, 원하는 색상을 일관성 있게 재현할 수 있었기 때문이다.

목공에서 쓰이는 염료는 용매의 종류, 아니면 화학 구조를 기준으로 다음과 같이 분류한다.

*산성 염료(acid dyes)*는 기본적으로 수용성 염료다. 물 외에 알코올을 추가해서 강한 수성 용액을 만들어 쓰는 경우가 종종 있다. 일반적인 수용성 분말 염료는 거의 산성 염료다. 염료 중에는 내광성이 좋은 편이고, 값도 매우 싸다.

애쉬 패널에 오른쪽은 알코올 염료, 그리고 왼쪽은 수용성 염료로 색을 입힌 것이다. 오른쪽 결이 더 뚜렷하다.

스테인 기초 및 응용

아닐린 염료

1800년대 중반 **합성 염료**가 처음 생산되었을 때, 주원료는 콜타르(석탄 연소 후에 남는 끈적한 물질)의 부산물인 아닐린이었다. 당시 사용하던 천연염료와 구분하여, 이것을 아닐린 염료(aniline dyes) 혹은 콜타르 염료(coal-tar colors)라고 불렀다. 기술적으로, 아닐린 염료라는 용어는 아닐린 기반의 화학물질로 제조했다는 의미지만, 통상 합성 염료를 그렇게 부른다. 그러나 목공에 사용되는 현대적인 염료는 아닐린이 들어 있지 않으므로, 이 용어를 사용하는 것은 옳지 않다. 아닐린은 독성이 세고 또한 발암물질로 알려져 있기 때문에, 합성 염료가 인체에 해롭다고 인식을 줄 수 있기 때문이다.

염기성 염료(basic dyes)는 물이나 알코올에 녹는다. 두 용액에 다 녹는 경우도 있다. 염기성 염료는 색상이 매우 밝고 선명하지만, 내광성이 아주 좋은 편은 아니다. 주로 래커나 셸락의 색상을 조정할 때 쓰였는데, 요즘은 내광성이 더 좋은 금속착염 솔벤트 염료로 대체되고 있다.

금속착염 산성 염료(metallized acid dyes)는 산성 염료와 비슷하지만, 염료 구조에 크롬이나 코발트가 결합되어 있어서 내광성이 더 좋고, 블리딩(번짐)이 적다. 보통 농축액 형태로 판매된다.

금속착염 솔벤트 염료(metallized solvent dyes)는 금속착염 산성 염료와 비슷하지만, 수용성이 아니다. 분말 형태인데, 알코올과 케톤에 녹는다. 래커 및 여타 마감재의 색상을 조정할 때, 염기성 염료 대신에 사용한다. 나뭇결을 일으키지 않는 NGR 스테인을 만들 때도 쓰인다.

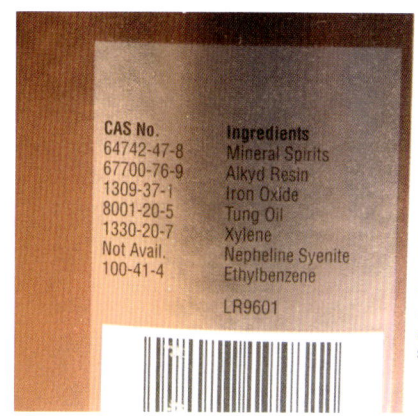

성분 표시에, 희석제(미네랄 스피릿, 자이렌, 에틸벤젠), 결합제(알키드 수지, 텅오일), 그리고 안료(산화철)가 명시되어 있다.

스테인 성분

안료 스테인은 결합제/희석제의 조합에 따라 여러 가지가 판매되고 있다. 가장 일반적인 제품이 유성 스테인과 수성 스테인이다. 안료 스테인이거나 혹은 염료와 안료가 혼합된 것이 있다. 성분 표시를 보면 성분을 알 수 있는 것도 있지만, 그렇지 못한 것도 있다. 액상 스테인은 다음 쪽의 설명처럼 간단하게 확인할 수 있다.

제 7 장

▶ 스테인을 구분하는 방법

스테인이 안료 스테인인지, 안료와 염료의 혼합물인지, 아니면 젤 스테인인지 구분하는 방법은 다음과 같다: 스테인을 최소한 며칠 가만히 둔 다음, 나무 스틱으로 용기의 바닥을 긁어 떠본다. 걸쭉한 슬러지 침전물만 떠지고, 나무 스틱의 나머지 부분이 투명하다면, 이것은 100% 안료 스테인이다. 아래 사진의 맨 왼쪽 및 맨 오른쪽이 이에 해당한다.

만약 끝에만 슬러지가 있고, 스틱의 윗부분으로 올라오면서 색이 있다면, 안료와 염료가 모두 들어 있는 스테인이다. 가운데 두 개의 작은 깡통이 이 경우다. 젤 스테인은, 왼쪽에서 두 번째 사진처럼, 스틱 아래로 떨어지는 것이 없다.

나무 스틱에 색상이 있지만 끝에 슬러지가 없다면, 100% 염료다 (사진에는 없음).

염료와 안료의 혼합 스테인을 쓰면, 결이 거친 목재에, 짙고, 풍부하고, 균질하게 색을 입힐 수 있다. 이들 제품의 설명서를 보면 대부분 한 번에 스테인도 칠하고 씰링도 된다고 적혀 있다. 결합제가 씰러(sealer)의 역할도 한다는 설명이다. 그러나 결합제에는 표면을 보호할 수 있는 물질이 충분하게 포함되어 있지 않으므로 스테인 위에 보호용 마감재를 별도로 칠해야 한다. 그러나 스테인에 마감재 성분이 들어 있는 제품, 즉 색상이 있는 마감재는 예외다.

스테인은 액상이거나 젤 스테인처럼 걸쭉한 반죽 형태다. 젤 스테인은 바르기 쉽기 때문에, 서로 다른 색상의 목재 사이에 색상을 통일하는 데 용이하다. 전문가들은 건조속도가 빠른 바니쉬(알키드)나 래커 스테인을 사용한다. 이들은 유성 스테인보다 건조속도가 빠르기 때문에, 사용하는 데 경험이 필요하다. 마감재를 바로 이어 칠할 수 있다는 것이 장점이다.

염료 스테인은, 안료 스테인과 달리, 건조분말 혹은 농축액 형태이다. 안료 스테인은 목공전문점이나 인터넷에서 구입할 수 있다. 분말이나 농축액을 물, 알코올, 오일 등 적절한 용매에 섞어서 스테인을 만든다.

구입해서 바로 쓸 수 있는 염료 스테인에는 몇 가지 종류가 있으며, 속건성 용제 기반 스테인도 있다. 수용액 형태의 염료 스테인도 있고, 젤 스테인도 있다. 완제품 형태의 스테인은 스테인이 잘 흡착되고, 번지지 않도록 결합제가 같이 들어 있는 것도 있다.

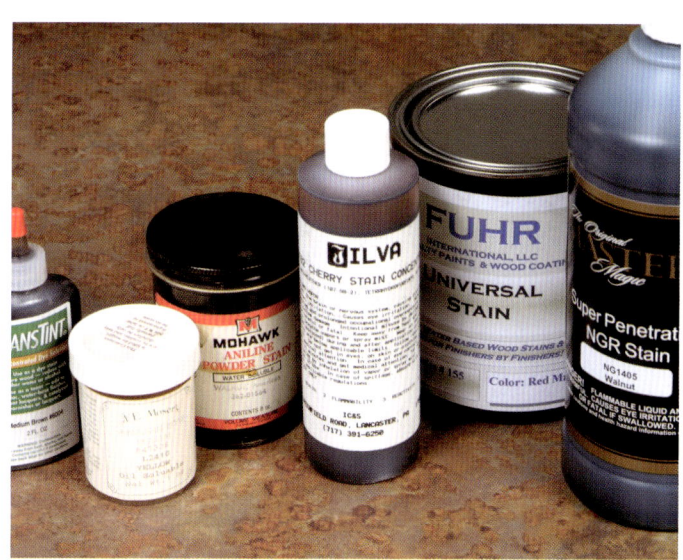

염료 스테인은 분말 혹은 농축액이거나(왼쪽), 유성 혹은 수성 스테인 형태로 바로 사용할 수 있다(오른쪽).

사진은 조안 문양(bird's-eye figure) 패널인데, 안료 젤 스테인을 칠한 왼쪽 반은 문양이 스테인에 가려서 잘 보이지 않고, 수성 염료를 칠한 오른쪽 반은 문양이 더 드러난다.

젤 스테인은 목재 표면을 덮는 형태이므로, 염료 스테인과 비교했을 때, 나뭇결과 문양에서 깊고 풍부한 느낌이 못하다.

농축 안료는 스테인, 글레이즈, 토너, 페이스트 우드필러의 색상을 필요에 따라 조정할 때 사용한다. 많이 쓰이는 일반적인 색상들을 그냥 '유니버스 컬러(universal colors)'라고 부른다. 이 그룹에는 앞에서 설명한 광물 안료, 백색, 합성 적색, 황색, 청색, 녹색이 포함된다. 특정 제품과 동일한 조색제를 찾는 게 어려울 수 있다. 그러나 UTCs(universal tinting colorants; 유니버스 조색제)나 회화용 물감 등 쉽게 구할 수 있는 농축액이 많다. (110쪽의 관련 내용을 참고한다.)

농축 조색제의 종류는 다음과 같다: 왼쪽부터 회화용 유화물감, 저팬 컬러(Japan colors; 역자주: 유성 바니쉬에 농축 안료 및 건조제가 들어 있음), 회화용 아크릴 물감, UTCs, 공업용 조색제.

제 7 장

▶ 농축 안료 조색제

유화물감
화방에서 구입할 수 있는 **유화물감**은 안료를 분쇄해서 린시드오일에 섞은 것이다.

일부 유화물감에는 정제 린시드오일(raw linseed oil)이 들어 있으므로 유성 바니쉬의 건조시간이 길어질 수 있다는 사실에 유의한다.

저팬 컬러(Japan colors)
알키드 기반 농축액이며, 유성 바니쉬 및 린시드오일, 텅오일 등과 잘 섞인다. 위에서 말한 유화물감보다 건조속도가 훨씬 빠르고, 래커 용제와 어느 정도 호환된다.

아크릴 조색제
아크릴 조색제는 화방에서 **수성** 아크릴 물감을 구입하거나, 전문 도료상에서 구입한다. 아크릴은 수성 마감재에서만 사용할 수 있다.

UTC(Universal tinting colorants; 유니버스 조색제)
통상 UTCs라고 불리는데, 유성 및 수성(라텍스) 페인트와 모두 호환이 되고, 페인트 가게에서 조색할 때 사용된다.

공업용 조색제(industrial tinting colorants)
업계에서 특별히 제조해서 사용하는 **조색제**로, 유성 바니쉬, 래커, 수성 제품, 우레탄 및 폴리에스터 등의 색상을 조정할 때 사용한다. 마감재 제조사가 자사의 마감재와 호환이 되도록 다시 제조한 제품이다.

스테인 사용

스테인을 고를 때 고려해야 하는 두 가지 중요한 측면은 취급 방법과 발현 결과다. 이 둘에 대해서 순서대로 설명한다.

스테인 취급과 관련해서 가장 중요한 요소는 작업가능시간이다. 이것은 결합제와 용매의 종류에 의해서 정해진다. 작업가능시간은 스테인을 칠한 후부터 그것을 효과적으로 닦아내는 데 주어지는 여유 시간을 말한다. 여분의 스테인을 제거할 수 있는 여유시간은 유성 스테인이 가장 길다. 상도(top coat)를 칠하기 전에 오래 기다려야 한다는 것이 단점이다. 작업가능시간이 가장 짧은 것은 속건성 래커와 알코올 스테인이다. 수성 스테인도 건조가 빠르지만, 습한 날씨보다는 고온 건조한 날씨에서 더 빨라진다. (111쪽의 관련 설명을 참고한다.)

유성 스테인과 알키드 스테인의 가장 큰 장점은, 경화된 후에 그 위에 아무 마감재나 올려도 스테인이 용해되거나 색상이 변하지 않는다. 천이나 붓을 사용해서 손으로 마감재를 칠할 경우에 유성 스테인 및 알키드 스테인은 아주 좋은 선택이다. 그래서 이들 제품이 시장을 석권하고 있다.

제대로 닦아낼 때까지 작업 가능 시간이 가장 긴 것은 유성 스테인이다. 10분이 지난 후에도 깨끗하게 훔쳐 닦을 수 있다.

제 7 장

손으로 스테인 칠하는 방법

모든 스테인은 천, 패드, 붓 등을 사용해서 손으로 칠할 수 있다. 그러나 붓은 건조시간이 느린 유성 스테인에서만 사용할 수 있다. 보통 혹은 속건성 스테인에서 붓을 쓰면, 붓질이 겹치는 곳에 붓자국이 남으므로, 천과 패드를 이용하는 게 낫다.

일반 소비자용으로 판매되는 스테인은 대부분 와이핑 스테인(wiping stains)이다. 즉, 칠하고 난 뒤, 여분을 닦아내는 방식이다. 속건성 안료 스테인이나 결합제 미포함 염료는 칠한 후에 닦아내지 않고 그냥 건조시킨다. 결합제 미포함 수성 염료는 칠하는 양에 크게 신경쓰지 않아도, 고루 균질하게 잘 흡수되므로, 별로 닦아낼 것도 없어서 작업이 제일 쉽다. 알코올 스테인 및 NGR 염료 스테인은 너무 빨리 건조되기 때문에 손으로 작업하기는 매우 어렵다.

스테인 위에 마감재를 한두 번 올리기 전에는 스테인의 효과를 정확히 판단하기 어렵다. 왼쪽 사진에서 보듯이, 상도 마감을 칠한 후에야 스테인을 칠한 효과가 확연히 드러난다.

▶ 작업 가능 시간과 건조시간

모든 종류의 스테인에 대해서 **두 가지 중요한 특성**이 있는데, 그것은 작업 가능 시간과 건조시간이다. 작업 가능 시간은 스테인을 칠하고 난 후, 효과적으로 닦아낼 수 있을 때까지의 여유시간이다. 건조시간은 마감재를 칠하기 전에 스테인이 건조되도록 기다려야 하는 시간을 말한다.

유성 안료 스테인이나 안료/염료 스테인의 작업 가능 시간이 제일 길고, 그다음이 바니쉬 기반 젤 스테인이다. 래커 스테인과 속건성 바니쉬 스테인의 작업 가능 시간은 그보다도 짧다. 그다음이 수성 스테인, NGR 스테인 순이고, 마지막이 100% 알코올 염료 스테인이다.

건조시간은 유성 스테인이 가장 긴데, 통상 6시간 이상이다. 수성 안료 스테인은 대부분 약간 더 빨리 건조된다. 수성 염료 스테인은 목재가 건조된 느낌이 들면, 그 위에 마감재를 바로 칠할 수 있는데, 날씨가 괜찮으면 한 시간 이내로 짧다. 건조시간이 가장 짧은 게 알코올 염료 스테인과 일부 래커 스테인인데, 빠르면 15분 만에 건조된다.

스테인이 완전히 건조되었는지 확인하려면 깨끗하고 부드러운 천으로 표면을 살짝 닦아내본다. 색이 묻어 나오지 않으면, 그 위에 마감재를 칠해도 된다.

제 7 장

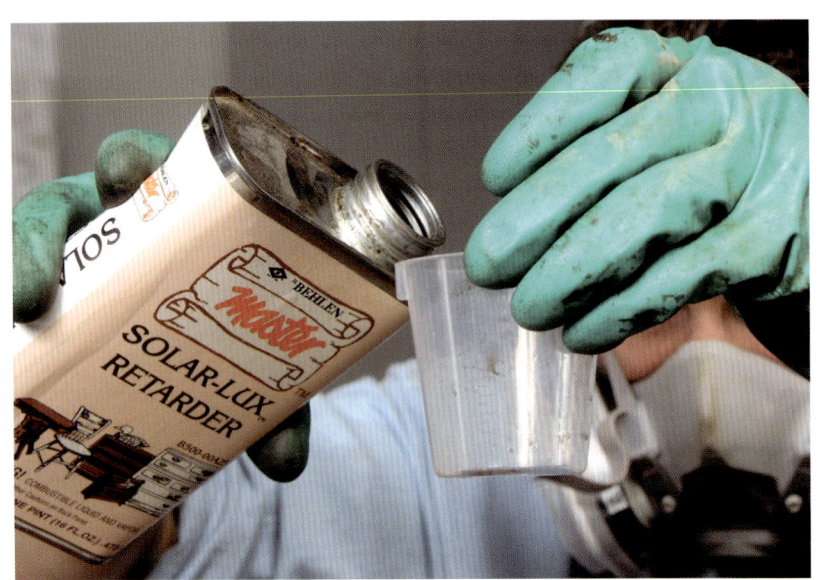

속건성 알코올 스테인과 NGR 스테인에다 지연제(retarder)를 부피 기준으로 10% 정도 섞어서 건조시간을 늦출 수 있다.

수성 스테인을 칠했을 때 목재의 결이 일어나는 것을 줄이는 방법은, 스테인을 바르기 전에 원 목재에 물을 발라 건조시킨 후, 일어난 나뭇결을 다시 사포질해서 없애주면 된다.

수성 스테인을 칠하고 나면, 스테인이 건조된 후에 목재의 표면에서 나뭇결이 일어난다. 이것을 줄이려면, 스테인 작업 전에 미리 증류수를 바르고 건조시켜 나뭇결을 일으켜 세운 다음, 이를 사포질로 없앤다. 스테인 작업 전 표면 손질 단계에서, 320-grit까지 사포질해두는 것도 결이 일어나는 것을 최소화할 수 있는 방법이다.

스테인 분무

작업 속도를 높이거나 특별한 문양을 넣기 위해서, 스테인을 분무로 칠할 수 있다. 안료 와이핑 스테인을 분무할 때는 표면에서 여분의 스테인을 닦아낸다. 그러면 표면이 아주 깨끗해지고, 기공과 무늬결이 확연히 대비된다. 안료 와이핑 스테인을 닦아내지 않으면 질퍽해지고, 나중에 위에 마감재를 칠했을 때 잉여 스테인 때문에 부착에 문제가 생길 수 있다.

속건성 안료 스테인와 염료 스테인은 분무 후 그냥 내버려두면 된다. 따라서 시간도 절약되고, 스테인은 더 균질하게 칠해지며, 제10장에서 설명하겠지만, 얼룩을 없애는 데도 도움이 된다. 간단히 말하면, 나뭇결과 문양을 강조해서 드러내고 싶으면 스테인을 훔쳐 닦아내는 것이 좋다. 반면에 균질한 색상으로 스테인을 칠하고 싶으면, 그냥 둔다. 와이핑(역자주: 바른 후 천으로 훔쳐 닦아내면서 칠하는 방식) 없이 분무만 하는 경우는 결합제가 미포함된 염료를 사용한다. 균일하게 흡수되기 때문에 작업이 제일 쉽다.

> ⚠️ **주의** 스테인을 분무할 때는 호흡기 보호장구를 착용하고, 환기가 잘 되는 장소에서 작업해야 한다.

젤 스테인(가운데) 혹은 아스팔트 스테인(오른쪽)을 칠하면, 수성 염료(왼쪽)보다 나뭇결이 훨씬 선명하게 드러난다.

나뭇결을 숨기고자 할 때는 스테인을 분무하고 와이핑하지 않는 것이 최고다(왼쪽).

스테인 선택

스테인은 작업성도 중요하지만 그에 못지않게 중요한 것은 특정 목재에 칠했을 때 어떻게 발현되느냐 하는 것이다. 적절한 색상을 고르는 것도 중요하지만, 나뭇결을 선명하게 드러낼지, 황변이 일어나도록 둘 것인지를 정해야 하고, 색상의 안정성 및 내광성 등도 결정해야 한다.

나뭇결의 선명도

오크 혹은 애쉬 같은 산공재(ring porous woods)의 나뭇결을 선명하게 드러낼 때는 안료 젤 스테인을 사용하는 것이 제일 낫다. NGR 염료, 알코올 염료, 혹은 길소나이트(Gilsonite)가 함유된 안료 스테인도 역시 좋은 선택이다.

반면에, 거칠고 결이 선명한 오크와 결이 별로 없는 파인, 메이플을 같이 사용할 때는 목재의 결을 숨길 필요가 있다. 이때는 결합제가 함유되지 않은 수성 염료를 사용하면 된다. 속건성 염료나 안료 스테인을 분무하고, 훔쳐 닦지 않는 것도 한 방법이다.

황변

유성 제품을 사용하면 황변(yellowing)이 일어나지만, 피클링 마감재(pickling finish)나 화이트워시 스테인(whitewash stain) 같은 백색이나 파스텔톤 위에 칠하는 것이 아니라면 별문제 없다. 황변을 줄이려면, 아크릴 결합제(acrylic binder)를 사용한 스테인을 쓰고, 또한 상도 마감으로 황변을 보이는 유성 혹은 여타 용제 기반 마감재을 사용하지 않는 것이 좋다.

내광성

색상의 안정성은 광물 안료, 산화철, 길소나이트 등의 안료 스테인이 제일 낫다. 실내에서도 큰 창문 근처에서는 센 직사광선으로 인해서 염료 스테인은 색상이 바랜다. 따라서 금속착염 염료 스테인이나 안료를 사용한다. 아니면, 염료로 바탕칠을 하고, 그 위에 안료 스테인을 와이핑으로 바르는 것도 한 가지 방법이다.

스테인을 손으로 칠하기

유성 스테인 바르는 방법

유성 스테인은 사용하기 전에, 충분히 저어 섞어야 한다. 용기 바닥에 붙어 있는 안료도 나무 스틱의 납작한 끝부분으로 전부 긁어서 같이 섞어준다. 붓, 천, 혹은 패드로 스테인을 방향에 신경쓰지 말고 발라준다(A). 5분 이내에 깨끗한 천을 이용해서 여분을 닦아낸다. 천을 자주 뒤집어, 깨끗한 면을 사용한다. 아무 방향으로나 닦으면 된다. 스테인을 전부 닦아냈으면, 마지막에는, 자국이 남지 않도록 나뭇결과 평행하게 가볍게 닦아낸다. 안료 스테인에는 결합제가 들어 있으므로, 이후 투명 마감재를 칠한 후 어떻게 보일지 잘 판단해야 한다. 스테인이 너무 어둡다면 미네랄 스피릿이나 나프타로 약간 닦아낸다. 색을 더 옅게 만들어야 하거나, 혹은 스테인이 진득진득하다면, 스테인과 호환이 되는 용매를 합성 연마패드에 묻혀 닦아낸다(B). 스테인의 색상이 맘을 들지 않거나, 충분히 진하지 않다면, 원하는 스테인으로 덧칠한다(C).

수성 스테인 혹은 염료 칠하기

오크처럼 결이 거친 목재는 스테인을 바르기 전에 220-grit까지 사포질해서 표면을 손질한다. 그런 다음 증류수로 결을 일으켜 세운다(A). 물이 마르면 320-grit로 다시 사포질한다.

침실용 탁자와 같은 상자형 가구는 안쪽부터 칠한다. 그러면, 눈에 잘 띄는 외부 작업 전에, 작업 자체에도 익숙해지고, 필요하면 색상도 조절할 수 있는 기회가 생긴다. 구석 부분은 스펀지붓을 사용하고, 나머지 부분은 천으로 바르면, 작업속도도 빠르고 붓자국도 남지 않는다(B). 원 목재 위로 바로 스테인이 흘러내리는 것을 막으려면, 아래쪽에서 위쪽으로 올라가면서 칠하고 상판은 맨 마지막에 칠한다(C).

색을 약간 더 짙게 만들려면, 스테인을 한 번 더 칠한다. 색을 아주 어둡게 만들거나 다른 색상으로 바꾸려고 할 때는, 더 진한 염료 농축액을 사용하거나 원하는 다른 색을 칠한다. 처음 칠한 스테인이 마른 후라야, 색상을 보다 정확하게 판단할 수 있다(D).

[VARIATION] 형상이 복잡한 작업물에 염료를 칠할 때는 분무기로 뿌리는 것도 좋다.

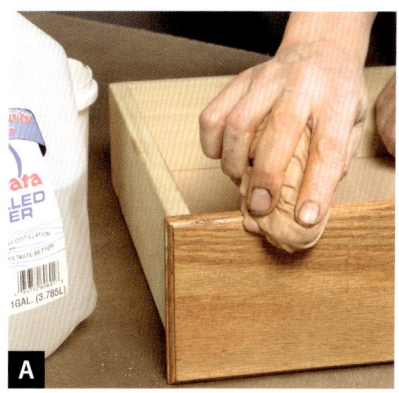
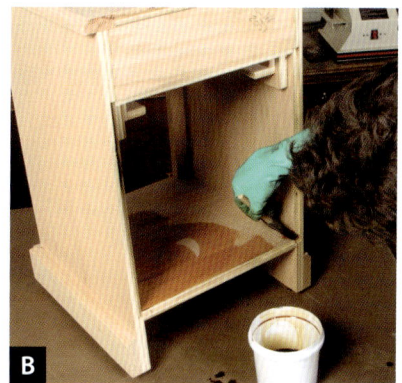
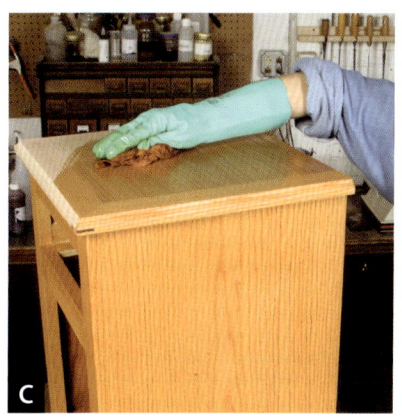
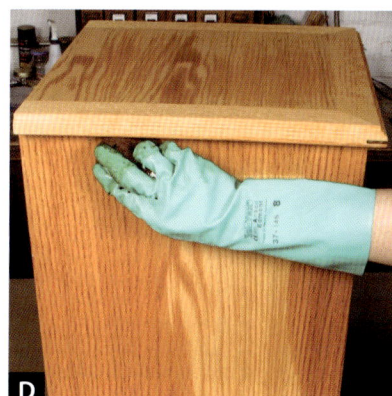

스테인을 손으로 칠하기

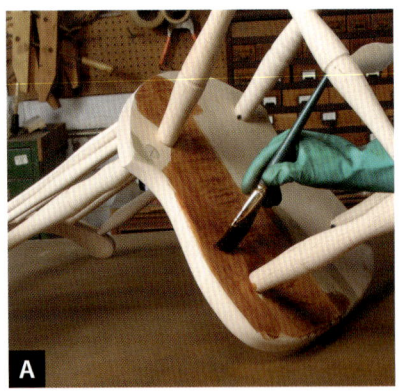
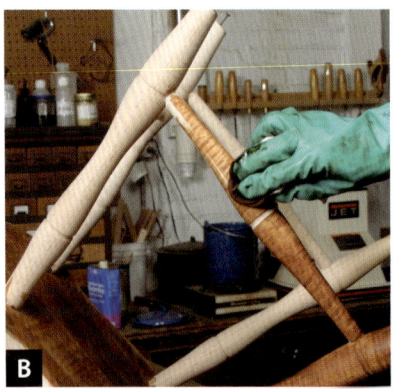

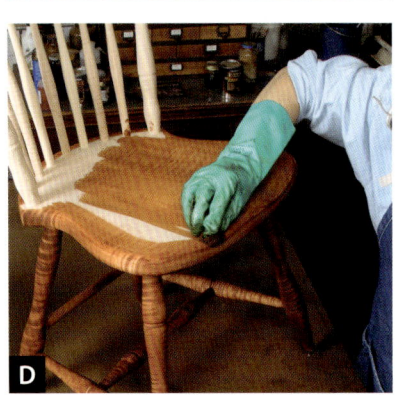

NGR 스테인 칠하기

NGR(non-grain-raising) 스테인은 원래 분무용으로 개발되었지만, 손으로 작업하는 것도 가능하다. 복잡한 형상의 부재에 이 스테인을 바를 때는 지연제(retarder)를 첨가해서 쓰는 것이 좋다. 처음엔 스테인 1ℓ당 지연제 30g 비율로 섞는다. 의자의 밑면처럼 부차적인 면부터 작업한다(A). 합성 강모붓으로 염료를 빠르게 칠하고, 이어서 천으로 붓자국을 섞어 없앤다. 밑면에서의 작업이 끝나면 다리, 가로대 순으로 작업한다. 사진의 가로대처럼 둥근 부재는 작은 천에 염료를 묻혀 칠한다(B). 작은 구역이나 쑥 들어간 곳은 붓의 끝부분으로 칠한다(C). 모서리와 의자 바닥면을 칠한 후 등받이살 및 등받이 가로대에 칠한다(D).

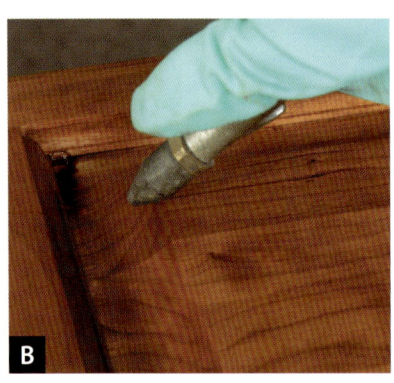

알판 문짝에 스테인 칠하기

일반적으로 알판 문짝은 조립하기 전에 스테인을 전부 칠한다. 부재 가공 및 조립 작업 중간에 마감작업의 일부가 들어가는 형식이다.

다른 방법으로는, 알판과 닿는 가로대와 세로대의 모서리 뒷면을 빗면으로 약간 깎아두면, 스테인을 칠할 때 붓이 안쪽까지 닿을 수 있다(A). 스테인이 액상이면, 압축공기로 가로대와 세로대 밑으로 불어 넣을 수 있다(B). 패널 가장자리에서 마감되지 않은 원 목재가 드러나는 것을 더 줄이는 방법으로는, 가로대와 세로대의 홈에 고무 스페이서(rubber spacer; 간격재)를 끼워 넣어 알판이 프레임 중앙에 오도록 고정시키는 방법도 있고, 뒤쪽에서 알판과 상하부 가로대의 중앙을 핀으로 서로 고정시키는 것도 가능하다.

수성 스테인 분무하기

수성 염료는 소형 중력식 터치업 스프레이건(gravity-feed touchup guns)을 이용해서 작업하는 것이 제일 쉽다(A). 비용도 싸고, 작은 공기 압축기로도 구동이 가능하다. 작업 대상은 분해할 수 있는 것은 전부 분해하고, 서랍은 스테인을 칠하지 않을 부분을 잘 가린다(B). 내부에서 시작해서 외부로 분무하며, 염료를 충분히 뿌려서 목재를 축축하게 만든다(C). 여분의 스테인을 깨끗한 천으로 닦아낸다(D).

[**VARIATION**] 컬리(curly; 역자주: 불규칙하고 아름다운 문양) 목재의 문양을 더욱 짙게 보이게 만들고 깊이감을 주려면, 먼저 갈색 염료를 희석해서 바른다(사진 위쪽). 그다음엔, 일어난 결을 사포나 적갈색 연마패드로 없애는데, 이때 염료의 짙은 부분도 일부 제거하되, 문양 부분은 그대로 둔다. 여기에 옅은 갈색이나 옅은 주황색의 염료를 칠하면 문양이 선명하게 드러난다.

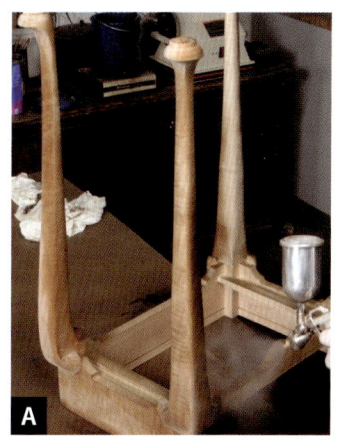

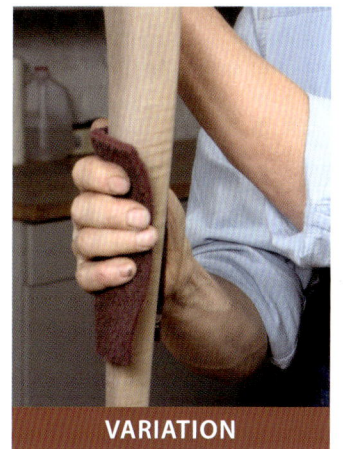

스테인을 분무해서 칠하기

유성 스테인 분무하기

나무의 결이 일어나지 않게 하려면, 알코올계 혹은 유성 NGR 스테인을 사용한다. 사진의 책꽂이에 스테인을 칠할 때는 뒤판을 떼어내고 작업한다. 분무한 입자가 반사되어 튀어나오는 것을 막기 위한 것이다. 프레임의 뒤에서 작업하며, 상판의 아랫면부터 시작해서, 아래로 내려오면서 오른쪽, 왼쪽 옆판에 분무한다 (A). 이후 바닥에 분무한다(B). 스프레이건은 소용돌이 형상으로 분무하므로 구석에는 뿌리기 쉽지 않다. 따라서 이 부분은 천으로 바르도록 한다(C). 이제 바깥면에 분무한다. 스테인을 고루 펴바르고자 한다면, 노는 손에 위핑장갑(painters' mitt)을 끼고 분무하자마자 바로 문지른다(D). 프레임의 바깥면과 상판을 제일 마지막에 작업한다.

염료의 혼합, 계량, 복제

염료를 사용하여 원하는 색상을 만들기 위해서, 나는 마스터 믹스(master mixes; 기준 배합)를 기준으로 혼합하는 방법을 개발했다.

염료 분말로 마스터 믹스를 만들 때는 무게를 기준으로 계량하는 것이 제일 낫다(A). 예를 들어, 염료의 사용법에 물 1ℓ에 30g을 넣으라고 되어 있으면, 일단 반만 넣고, 나머지는 원하는 색상을 만들면서 조정한다. 방진 마스크를 쓰고, 염료를 계량해서 뜨거운 물에 저어 녹인다(B). 상온으로 식힌 다음, 용기에 담아 이름을 표기해둔다.

액상 염료를 사용해서 마스터 믹스를 제조할 때는 무게 대신에 부피를 기준으로 계량한다(C). 정확한 저울이 없으면, 액상 염료가 더 편하다.

마스터 믹스를 만든 후에 서로 다른 색상의 스테인 보드를 제작한다(D). 이것을 사용해서 원하는 색상을 고를 수 있고, 또한 이들 색상을 기준으로 해서 다른 색상을 만들 수도 있다. 일반 복사지에다가도 각 스테인을 바르고, 혼합 비율을 표기해둔다. 마스터 믹스를 정했으면, 프로젝트 자투리 부재에 발라보고, 색상을 평가한다. 색이 너무 진하면 마스터 믹스 한 분량에 용제 한 분량을 섞어 다시 발라본다. 아직도 색이 진하면, 이번엔 마스터 믹스 한 분량에 용제 두 분량을 섞어본다. 이런 식으로 원하는 밝기가 나올 때까지 반복한다(E). 색상을 변경해야 한다면, 적색, 황색, 청색, 혹은 녹색을 첨가해서 조정한다.

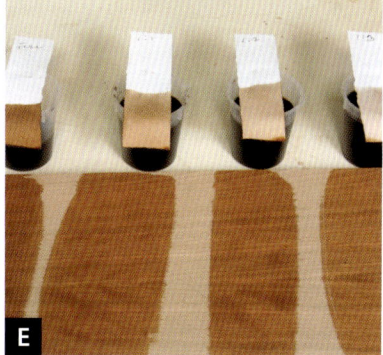

▶ 162쪽의 "기본 색채 이론"을 참고한다.

길소나이트/아스팔트 스테인의 제조

마감 전문가들은 길소나이트(Gilsonite™)나 아스팔트 스테인의 장점에 대해서 늘 얘기한다. 순수 길소나이트 분말은 미네랄 스피릿에 잘 녹지 않으므로 자이렌이나 래커 희석제를 용매로 이용한다. 처음에 용매 90g에 분말 1큰술(tablespoon)을 넣어 녹이고, 이후 희석하면서 원하는 결과에 맞춘다(A). 보일드 린시드오일을 결합제(binder; 바인더)로 첨가하는데, 이때 용액과 보일드 린시드오일의 비율은 9:1로 한다.

가장 흔하게 볼 수 있는 아스팔트는 지붕 타르(nonfibered roofing tar)다(B). 대니쉬오일이나 보일드 린시드오일 90g에 1큰술을 섞으면 상당히 짙은 색상이 된다. 대니쉬오일(Danish oil)이나 보일드 린시드오일이 결합제 역할을 하게 된다(C). 이렇게 하면 훌륭한 월넛 혹은 오크 색상의 스테인이 된다.

접착제 얼룩 지우기

스테인 작업 중에 접착제 얼룩이 보이면 바로 없애는 것이 최선이다. 이음부에서 접착제가 삐져 나오는 것은 통상 있는 일이다(A). 원 목재의 마지막 사포질에 사용한 것과 같은 거칠기의 사포를 이용해서 습식 샌딩 방식으로 바로 제거한다. 방수사포에 스테인을 찍어 적신 다음, 접착제를 문질러 없앤다(B). 상황에 따라서는 예리한 끌로 밀어 없앤다(C). 이때 원목이 드러나면 연마패드로 주변 스테인을 문질러 덮는다.

합판의 단판을 통과해서 접착제가 스며나오는 경우도 있다. 이 경우는 제6장에서 설명한 대로, 안료 분말을 셸락에 섞어서 접착제 위에 바른다. 혹은 그냥 작은 붓으로 스테인을 덧칠하면 해결되는 경우도 있다(D).

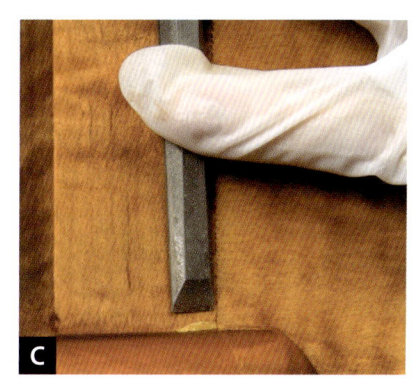
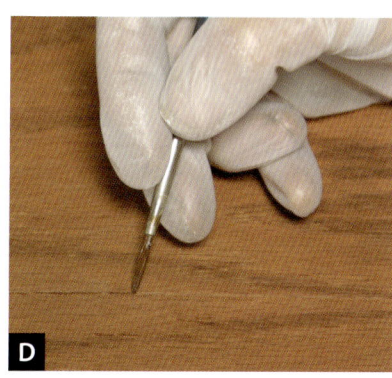

사포질로 생긴 자국 혹은 뚫어진 곳 처리

스테인, 특히 안료 스테인을 바르면, 결을 가로질러 긁힌 것은 잘 드러난다(A). 스테인을 바르기 전 원 목재를 손질할 때 사용한 사포 중에서 가장 고운 사포와 같은 거칠기를 가진 방수사포를 준비한 다음, 스테인을 묻혀 샌딩 윤활제처럼 사용하여 사포질한다(B).

샌딩씰러의 두께가 얇은 경우, 사포질을 너무 많이 해서 스테인을 갈아내 버리는 경우도 있다. 결합제 없는 염료를 칠한 경우라면, 염료를 추가로 덧칠하면 자연스레 혼합된다. 유성 바인더를 사용한 스테인이라면, 단순히 다시 칠해서는 해결되지 않는다. 고운 강모붓에 원래 사용했던 스테인을 끝에 살짝 묻혀서, 드라이브러싱(dry-brushing; 역자주: 도료를 붓에 끝에 아주 적은 양을 묻힌 다음, 쓸듯이 가볍게 바르는 기법)으로 색이 옅어진 부분에 가볍게 바른다(C). 붓으로 이렇게 스테인을 바르고, 부드러운 천도 추가로 이용한다(D).

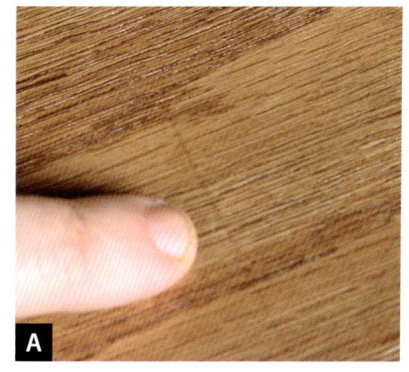
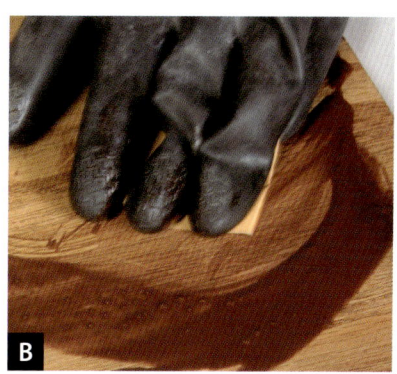

제8장

글레이즈, 패딩 스테인, 토너

글레이즈 칠하기
- 글레이즈로 스테인의 명암 조절 (133쪽)
- 글레이즈 분무하기 (133쪽)
- 스트라이킹 아웃 (134쪽)

낡은 표면 모사하기
- 물리적으로 흠집내기 (135쪽)
- 낡은 표면 모사하기 (136쪽)

패딩 스테인
- 패딩 스테인 칠하기 (137쪽)

토너
- 균질하게 토닝하기 (138쪽)
- 쉐이딩 (138쪽)
- 실수한 부분을 토너로 감추기 (139쪽)
- 햇살이 비치듯이 칠하기 (139쪽)

스테인 및 씰러를 칠한 이후라 할지라도, 글레이즈(glazes) 및 토너(toners)를 사용해서 마감의 색상 및 색조를 완전히 바꿀 수 있다.

글레이징(glazing)은 씰러와 상도 사이에 색상을 가진 도막을 칠하는 것을 말하고, 토닝(toning)은 마감재에 직접 색을 혼합해서 칠하는 기법이다. 목재의 거친 결을 드러나게 하고 질감을 부여하기 위해서, 또한 선택적으로 색상을 넣기 위해서, 그리고 낡고 고풍스런 느낌을 만들기 위해서 글레이징 기법을 사용한다. 글레이징과 토닝은 둘 다 마감의 색상/색조를 바꾸거나 더 짙게 만들 수 있다. 얼룩을 없애고, 외관을 전체적으로 균질하게 만드는 데도 사용된다.

이 장에서는 글레이즈와 토너의 특성 및 사용 방법, 그리고 혼합 방법, 칠하는 방법 등을 설명한다.

글레이징 기초

글레이즈는, 오른쪽 그림에서 보듯이, 씰러과 상도(top coat) 마감 사이에 칠하는 색상을 가진 얇은 도막이다. 글레이즈 위에는 항상 상도 마감을 칠해야 한다. 이것은 글레이즈를 보호하기 위한 목적도 있지만, 광학적인 원리에 의해서 글레이즈에서 풍부하고 깊은 느낌이 생기기 때문이다. 글레이징은 마감재 중에서 래커, 바니쉬, 셸락처럼 필름 형태의 단단한 도막이 형성되는 경우에만 실시한다.

마감에서 글레이즈는 여러 가지 목적을 가지고 있다. 전반적인 색상이나 명암을 조정하고, 얼룩을 수리하고, 기공의 구조를 드러나게 하고, 목재에 풍부한 느낌을 더하고, 스테인의 밝기를 줄이고, 고가구처럼 보이게 만들고, 나뭇결 문양을 만들어 넣을 때 사용한다.

글레이즈는 염료 기반은 없고, 전부 안료 기반이다. 사실 안료, 결합제, 희석제가 포함되어 있기 때문에 안료 스테인과 매우 비슷하다. 그러나 글레이즈는 작업을 쉽게 할 수 있도록, 건조시간을 더 늘리고 점성도 더 묽게 만든 것이다. 글레이즈에 관해서 두 가지 중요한 것이 있다. 첫째로, 용제가 포함되어서는 안 된다는 것이다. 용제는 씰러를 무르게 만들거나 용해시킬 수 있기 때문이다. 두 번째는 쉽게 표면에서 닦아내져야 한다는 것이다.

씰러 위에 글레이즈는 분무 혹은 붓으로 칠하거나, 천으로 문질러 바른다. 그런 다음 깨끗한 천으로 훔쳐 닦아내든지(얇은 글레이즈 도막이 생긴다.), 아니면 건조되기 전에 원하는 효과를 직접 만들어 넣을 수 있다. 결과가 마음에 들지 않으면, 쉽게 닦아내고 제거할 수 있는 것이 글레이즈의 장점이다. 이것은 글레이즈가 씰러 도막과 직접 반응하지 않기 때문이며, 따라서 다시 작업하는 것은 칠판을 지우고 다시 쓰는 것만큼 쉽다.

글레이즈 구조

글레이즈의 성분은 안료 스테인과 유사하며, 목재 표면 질감에 반응한다. 그러나 안료 스테인과는 다르게, 씰러와 상도 마감재 사이에 들어간다.

왼쪽은 체리 판재에 밝은 황금색 염료 스테인을 칠한 것이다. 그 위에 적갈색 글레이즈를 칠한 것이 오른쪽인데, 약간 짙고 풍부한 황금색 체리 색상이 되었다.

글레이즈는 스테인의 밝기를 줄이기 위해서 많이 사용된다. 동시에, 더 붉게 혹은 더 푸르게 만드는 것처럼 색상을 조정할 수 있다. 색상을 더 어둡게 조정하는 것도 가능하다. 이미 목재에 씰러가 칠해져 있기 때문에 얼룩 문제도 크게 없다.

목재의 기공 구조를 드러내거나, 조각부의 형상을 강조할 때도 글레이징을 요긴하게 이용할 수 있다.

제 8 장

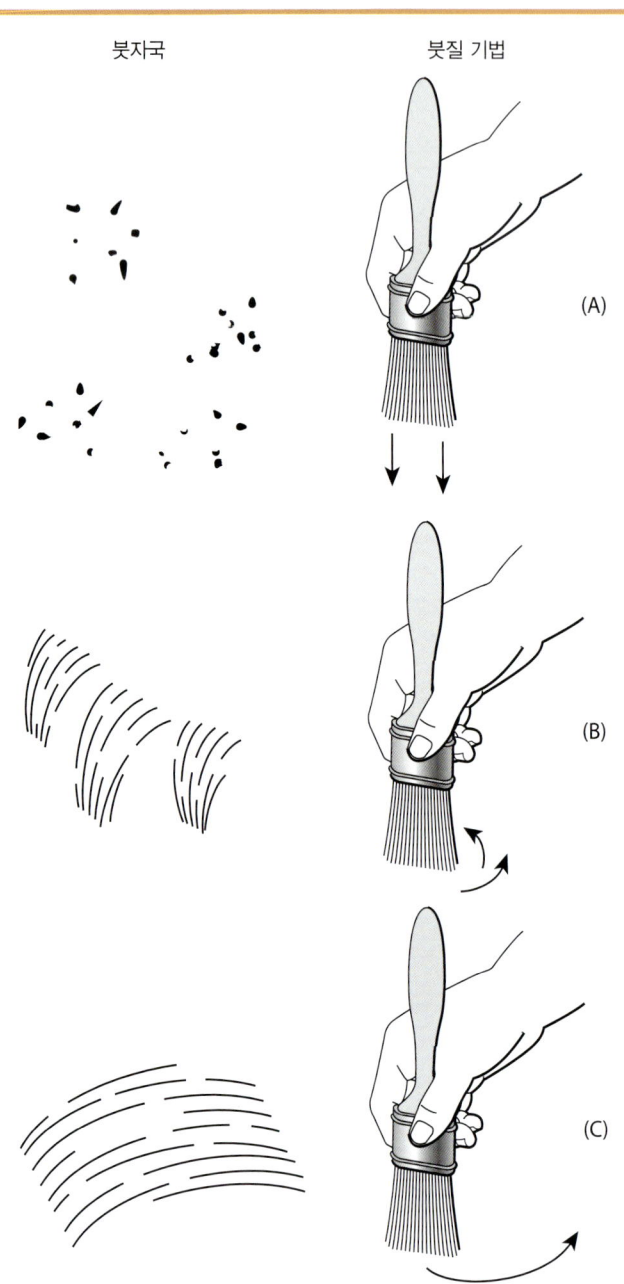

붓으로 질감 표현하기

붓자국   붓질 기법

(A)
(B)
(C)

붓으로 여러 가지 질감을 표현할 수 있다. 천연 강모붓을 사용하는데, 먼저 뜨거운 물에 한 번 푹 담근 다음, 거꾸로 말리면 털이 펴진다. 끝에 글레이즈를 살짝 묻힌 다음 목재 표면에 살짝 찍듯이 바르면 왼쪽과 같은 자국이 생긴다 (A). 붓을 비틀면 B와 같은 모양이 된다. 붓을 끌면서 약간 비틀어주면 C와 같은 모양이 된다.

마호가니에 염료 및 씰러를 칠한 후, 그 위에 암갈색의 글레이즈를 칠하면, 나뭇결이 강조되고, 조각부에 입체감이 더해진다. 또한 고풍스러운 느낌도 든다.

소나무로 만든 문짝에 글레이즈를 칠하면, 낡은 부분이 더 잘 드러난다. 그리고 구석이나 몰딩 부분에 있는 여분의 글레이즈를 그대로 두면, 고풍스러운 느낌이 든다.

    세월의 흔적을 모방하는 데도 글레이즈가 사용된다. 가구가 고풍스러운 전통가구처럼 보이게 할 목적으로, 글레이즈로 낡은 흔적을 만드는 것이 가능하다. 왼쪽 그림과 같이 붓으로 다양한 무늬 혹은 모조 나뭇결을 그려 넣을 수 있다.

글레이즈의 종류

글레이즈는 여러 형태가 있다. 색상이 들어 있어서 바로 쓸 수 있는 것도 있고, 색이 없는 반투명 글레이징 베이스(뉴트럴 베이스)에 조색제(colorants)를 직접 섞어서 사용하는 것도 있다. 후자가, 하나의 글레이징 베이스를 사용해서, 원하는 모든 색상을 만들 수 있으므로 더 경제적이다.

두 가지 형태 모두, 유성 제품도 있고 수성 제품도 있다. 유성 제품은 일반적으로 린시드오일(linseed oil; 아마인유)이나 장유성 알키드(long oil alkyds)를 결합제로 사용하고, 수성 제품은 아크릴을 결합제로 사용한다. 유성 글레이즈는 유질 때문에 작업성이 좋아서, 수성 글레이즈보다 사용하기 훨씬 편한 경우가 있다. 또한 유성 글레이즈의 작업 가능 시간은 첨가제를 사용해서 쉽게 늘릴 수 있다.

글레이즈를 선택하는 것은 상도 마감재와 관련이 있다. 유성 글레이즈는 상도로 유성 래커, 바니쉬, 셸락을 쓴다. 수성 글레이즈는 상도 마감재의 종류에 상관없이 전부 쓸 수 있다. 유성 글레이즈 위에 수성 마감재를 칠할 때는, 글레이즈 위에 디왁스드 셸락(dewaxed shellac)을 한층 발라서 분리막을 형성해주면 호환성 문제가 생기지 않는다.

대부분의 시판 글레이즈 혹은 글레이징 미디엄(glazing mediums)은 모두 젤처럼 걸쭉하다. 작업가능시간도 길고 점성도 좋다. 이들 제품은 모조 나뭇결, 고가구 흉내내기처럼 장식적인 효과를 내는 데 적합하다. 이때는 잔여 글레이즈를 구석이나 패인 곳, 눌린 곳 등에 남겨두어, 낡은 고가구 흉내를 낼 수 있다. 점성이 걸쭉하므로 붓 작업에서, 글레이즈를 주변과 자연스레 섞이도록 칠하거나(feathering), 혼합하거나, 가장자리를 부드럽게 처리하는 것 등이 용이하다.

글레이징과 토닝

글레이징(glazing)과 토닝(toning)은 서로 헷갈릴 수 있다. 둘 다 표면의 색상을 조정하기 위해서 사용된다는 점이 같고, 또한 같은 목적으로 둘 다 사용될 수 있기 때문이다.

제일 큰 차이점은 사용하는 방법이다. 다음만 기억하면 된다: 글레이즈는 하도 씰러와 상도 사이에 칠하는 조색제고, 토너는 기본적으로 색상이 들어 있는 투명 마감재다.

가장 일반적인 형태의 글레이즈는, 사용자가 색을 넣을 수 있는, 무채색 베이스(neutral base; 뉴트럴 베이스)다. 따라서 하나의 글레이징 베이스로 임의의 색상을 만들 수 있다.

글레이즈에 색을 넣을 때 사용하는 조색제는 호환이 되는 것을 사용해야 한다. 유성 글레이즈의 색상을 연하게 만들고자 할 때는 안료 분말, 회화용 유화 물감, 저팬 컬러(Japan color), 아스팔트, 유성 페인트, UTCs 등을 전부 사용할 수 있다. 수성 글레이즈는 회화용 아크릴 물감, UTCs를 사용할 수 있다. (색상 조절에 관한 자세한 내용은 제7장을 참고한다.) 글레이즈의 색상을 조절하는 데 필요한 조색제의 양은 아주 소량이다. 어두운색을 만들 때는 컵당 큰술(tablespoon)로 몇 숟가락 넣는다. 밝은색은 이보다 적게 넣는다. 유리나 흰색 종이를 이용해서 색상을 미리 확인한다.

제 8 장

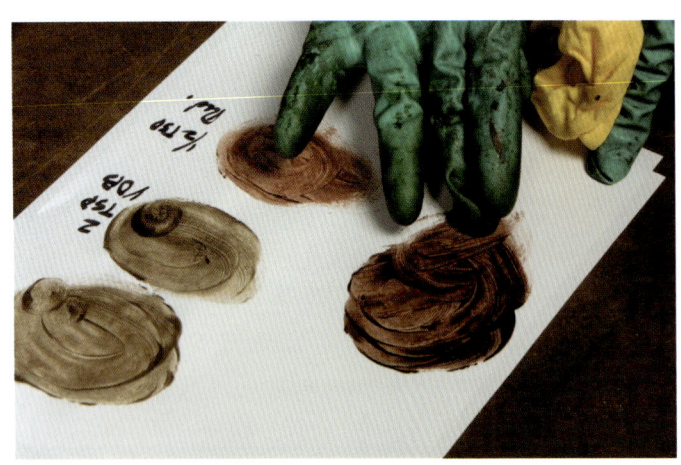

글레이즈를 직접 제조해서 사용할 때는, 흰색 종이에 칠해서 색상 및 농도를 쉽게 확인할 수 있다.

글레이즈 칠하는 방법

글레이즈는 붓, 천, 스펀지, 혹은 스프레이 장비를 사용해서 칠한다. 도구나 기법은 원하는 결과에 맞춰서 정한다. 칠하는 기법은 뒤에서 사진을 곁들여 자세히 설명한다. 그러나 어떤 글레이즈를 사용하든지 지켜야 하는 기본적인 내용이 있다.

어떤 글레이징 기법을 사용하든지, 먼저 목재 표면에 씰러를 칠해야 한다. 비닐씰러(vinyl sealer), 샌딩씰러(sanding sealer), 디왁스드 셸락을 모두 사용할 수 있다. 혹은, 수성 마감재 등 나중에 상도로 칠할 마감재를 희석해서 칠할 수도 있다. 완전히 건조시키기만 하면 된다. 글레이즈와 씰러는 상도의 부착력에 영향을 미칠 수 있다. 따라서 어떤 씰러-글레이즈 조합이 가장 좋은지 마감재 공급업체에 문의하는 것이 좋다.

씰러를 칠할 때는 표면에 균질하게 도포해야 한다. 씰러가 제대로 도포되지 않은 구역에서는 글레이즈가 일정하게 칠해지지 않는다. 씰러가 완전히 건조된 후에 220-, 320-, 혹은 400-grit로 매끈하게 사포질한다. 씰러의 도막 갯수가 글레이즈 도포에 영향을 미친다. 또한 사포 거칠기도 일부 영향을 준다. 씰러가 얇으면 목재 표면이 완전히 씰링되지 않기 때문에, 글레이즈가 더 많이 통과하게 되고, 색은 더 짙어진다. 반대로 씰러 도막이 두꺼우면, 색상이 옅어진다.

시판 액상 스테인을 글레이즈로 이용할 수도 있지만, 가능한 경우가 정해져 있다. 분무하는 것도 가능하고, 또한 스테인을 글레이즈로 칠하고 닦아내어, 기공을 강조하거나 색상을 조정하는 용도로 사용하는 것은 가능하다. 그러나 액상 스테인은 묽기 때문에 머리 위쪽 면이나 수직면은 작업하기 어렵다. 래커 스테인, 알코올 스테인, NGR 스테인은 글레이징에 사용하기에는 부적합하다. 너무 빨리 건조될 뿐만 아니라, 대부분의 씰러를 녹이거나 손상을 입힌다.

액상 스테인보다는 걸쭉한 젤 스테인이 훨씬 낫다. 그래도 대부분의 젤 스테인은 건조가 너무 빨라서, 닦아낼 시간이 충분하지 않다. 유성 젤 스테인은 스테인 한 컵에 미네날 스피릿 한 차수저를 넣어 사용하면, 이 문제를 해결할 수 있다. 수성 젤 스테인의 건조시간을 늦추려면, 수성 마감재의 지연제로 사용되는, 프로필렌 글리콜(propylene glycol)을 약간 첨가한다.

글레이징과 토닝

글레이징(glazing)과 토닝(toning)은 원하는 결과, 그리고 사용 가능한 장비에 따라 선택한다. 토닝은 스프레이 장비가 필요하다. 예를 들어 목재의 기공 구조를 강조할 때나 낡은 느낌을 넣는 것은 글레이징으로만 가능하다. 전체적으로 색상을 조정하거나, 농담 차이가 있는 영역을 섞는 것은 둘 다 가능하다. 오른쪽 표는 특정 문제 혹은 특정 외관을 기준으로 해법을 정리한 것이다.

목적	기법	설명
깊이감 및 풍부한 느낌을 도입할 때	글레이징 혹은 토닝	글레이징이 최선이다.
나뭇결 및 낡은 자국을 강조할 때	글레이징	
모조 나뭇결을 만들 때	글레이징	
고풍스러운 느낌을 주고자 할 때	글레이징	
서로 다른 특성을 융합할 때	글레이징 혹은 토닝	
색상을 조정할 때	글레이징 혹은 토닝	극단적인 변화가 필요하면, 토닝이 최선이다.
스테인 색상을 줄이고자 할 때	글레이징 혹은 토닝	글레이징이 최선이다.
작업 실수를 숨길 때	토닝	안료 토너가 제일 낫다.
얼룩을 수리할 때	글레이징 혹은 토닝	토닝이 가장 균질하다.
부분 음영 효과	토닝	

글레이즈의 농도는 목재의 표면 씰링에 달려 있다. 사진은 체리 판재인데, 왼쪽은 씰러를 한 번 칠한 것이고, 오른쪽은 두 번 칠한 것이다.

글레이징 기법을 정한 후에는 다음 설명대로 글레이즈를 칠한다. 글레이즈의 색상 혹은 외양이 마음에 들지 않으면, 글레이즈가 경화되기 전에 적절한 희석제를 사용해서 닦아낸다. (희석제는 씰러를 용해시키지 않는 것이라야 한다.) 글레이징이 마음에 들면, 완전히 건조된 후에 마감재를 칠한다. 상도를 칠하기 전에 필요한 건조시간은 글레이즈의 종류, 상도의 종류, 그리고 상도를 칠하는 방법과 상관이 있다. 기본적인 원칙은, 손으로 상도를 칠할 거면, 글레이즈를 완전히 건조시켜야 작업 시 마찰로 인해서 글레이즈가 벗겨지지 않는다.

제 8 장

글레이즈의 색상이 맘에 들지 않을 경우, 표면 씰링만 제대로 되어 있다면, 적절한 희석제를 사용해서 닦아냄으로써 제거할 수 있다.

패딩 스테인은 염료 스테인으로 쉽게 만들 수 있다. 사진에서는 래커 위에 사용할 목적으로 NGR 스테인과 물을 같은 비율로 혼합하여 패딩 스테인을 만들고 있다.

그러나 유성 글레이즈를 사용하고, 상도로 유성 스프레이 래커를 칠할 때는 예외다. 이때는 글레이즈의 캐리어(carrier)가 증발하면, 바로 래커를 분무할 수 있기에 시간을 절약할 수 있다. 이렇게 하면 래커의 용제가, 글레이즈와 래커를 결합시킨다.

패딩 스테인

패딩 스테인(padding stains)은 나뭇결을 선명하게 만들고 깊이감을 더해준다. 패딩 스테인은 글레이즈와 비슷하지만, 씰러를 무르게 만드는 용매가 들어 있어서 스테인이 씰러에 침투하는 점이 다르다. 패딩 스테인은 훔쳐 닦는 대신에, 특정 영역에 선택적으로 문질러 바른다.

미리 혼합해서 제품화한 패딩 스테인은 없는 것으로 안다. 따라서 직접 만들어서 사용해야 한다. 패딩 스테인을 만들 때는 항상 염료를 사용하며, 또한 사용 마감재를 무르게 만들지만, 심하게 용해시키지는 않는 용매를 사용한다.

패딩 스테인은 용제 기반의 NGR 염료나 알코올 염료에 물을 섞어서 만든다. 물과 섞는 비율을 1:1 정도로 하면, 문질러 바르기도 쉽고 세게 반응하지도 않는다. 수성 스테인도, 마감재에 침투할 수 있는 용매만 적절하게 포함되어 있다면, 수성 마감재 위에 사용할 수 있다.

토너

토너(toners)는 염료나 안료를 사용해서 투명 마감재의 색조를 변경한 것이다. 글레이즈는 칠하고 나서 훔쳐 닦아내는 것이 일반적이지만, 토너는 씰러 위에 칠하고 닦아내지 않는다. 글레이즈는 손으로 칠하는 것이 가능하지만, 토너는 항상 분무해서 칠해야 한다. (스프레이 장비가 없으면 분무형 용기에 들어 있는 제품을 이용한다.) 토너 위에는 항상 투명 상도를 칠해서 마모되지 않도록 보호해야 한다.

글레이즈로 표현할 수 있는 기법 중 많은 것은 토너로도 표현 가능하다. 즉, 색상이나 밝기를 조정한다든가, 깊이감과 풍부한 느낌을 더할 때 사용할 수 있다(127쪽 참고). 작업 실수를 감추고자 할 때, 광조흔(mineral streaks; 광물흔적)과 같은 어두운 부분을 안 보이게 만들때 혹은 변재를 심재에 맞출 때처럼 밝은 부분을 어두운 부분에 맞출 때 사용할 수 있다. 토너를 사용하면, 포플라의 푸른색 심재처럼 색이 강한 부분을 누그러뜨릴 수 있다. 또한 가장자리를 짙게 표현한다든지 색상을 선택적으로 칠할 수 있다. 토너는 스프레이건으로 칠하기 때문에 섬세한 효과도 처리 가능하다.

토너는 염료를 사용해서 색조를 조정하므로, 빛이 토너를 통과한다. 따라서 토너는 목재의 나뭇결이나 문양을 가리지 않으면서도 색상이나 명도를 조정하는 것이 가능하다. 안료를 사용해서 토너를 만들면, 투명도를 유지하는 것이 가능하지만, 안료는 빛을 차단하기 때문에, 짙은 농도로 만들어서 나뭇결을 숨기거나 실수를 가리거나 어두운 구역을 밝게 표현하는 용도로 사용할 수 있다.

토너를 면 전체에 칠하는 것은 토닝(toning)이라고 부르고, 일부 영역만 골라서 칠하는 것은 쉐이딩(shading)이라고 일컫는다. 토닝을 통해서 색상을 변경하고, 얼룩을 방지한다. 또한 원목과 합판을 같이 사용하면, 스테인이 서로 다르게 칠해지는데, 토닝으로 색상을 통일할 수 있다. 쉐이딩으로 낡은 목재면을 연출하거나, 몰딩이나 조각부를 강조해서 예술적인 효과를 낼 수 있다.

토너 제조 방법

선혼합된 토너가 시판되기는 하지만, 대부분의 마감 전문가는 사용할 마감재에다 그와 호환되는 조색제를 섞어서 사용한다.

토너를 만들기 전에 투명도 수준을 먼저 결정한다.

체리 문짝의 윗부분은 염료 토너로 쉐이딩하고, 아랫부분은 균질하게 토닝한 것이다. 쉐이딩과 토닝의 차이를 볼 수 있다.

토너는 마감재를 희석한 다음 호환이 되는 안료 혹은 염료 조색제를 첨가해서 쉽게 만들 수 있다. 나무 스틱으로 색상의 농도를 확인할 수 있다.

투명성을 유지하는 토너는 염료 스테인이나 안료로 만든다. 염료 스테인을 마감재에 섞으면 항상 투명도가 유지된다. 그러나 안료를 사용하면, 투명도는 안료의 양에 따라 달라진다. 투명도를 높이려면 안료를 최소한으로 첨가하고, 백색이나 황색 산화철, 적색 산화철 등 불투명 안료를 사용하지 않는다. 천연의 광물 안료는 원래 투명하고 나무색을 띠기 때문에 토너를 만들기 좋다. 백색은 표면을 뽀얗게 칠할 때(pickled effect; 피클 효과) 사용한다.

제 8 장

안료 토너는 농축 안료 조색제를 마감재에 첨가해서 만든다. 이후 여과지로 거른다.

염료 기반 토너는 염료를, 호환이 되는 마감재에 첨가해서 만든다. 사진은 알코올에 용해되는 염료를 투명 래커에 첨가해서 호박(琥珀)색 토너를 만드는 중이다.

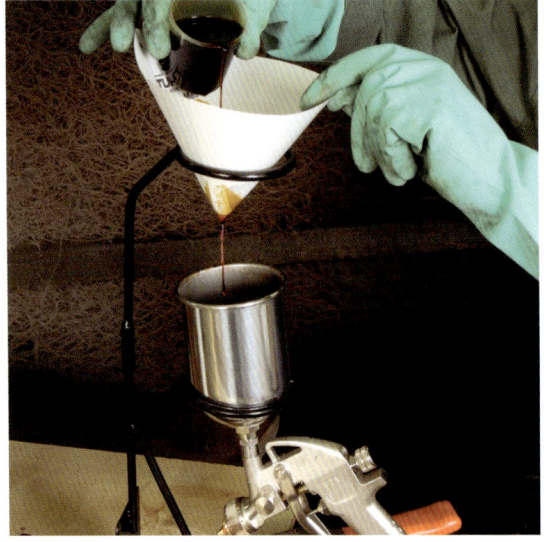

토너는 색이 너무 두껍게 쌓이지 않도록 얇게 칠하는 것이 좋다. 이런 이유로 시판 토너는 바인더 함량이 대부분 12% 이하이기에 색이 진하거나 층이 두껍게 형성되지는 않는다. 마감 전문가는 바인더를 전혀 사용하지 않고, 안료 대신에 염료를 용해해서 사용하고, 희석제로는 마감재를 무르게 만들거나 혹은 약간 용해시키는 종류를 사용한다.

셀락 기반 토너는 1파운드컷(1-lb.-cut; 역자주: 454g(1pound)의 셀락 수지를 알코올 3.8ℓ(1gallon)에 녹인 용액을 말한다.)에 안료 혹은 염료를 첨가해서 적절한 점성으로 제조한다. 용제 기반 래커에 대해서는, 조색제를 넣기 전에, 래커와 희석제를 같은 비율로 먼저 섞는다. 수성 토너는 투명 수성 스테인을 사용하는 것이 적절하나, 시중에서 찾기 쉽지 않다. 대신에 수성 마감재에 물을 10% 정도 넣어서 적절하게 희석해서 사용한다. 수성 마감재를 상도로 칠하는 경우에는, 디왁스드 셀락 기반 토너를 사용하면 서로 호환이 되기 때문에 이를 사용하는 사람이 많다.

토너의 색조를 조정하는 작업은 어렵지 않다. 그러나 마감재와 조색제 사이의 호환성에는 신경을 써야 한다. 마감재와 호환되는 스테인을 첨가하느냐 아니면 농축 안료를 첨가하느냐의 문제다. 분말 혹은 액상의 농축 조색제가 가장 좋다. 여기에는 용제 혹은 다른 첨가물이 많이 들어 있지 않기 때문에, 마감재의 물성에 미치는 영향이 적기 때문이다. 다음 쪽의 표에서 마감재와 조색제의 호환성을 확인할 수 있다. 조색제의 호환성을 정확히 모르면, 마감재 제조사에 문의한다. 특히, 2성분 마감재를 사용하는 경우에는 그렇게 해야 한다.

안료 토너는 마감재에다 호환이 되는 농축 안료 조색제를 첨가해서 쉽게 만들 수 있다. 염료 기반 토너는 염료를 마감재에 첨가해서 만든다. 분말 및 액상 염료를 모두 사용할 수 있으나, 분말은 용해시킨 후에 마감재와 섞어야 한다.

토너와 조색제의 호환성

마감재	사용 가능 염료	설명
유성 바니쉬	유성 저팬 컬러(Japan colors); UTCs	
용제 기반 래커	알키드 혹은 래커 기반 조색제; UTCs(소량으로만)	
촉매화 래커(catalyzed lacquers; 변성 래커), 2K 폴리우레탄, 2성분 폴리에스터, 컨버전 바니쉬(conversion varnish; 촉매형 바니쉬)	제조사에 문의	2K폴리우레탄을 사용할 경우는 알코올이 포함된 조색제는 사용할 수 없다.
셸락	UTCs, 일부 래커 조색제*	*일반적으로 아크릴 기반이다.
수성 마감재	아크릴 조색제, UTCs, 수성 스테인	조색제를 첨가한 후에는, 마감재를 15~30분간 가만히 두어 안정화시킨다.

마감재	사용 가능 안료	설명
유성 바니쉬	유성 염료	
용제 기반 래커	유성 염료, 고농축 염료 조색제(universal dye concentrates), NGR 염료 스테인, 알코올 염료*	*분말 알코올 염료는 알코올과 아세톤의 혼합 용액에 섞어야 한다.
촉매형 래커(catalyzed lacquers), 2K 폴리우레탄, 2성분 폴리에스터, 컨버전 바니쉬(conversion varnish; 촉매형 바니쉬)	제조사에 문의	2K 폴리우레탄을 사용할 경우는 알코올이 포함된 조색제는 사용할 수 없다.
셸락	알코올 기반 염료, 고농축 염료 조색제(universal dye concentrates), NGR 염료 스테인	
수성 마감재	수성 염료, 고농축 염료 조색제(universal dye concentrates)	

NGR 염료 및 농축 염료는 대부분의 마감재에 사용할 수 있다. 그러나 용해시킨 염료를 마감재에 소량 첨가한 후, 호환성을 먼저 검토하는 것이 좋다. 서로 뭉치거나, 뿌옇게 되거나, 분리되면 호환이 되지 않는 것이다.

[TIP] 페인트 가게에서 농축 조색제를 소량으로 구매할 수도 있다. 이때는 용기를 미리 준비해가는 것이 좋다.

토너와 쉐이더 칠하는 방법

앞에서 설명한 대로, 토너로 토닝(toning; 전체 작업면을 균질하게 도포) 혹은 쉐이딩(shading; 토너를 일부 영역에만 선택적으로 도포)하는 게 가능하다. 기법에 관계없이 토너는 붓이나 천으로 칠하는 것이 불가하므로 항상 분무해서 칠해야 한다.

스프레이건은 아무 종류나 상관없지만, 쉐이딩은 좁고 섬세하게 분무하고, 토닝은 넓게 분무하므로, 분

제8장

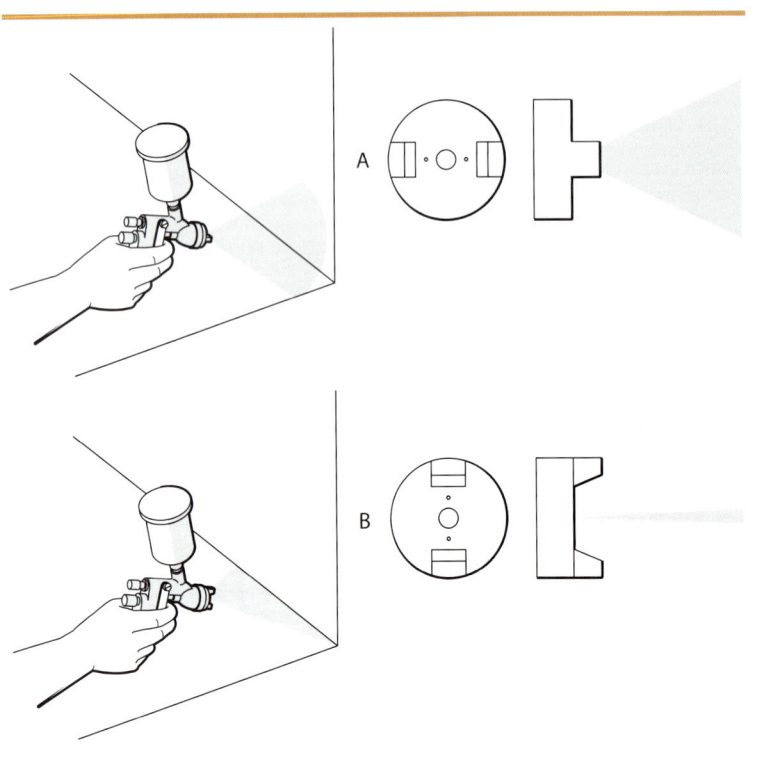

구석 부분 분무

구석이나 이음부에 분무할 때는 패턴을 이음 방향에 맞추고, 압력을 낮춰 분무한다.
(A) 잘못된 방법: 압력도 높고, 패턴 방향도 옳지 않은 잘못된 방법이다.
(B) 옳은 방법: 이음 방향에 패턴을 맞추고, 낮은 압력으로 분무한다.

토닝에 사용하는 스프레이건은, 사진에서 보듯이, 길쭉한 타원 및 작은 원형으로 분무하는 것이 가능한 모델이어야 한다. 사진의 스프레이건은 패턴 조절 밸브가 붙어 있어서 두 패턴 모두 가능하다.

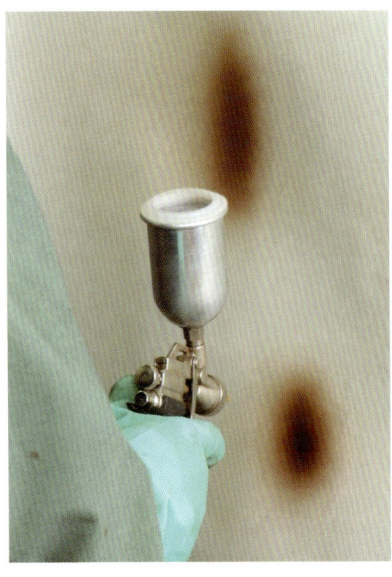

무 폭을 조절할 수 있는 제품이 필요하다. 일반적으로 토너는 묽으므로 작은 니들/노즐 및 에어캡 조합을 사용해서, 분무폭 전체에 걸쳐 균질한 무화가 일어나도록 한다. 구석에 분무할 때는 패턴을 이음 방향에 맞추고, 압력을 낮춰서 분무한다(왼쪽 그림 참고).

쉐이딩 작업에는 소형 중력식 터치업 스프레이건(gravity-feed touchup gun)을 사용하는 것이 좋다. 가늘고 미세하게 분무할 수 있기 때문에 토너를 정교하게 칠할 수 있다.

토너를 사용할 때는, 점도에 맞는 적절한 크기의 스프레이건을 장착한 다음, 패턴 조절 밸브와 토출량 조절 밸브를 완전히 잠근다. 토출량 조절 밸브를 한두 바퀴 돌려 연 다음, 패턴 조절 밸브로 패턴의 폭을 150mm에 맞춘다. 토너는 연하게, 반복적으로 안개처럼 분무하는 것이 제일 쉽다. 흰 종이나 판지, 혹은 메이플과 같은 밝은색의 목재에 분무해보고, 색상과 패턴의 폭을 확인한다.

쉐이딩 작업을 할 때는 토너를 컵에 약간 부은 다음, 패턴 조절 밸브와 토출량 조절 밸브를 완전히 잠근다. 흰 판지나 목재에 대고 분무하면서, 미세하게 분무되도록 토출량 조절 밸브를 연다. 그런 다음 패턴 조절 밸브로 폭이 25~50mm 정도 되도록 맞춘다.

쉐이딩 작업은 원하는 색상이 나올 때까지 연하게 여러 번 분무하는 방식으로 칠한다. 모서리, 시선을 끄는 형상, 패인 모양 등에 칠하면 쉐이딩 효과가 좋다. 쉐이딩에서 가장자리를 부드럽게 처리하고자 할 때는, 분무하는 마감재의 양을 줄이고, 패턴의 폭을 크게 하고, 더 멀리서 분무한다. 수리한 부분을 자연스레 덮거나, 변재의 색상을 심재의 색상에 맞출 때 아주 유용하다.

글레이즈로 스테인의 명암 조절하기

글레이즈의 용도로 가장 일반적인 것이 염료 스테인의 밝기를 누그러뜨리고, 나뭇결을 보다 선명하게 드러내는 것이다. 사진은 체리로 양초 보관함을 만드는 것인데, 황갈색의 수성 염료 스테인을 칠한 다음, 1파운드컷 디왁스드 셸락으로 한 번 씰링(sealing)한 것이다. 씰러를 한 시간 정도 건조시킨 후, 320-grit 사포 및 적갈색 합성 연마패드로 가볍게 사포질했다(A).

글레이즈는 무채색 유성 글레이즈 베이스(neutral oil glaze base)에 반다이크 브라운(Van Dyke brown) 및 약간의 적색을 넣어서 저팬 컬러(Japan color) 형태로 제조했다. 붓으로 글레이즈를 칠한 다음, 천으로 닦아낸다(B). 필요하면, 구석이나 틈새에서는 마른 붓으로 펴문지르는 방식으로 여분의 글레이즈를 제거한다(C).

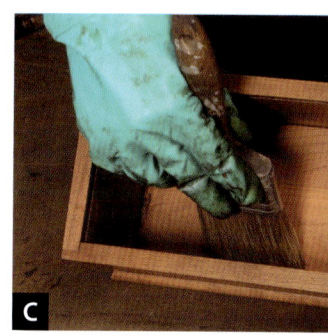

글레이즈 분무하기

글레이즈를 분무해서 칠하는 것이 가능하며, 일반적인 유성 혹은 수성 글레이즈는 먼저 희석한 후에 분무한다. 유성 글레이즈는 미네랄 스피릿으로 희석할 수 있지만, 건조시간을 줄이고자 하면 나프타를 사용한다. 수성 글레이즈는 건조가 너무 빠른 경우가 많으므로, 글레이즈 지연제(retarder)를 10% 정도 첨가해서 사용하는 것이 좋다.

한 손으로 글레이즈를 분무하면서, 다른 손으로는 바로 닦아내는 방식을 사용한다(A). 와이핑이 끝나기 전에 글레이즈가 끈적해지면, 물(수성 글레이즈)이나 미네랄 스피릿(유성 글레이즈)을 옅게 분무해서 습기를 유지시킨다(B).

선반처럼 양쪽 면을 모두 칠하는 경우에는, 한쪽 면을 칠한 후에 와이핑하고, 뒤집어서 흠집이 생기지 않는 파이프 단열재 위에 올리고 작업한다(C). 이렇게 하면 와이핑한 면에 흠집이 생기지 않는다. 그런 다음 못이나 스테이플 보드 위에 올려서 건조시킨다.

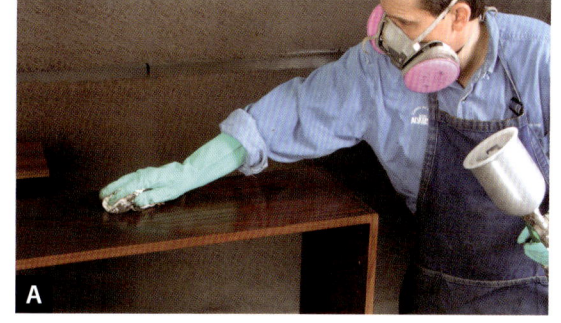
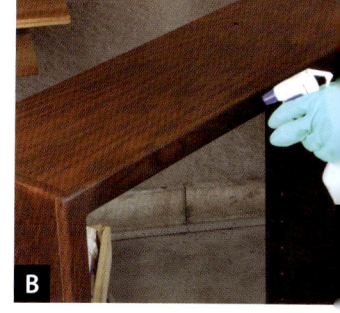
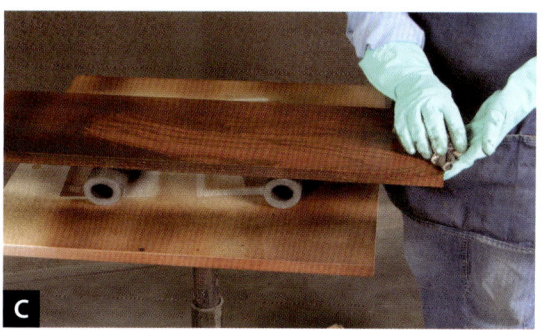

글레이즈 칠하기

스트라이킹 아웃

표면에서 글레이즈 색상의 일부를 선택적으로 제거함으로써, 입체감과 깊이감을 강조하는 기법을 스트라이킹 아웃(striking out)이라고 한다.

원하면 목재에 스테인을 먼저 칠한다. 그런 다음 씰링을 한 후, 320-grit 사포나 연마패드로 가볍게 사포질한다. 그 위에, 잘 드러나는 짙은색의 글레이즈를 분무, 와이핑, 붓질 등으로 칠한다. 그런 다음 글레이즈를 문질러 닦아내듯 칠한다(wiping; 와이핑). 은은한 효과를 원하면, 글레이즈의 대부분을 닦아낸다. 좀 더 직접적인 대비효과를 원하면, 글레이즈는 조금만 닦아낸다.

이제 스트라이킹 아웃을 실시할 준비가 된 것이다. 회색 수세미 사포를 사용해서, 글레이즈를 선택적으로 제거한다. 원래의 문양이나 나뭇결에 따라 제거한다(A). 부드러운 붓으로 전체 면을 두루 문질러서, 글레이즈를 제거할 때 생기는 거친 가장자리을 완화시켜준다(B).

사진은 오크 문짝에서 위쪽 반을 스트라이킹 아웃한 것인데, 투명 상도를 칠하고 나면, 여기서 보듯이 입체감이 드러난다(C). 아래쪽 반은 스트라이킹 아웃 작업을 하지 않은 것이다.

[VARIATION] 분말 글레이즈를 액상 글레이즈처럼 분무한 다음, 건조시키면 분필로 칠한 느낌이 난다. 이제 표면의 일부를 사포로 제거하면, 아랫면이 드러나면서 낡고 고풍스러운 느낌이 난다.

물리적으로 흠집내기

가구에 고풍스러운 느낌을 주는 가장 효과적인 방법은, 실제 사용해서 생긴듯이 흠집, 눌린 자국 등을 임의로 만들어주는 것이다. 염료를 칠하고, 씰링을 한 후에 이 작업을 수행한다. 이후 글레이즈를 칠해서 자국을 더 강조한다.

여러 도구를 이용할 수 있지만, 개인적으로는 손수 제작해서 텐더라이즈(The Tenderizer)라고 이름 붙인 흉물스러운 도구를 가장 좋아한다(A). 다양한 크기의 나사, 못, 스테이플을 나무망치의 마구리에 박은 후, 머리 부분을 잘라내서 만든 것이다. 이 도구로 목재 표면을 무작위로 고루 두드리면, 반복적이지 않은 패턴을 새겨 넣을 수 있다. 열쇠나 작은 드릴비트도 이용할 수 있다(B, C).

이런 식으로 작업하는 경우엔 아스팔트를 글레이즈로 사용하는 것이 가장 좋은데, 자국이 드러나면서 때나 기름때가 다년간 쌓인 것같이 된다. 글레이즈를 만드는 방법은 다음과 같다. 먼저 기본적인 아스팔트 스테인을 제조한다.

▶ 120쪽의 "길소나이트/아스팔트 스테인의 제조"를 참고한다.

그런 다음, 아스팔트 한 컵당 백악(chalk; 백색 연토질 석회암)을 몇 큰술 첨가해서, 더 걸쭉하게 만든다(D). 이렇게 만든 글레이즈를 표면에 바른 다음, 도로 깨끗이 닦아내면, 패인 틈새에 여분이 남는다.

낡은 표면 모사하기

앞에서는 물리적으로 흠집을 내는 방법에 대해서 설명했고, 여기서는 물리적으로 흠집을 내지는 않고, 대신에 무늬로 그려 넣는 방법에 대해서 설명한다. 이 작업은 주로 첫 번째 상도를 칠한 후에 하는데, 그 이유는 실수를 하더라도 이 단계에서는 쉽게 닦아낼 수 있기 때문이다. 이 기법을 적용한 후에는 투명 상도를 칠해서 작업한 것을 보호해주어야 한다.

주로 세 가지 방법이 사용된다: 드라이 브러싱(dry brushing), 얼룩 넣기(specking), 색연필로 그려 넣기. 드라이 브러싱은 다음과 같다. 먼저 저팬 컬러(Japan color)에 미네랄 스피릿을 섞어, 액상 조색제를 만든다. 이를 자투리 목재나 판지에 바르고, 이를 붓의 끝에 찍어 묻힌 후, 모서리 등 원하는 부분에 빗질하듯이 칠해서 그 부분을 강조한다(A). 붓을 수직으로 세워서 비틀면서 칠하면 또 다른 효과를 얻을 수 있다(B). (124쪽의 "붓으로 질감 표현하기"를 참고한다.) 색연필로 작은 원호나 선을 그려 넣는 것도 하나의 방법이다(C). 그리고 크고 작은 반점을 뿌리는 방법도 있다. 희석한 글레이즈에 칫솔을 담근 후, 솔 부분을 엄지로 튕겨서 흩뿌린다(D). 조색제로는 아무거나 사용할 수 있다. 이런 작업에 적합한 특수 스프레이건도 있으므로, 작업량이 많으면 구입을 고려할 수 있다.

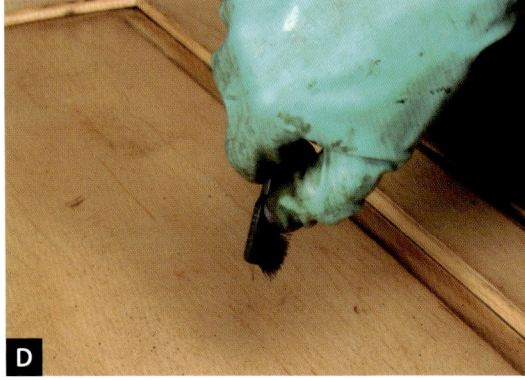

패딩 스테인 칠하기

패딩 스테인은, 채색 작업 후, 투명 마감을 한 번 칠하고, 그 위에 칠한다. 사진의 패딩 스테인은 NGR 스테인에 물을 같은 비율로 섞어서 만들었기에, 건조시간도 약간 늘어나고, 아주 진하지도 않다. 사진은, 스테인은 칠하지 않았지만 씰링이 된 메이플에, 갈색 패딩 스테인을 칠하는 중인데, 메이플이 시각적으로 잘 드러난다.

패딩 스테인을 사용하여 다양한 효과를 얻을 수 있다. 첫 번째 사진은 나무의 문양을 강조하는 것이다. 이 효과를 내기 위해 천의 모서리를 스테인에 담근 다음, 나뭇결을 따라 칠한다(A). 패딩 스테인으로 질감도 넣을 수 있는데, 패딩 스테인을 천에 적신 다음, 이를 구겨 잡고, 작업면에 무작위로 찍어 자국을 만든다(B). 얼룩의 가장자리는 합성 연마패드로 주변와 어우러지게 문질러서, 부드러운 느낌이 나도록 만든다(C).

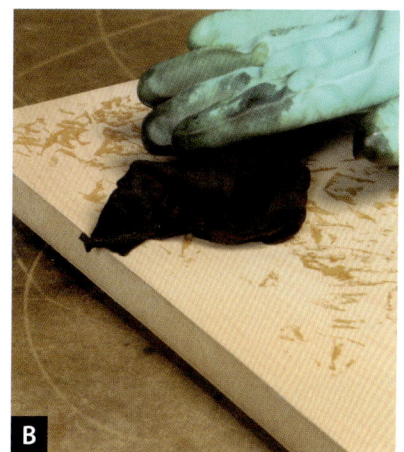

토너

균질하게 토닝하기

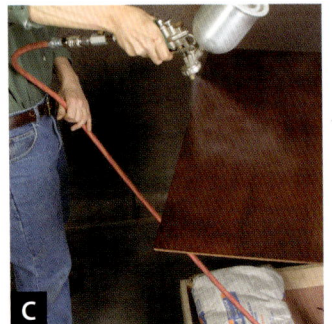
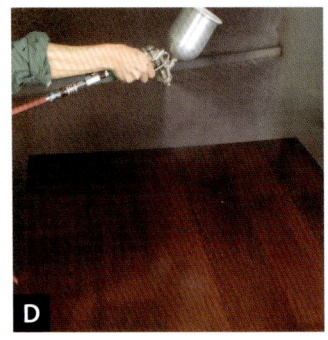

사진은 캐비닛의 뒷면과 틀 부분에서 스테인의 색상이 서로 다르게 나온 경우다(A). 뒷면의 갈색을 틀의 색상인 적색에 맞추고자 한다. 적색 염료를 수용성 토너/스테인에 섞어서 적색 토너를 만든다(B). 먼저 스프레이건의 토출량 조절 밸브를 완전히 닫은 후, 다시 완전히 한 바퀴를 돌려서 연다. 패턴조절 밸브를 사용해서 폭을 150mm에 맞춘다(C). 보통은 나뭇결 방향에 맞춰서 뿌린다. 패턴이 균질하지 않으면, 조금 더 멀리 떨어져서, 연속적으로 연하게 뿌린다(D). 흰 종이나 판지 혹은 메이플과 같은 밝은색의 목재에다 분무해서, 색상 및 패턴을 미리 확인하는 것이 안전하다.

쉐이딩

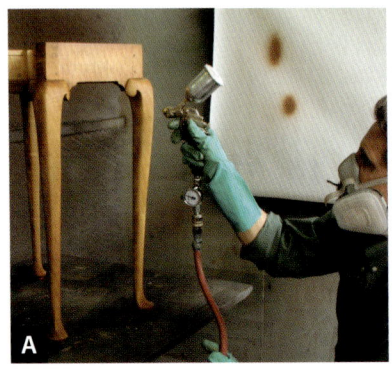

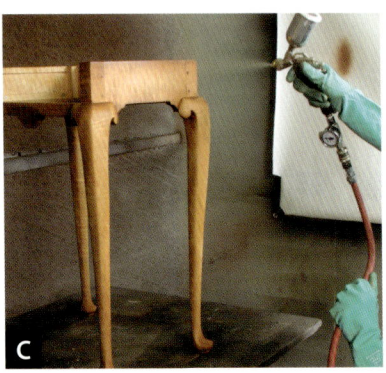

흰 종이를 가까이 걸어두고 분무해보면서, 스프레이건의 분무 패턴을 조절한다. 패턴 조절 밸브를 조금 닫아서, 사진의 아래쪽처럼 작은 원형으로 분무되도록 조절한다(A). 사진은 메이플 탁자인데, 뒤집어놓고, 탁자의 발 부분을 먼저 칠한다. 그런 다음 뒤집어서 모서리와 강조할 부분에 칠한다(B).

약간 멀리서 분무하면, 쉐이딩 가장자리를 부드럽게 만들 수 있다(C).

탁자 상판의 몰딩 아랫부분처럼, 제대로 분무되지 않는 부분이 생기기도 한다. 이런 경우는 토너가 건조된 후에, 어두운 색상의 글레이즈를 그 부분에 손으로 칠한다(D).

실수한 부분을 토너로 감추기

접착제 자국이 있으면, 그 부분에는 스테인이 제대로 칠해지지 않으므로, 밝은색의 얼룩이 남는다. 이것은 안료토너를 사용해서 숨길 수 있다(A). 농축 조색제와 투명 마감재를 섞어서 안료토너를 만든다. (여기서는 수성 래커에 수성 조색제를 첨가했다.) 토너의 색상은 적색, 갈색 혹은 황색이든 마감재와 같아야 하지만, 마감재보다는 더 어둡게 제조한다. 스프레이건을 작은 원형 패턴으로 분무되도록 맞춘 후, 얼룩 위에 토너를 여러 층으로 나눠 분무한다. 처음에 한 방향으로 분무하고(B), 그다음에 방향을 바꿔 분무한다(C). 작업 구역의 가장자리에서는, 스프레이건을 표면에서 약간 멀리 떨어뜨려 분무하면, 주변과 색상이 자연스레 섞이게 된다.

햇살이 비치듯이 칠하기

햇살이 비치는 듯한 느낌을 주도록 칠하는 선버스트(sunburst) 기법은 스프레이건 작업의 전형이라 할 수 있다. 가장 확실한 예를 기타(guitars)에서 볼 수 있으며, 토닝과 쉐이딩 둘 다 사용된다. 기타 본체를 씰링(sealing)하고, 600-grit로 사포질한 후에, 황색/호박색 토너로 전체를 분무한다(A). 이를 건조시킨 후에 적갈색 쉐이더(shader)를 분무하는데, 가장자리에서 안쪽 방향을 겨냥해서 분무하면, 2색조(투톤; two-tone) 햇살이 만들어진다(B). 한 걸음 더 나아가서, 바깥쪽 가장자리에만 짙은 갈색 토너를 추가로 분무할 수도 있다.

일반적인 가구에 이런 방식으로 칠하면, 조금 지나치다는 느낌이 난다. 하지만 컬리 메이플 서랍의 앞면을 이렇게 칠하면, 은은하고도 매력적인 느낌이 난다(C).

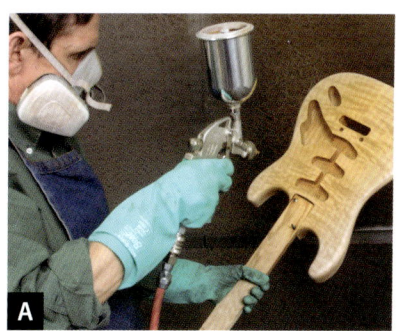

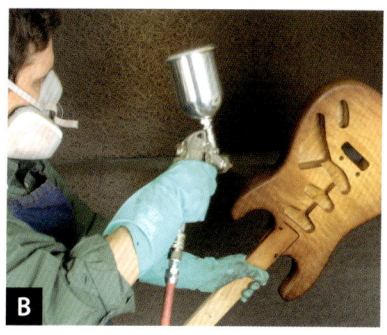

제 9 장

천연염료, 화학 스테인, 그리고 표백제

천연염료
- 천연 호두염료 만들기 (148쪽)
- 매염제로 천연염료를 흡착시키는 방법 (148쪽)

화학적 채색
- 철분/식초 용액을 사용한 스테인 작업 (149쪽)
- 체리에 가성소다 칠하기 (149쪽)
- 암모니아 퓨밍 (150쪽)

표백
- 표백제 사용법 (151쪽)

화이트닝 및 흑단 효과 처리
- 피클링, 석회 처리, 화이트워싱 (152쪽)
- 흑단 효과 처리 (152쪽)

안료 스테인, 글레이즈, 토너 외에도, 목재를 채색할 수 있는 방법은 여러 가지다. 합성 염료가 사용되기 전에는 화학 스테인(chemical stains)이나 식물에서 채취한 천연염료를 사용했다. 목재를 표백하는 것도 유서 깊은 방법 중 하나인데, 스테인을 연하게 만들거나 제거하는데, 혹은 목재의 색상을 제거해서 밝은색으로 만드는 데 사용되었다.

이 모든 방법은 오늘날에도 사용할 수 있다. 이 장에서는 천연염료, 화학물질, 표백제를 이용하는 방법에 대해서 설명한다.

천연염료

과거에는 식물이나 나무에서 천연염료(natural dyes)를 얻었다. 오늘 날에는 주로 호두의 겉껍질, 로그우드(logwood; 콩과(科)의 교목), 브라질 소방목(brazilwood; 빨간 물감을 채취하는 나무), 카테쿠(catechu; 식물염료의 하나로 갈색임) 등에서 얻는다.

오늘날 천연염료가 많이 쓰이지는 않지만, 필요한 곳이 있다. 고가구를 새로 제작하거나 수리할 때, 색상을 보다 정확하게 재현하기 위해서 천연염료를 사용한다. 천연염료는 합성 염료처럼 색상이 선명하지 않고 은은하기 때문에 이를 좋아하는 사람이 많다.

제 9 장

호두 껍질, 로그우드, 브라질 소방목, 커치(cutch; 인도, 미얀마 등지에 분포한 나무인데, 갈색 염료를 채취함) 등에서 추출한 천연염료는 색상이 은은하다. 매염 염료(mordant dye)를 먼저 칠하고, 그 위에 천연염료를 칠하면 색상이 더 안정적이다.

검은호두나무(black walnut trees)가 있으면 천연 호두 염료를 쉽게 만들 수 있다. 호두 껍질을 물과 탄산나트륨에 담궈서 우려낸다.

▶ 148쪽의 "천연 호두염료 만들기"를 참고한다.

호두 껍질, 로그우드, 브라질 소방목, 커치 등의 추출액은 시판되는 제품을 구입할 수 있다. (287쪽의 "유관업체" 참조).

추출액을 사용해서 천연염료를 만드는 방법은, 뜨거운 물 1ℓ에 추출액 29g을 섞은 후, 하룻밤을 그냥 둔다. 그런 다음, 고운 여과지를 사용해서 용액을 한번 거른다. 용액은 플라스틱 통이나 유리병에 담아 보관한다. 금속 용기는 녹이 슬 수 있기 때문이다.

체리 같은 목재는 선탠(suntan)으로 아주 자연스럽게 색상을 넣는 것도 가능하다. 자세한 내용은 위의 별도 설명을 참고한다.

목재를 선탠시키는 방법

목재의 색상에 자연스러운 깊이를 더하는 방법 중 하나는 목재를 햇빛과 외기에 과도하게 노출시켜서 **그을리는 것**(suntanning; 선탠)이다. 목재 중에 체리가 선탠이 잘되는데, 분홍색을 띠는 목재의 색이 갈색으로 바뀐다. 시간이 좀 걸리기는 하지만, 포플라(poplar) 혹은 버치(birch)도 가능하다. 방법은 먼저 린시드오일이나 텅오일을 바르고, 스며들 수 있게 몇 분 동안 그대로 둔 후, 여분을 닦아낸다. 이후 작업물을 외기 햇빛에 몇 시간 둔다. 햇빛을 고루 받을 수 있도록 작업물의 방향을 수시로 바꿔준다. 하루만 지나도 색상이 변하는 것을 볼 수 있지만, 제대로 짙게 만들려면 일주일 정도 같은 작업을 반복한다.

매염제로 천연염료 바인딩하기

천연염료는 내광성이 아주 좋은 것은 아니다. 이 문제를 해결하기 위해서 매염제(mordants)라는 화학물질을 사용한다. 매염제는 염료가 목재에 잘 부착되게 함으로써 내광성을 높인다.

매염제는 중크롬산칼륨(potassium dichromate), 염화주석(tin chloride), 명반(alum), 황산제1철(ferrous sulfate) 및 황산구리(copper sulfate)와 같은 수용성 금속염 등이다. 중크롬산칼륨과 같은 일부 매염제는 그 자체도 고유한 색상이 있다. 이에 관해서는 뒤에 "금속염"에서 추가로 설명한다. 각 금속염은 염료과 결합하여 특정 색상이 발현된다. 매염제는 전문 매장에서 구입할 수 있다.

제 9 장

천연염료와 매염제를 이용해서 만든 색상이다. 첫 번째 행은 염료를 사용하지 않고 매염제만 쓴 경우다 (왼쪽부터 순서대로 중크롬산칼륨, 염화주석, 명반, 황산철, 황산구리다). 그 아래 4개 행은, 각 매염제에 로그우드, 브라질 소방목, 호두껍질, 커치 염료를 각각 칠한 것이다.

매염제와 염료를 사용하는 순서는, 매염제를 먼저 칠하고, 이후 천연염료를 칠한다. 매염제 건조분말 29g을 따뜻한 물 1ℓ에 넣고 저어 녹인 후, 상온에 도달할 때까지 그냥 둔다. 염화주석은 물 1ℓ당 15g을 사용한다.

염료를 착색시키기 위해서 매염제를 굳이 사용할 필요는 없다. 사실 일부 매염제는 독성도 있기 때문에 사용하기 꺼려진다. 매염제를 사용하지 않으면 염료의 내광성은 좋지 않지만, 직사광선이 드는 창가를 피해서 가구를 배치하면 색상을 보호할 수 있다.

[TIP] 색상과 관련된 모든 작업은 반드시 자투리 목재 등을 사용해서 먼저 시험해본 후, 가구 등 작업물에 적용한다.

화학 스테인으로 작업할 때는 보호장구를 착용해야 한다. 안전장갑, 보안경, 그리고 유기증기용 방독마스크를 착용한다.

화학 스테인

화학 스테인은 금속염이나 알칼리를 사용하며, 예전부터 사용되던 기법이다. 이런 화학물질은 목재 내부의 천연 화학물질과 반응하여, 색상을 띤 새로운 화합물을 생성한다. 예외는 있지만 대부분 분말 형태로 시판된다. 분말을 따뜻한 물에 녹인 후, 일반적인 수성 스테인과 같은 방식으로 칠한다.

많은 화학 스테인이 독성을 띠므로 반드시 보호 장구를 착용해야 한다. 위험성이 높음에도 불구하고 화학 스테인을 사용하는 중요한 이유는 다음 두 가지다. 먼저, 화학반응에 의해서, 단지 목재 표면이 아니라 목섬유 내부가 착색된다. 따라서 내광성 및 투명성이 좋아지고, 붓이나 패드로 상도 마감을 칠할 때 블리딩(bleeding; 역자주: 하나의 도막 위에 다른 도료를 칠했을 때, 아래 도막이 위로 번지면서 변색되는 현상)이나 리프팅(lifting; 역자주: 하나의 도막 위에 다른 도료를 칠했을 때, 아래 도막이 물러지면서 주름이 생기는 현상)에 대한 저항성이 높다.

제 9 장

두 번째는 염료 혹은 안료 스테인으로는 만들어낼 수 없는 독특한 효과를 얻을 수 있다. 예를 들어 색상의 세기는 목재 내부의 탄닌(tannins)과 같은 화학물질의 양에 따라 달라진다. 또한 화학 스테인은 약간 색다르고 매력적인 효과를 보이기도 한다.

화학 스테인을 항상 사용할 수 있는 건 아니다. 화학물질은 목재마다 다르게 반응하고 예측하기 어렵기 때문에, 같은 나무에서 판재를 얻되, 변재가 없는 판재를 사용하는 것이 최선이다. 기존의 마감과 맞춰야 하는 경우처럼, 색상을 정확하게 조절해야 한다면, 염료 혹은 안료 스테인을 사용하는 편이 낫다.

금속염

금속염은 일반적으로 건조한 화학물질 형태로 시판되며, 물에 녹여서 사용한다. 화학물질을 취급하는 업체에서 구입할 수 있다. 화학 스테인에 사용할 수 있는 금속염의 종류는 여러 가지지만, 여기서는 균질한 결과를 얻을 수 있고, 또한 구하기 쉬운 것을 중심으로 설명한다.

과망간산칼륨(potassium permanganate)을 사용하면 황갈색이 되는데, 목재 내부의 탄닌의 양과는 무관하다. 색상은 균질하게 발현되는데, 변재 구역에서도 마찬가지다. 예측한 대로 결과가 나오며, 또한 모든 목재에 쉽게 적용할 수 있다. 과망간산칼륨은 유독성 물질로 분류되지는 않지만, 유해물질이다.

중크롬산칼륨(potassium dichromate)은 주황색 용액인데, 탄닌이 많은 함유된 체리, 마호가니, 월넛에 사용하면, 깊고 풍부한 적갈색을 얻을 수 있다. 그러나 변재에는 채색되지 않는다. 중크롬산칼륨은 그동안 많이 사용되었다. 그러나 독성이 아주 강하고 또한 발암물질이므로, 자주 사용하는 것을 피하고, 가능하면 다른 걸로 대체하도록 한다.

왼쪽은 체리 판재에 수성 염료 스테인을 칠한 것인데, 상당히 균질한 색상을 보인다. 오른쪽은 가성소다(lye)를 사용한 것인데, 목재에 포함된 탄닌의 양에 따라 다르게 반응한다.

화학 스테인을 사용하면 다른 스테인을 사용해서는 얻을 수 없는 독특한 색상이 나타난다. 사진은 조안 문양의 단풍나무(bird's eye maple) 판재에 먼저 황산철, 그리고 가성소다를 칠한 것인데, 눈 문양이 진하게 표현되었다.

금속염 스테인을 칠하면 독특한 색상이 발현된다. 사진은, 왼쪽 위부터 시계 방향으로, 월넛에 철분/식초 스테인, 애시(ash)에 황산철, 화이트 오크에 과망간산칼륨, 그리고 체리에 중크롬산칼륨을 적용한 것이다.

제 9 장

황산철은 목재의 탄닌과 반응한다. 왼쪽 위부터 시계 방향으로, 월넛에 칠하면 거의 검은색이 되고, 파인(소나무)에 칠하면 갈색이 된다. 조안문양의 메이플(단풍나무) 및 애시(물푸레나무)에 칠하면, 여러 가지 밝기의 회색이 나타난다.

> ### ▶ 혼합의 의미
>
> **화학 스테인**은 무게비 혹은 부피비로 혼합할 수 있다. 분말을 사용해서 섞는 경우는 무게를 다는 것이 훨씬 정확하다. 제조사에서 제시하는 비율로 물이나 용제에 녹인다. 용액과 용액을 섞는 경우엔 부피비를 기준으로 혼합한다. 5% 용액이라고 하면, 화학물질과 용제의 비가 5:95라는 의미다.

황산철(ferrous fulfate)은 목재 내의 탄닌과 반응하여, 목재와 강재가 맞닿을 때 생기는, 짙은 회색의 스테인이 된다. 이것을 사용하면, 염료나 안료로는 표현하기 어려운, 매력적인 회색을 얻을 수 있다. 황산철도 유해물질로 간주해서 취급하는 것이 옳다.

아이언 버프(iron buff)는 예전에 사용되던 직물 스테인인데, 물소(buffalo) 가죽의 색과 비슷한 연한 갈색을 띤다. 원래는 고철을 식초(초산)에 최대 일주일 정도 담가서 제조했다. 이렇게 만든 용액(아세트산철)을 탄닌이 많이 함유된 목재에 칠하면, 내광성이 아주 높은 흑색 스테인인 철분-탄닌이 생성된다. 아이언 버프는 안전하게 사용할 수 있는 물질이다.

알칼리 스테인

목재 내의 탄닌을 산화시켜 색상을 띠는 물질로 바꾸는 것이 알칼리 스테인의 작동 원리다. 다음은 스테인에 사용되는 알칼리 물질 및 혼합비다.

수산화나트륨(sodium hydroxide)은 일반적으로 가성소다라고 불리며, 마감 전문가들이 체리에 오래된 낡은 느낌을 주기 위해서 사용했다. 적색을 강조할 때는 5% 용액을 사용하고, 갈색을 강조하고 싶으면 2% 이하의 용액을 사용한다. 수산화나트륨은 건재상 등에서 구할 수 있다(Lewis Red Devil Lye^{TM} 등이 예다.). 수산화나트륨을 취급할 때는, 화상을 입을 수도 있으므로 반드시 보호장구를 착용한다. 그래서 칠한 후에는 식초를 사용해서 중화시켜야 한다. 자세한 것이 뒤에 다시 설명한다.

목재가 외기나 빛에 노출되면 광산화(photooxidization)로 인해서 황색으로 변색되는데, 이를 재현하는 데는 탄산나트륨(sodium carbonate)이 좋다. Arm & Hammer^{TM} 같은 세탁용 소다가 탄산나트륨이며, 안전하게 사용할 수 있는 물질이다.

화학 스테인 작업 시 유의 사항

주의: 화학 스테인 및 표백제를 취급할 때는 안전장갑, 보안경, 그리고 사용하는 각 화학물질에 대응되는 호흡기 보호장구를 반드시 착용해야 한다. 환기가 잘되는 장소에서 작업하며, 표면이 건조된 후에 일어난 나뭇결을 사포질할 때도 마찬가지로 호흡기 보호장구를 착용하는 것을 잊지 말아야 한다.

염료 및 안료 스테인의 효과에다 화학 스테인의 효과가 더해지는 것을 보면, 흥미롭다. 그러나 화학 스테인을 다른 스테인과 섞어 한 번에 칠하면 안 된다. 각각 별도로 칠해야 하며, 앞서 칠한 스테인이 완전히 건조된 후에, 다음 스테인을 칠해야 한다.

알칼리 스테인은 목재 속의 탄닌과 반응한다. 위 오른쪽부터 시계 방향으로, 메이플에 탄산나트륨, 체리에 가성소다, 그리고 화이트 오크에 암모니아를 각각 칠한 것이다. 오크의 가장자리 변재는 색이 변하지 않는다.

분말 29g(약 3작은술(teaspoon))을 물 1ℓ에 녹여서 스테인을 만든다. 금속염을 칠한 후에 이 용액을 칠하면, 아주 멋진 효과를 볼 수 있다. 예를 들어서 황산제1철을 칠한 뒤 탄산나트륨을 칠하는 식이다.

암모니아(ammonia)는 기술적으로 말하면 알칼리 가스가 물에 녹은 것이며, 수산화암모늄이라고 불린다. 목재에 처리할 때는 증기에 노출시키는 방식을 사용하는데, 용액 형태의 스테인을 사용할 때보다 더 균질한 색상을 얻을 수 있다.

▶ 150쪽의 "암모니아 퓨밍"을 참고한다.

업체에서 사용하는 암모니아는 주로 퓨밍용(fuming; 증기흡착방식)이다. 28% 용액을 사용하는데, 눈과 호흡기를 심하게 자극하며, 유독하다. 원하면 9~10% 용액(시판 제품에는 'strong' 혹은 'janitor grade'라고 표시되어 있음)을 사용할 수 있는데, 시간이 좀 더 오래 걸린다.

화학 스테인 제조 및 적용

화학 스테인은, 암모니아를 제외하고는 수성 스테인과 같은 방식으로 칠한다. 즉, 용액을 아무렇게나 균질하게 칠한 다음, 여분을 닦아내는 방식이다.

분말을 사용해서 스테인을 제조할 때는 따뜻한 물 1ℓ에 29g의 분말을 넣고 천천히 저어서 녹인다. 저울이 없으면, 물 1ℓ에 2~3큰술을 넣는다. 이게 3% 용액인데, 처음엔 이 농도로 시작한다.

화학 스테인을 목재 표면에 떨어뜨리면, 사진의 서랍에서 보듯이, 스테인을 칠했을 때 자국이 남으므로 주의가 필요하다.

용액을 자투리 목재에 시험적으로 적용해보고, 희석하든지 아니면 분말을 더하든지, 원하는 색상에 맞춰서 농도를 조절한다. (화학 스테인을 사용할 땐 실제로 적용하고 있는 목재로 시험해야 하며, 그냥 같은 수종의 목재로 시험해서는 안 된다.) 용액의 온도가 실온까지 내려가면, 걸러서 불순물을 제거한다.

용액은 스펀지붓, 합성 강모붓, 혹은 천을 사용해서 칠한다. 화학 스테인은 절대로 분무해서 칠하지 않는다. 작업할 땐 아래부터 시작해서 위로 올라가면서 칠하면, 흘러내리는 것을 막을 수 있다. 작업 후에 색상이 완전히 발현되는 데는 최소한 4시간 정도가 필요하다.

표면이 완전히 건조된 후에는 깨끗한 물로 잔여 화학물질을 완전히 닦아낸다. 산화나트륨(가성소다)은 매우 자극적이므로 식초와 같은 약산성 용액으로 중화시키는 것이 좋다. 물 1ℓ에 식초 3큰술로 용액을 만든 후 표면에 바른다. 다른 물질은 중화가 필요하지 않다.

표백제

표백제는 색상을 보태지 않고, 색상을 제거한다. 표백제는 목재의 원 색상을 연하게 만들거나, 스테인을 도로 제거하는 것처럼 다양하게 사용된다.

표백제는 스테인을 실제 제거하는 것이 아니라 화학 조성을 바꿔서 색상을 없애는 것이다. 모든 스테인을 표백할 수 있는 건 아니다. 일반적으로 말해서, 카본 블랙(carbon black)이나 산화철 안료가 사용된 스테인은 무기(inorganic) 색상이므로 표백제와 반응하지 않는다. 따라서 스크레이핑이나 사포질로만 완전히 제거할 수 있다. 그러나 유기 스테인은 화학적 부착이 강하지 않아서 대개는 표백제와 반응한다. 염료, 철분을 이용한 흑색 스테인, 그리고 원 목재 색상을 존재하게 만드는 천연의 화합물은 모두 유기 색상이다.

목재에 사용되는 화학 표백제는 세 종류다: 산소계 표백제, 염소계 표백제, 그리고 옥살산계 표백제다. 전부 목재 표백제로 시판되지만, 각각 적용 대상이 다르므로 제품 설명서을 자세히 읽어봐야 한다. 이들을 구분할 수 있는 방법을 설명한다.

제 9 장

목재에 사용되는 세 종류의 표백제다. 사진의 왼쪽부터 옥살산, 염소(차아염소산 칼슘, 세탁용 염소 표백제), 2액형 목재 표백제다.

▶ 151쪽의 "표백제 사용법"을 참고한다.

산소계 표백제

산소계 표백제는 둘(A/B)로 나눠진 액상 표백제로 시판된다. 하나는 수산화나트륨(A)이고 다른 하나는 과산화수소 30% 용액(B)이다. 수산화나트륨과 과산화수소를 섞으면 과산화수소나트륨이 되는데 이것이 표백제다. 칠하는 방법은 두 가지다. 하나는 두 용액을 혼합해서 바로 칠하는 것이고, 다른 하나는 목재 표면에 용액 A를 먼저 붓고, 이어서 용액 B를 붓는 것이다.

목재의 원 색상을 제거하거나 연하게 만들 수 있는 표백제는 산소계 표백제뿐이다. 1980년대까지는 가구업체에서 서로 다른 수종을 섞어서 가구를 제작한 경우에, 색상을 통일하기 위해서 마감 전처리 과정에서 광범위하게 사용되었다. 그러나 추가 작업이 필요하고, 또한 나뭇결이 일어나는 현상(grain raising)이 심해서 요즘에는 그다지 많이 사용되지 않는다.

염소계 표백제

염소는 강력한 산화제이기 때문에 대부분의 염료 스테인, 곰팡이, 음식물 얼룩을 제거하거나 옅게 만든다. 약한 염소계 표백제인 Clorox™(차아염소산 나트륨)도 사용할 수 있지만 여러 번 칠해야 한다. 대신에 수영장 표백제(칼슘하이포 클로라이트)로 반응이 빠른 강력한 용액을 만들 수 있다. 다른 화학물질을 취급할 때와 마찬가지로 장갑과 보안경을 착용해야 한다.

옥살산

옥살산을 사용하면, 목재 고유의 색상을 그대로 유지하면서도 철분(iron) 스테인을 제거할 수 있다. 탄닌이 많이 함유된 오크, 체리, 마호가니 등의 목재 표면에 강재와 수분이 닿으면 검은 얼룩이 생긴다. 물컵이나 화분을 이런 목재 위에 두어도 검은 물얼룩이 생기는데, 이는 수돗물 속에 철분이 들어 있기 때문이다.

목재에 박힌 못과 나사 주변에서 볼 수 있는 검은 얼룩도 철분 때문이다. 따라서 마감작업에서 탄닌이 많이 함유된 목재의 표면을 수돗물로 닦으면, 표면에 작은 회색 반점이 생길 수 있으므로 수돗물을 사용하지 않아야 한다. 옥살산은 독성이 있으므로 혼합할 때, 그리고 나중에 사포질할 때도 호흡기 보호장구를 착용해야 한다. 칠할 때는 안전장갑 및 보안경도 착용해야 한다.

천연염료

천연 호두 염료 만들기

호두껍질로 스테인을 만들면, 멋진 갈색이 된다(A). 그러나 내광성이 아주 좋지는 않다. 명반 등 매염제를 칠하면, 염료의 색상이 바래거나 변하는 것을 막을 수 있다.

초가을에 떨어진 푸른 호두를 모아서 칼로 껍질을 가른 후(B), 말린다. 뜨거운 물 1ℓ에 탄산나트륨(세척용 소다) 29g, 그리고 호두껍질 한 컵을 섞는다(C). 하룻밤 그냥 보관한 후, 용액을 걸러서 병에 담는다. 시판되는 호두껍질을 사용해도 과정은 같다.

호두껍질을 말리는 과정에서 벌레가 생길 수 있으므로, 다른 방법으로 만들 수도 있다. 껍질을 바로 에나멜(법랑) 용기에 담고, 물로 채운 다음, 물 1ℓ당 탄산나트륨 29g을 넣는다(D). 하루 혹은 이틀 정도 약불에서 끓인 다음, 걸러서 병에 담는다.

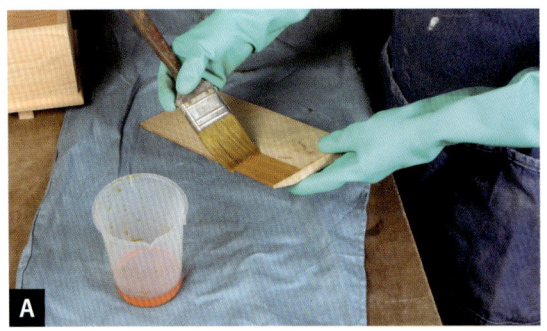

매염제로 천연염료를 흡착시키는 방법

천연염료와 매염제 조합을 이용할 경우, 프로젝트에서 실제 사용하는 목재의 자투리를 사용해서, 색상을 확인한다. 사진에서는 염료로는 커치를, 그리고 매염제로는 중크롬산칼륨을 사용하고 있다. 매염제를 먼저 칠한다. 호흡기 보호장구, 보안경, 안전장갑을 착용함으로써, 화학물질로부터 몸을 보호해야 한다(A). 매염제가 건조된 후에 염료를 붓이나 스펀지로 바른다. 염료가 건조된 후에, 증류수를 사용해서, 표면의 잔여 화학물질을 닦아낸다(B). 마지막 단계로, 표면이 마른 후에, 상도 마감을 칠하기 전에, 일어난 결을 가벼운 사포질로 없앤다.

철분/식초 용액을 사용한 스테인 작업

철분과 식초를 사용해서 아이언 버프(iron buff)라고 불리는 용액을 제조할 수 있다. 독성이 없고, 작업하기 쉬우며, 회색부터 칠흑같이 검은색까지 얻을 수 있다. 먼저 일정 분량의 고운 스틸울을 잘게 썰어서 플라스틱 통이나 유리병에 담는다. (두루말이 형태의 스틸울이면 14g 정도를 사용한다.) 그리고 백식초(white vinegar) 1ℓ를 부어 넣고(A), 뚜껑에 구멍을 뚫어서 수소가스가 빠져나갈 수 있게 만든다(B). 하루 정도 두면, 회색 스테인이 된다. 검은색을 원하면 2~3일 정도 두면 된다. 원하는 상태가 되면 두 번 걸른다. 처음엔 중간 등급의 여과지로 남은 스틸울 조각을 제거한다. 그다음엔 커피 필터를 사용해서 작은 찌꺼기까지 제거한다(C).

체리에 가성소다 칠하기

가성소다를 사용하면, 체리 가구에서 고풍스러운 느낌을 나게 만들 수 있다. 사진에선 탁자에 1.5% 용액을 칠하는 중이다. 용액은 가성소다 14g(3/4작은술(teaspoon))을 따뜻한 물 1ℓ에 녹여서 만든다. 화학 스테인을 칠할 때 유의할 점은 아래쪽에서 위로 올라가면서 작업을 해야, 표면에서 스테인이 아래로 흘러내리는 것을 막을 수 있다는 것이다(A). 스테인이 건조되면 증류수로 닦아낸다. 이게 마르면 회색 합성 연마패드(수세미)로 면을 문질러서, 결이 일어난 것을 없애준다(B). 이때 표면에서 마감재가 떨어져 나올 수 있으므로 보안경을 착용해야 한다. 이제 백식초 3큰술을 물 1ℓ에 녹여서 중화제를 만들어 바른다. 그러면 가성소다의 강한 적색이 골든브라운(golden brown; 황금갈색)에 가깝게 된다(C).

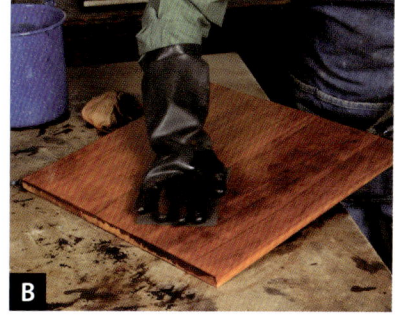

화학적 채색

암모니아 퓨밍

암모니아 가스와 반응해서 색상이 많이 변하는 목재가 있다. 화이트 오크에 많이 사용되는데, 녹색끼가 도는 갈색이 된다. 이 차가운 느낌은, 셸락 같은 진한 주황색의 상도 마감을 그 위에 올려서 조정할 수 있다(A).

목재와 암모니아 가스를 반응시키기 위해서, 퓨밍 텐트(fuming tent)를 만들어 사용한다. 퓨밍 텐트는 25mm×50mm 정도의 각재와 투명 비닐만 있으면 쉽게 만들 수 있다(B). 텐트 안에 작업할 가구, 그리고 얕은 접시에 담은 암모니아 용액을 넣는다. 또한 실제 가구 제작에 사용된 목재의 자투리도 몇 개 같이 넣는다. 자투리 목재는 수시로 꺼내보고, 색상을 확인하기 위한 것이다. 적용할 상도 마감을 자투리 목재에 발라두고, 색상을 비교한다(C). 원하는 대로 색상이 발현되면, 가구를 텐트에서 꺼낸다. 마감작업을 하기 전에 이틀 정도 그냥 보관한다. 암모니아 퓨밍으로는 나뭇결이 일어나지 않는다는 것이 장점이다.

표백제 사용법

철분/탄닌 반응으로 생긴 회색 혹은 흑색의 스테인은 옥살산으로만 없앨 수 있다. 이 표백제는 옥살산 결정 1큰술을 따뜻한 물 0.5ℓ에 녹여서 만든다. 이것을 마감재를 칠하지 않은 원 목재에, 천 혹은 붓으로 칠해보면, 표백효과가 바로 나타난다(A). 표면이 건조된 후에 중화시킨다. 처음에는 증류수로 충분히 닦아내고, 그다음엔 베이킹소다 29g을 물 1ℓ에 녹여 만든 용액으로 또 닦아낸다.

염료 스테인을 제거하거나, 옅게 만드는 방법은 다음과 같다. 먼저 따뜻한 물 0.5ℓ에 차아염소산칼슘 분말 1큰술을 녹여 용액을 만든다. 가끔 저어주면서 10분간 녹인 후, 천 혹은 붓을 사용해서 칠한다(B). 보통 여러 번 작업해야 하는데, 그렇게 하더라도 최근에는 완전히 제거되지 않는 염료 스테인도 있다. 표면이 완전히 마른 후, 증류수로 닦아낸다.

대부분의 목재는, 2액형 표백제로 원래의 색상을 없앨 수 있다. A, B 두 용액이 같은 양 한 세트로 시판된다. 구석은 붓을 사용해서 칠한다(C). 편평한 부분은 천이나 스펀지로 작업하는 것이 빠르다. 한 번 발라서 충분히 옅어지지 않으면, 한 번 더 바른다.

표백제 작업에서는 목재 표면의 나뭇결이 상당히 많이 일어나므로, 건조된 후에는 사포질이 필요하다(D). 이때 모서리에서 색상을 깎아내지 않도록 주의한다. 여러 번 칠할 때는, 마지막에는 식초와 물을 1:2 비율로 섞은 용액으로 표면을 중화시키라고, 제조사에서 보통 권하고 있다.

화이트닝 및 흑단 효과 처리

피클링, 석회 처리, 화이트워싱

피클링(pickling; 산세척), 석회 처리(liming), 그리고 화이트워싱(whitewashing)은 모두 목재에 백색 계통의 스테인을 칠하는 것을 의미한다. 피클링 및 석회 처리에서는 백색 계통의 스테인을 칠하고 닦아내는데, 목재 기공 부분에 들어간 색상이 그대로 남는다(A).

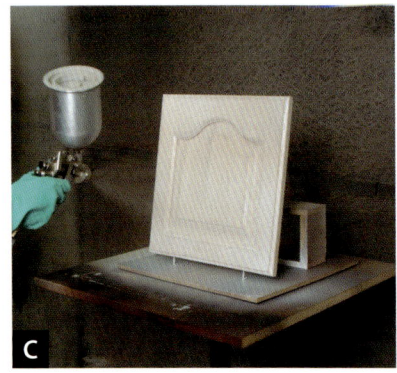

화이트워싱은 나뭇결이나 기공을 강조하지 않고, 전체를 백색 스테인으로 균질하게 칠하는 방법이다. 오크와 같은 산공재(ring-porous wood; 散孔材)는 백색 스테인을 칠하기 전에 2액형 표백제를 사용해서 먼저 표백하는 것이 최선이다. 그래야 도자기 같이 일정하게 뽀얗게 된다. 즉, 기공에 들어간 흰색이 표백한 전체 표면과 색상이 조화된다(B). 메이플 등 조직이 치밀하고 결이 선명하지 않은 하드우드는 스테인을 분무해서 칠하는 것이 최선이다(C).

흑단 효과 처리

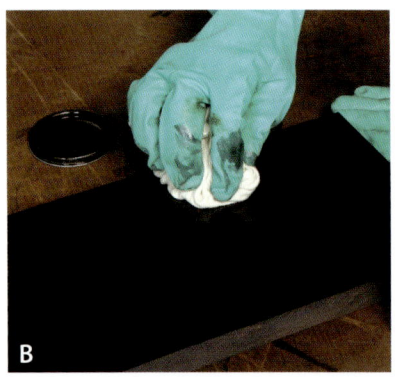

흑단 효과 처리(ebonizing; 에보나이징)는 간단히 말해서 나뭇결을 가리지 않고, 검게 칠하는 것을 말한다. 개인적으로는 149쪽에서 설명한 아이언 버프 스테인으로 칠하는 것을 선호한다.

▶ 144쪽의 '금속염'의 '아이언 버프'를 참고한다.

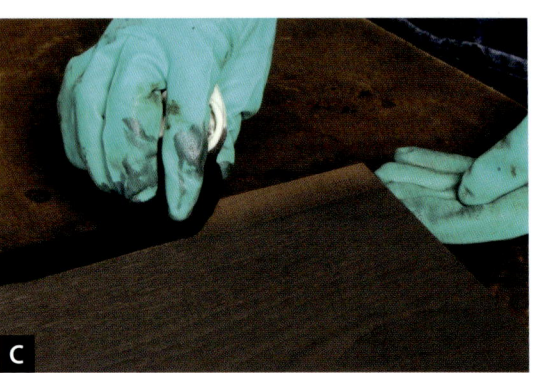

체리, 월넛, 오크 판재는 이 방법이 아주 좋다. 판재에 아이언 버프를 칠하고(A), 건조시킨 후, 240-grit로 가볍게 사포질해서 결이 일어난 것을 없애준다. 용액을 한 번 칠한 후, 건조시킨다. 마지막으로, 에보니(ebony) 안료 스테인(B), 혹은 알코올 염료를 칠한다. 개인적으로 안료 스테인으로 칠한 결과를 좋아하지만, 사진의 월넛처럼 변재가 포함되어 있다면 염료를 칠한다(C).

색상 조절

스테인 컨트롤러
- 스테인 컨트롤러 칠하기 (166쪽)
- 워시코트 칠하기 (166쪽)
- 워시코트 위에 젤 스테인 칠하기 (167쪽)

색상 통일
- 판재의 색상 통일 (168쪽)
- 변재와 심재 색상 통일 (169쪽)
- 합판과 원목의 색상 통일 (169쪽)

부분 채색
- 일부분만 손으로 칠하기 (170쪽)
- 부분 분무 (170쪽)

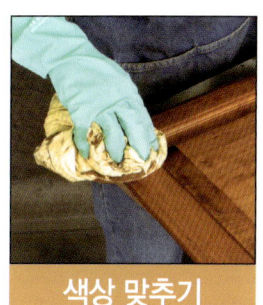

색상 맞추기
- 색채 이론 연습 (171쪽)
- 레이어링으로 색상 조절하기 (172쪽)
- 저렴한 목재를 고급스럽게 만들기 (173쪽)

앞 장에서는 염료, 안료 스테인, 그리고 화학 스테인을 사용해서 목재를 채색하는 방법을 설명했다. 그러나 목재의 본질적인 특성 때문에, 원하는 결과가 나오지 않는 경우도 많다. 예를 들면, 대부분의 목재에서 마구리는 길이 방향 표면과 스테인 흡수량이 다르다. 일부 목재는 스테인이 균일하게 흡수되지 않아서 얼룩이 생긴다. 또한 합판과 원목을 섞어 사용한 경우에는, 같은 스테인이라 할지라도, 합판과 원목에 흡수되는 양이 서로 다르다. 이 경우 글레이징이나 토닝으로 문제를 해결할 수도 있지만(제8장을 참고한다), 더 좋은 방법이 있는 경우도 있다. 또한 기존의 가구와 색상을 맞춰야 하는 경우도 있을 것이다. 혹은 채색을 통해 실제보다 더 고급 목재로 보이도록 만들 수도 있다.

이 장에서는 이러한 문제를 해결하는 방법을 설명한다. 또한 가장자리만 선택적으로 스테인 칠하는 방법, 상감(inlay) 주위만 색을 넣는 방법 등 몇 가지 특수한 기법에 대해서도 설명한다.

제 10 장

오크에 유성 스테인을 칠하기 전에, 1파운드컷 셸락을 하도로 칠했다.

사진의 판재는, 마구리에서 스테인이 지나치게 많이 흡수되는 것을 막기 위해서, 셸락을 희석해서 마구리를 씰링했다. 그런 다음 400-grit로 사포질한 후, 스테인을 칠했다. 씰러가 다른 부재에 묻는 것을 막기 위해서, 판재에 씰러를 먼저 칠한 후, 판재를 조립한다.

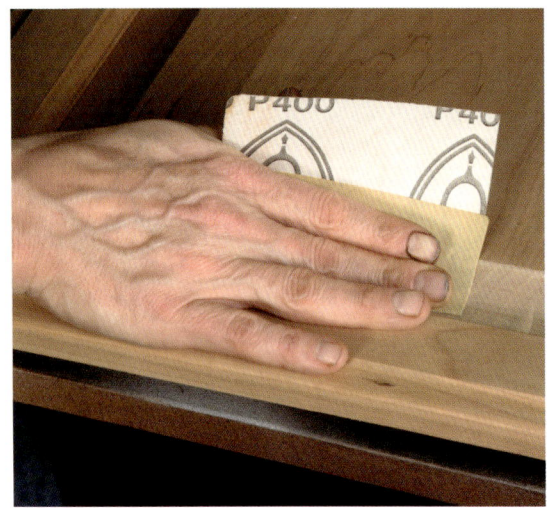

마구리에서 스테인 흡수량 조절

마구리는 다른 부분보다 기공이 많다. 따라서 스테인이 많이 흡수되므로, 길이 방향 표면보다 색상이 짙어진다. 이 문제를 해결하는 방법은 두 가지다. 하나는 마구리를 씰링해서 스테인의 흡수를 줄이는 방법이고, 다른 하나는 마구리를 다른 면보다 사포질을 더 많이 해서 매끈하게 만들어주는 것이다. 어느 목재나 이 두 가지 방법 중 하나를 적용할 수 있다.

경험으로 보면, 두 가지 방법을 혼용하는 것이 가장 효과적이다. 처음에 1파운드컷 혹은 2파운드컷의 셸락을 희석해서 마구리에 칠한다. 이때 너무 많이 칠하면 스테인이 전혀 흡수되지 못하므로 주의한다. 셸락이 건조된 후에는, 최종적으로 사용한 사포의 거칠기보다 두 단계 더 고운 사포로 사포질한다. 즉, 220-grit로 사포질했다면, 셸락은 400-grit로 사포질한다.

씰러로 셸락을 사용할 필요는 없다. 앞으로 적용할 마감재를 희석해서 사용할 수도 있고, 아니면 래커 기반 샌딩씰러나 비닐씰러를 사용해도 된다. 씰러와 희석제의 비율은 1:2 정도가 좋다. 유성 마감재는 젤 바니쉬(gel varnish) 외에는 제대로 차폐가 되지 않는다. 젤 바니쉬는 속으로 깊이 흡수되지 않고 표면에 머무른다. 특정 스테인에는 효과가 별로 없는 씰러도 있으므로 미리 확인한다. (다음 페이지의 도표를 참고한다.)

목선반 가공품이나 조각품은 약간 까다롭다. 길이 방향 나뭇결과 마구리 나뭇결이 정확히 구분되지 않고 점차 바뀌는 형태이기 때문에 마구리만 별도록 씰링하는 것이 아주 어렵다. 이런 경우는 전체 면을 씰링한다.

얼룩을 조절하는 방법

얼룩(splotching)은 짙은 색의 스테인이 불규칙적으로 생기는 것을 말한다. 이유는 여러 가지인데, 나뭇결이 복잡하게 엉키거나 돌아간 모양인 경우, 각 부분 밀도의 차이, 목재면의 수지 성분 등이 원인이다. 파인(pine; 소나무), 햄록(hemlock; 북미산 솔송나무), 전나무(fir) 등 소프트우드에서 잘 생긴다. 그러나 버치(birch; 자작나무), 사시나무(aspen), 오리나무(alder), 체리, 포플라 등 하드우드에서도 생기며, 연단풍나무(soft maple)도 일부 수종에서 생긴다.

워시코트(washcoat) 선택 기준

워시코트는 스테인의 용제에 용해되지 않는 것을 골라야 한다. 기본적인 호환성은 다음과 같다.

	글루사이즈(glue size)	셸락	래커 기반[1]	수성[2]
유성 스테인	×		×	×
래커/속경성 스테인	×			
수성 스테인(선혼합된 시판 제품)				×
수성 염료		×	×	×
알코올 염료	×			
NGR 스테인	×			

[1] 희석제와 마감재를 2:1 비율로 혼합한 샌딩씰러 혹은 비닐씰러
[2] 물과 마감재를 2:1 비율로 희석한 것, 혹은 스테인 컨트롤러(stain controller)

햄록(hemlock)으로 만든 부재인데, 제일 왼쪽은 씰링을 하지 않고 스테인을 칠한 것이라서 얼룩이 많다. 나머지 두 개는 글루사이즈를 워시코트로 칠한 후, 스테인을 칠한 것이다. 제일 오른쪽은 같은 스테인을 한 번 더 칠해서 색상이 더 짙어졌다.

스테인을 칠하면, 얼룩이 잘 생기는 목재가 있다. 사진은 체리 판재인데, 아래쪽은 글루사이즈로 워시코팅한 후에, 알코올 염료로 스테인 처리한 것이다.

제 10 장

스테인을 칠하기 전에, 나프타, 미네랄 스피릿, 알코올, 래커 희석제 등 나뭇결을 일으키지 않는 용제를 사용해서 표면을 미리 문질러보면, 얼룩이 생길 가능성이 있는지 판단할 수 있다. 왼쪽의 체리 판재는 얼룩이 생길 것이고, 오른쪽의 체리 합판은 생기지 않을 것이다.

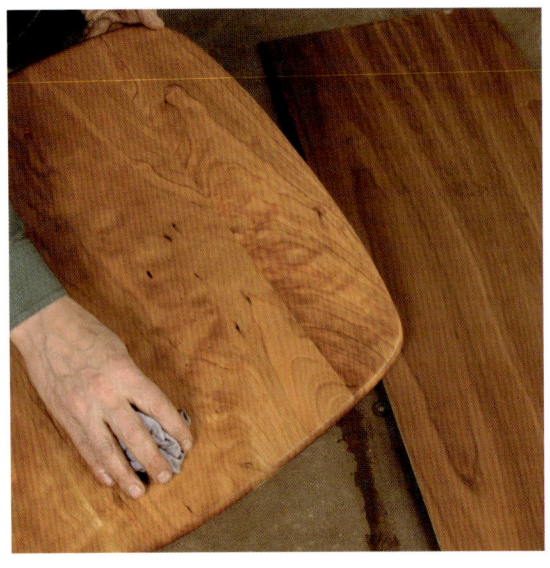

스테인 처리를 아예 하지 않는 것도 얼룩을 피하는 한 방법이다. 대신에 셸락, 바니쉬 같은 강한 색상의 마감재를 칠한다. 왼쪽부터 가넷 셸락, 오렌지 셸락, 텅오일/페놀 바니쉬을 칠한 것이고, 맨 오른쪽은 마감재를 칠하지 않은 경우다.

스테인 자체 때문에 얼룩이 생기는 것은 아니다. 스테인과 목재의 조직이 반응하는 과정에서 발생한다. 얼룩을 막을 수 있는 방안은 여러 가지지만, 모든 목재에 다 적용할 수 있는 방법은 없다. 따라서 목재에 얼룩이 생길 가능성이 있는지 판단하고, 자투리 목재를 사용해서 여러 방법을 미리 검증해봐야 한다.

얼룩을 막을 수 있는 기법은 여러 가지다. 젤 스테인이나 수성 염료 스테인을 사용하면, 얼룩이 생기지 않거나 많이 줄어든다. 표면을 미리 씰링해서 스테인의 흡수량을 조절하거나, 분무로 스테인을 좀 더 균일하게 칠할 수 있다. 다른 방법으로는, 제8장에서 설명했듯이, 토너를 사용해서 채색하는 것도 가능하다. 물론 아예 스테인을 칠하지 않고, 투명 마감재만 칠함으로써 문제를 피할 수도 있다. 원하면, 색상이 진한 마감재를 스테인 대신 사용한다. 얼룩이 아주 잘 생기는 목재에도 이 방법들을 전부 사용할 수 있으며, 이어서 설명한다. 원하는 색상을 구현하기 위해서, 여러 기법을 혼용하는 것도 가능하다.

젤 스테인 적용

젤 스테인(gel stains)은 점성이 매우 높기 때문에, 목재 내부로 깊이 침투하지 않는다. 대부분의 소프트우드에 사용할 수 있으나, 투명도는 좋지 못하다. 그러나 워시코트 위에 젤 스테인을 칠하면, 거의 얼룩이 생기지 않는다.

프리로딩(Preloading)과 워시코트 적용

가장 효과적으로 얼룩을 막을 수 있는 방법은, 스테인을 칠하기 전에, 투명 마감재를 아주 많이 희석해서 먼저 칠함으로써 목재를 차폐(씰링)시키는 것이다. 원리는 단순하지만, 제품이 너무 다양해서 사용자 입장에서는 혼란스럽다. 시판되는 선혼합 씰러(premixed sealer)는 프리스테인(pre-stain), 스테인 컨트롤러(stain controller), 우드 컨디셔너(wood conditioner), 우드 스태빌라이저(wood stabilizer), 혹은 글루사이즈(glue size) 등 다양하게 불린다. 또한 마감재를 희석해서 씰러를 직접 제조할 수도 있다.

글루사이즈는 농축액으로 시판되며, 물로 희석해서 사용한다. 보풀이 많이 생기는 목재에 칠하면, 사포질이 쉬워진다. 또한 판재 마구리에 칠하면, 스테인이 과다하게 흡수되는 것을 막을 수 있다.

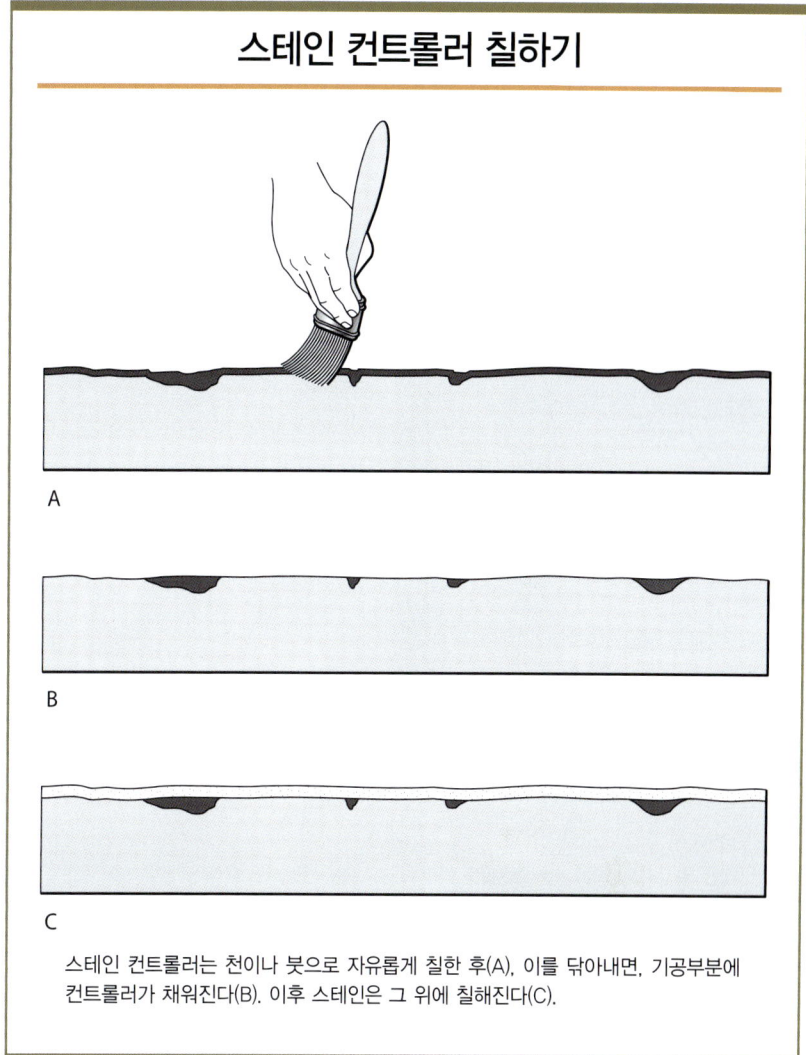

스테인 컨트롤러 칠하기

A

B

C

스테인 컨트롤러는 천이나 붓으로 자유롭게 칠한 후(A), 이를 닦아내면, 기공부분에 컨트롤러가 채워진다(B). 이후 스테인은 그 위에 칠해진다(C).

그러나 혼란스러워할 필요는 없다. 이 제품들 모두 용도는 같다. 목재에 침투하는 스테인의 양을 조절하는 것이다. 차이가 있다면, 수지 및 용제가 다르고, 사용하는 방법에서 차이가 있다. 크게 다음 두 부류로 나누면 명확하다: '프리로딩 스테인 컨트롤러(preloading stain controllers)'와 '워시코트 스테인 컨트롤러(washcoat stain controller)'다. 제품마다 사용법을 보면 어느 쪽인지 구분할 수 있다.

프리로딩 스테인 컨트롤러는 유성 제품이며, 표면에 흠뻑 적셔 칠한다. 10~15분 정도 그냥 기다린 다음, 아직 젖은 상태에서, 그 위에 스테인을 칠한다. 선 혼합된 시판 컨트롤러를 사용할 수도 있지만, 보일드 린시드오일 혹은 텅오일을 미네랄 스피릿과 1:9 비율로 섞어서 만들어도 된다. 통상 유성 와이핑 스테인과 같이 사용하는 제품이 시판된다.

개인적으로 유성 와이핑 스테인을 칠할 경우 프리로딩 스테인 컨트롤러를 사용한다. 일반적으로, 스테인 작업 면적이 넓거나, 워시코트를 칠한 후 사포질이 번거로우면, 이것이 좋은 선택이다.

제10장

레진 워시코트

레진 워시코트(resin washcoat)를 씰러로 쓸 때는, 건조시킨 후에 표면을 사포질한다(A). 기공은 경화된 워시코트로 채워진다(B). 스테인은 표면에만 칠해지므로, 전체적으로 균질하게 된다(C).

워시코트는 스테인을 용해시키지 않는 것이라야 한다. 디왁스드 셸락(dewaxed shellac)이나 래커 씰러 같은 속건성 제품은, 알코올 스테인을 제외하고는, 다른 모든 스테인과 호환이 되므로 제일 낫다. 셸락은 1/2~1파운드컷 정도를 사용한다.

▶ 239-242쪽의 "셸락"을 참고한다.

래커 워시코트는 다음과 같이 제조한다. 래커 샌딩 씰러 혹은 비닐씰러를 래커 희석제와 1:1~1:2 비율로 섞어서 만든다. 수성 '프리스테인(prestains)' 워시코트 제품도 시판되지만, 이것은 수성 마감재와 물을 1:2 비율로 섞어서 쉽게 만들 수 있다.

수성 염료 사용

목재 조직의 구조적 차이로 인해서 얼룩이 생기기도 한다. 예를 들어서 변재는 심재보다 기공이 많다. 이런 경우는 수성 염료(water-based dye)를 사용해서 얼룩을 막을 수 있다. 그러나 수성 염료도, 어두운 색상을 사용할 경우는, 얼룩을 완벽하게 막지는 못한다.

칠하고 닦아내는 대신에 염료를 분무(spraying)로 칠하면 거의 대부분의 얼룩을 막을 수 있다. 셸락 워시코트 위에 수성 염료를 칠하는 경우는 와이핑(wiping)으로 칠할 수 있다. 그러나 상도 마감재를 칠할 때는, 염료가 떨어져 나가는 것을 막기 위해서, 천이나 붓 대신에 분무로 칠해야 한다.

스테인 분무

얼룩을 방지하기 위해서 대부분의 마감 전문가는 스프레이건으로 스테인을 칠한다. 스테인을 닦아내지 않으며, 단계적으로 분무하면서 원하는 색상에 맞춘다. 분무로는 구석이나 좁은 구역에 칠하기 어렵다는 것이 문제이다. 이런 부분은 작은 붓을 사용하거나

워시코트 스테인 컨트롤러는 마감재를 희석한 것이며, 표면에 칠하고 건조된 후, 사포질한다. (일부 유성 워시코트 제품은 사포질이 필요없다.) 작용 원리는, 흡수가 잘되는 기공 부분을 투명 마감재로 어느 정도 차폐시켜서, 나머지 부분에서 스테인이 좀 더 많이 흡수되게 하는 것이다. 스테인 흡수량은, 워시코트를 희석하는 정도, 그리고 건조 후 실시하는 사포질 강도에 따라 정해진다. 염료 스테인을 칠할 때는, 이처럼 흡수량을 조절할 수 있는 것이 프리로딩 스테인 컨트롤러보다 나은 점이 된다.

체리로 만든 곡면 형상의 가구 다리는 워시코트(왼쪽)나 스테인 분무(오른쪽) 모두 좋다. 워시코트한 쪽이 나뭇결이 선명해서 더 흥미롭다. 너무 균질하면, 인위적인 느낌이 들기 때문이다.

변재에 스테인을 칠할 때는 소형 터치업 스프레이 건이 제격이다. 알코올 염료 혹은 NGR 염료를 사용하면 나뭇결이 일어나지 않는다.

천을 뾰족하게 접어서 칠한다. 혹은 씰링한 후 오일 스테인이나 글레이즈를 와이핑으로 칠한다.

색상 통일

고급 가구가 아름답게 보이는 것은 색상이 일정하기 때문이기도 하다. 따라서 같은 나무에서 얻은 목재를 사용해서 프로젝트를 수행하고, 패널 매칭(matching; 역자주: 같은 나뭇결을 대칭으로 배치하는 것)에 이용하는 것이 좋다. 그러나 이게 항상 가능한건 아니다. 매칭이 잘 안 되는 경우도 있고, 판재에 변재가 포함된 경우도 있다. 더구나 단판(veneer)과 원목을 섞어 쓴다면, 채색 후 결과도 서로 다르다. 이로 인해서 색상이 전체적으로 균질하지 않다.

변재를 처리하는 방법은 간단하다. 변재 부분만 붓질, 와이핑, 아니면 분무로 스테인을 칠해서, 주변과 색상을 맞춘다. 개인적으로는 이 경우 알코올 염료를 사용하며, 작은 천이나 소형 터치업 스프레이건(touchup spray gun)으로 칠한다. 그러나 체리 변재의 경우는, 이후 전체적으로 채색을 위한 도막을 올리면, 잘 칠해지지 않는다는 문제가 있다. 따라서 채색한 심재는 세월이 흐르면 상당히 어두워지지만, 스테인 칠한 변재는 그렇지 않다. 따라서 장기적 관점에서 이 둘의 색상을 비슷하게 만들기 위해서는 변재를 심재보다 어둡게 칠해야 한다.

프로젝트의 색상을 통일하는 작업은 두 단계로 구분할 수 있다. 먼저, 밝은색의 스테인을 전체적으로 칠해서 색상을 통일한다(uniforming stain; 유니포밍 스테인). 두 번째는 그 위에 전체적으로 스테인을 다시 칠한다(overall stain; 오버롤 스테인). 이렇게 하면 처음에 바탕에 칠한 스테인이 두 번째 칠한 스테인 사이로 뚫고 나오면서, 우리 눈에는 전체적으로 색상이 통일된 느낌이 든다.

제 10 장

사진은 메이플 합판이다. 위쪽은 스테인을 칠한 것이며, 나뭇결의 방향이 바뀜에 따라 색상도 교대로 바뀌었다. 아래쪽은 씰링한 후에 래커 토너를 분무한 것이다.

처음에 유니포밍 스테인을 손으로 칠한다면, 나무의 조직 구조에 민감하게 반응하지 않는 수성 염료를 사용하는 것이 좋다. 분무로 칠한다면, 빨리 건조되는 NGR 스테인이나 알코올 스테인을 사용할 수 있다. (NGR 스테인이나 알코올 스테인은 와이핑하지 않는다.) 오버롤 스테인이 갈색이면 유니포밍 스테인으로 밝은 황색(꿀색)을 쓰고, 오버롤 스테인이 적색이면 유니포밍 스테인으로 옅은 적색이 좋다.

유니포밍 스테인은 가구 전체에 다 칠한다. 완전히 건조된 후에 씰러를 얇게 칠한다. 이것이 건조된 후 오버롤 스테인을 칠한다. 이후 필요하면, 토닝 혹은 쉐이딩 기법을 사용해서 색상을 보완할 수 있다. (제8장을 참고한다.)

합판과 단판에 스테인 칠하기

합판 및 단판에는 제조과정에서 생긴 작은 균열, 틈새 등이 있다. 손질을 아무리 잘해도 이것을 없애기 어렵다. 합판을 쓸 때 생기는 또 다른 문제는, 단판을 북매칭(book-matching; 역자주: 같은 문양의 단판을 좌우 대칭되게 배치하는 것)으로 넣기 때문에, 밝은 부분과 어두운 부분이 교대로 나타난다는 것이다. 이것을 바버폴 효과(barber pole effect; 역자주: 예전 이발소 선전 기둥처럼 두 가지 색상이 교대로 보이는 효과)라고 부르는데, 나뭇결의 방향이 바뀌면서 빛 반사가 달라지기 때문이다.

다행스러운 것은, 스테인을 분무한 후 와이핑하지 않고 그냥 두면, 이 문제들은 전부 해결할 수 있다. 아니면 토너를 분무해도 된다. 응력 균열(stress crack; 역자주: 제조과정에서 열, 충격 등에 의해서 생긴 작은 균열)의 경우는, 수성 염료를 사용하면 문제를 완화시킬 수 있다. 물은 표면 질감을 드러내지 않는 특징이 있기 때문이다. 그래도 제일 나은 방법은 스테인을 분무한 후, 와이핑하지 않는 것이다.

선택적으로 스테인 칠하기

경계부, 상감 부위 등 스테인을 특정 부위에만 칠하는 경우도 있다. 이때는 마스킹 테이프로 주위를 가리는 것이 제일 낫다. 표면을 씰링하고, 가볍게 사포질해서 테이프가 잘 접착되도록 해야 한다. 원목에 그냥 테이프를 붙이면, 액상 스테인 혹은 젤 스테인이 테이프 아래로 스며든다.

씰러코트를 전부 칠한 다음, 스테인을 칠하지 않을 부분에 테이프를 붙인다. 마스킹 테이프는 경계선이 분명한 것을 고른다. 개인적으로 3M 제품을 선호하는데 용도별로 여러 형태로 출시되고 있다. 3M 제품 중에 연녹색 테이프는 래커 마감재에 사용하는 것인

청색 마스킹 테이프는 붙이고 일주일을 두어도 된다; 녹색 테이프는 래커와 접촉해도 떨어지지 않는다; 백색 테이프는 안전하게 떨어지므로, 표면을 씰링한 경우 혹은 조심스러운 경우에 사용한다. 사진의 마지막 테이프는 얇고 탄성이 좋아서, 등고선 형태로 붙일 수 있다.

데, 이 테이프는 접착제가 래커 용제(solvent)로 인해서 변형되지 않는다. 물론 다른 마감재에도 사용할 수 있다.

청색 테이프는 래커 이외의 마감재에 사용할 수 있으며, 붙인 후 시간이 흐른 뒤 떼어도, 찌꺼기가 남지 않는다. 개인적으로는 접착력이 낮은 흰색 테이프를 선호하는데, 목재나 마감재 표면에 찌꺼기를 남기지 않는다. 래커를 두껍게 칠하는 경우를 제외하고는 대부분의 마감재랑 사용할 수 있다. 3M Scotch™ Fine-Line Tape 218은 모든 마감재에 사용할 수 있는데, 탄성이 좋아서 곡선으로 붙일 수 있다. 또한 매우 얇기 때문에 테이프를 붙인 부분과 인접한 부분 사이의 단차가 얕다.

특정 영역에 스테인을 칠하지 않는 방법으로 다음도 있다. 먼저 선택 영역 주위를 마스킹 테이프로 덮는다. 그런 다음 선택 영역에 마감재를 여러 도막 칠한다. 이후 마스킹 테이프를 제거하고 주변 영역에 스테인을 칠하면, 이미 마감재를 칠해둔 영역에는 영향을 미치지 않는다.

▶ 170쪽의 "일부분만 손으로 칠하기"를 참고한다.

색상 통일

기존의 마감재와 색상을 맞추는 것이 가장 어려운 작업 중 하나다. 목재의 조직과 색상, 스테인 및 상도의 색상과 선명도, 마감재의 광택 등 영향 인자가 아주 많다. 새 프로젝트를 기존의 가구에 맞춰야 하는 경우도 있고, 수리하는 부분을 나머지와 맞춰야 하는 경우도 있다. 색상을 맞추는 데는 기본적으로 두 가지 접근법이 있다. 하나는 처음부터 원하는 색상을 정확히 제조해서 한 번에 칠하는 방법이다. 다른 하나는 여러 색상을 여러 도막으로 나눠서 겹겹이 칠하면서, 색상을 맞춰나가는 방법이다.

색상을 맞추기 위한 조색

적합한 색상의 스테인을 찾을 수 있으면 제일 간단하다. 적절한 스테인을 가지고 있으면, 실제 사용하는 자투리 목재에 칠한 후, 색상을 맞춰야 하는 대상과 비교해본다. 아니면 문짝이나 서랍 앞판 등 맞춰야 하는 대상을 판매상에 들고가서, 가게에 비치된 샘플과 비교해본다. 운이 좋으면 완벽하게 일치하는 색상을 찾을 수도 있다. 그러나 대부분은 약간 더 밝거나 더 어둡다.

기본 색채 이론

색의 구성 및 상관관계를 이해하고 있으면, 마감작업에서 색상을 혼합해서 맞추는 데 도움이 된다.

Albert Munsell(알버트 먼셀)이라는 미술 교사는 1905년 색채에 관한 표준 체계의 하나인 먼셀 표색계(Munsell System)를 만들었다. 먼셀 표색계는 색의 세 가지 척도인, 색상(hue), 명도(value), 채도(chroma)로 구성되어 있다. 색상은 적색, 청색, 황색 등 색이 서로 구분되는 특성을 나타낸다. 명도는 색상의 밝기를 뜻한다. 채도는 특정 색상의 진한 정도(순도)를 나타낸다.

색의 상관관계는 통상 6개로 나눠진 색상환(color wheel)으로 설명한다. 색상환은 3개의 기본색(primary colors)과 3개의 이차색(secondary colors)으로 구성되어 있다. 적색(red), 청색(blue), 황색(yellow)은 다른 색을 혼합해서 만들 수 없기 때문에 기본색이라고 부른다. 주황색(orange), 녹색(green), 보라색(violet)을 이차색이라고 부르는데, 두 가지 기본색을 섞어서 만들 수 있기 때문이다. 색상환에서 서로 마주보는 색을 보색(complementary colors)이라고 부르는데, 이 둘을 섞으면 서로 상쇄/중화되면서 회색, 혹은 비율에 따라 갈색이 되기 때문이다. 색상환의 오른편은 따뜻한 색이고, 왼편은 차가운 색이다.

마감작업은, 원목이 띠는 갈색 계통 색상에 변화를 주는 것이 주된 일이다. 기본색에 백색이나 흑색도 혼합해야 한다. 백색을 제외하고, 나머지 모든 색상은 염료 혹은 안료로 시판된다. 백색은 안료로만 판매된다.

목재 마감과 관련해서 색을 사용하는 기본은 다음과 같다.

- 갈색에 황색을 첨가하면 밝아진다(채도가 증가한다). 갈색에 적색을 넣으면 따뜻한 색이 되고, 청색을 넣으면 차가운 색이 된다.
- 흑색을 섞으면 모든 색에서, 명도와 채도가 낮아져서 어두워진다. 백색을 섞으면 모든 색에서, 색조가 연해진다.
- 백색에 흑색을 더하면, 회색이 된다(안료의 경우).
- 백색에 아무 색이나 소량 첨가하면 파스텔풍의 부드러운 색조가 된다.
- 보색은 반대편 색을 중화시키거나 약하게 만든다. 예를 들어, 빨간색을 중화시킬 때는 녹색을 첨가한다. 순색(pure color)을 보색끼리 혼합하면, 회갈색(grayish brown)이 된다.

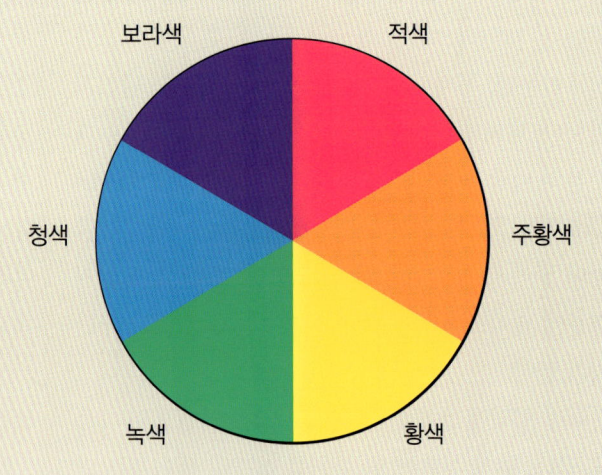

자투리 목재를 사용해서 스테인을 시험해본다. 너무 어두우면 약간 희석한다. 원하는 색상과 약간 차이가 있으면, 스테인이 마르기 전에, 원하는 방향의 색상을 띠는 스테인으로 와이핑(wiping)해서 색상을 조정할 수 있다. 색상을 맞춰야 하는 대상 목재에서, 가장 밝은 부분을 기준으로 색상을 맞춘다. 색상을 선택하고 희석 정도를 시험할 때는, 비율을 맞춰서 소량으로 시험해본다. 사용하는 목재 자투리에 다시 시험해 보고 비율을 조정한다. 필요에 따라 다른 색상을 섞어야 하며, 붉게 보이게 만들려면 기본색인 적색 조색제를 첨가하는 것이 좋다. 색상을 더 어둡게 만들 때는, 흑색 대신에 암갈색을 첨가하면 되는데, 이렇게 하면 푸른색 계통의 차가운 색조가 된다.

여러 층으로 채색하기

또 다른 방법으로는 여러 층으로 나눠 칠하면서 최종적으로 원하는 색상에 맞추는 방법이다. 애매한 색상에 맞출 때는 이 방법이 제일 효과적이다.

염료 위에 글레이즈를 칠하는 방식이 가장 쉬운 기법이다. 최종 색상에 맞추기가 쉽기 때문이다. 제일 먼저, 염료를 바탕에 칠하는데, 최종 색상을 사용하되, 약간 연하게 칠한다. 씰러(sealer)를 먼저 칠하고, 최종 색상에 맞춰 글레이즈를 칠한다. 이렇게 하면, 글레이즈를 칠하는 단계에서 실수가 있더라도, 쉽게 닦아내고 다시(한두 번) 칠할 수 있는 장점이 있다. 이 방식으로 칠하면, 깊고 환상적인 색상을 얻을 수 있는데, 이는 우리의 눈이 바탕에 칠한 염료와 위에 칠한 글레이즈의 색상을 모두 보기 때문이다. (글레이즈에 관한 내용은 제8장을 참고한다.)

경험이 많은 마감 전문가는, 여러 색상을 겹쳐 칠한 후 최종적으로 얻게 되는 결과를 어느 정도 예측할 수 있다. 그러나 경험이 많지 않은 경우엔 상당히 까다로운 작업이다. 다음과 같이 하면 실수를 줄일 수 있다.

투명 아크릴 판 위에 글레이즈를 미리 칠한 후, 이를 스테인 위에 겹쳐 올려놓고, 최종 색상을 가늠해 본다. 이때 아크릴 판을 회색 수세미 사포로 표면을 가볍게 문질러주면, 잘 칠해진다.

염료를 씰링한 후, 글레이즈나 스테인을 칠하면, 원하는 최종 색상에 맞추기 용이하다. 씰러를 칠했기 때문에, 필요하면 글레이즈를 닦아내고 다시 작업할 수 있다.

[TIP] 색상을 맞출 때는, 미리 시험해보는 수 밖에 없다. 스테인 보드를 만들어 준비하고, 기본적인 색채 이론을 알고 있으면, 올바른 색상을 조합할 수 있기 때문에 이 과정을 수월하게 진행할 수 있다.

제10 장

색상 맞추기

공장 제작된 기존 가구에 **색상을 맞추는 것**이 어렵게 느껴질 수도 있지만, 업계에서 사용하는 몇 가지 방식을 준용하면, 그다지 어렵지 않다. 몇 가지 팁을 들자면 다음과 같다.

- 공장에서 가구를 제작할 때는 염료, 씰러, 스테인, 글레이즈, 토너 등을 여러 번 칠한다. 그러나 처음에 염료를 칠하고, 글레이즈로 안료 스테인을 칠하고, 필요하면 마지막에 토너을 칠하면 비슷하게 맞출 수 있다.
- 색상을 맞출 때는 부드러운 자연광이나 주광용(색온도 보정) 형광등 아래에서 작업한다. (10쪽의 "조명"을 참고한다.) 백열등이나 일반 형광등 아래에서는 색상을 정확히 맞추기 어렵다.
- 항상 밝은색부터 어두운색 순서로 작업한다. 색상을 어둡게 만드는 것은 쉽지만, 색상의 투명도를 유지한 채 밝게 채색하는 것은 매우 어렵다.
- 표면이 유광일 때, 색상을 맞추는 것이 가장 쉽다. 대상의 표면 광택이 약광(satin)이나 플랫(flat)인 경우에는, 그 표면에 미네랄 스피릿을 뿌려서 유광(gloss) 효과를 낼 수 있다.

내가 만든 스테인 보드인데 색상을 맞출 때 아주 유용하다. 하나는 안료 스테인이고 다른 하나는 염료다. 아크릴 판에 글레이즈를 칠한 후 스테인 위에 올려놓으면, 스테인 위에 글레이즈를 칠했을 때 색상이 어떻게 발현되는지 가늠해볼 수 있다.

스테인 보드 만들기

마감작업 시 스테인 보드(stain board)는 매우 유용하다. 스테인 보드는 목재별로 스테인이 어떤 색상을 띠는지 보여준다. 저자는 두 가지 스테인 보드를 가지고 있다. 하나는 염료 스테인으로 만든 것이고, 다른 하나는 안료 스테인으로 만든 것이다.

스테인 보드는 목재의 기본 색조 네 가지를 기준으로 만드는 것이 좋다. 하나는 황갈색(honey color; 꿀색)의 염료를 사용해서 만드는데, 일반적인 바탕칠을 할 때, 그리고 고가구의 황색 바탕에 잘 어울린다. 나머지는 중간 정도의 밤색(nut-brown; 암적색), 적갈색(reddish-brown)인 체리색, 그리고 암갈색(dark-brown)이다. 그리고 별도로 적색, 황색, 녹색, 흑색, 백색도 보드에 넣어두면, 앞의 네 가지 색상을 조정할 때 사용할 수 있다. 색상은 저팬 컬러(유성 마감), 혹은 UTCs(유성 혹은 수성 마감)를 사용한다.

보드를 매끈하게 사포질한 후, 각 스테인이 구분되도록 경계선을 얕은 홈으로 깎은 다음, 스테인을 구획별로 칠한다. 희석한 것뿐만 아니라, 제조사에서 추천하는 농도로도 색상을 칠한다. 스테인도 보호하고, 또한 색상도 정확히 판단할 수 있도록 하기 위해서, 선호하는 광택의 마감재를 골라 상도로 칠한다.

가구업계에서 사용하는 방법

가구업계에서는 체계적인 마감작업을 통해서, 깊이, 색상, 대비가 뚜렷한 마감을 구현한다. 가구를 대량 생산하기 위해서는 변재, 색조의 차이, 광조흔(鑛

패널의 왼쪽 반을 보면, 변재도 들어 있고, 판재 배치도 좋지 않다. 샙 스테인(sap stain), 유니포밍 스테인, 글레이즈, 토너 등을 사용해서, 오른쪽처럼 깊이감이 있고 결도 뚜렷이 보이도록 만들 수 있다.

條痕; mineral streak; 광물질 흔적)이나 옹이 같은 결함을 효과적으로 처리할 수 있는 기법이 필요하다. 대량생산 업체의 작업 과정은 다음과 같으며, 상업 공방에서도 적용할 수 있을 것이다.

샙 스테인, 이퀄라이징 스테인, 블로킹 스테인

여러 목재가 섞여 있고, 목재의 결함도 있으므로, 작업의 첫 단계는 전체적으로 기본 색상을 통일하는 것이다. 샙 스테인(sap stains)은 체리, 월넛, 마호가니 등을 대상으로 변재를 더 어두운 심재 색상에 맞추기 위해서 사용한다. 이퀄라이징 스테인(equalizing stains)은 판재의 색상이 서로 다를 경우, 균일한 바탕 색조를 만들 때 사용한다. 결함을 숨겨야 할 때는 안료 기반의 블로킹 스테인(blocking stains)을 사용할 수 있다.

오버롤 스테인(overall stain)

다음 단계는 황색, 적색, 갈색, 주황색 등으로 전체적인 바탕 색조를 칠하는 것이다. 염료를 샙 스테인이나 이퀄라이징 스테인 위에 바로 분무한 후, 닦아내지 않고 그대로 두는 방식을 사용한다. 특히, 얼룩이 잘 생기는 목재는 그렇게 한다.

워시코트

그다음에는 워시코트(washcoat)를 칠해서, 앞서 채색한 부분을 보호한다. 차폐 도막을 형성함으로써, 다음 도막으로 인해서 얼룩이 생기는 것을 막는 것이다. 또한 와이핑 스테인을 칠하기 위한 바탕 구조를 형성한다. 마구리에서는 워시코트를 두 번 분무해서, 스테인이 과도하게 흡수되지 않도록 만든다.

오일/와이핑 스테인

유성 와이핑 스테인(oil-based wiping stains)은 보통 이 시점에서 사용하는데, 워스코트랑 반응을 일으키지 않기 때문이다. 마호가니처럼 결이 거친 목재는 와이핑 스테인 대신에 안료 기반 눈메꿈재(필러)를 칠하는 것도 가능하다. 결이 거친 목재에서 기공을 메꾸는 마감재를 칠하지 않을 거면 이 단계에서 글레이즈를 칠하고, 스트라이킹아웃(striking out; 역자주: 스테인이나 글레이즈를 칠한 후에, 스틸울, 연마패드, 사포 등을 사용해서 색의 일부를 제거함으로써 목재의 문양을 강조하는 기법)을 실시한다.

씰러

다음 단계는 사포질이 잘되는 씰러(sealer)를 칠한다. 앞서 칠한 도막을 보호하고, 표면도 매끈하게 만들 수 있다.

글레이즈/토너

상도를 칠하기 전 마지막 단계로 글레이즈 혹은 토너를 칠한다. 글레이징과 토닝을 전부 실시한다면, 글레이즈를 먼저 칠하고, 이어서 씰러를 칠하고, 그 다음에 토너를 칠한다. 필요하면, 상도를 한층 올린 후에 디스트레싱(distressing; 역자주: 표면이 낡아보이도록 만드는 기법)을 실시한다.

스테인 컨트롤러

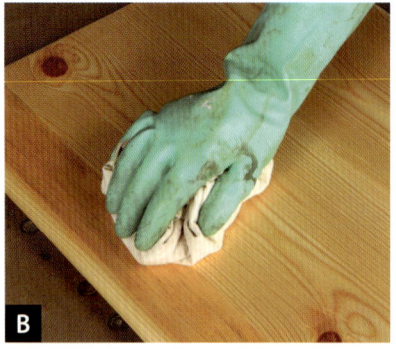

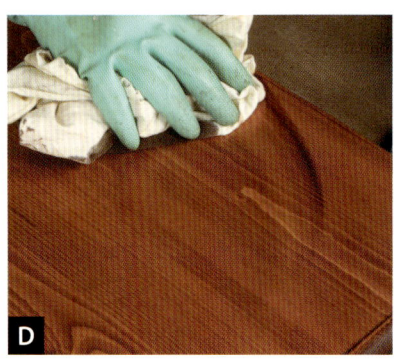

스테인 컨트롤러 칠하기

얼룩을 처리하는 가장 쉬운 방법 중 하나는, 스테인을 칠하기 전에, 먼저 스테인 컨트롤러를 칠해서 목재 표면의 기공을 메꿔주는 것이다. 제조사는 자사의 스테인과 호환이 되는 스테인 컨트롤러도 생산한다. 스테인 컨트롤러는 붓으로 자유롭게 칠한다(A). 얼룩이 생기기 쉬운 부분에서, 스테인 컨트롤러는 바로 흡수된다. 컨트롤러를 10~15분 정도 그냥 둔 후, 여분을 닦아낸다(B). 이어서 바로 유성 스테인을 천 혹은 붓으로 칠한다(C). 여분의 스테인을 닦아내면, 균일한 색상이 드러난다(D).

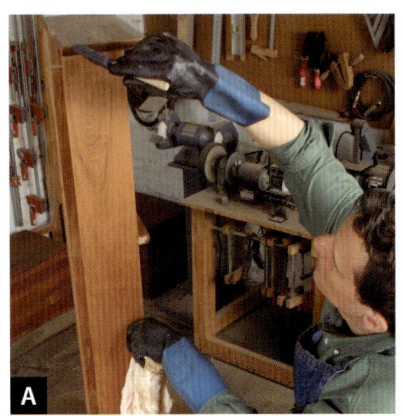
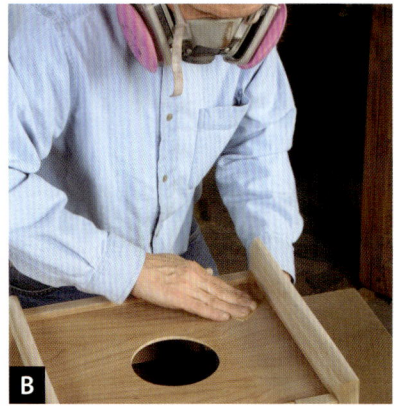

워시코트 칠하기

스테인을 칠하기 전에 워시코트를 미리 칠하는 것은 얼룩을 방지할 수 있는 좋은 방법이다. 하지만 작업에 맞는 제품을 고르는 것이 매우 중요하다. 워시코트가 건조된 후에, 그 위에 스테인을 칠하는데, 이 스테인이 워시코트를 용해시키지 않아야 한다. 확신이 없으면, 자투리 목재를 사용해서 미리 호환성을 검증해보아야 한다.

워시코트는 천이나 스펀지붓으로 칠한다(A). 여분을 바로 닦아내고 하룻밤 건조시킨 후, 600-grit로 사포질한다(B). 사포분진을 완전히 제거한 후, 스테인을 칠한다(C). 수성 스테인을 칠할 때는, 건조가 빠르므로, 양손을 모두 사용한다. 즉, 스테인을 한 구역씩 칠한 후, 천으로 바로 닦아낸다.

워시코트 위에 젤 스테인 칠하기

체리는 얼룩이 아주 잘 생기는 목재다. 여기에 스테인을 칠할 때 사용하는, 저자가 가장 선호하는 방법은 다음과 같다. 먼저 셸락 조각 29g을 알코올 0.5ℓ에 녹여서 1/2파운드컷 셸락 용액을 만든다. 선혼합된 셸락 제품을 사용한다면, 제조사의 사용 방법에 따라 희석시키거나, 242쪽의 표를 참고한다.

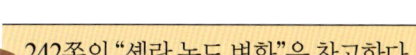
242쪽의 "셸락 농도 변환"을 참고한다.

저자는 셸락 조각으로 직접 용액을 만들어 사용하는 것을 선호한다. 적절한 셸락을 선택함으로써, 용액의 밝기는 맘대로 조절할 수 있기 때문이다.

표면에 셸락을 천으로 자유롭게 칠한다(A). 완전히 마르면, 320-grit로 사포질한다(B). 분진을 제거한 후, 젤 스테인을 칠한다. 저자가 사용한 스테인의 제품 설명을 보면, 메이플 색상이라고 되어 있지만, 체리 상판에도 잘 어울린다(C). 더 어두운 색상을 원하면, 더 어두운 젤 스테인으로 한 번 더 칠한다(D).

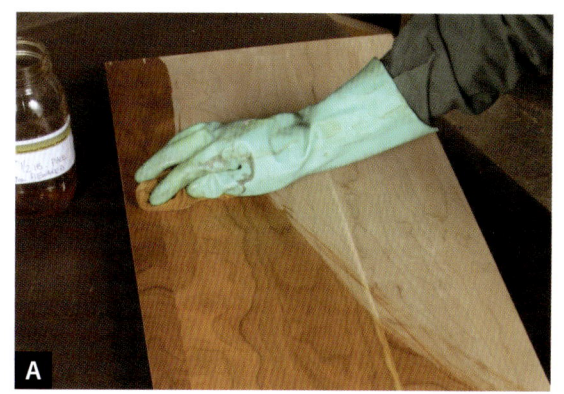

판재의 색상 통일

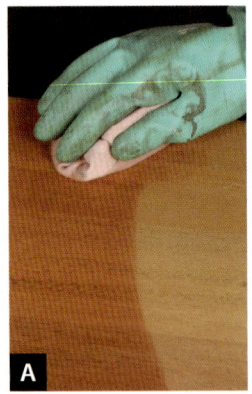

사진은 마호가니인데, 하나의 보드에서도 여러 색상이 보인다. 보통은 밝은 부분과 어두운 부분이 띠처럼 교대로 나타난다. 색상을 통일하기 위해서, 호박색/황색 염료 스테인을 먼저 와이핑으로 칠한다(A). 그다음엔 씰러를 워시코트로 칠한다. 건조된 후에 가볍게 사포질한다. 여기에 젤 스테인을 붓으로 전부 칠한다(B). 스테인을 닦아내면 색상이 훨씬 균질해진다(C).

보드에서 색상 차이가 아주 심한 경우도 있다. 이 경우엔 안료 기반의 토너를 칠하는 것이 제일 낫다(D). 왼쪽 세 구간은 토너의 농담을 달리한 것이고, 제일 오른쪽은 토너를 칠하지 않은 것이다. (토닝은 제8장을 참고한다.)

[VARIATION] 색상을 통일하는 다른 방법은 다음과 같다. 스테인을 칠하기 전에 2액형 표백제를 면 전체에 칠한다. 이 방법은 레드오크와 화이트오크를 동시에 사용하는 경우처럼, 다른 수종이 동시에 사용되었을 때 특히 효과적이다. 상당히 신뢰할 수 있는 방법이다. 그러나 시간이 많이 걸리고, 목재 본연의 깊이와 광택은 줄어든다.

VARIATION

변재와 심재 색상 통일

변재만 채색해서, 심재의 색상에 맞추는 것이다. 먼저 미네랄 스피릿을 심재에 칠해서 최종 색상을 가늠해본 후, 적절한 스테인 색상을 고른다.

변재는 빨리 건조되는 알코올 염료로 처리하는 것을 추천한다. 작은 면천의 모서리에 묻혀서 칠하면, 스테인이 너무 많이 칠해지는 것을 막을 수 있다. 염료에 천의 모서리를 담근 다음, 용기 면에 대고 눌러 여분을 짜내고 사용한다. 손가락 끝을 이용해서 변재에 가볍게 칠한다(A). 이후, 필요하면, 천에 용제(solvent)를 묻힌 후, 전체 면을 가볍게 문질러 닦아서, 균질하게 만들 수 있다(B). 가장자리 몰딩이나, 구석진 곳에는 미술용 평붓에 염료를 묻혀서 바른다(C).

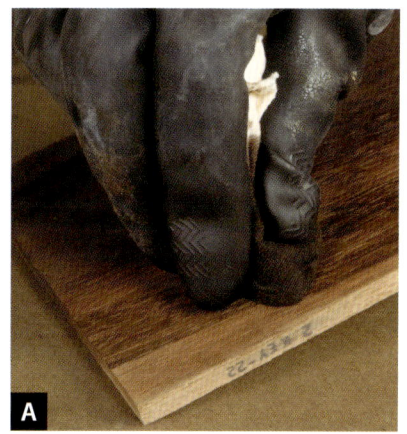
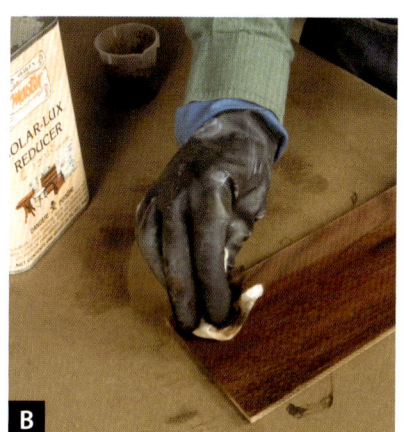

합판과 원목의 색상 통일

안료 스테인을 사용하면, 일반적으로 원목보다 합판이 더 어둡게 나온다(A). 이때는 여러 도막으로 칠할 수 있는 젤 스테인을 사용하면, 둘의 색상을 맞출 수 있다.

젤 스테인을 한 번 칠하고, 건조시킨다. 이후 0000 스틸울이나 회색 합성패드로 가볍게 사포질한 다음(B), 스테인을 한 도막 더 칠한다. 대부분은 한 번 더 칠하면 색상이 거의 맞춰진다. 필요하면 한 번 더 칠한다(C).

부분 채색

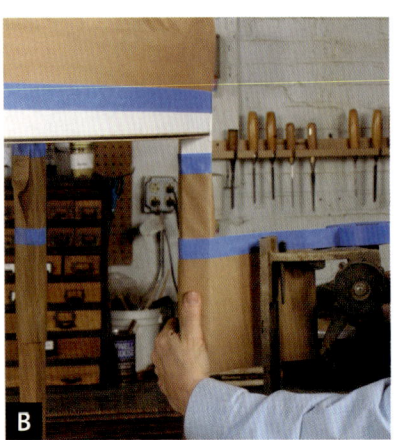

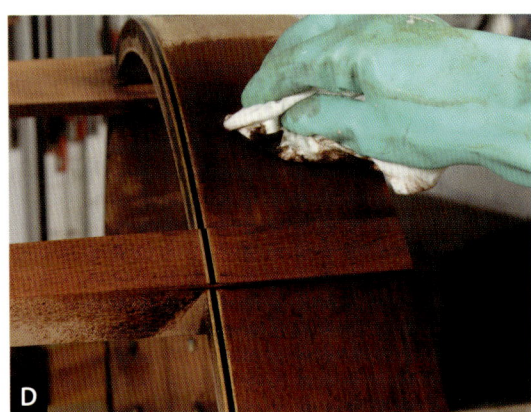

일부분만 손으로 칠하기

스테인 작업을 하다 보면, 채색을 하지 않아야 하는 부분이 있다. 사진처럼, 탁자의 에이프런 아랫부분 상감(inlay)이 그런 경우다.

상감 주변의 목재에, 부착력이 낮은 백색 마스킹 테이프를 붙이는데, 손가락 끝으로 가장자리를 눌러준다(A). 분무 전에, 주변을 종이 및 테이프로 가린다(B). 속건성 래커 혹은 씰러를 서너 번 가볍게 분무한다. 래커와 씰러는 상도와 호환이 되어야 하고, 스테인 내의 용제와 반응하지도 않아야 한다. 여기서는 에어로졸 용기에 든 분무형 래커를 사용했으며, 같은 래커를 상도 마감으로 사용할 예정이다(C). 지금 같은 경우는 문질러 칠하거나 붓으로 칠하면, 테이프 아래로 스며들 수 있으므로, 분무로 칠하는 것이 필요하다.

10분 후에 테이프를 제거하고, 스테인을 칠하기 전에, 래커를 하룻밤 건조시킨다. 여기서는 수성 염료를 칠했는데, 상감 부분의 래커와 반응을 일으키지 않는다(D).

부분 분무

작업물에 마스킹 테이프를 붙이고, 토너 형태로 분무하면 가장자리가 예리하고 깔끔하게 된다. 사진은 월넛과 마호가니로 만든 게임 테이블이다. 가운데 월넛 단판은 채색하지 않고 그냥 두고, 주변의 마호가니만 짙은 코더번(cordovan) 색상으로 채색하는 게 목적이다. 테이블 전체를 씰링하고 하룻밤 건조시킨다. 이후 가운데 월넛 부분만 테이프로 막는다. 테이프 가장자리를 작토 나이프(X-Acto™ knife; 아트 나이프)로 자를 대고 깔끔하게 자른다(A). 그다음에는 시판 속건성 래커 스테인으로 마호가니 가장자리와 다리에 분무한다(B). 스테인이 건조된 후 테이프를 떼어내면, 가운데 부분이 깔끔하게 드러난다(C).

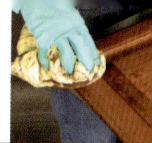

색채 이론 연습

색채 이론, 색상 통일 및 조정 방법에 대해서 배우고자 한다면, 실제로 연습해보는 것이 최고다. 다음과 같은 방법으로 연습하면 효과가 좋다.

안료 농축액을 희석하든지 염료를 사용해서, 다음 5가지 색상을 만든다.

- 루빈(rubine; 차가운 적색)
- 레몬 옐로우(lemon yellow; 담황색)
- 시안(cyan; 터키옥색 계통의 청색)
- 녹색
- 흑색

버치나 메이플 같은 밝은색 합판을 준비해서, 레몬 옐로우부터 칠한다. 이후 그 위에 루빈을 문질러 칠한다. 적색과 황색의 이차색인 주황색이 된다(A). 주황색 위에 시안을 칠하면 갈색이 되는데, 기본색인 노란색, 빨간색, 파란색을 섞으면 나타나는 색이다(B).

기본 갈색에서 색상을 조정할 때는, 기본색이나 이차색을 섞어서 조정하는 편이 제일 낫다.

▶ 162쪽의 "기본 색채 이론"을 참고한다.

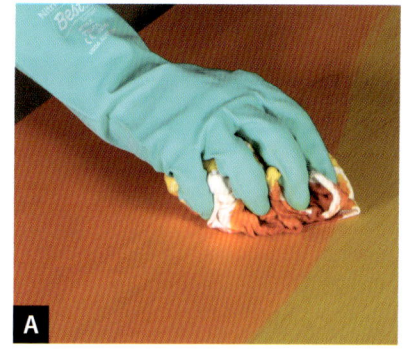
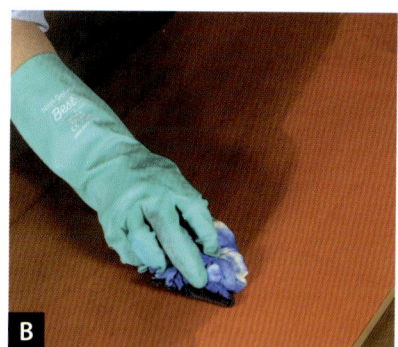
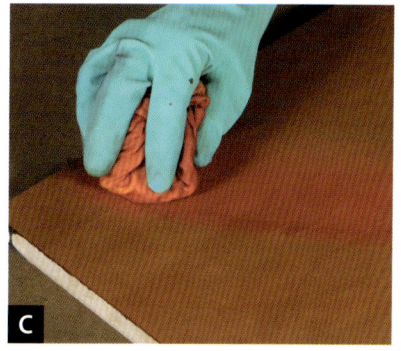
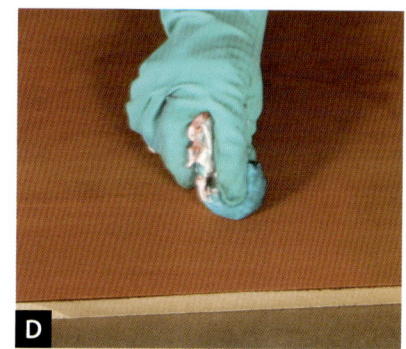
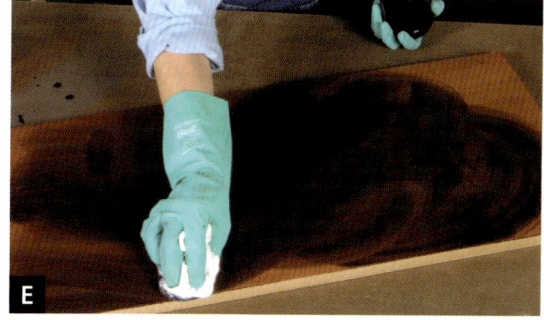

갈색에 붉은 기를 더하고자 하면, 위에 붉은색을 와이핑한다(C). 그렇게 했는데 갈색이 너무 붉어졌다면, 보색인 녹색을 첨가해서 붉은 색조를 약간 줄일 수 있다(D).

색을 어둡게 만들려면, 흑색이나 암갈색을 사용한다(E). 흑색을 선택할 때 살펴야 할 점은, 흑색에는 푸른색 색조가 첨가되어 있는 경우가 많기 때문에, 색상이 차갑게 된다는 것이다.

색상 맞추기

레이어링으로 색상 조절하기

기존의 색상과 맞추는 가장 빠르고 쉬운 방법은 기본색 스테인 색상을 기준으로 그 위에 덧칠해서 색상을 보정하는 것이다.

▶ 164쪽의 "스테인 보드 만들기"를 참고한다.

이때 견본 색상을 칠한 스테인 보드가 아주 유용하다. 색상을 맞추고자 하는 기준 부재(여기서는 서랍 앞판)를 스테인 보드의 색상과 비교한다(A). 기준 부재의 마감 광택이 약광 혹은 플랫인 경우, 표면에 미네랄 스피릿을 칠함으로써, 스테인 보드의 샘플 마감인 유광에 맞춰야, 색상을 보다 정확하게 판단할 수 있다.

기준 부재에서 가장 밝은 색조의 색상을 기준으로 스테인 보드의 색상을 선택한다. 이제 그 스테인 색상으로 작업 대상을 칠한다(B). 스테인이 건조되면 염료를 보호하기 위해서 씰러를 칠한다. 씰러가 완전히 건조되면 가볍게 사포질해서 매끈하게 만든다.

이제 염료 위에, 다른 색상을 가진 글레이즈나 스테인을 덧칠함으로써 최종적으로 원하는 색상에 맞춘다. 여기서는 젤 스테인을 한 번 칠하고 나서, 기준 부재와 색상을 비교했다(C). 그런데 충분히 진하지 않아서, 더 어두운 마호가니 젤 스테인을 또 칠했다(D). 이후 스테인을 닦아내니, 기준 부재와 색상이 아주 잘 맞았다.

저렴한 목재를 고급스럽게 만들기

여기서는 테이블 상판의 뒷면에다, 업계에서 사용하는 마감 기법을 그대로 적용해서, 멋지고 균질한 마감을 구현해본다. 이 기법을 적용하면, 가격이 저렴한 파인, 버치, 포플라도 고급 목재처럼 보이게 만들 수 있다.

먼저 샙스테인을 칠한다(A). 완벽하게 칠한다기 보다는, 심재의 색상에 맞출 수 있도록 단순히 어둡게 만든다. 그다음에는 유니포밍 스테인(여기서는 황금빛 갈색 선택)을 칠해서 전체적으로 바탕을 황금색으로 만든다(B). 워시코트를 칠해서 스테인을 씰링한다. 워시코트가 건조되면 사포질하고, 유성 스테인(여기서는 적갈색을 선택)을 칠해서, 색을 더 보태고 결도 선명하게 만든다(C). 샌딩씰러를 칠한 후, 사포질로 매끈하게 만든다.

이제 토너를 분무해서 최종 색상을 만든다. 저자의 경험으로는 두 토너를 연속적으로 이어서 분무하면 매우 재미있는 마감을 얻을 수 있다. (사진의 뒤편 흰 종이에서 두 색상을 볼 수 있다.) 여기서는, 전체적으로 적갈색을 분무한 후, 이어서 암갈색을 사용해서 쉐이딩하고 일부 영역을 강조하였다(D).

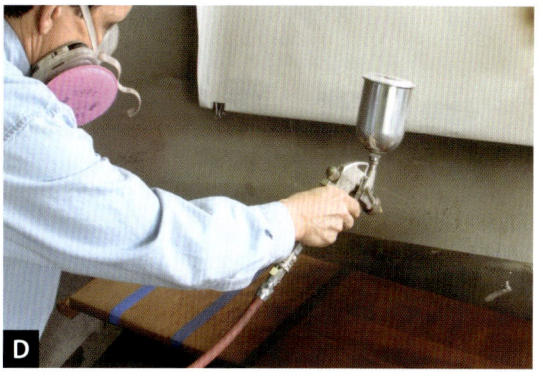

기공 메꾸기, page 176

씰러, page 189

단원 IV

필러와 씰러

하드우드 마감에서는, 면을 매끈하게 만들기 위한 목적으로 눈메꿈재를 칠할 수 있다. 눈메꿈재가 하나의 채색 수단이 되기도 한다. 나뭇결을 처리하는 방법에 따라서, 그저 평범한 마감이 되기도 하고, 아주 훌륭한 마감이 되기도 한다. 씰러는 마감작업에서 중요한 부분을 차지한다. 상도를 칠하기 전에 씰러를 칠함으로써, 일부 목재에서 자주 볼 수 있는 각종 마감 관련 문제가 생기는 것을 막을 수 있다. 이 단원에서는 씰러의 사용방법, 그리고 어느 경우에 씰러가 필요한지 알아본다.

제 11 장

기공 메꾸기

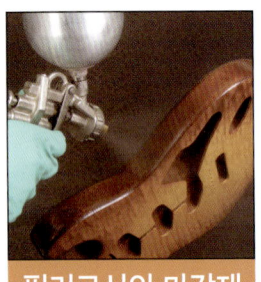
필러로서의 마감재
- 폴리에스테르 분무 (185쪽)
- 투명 바니쉬 (185쪽)

유성 필러
- 메꿈과 스테인 작업을 동시에 수행하기 (186쪽)
- 스테인 작업 후 메꿈 작업하기 (186쪽)

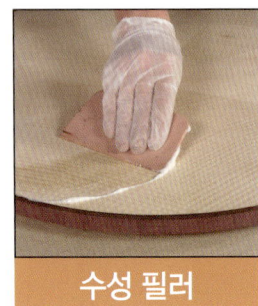
수성 필러
- 수성 안료 필러 (187쪽)
- 소석고 필러 (187쪽)

기공을 부분적으로 메꾸기
- 오일 슬러리 필러 (188쪽)
- 슬러시 필(slush fill) (188쪽)

하드우드 마감에서는 기공을 그냥 둘 건지 메꿀 건지 선택해야 한다. 선택 작업이긴 하지만 기공을 메꾸면, 마감의 최종 단계에 이르렀을 때, 유리처럼 매끈한 우아한 면을 얻을 수 있다. 이 장에서는 메꿈 처리의 미학에 관해서, 그리고 원하는 결과를 얻기 위한 여러 기법에 대해서 설명한다.

메꾸어야 하는 경우

하드우드 수종에서 기공은 수액의 통로인 도관(導管, vessel)에 해당한다. (무공재(無孔材)인 소프트우드는 기공이 없다.) 나무에서 판재를 켤 때, 도관이 여러 각도로 잘리면서 노출되는데, 이를 기공이라 부른다. 마감 전문가들은 하드우드를 거친나뭇결(open-pored woods)과 고운나뭇결(closed-pored woods)로 구분한다. 오크과 애쉬 등이 거친나뭇결 목재인데, 기공의 지름이 크고 판재 표면에서 나뭇결이 거칠다. 메이플과 체리 등이 고운나뭇결 목재인데, 자세히 보면 기공이 보이지만, 표면 질감은 매끄럽다. 기공의 분포도 목재의 외관에 영향을 준다.

기공 분포

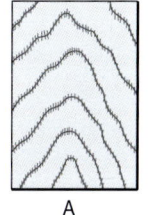  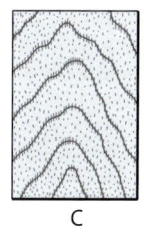

A   B   C

하드우드에서 기공의 크기, 갯수, 분포가 각 목재의 특징이 된다. 춘재 부분에 큰 기공이 모여 있는 목재를 환공재(環孔材)라고 하며, 오크(oak), 애쉬(ash), 느릅나무(elm), 밤나무, 티크(teak) 등이다(A). 마호가니 및 버치 같은 목재는 기공이 균질하게 분포되어 있는데, 이런 목재를 산공재(散孔材)라고 일컫는다(B). 월넛이나 버터너트(butternut) 같은 목재는 춘재에서는 큰 기공, 그리고 추재에서는 작은 기공을 볼 수 있는데 이를 반환공재라고 한다(C).

▶ 메꿈재를 사용하지 않은 마감(open-pored finish)

목재의 기공을 메꿔야 매력적인 마감이 되는 건 아니다. 사실 프로젝트에 따라서는 자연스러운 **거친 표면 마감**을 선호하는 사람도 많다. 이 경우는 기공 주변이 선명하게 드러나야 하므로 마감재의 선택이 매우 중요하다.

거친 마감에서는 마감재를 와이핑으로 칠하는 것이 제일 좋은데, 마감재를 기공에 밀어 넣기 때문이다. 유성, 오일/바니쉬 혼합, 셸락 등 묽은 마감재를 사용할 때 결과가 제일 좋다. 와이핑 대신에 분무를 한다면 셸락이나 래커처럼 고형분이 적은 마감재를 사용하는 것이 좋다. 컨버전 바니쉬(conversion varnish)나 대부분의 수성 마감재처럼 고형분이 많은 마감재를 사용하면, 기공을 서로 이어주는 경향이 있어서 완전히 메꿔지지 않은 느낌이 난다. 이런 마감재를 써야한다면, 지연제를 첨가해서 희석시키거나 좀 연하게 칠한다. 수성 마감재를 쓴다면, 미리 수성 필러를 희석해서 기공에 슬러시 형태로 바르는 것도 도움이 된다.

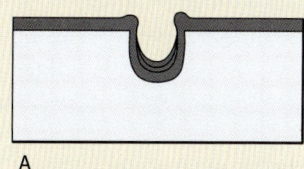

메꿈재를 사용하지 않은 마감
고형분이 많은 마감재 및 여러 수성 마감재는, 두껍게 칠하면 기공의 표면에서 마감재가 고이고 연결되는 경향이 있다(A). 이런 마감은 걸쭉한 플라스틱 느낌이 난다.

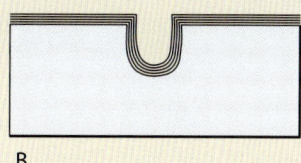

메꿈재를 사용하지 않으면, 고형물이 적은 마감재를 쓰는 것이 훨씬 낫다. 마감재를 희석해서 칠하면, 기공의 벽을 따라 흐르면서 도포되고, 기공이 깔끔하게 드러난다(B). 붓질이나 분무 대신에, 와이핑으로 마감재를 칠하는 데도 도움이 된다.

마감을 위해서 목재의 기공을 반드시 메꿔야 하는 건 아니다. 기공의 형상을 그대로 나타내고 싶다면, 거친 표면을 그냥 두면 된다. 이때는 자연스럽고 세련되지 않은 마감 그 자체로 완벽하다고 할 수 있다. (오른쪽의 설명을 참고한다.) 그러나 기공을 메꾸면, 가구가 세련되고 우아해진다. 더구나 거울 같은 광택을 원하면 기공을 메꿔야 한다. 그렇지 않으면 기공으로 인해서 표면이 패이기 때문에, 매끈하고 편평한, 거울 같은 유광 마감이 되지 않는다. 눈메꿈재(pore filler)를 희석해서 일부만 메꿀 수도 있다. 그러면 외관은 앞서 설명한 두 경우의 중간 정도가 된다.

기공을 메꾸는 방법은 두 가지다. 하나는 적절한 마감재를 여러 도막 칠하고, 표면을 편평하게 사포질하는 것이다. 다른 하나는 마감작업 전에 페이스트 우드 필러로 기공을 메꿔주는 것이다.

제 11 장

마감재로 메꾸기

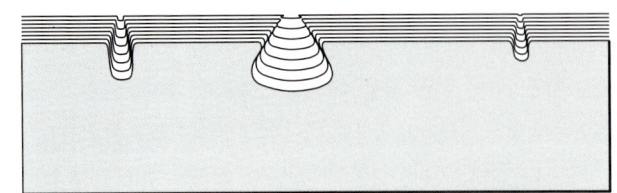

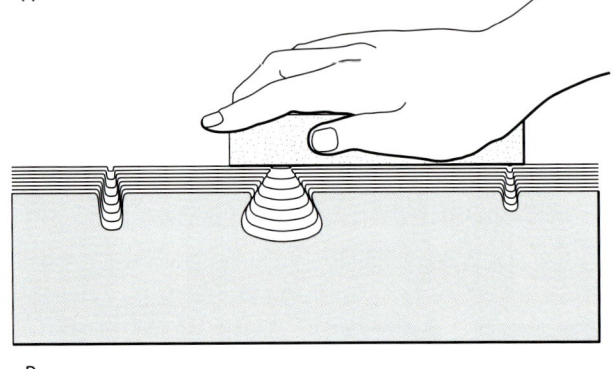

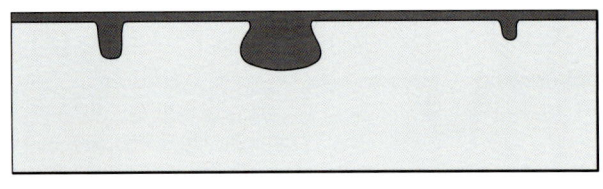

마감재를 사용해서 기공을 메꿀 때는 여러 번 두껍게 칠한 다음 건조시킨다(A). 그런 다음 기공의 형상이 보이지 않을 때까지 사포질로 여분을 제거한다(B). 스크레이퍼로 깎아낼 수도 있다. 그러나 스테인을 칠한 경우엔, 실수로 너무 깊이 깎아서 스테인까지 손상을 입힐 수도 있으므로, 사포질이 안전하다. 작업이 끝나면, 기공은 마감재로 채워지고 표면에는 매끈하고 얇은 도막만 남는다(C).

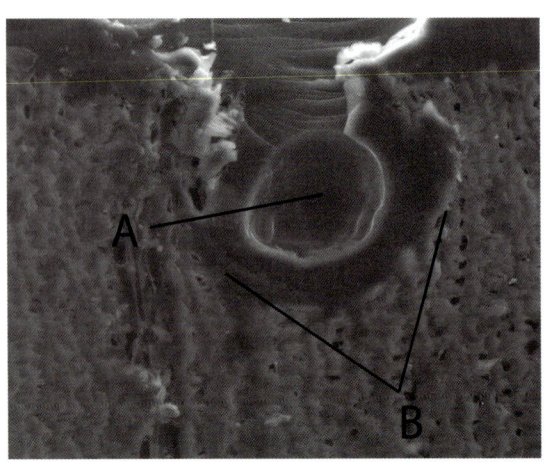

사진은 마호가니 단면을 150배 확대한 것인데, 기공에서 폴리에스테르 필러(A)를 볼 수 있다. 폴리에스테르가 기공 형상(B) 안쪽으로 흘러들어가 완전히 채워졌다.

마감재로 메꾸기

마감재로 기공을 메꾸는 방법은 적절한 마감재로 기공을 채우는 것이다. 매 도막마다 사포질할 필요는 없다. 마감재가 건조된 후에는 공극 형상이 보이지 않을 때까지 사포질로 갈아낸다. 스크레이퍼로 깎아내는 것도 가능하지만, 스테인을 칠한 경우엔 사포질이 안전하다. 스크레이핑 중에 자칫 아래 원 목재의 표면까지 깎아낼 수 있기 때문이다.

기공을 메꾸는 데 사용할 수 있는 마감재는 몇 가지로 정해져 있다. 과거에는 고형분이 적은 래커, 셸락 등을 사용해서 메꿨는데, 시간이 아주 많이 걸린다. 더구나 이들 마감재는 시간이 지나면 예외없이 기공 내로 수축한다. 다행스럽게도 최근에 사용되는 고형분이 많은 마감재 수지는 수축도 적고 시간도 적게 걸린다. 가장 좋은 제품은 열경화성 수지인 폴리에스테르, 우레탄, 에폭시 등이다(제13장 참고). 폴리에스테르와 2K우레탄(제14장 236쪽을 참고)은 분무로 칠하며, 전문 매장에서 구입할 수 있다. 폴리에스테르는 수축이 없고, 마감 수지 중에서 가장 강하기 때문에 최고라 할 수 있다. 사포질 후에는 다른 마감재를 상도로 칠할 수 있다. 내열성도 높기 때문에, 마감의 최종 버핑(buffing) 작업 중 발생하는 열에도 물러지지 않는다. 그렇긴 하지만, 컨버전 바니쉬(conversion

제 11 장

기공을 메꾸는 데 사용되는 마감재 중에는 폴리에스테르 수지가 최고다. 마감 수지 중에 가장 단단하고 수축도 가장 적다. 오른쪽 사진은 경화된 것을 용기에서 떼어낸 것이다.

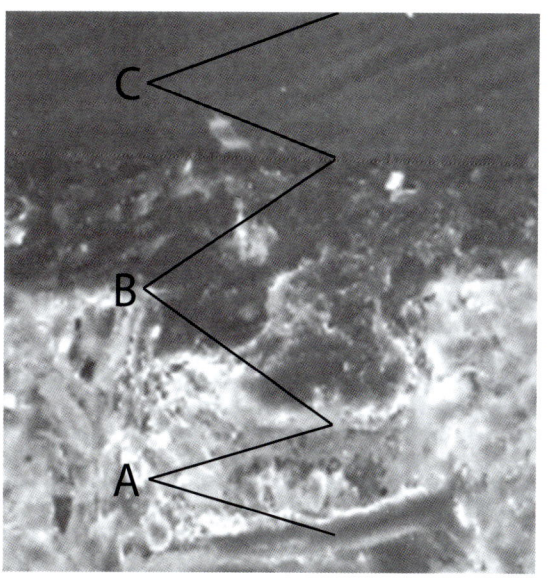

사진은 마호가니의 단면을 200배 확대한 것이다. 페이스트 필러가 기공 부분에 몰려 있긴 하지만(A), 완전히 메꿔지지는 않았다. 래커를 세 도막 씰러로 칠해서 나머지를 메꾼 후에(B), 투명 래커를 칠할 수 있었다(C).

varnish), 촉매화 래커, 알키드, 우레탄, 열경화성 아크릴도 사용할 수 있다.

페이스트 우드필러로 메꾸기

마감재 대신에 페이스트 우드필러(paste wood filler)로 기공을 메꾸는 공방이 많다. 제품 종류도 많고 사용하기도 쉬워서 전문가뿐만 아니라 초보자도 사용할 수 있다. 페이스트 우드필러의 종류는 많지만, 사용법은 비슷하다. 목재 표면의 기공에 채우고 나서, 여분을 와이핑이나 사포질로 제거한다. 페이스트 우드필러는 기공을 완벽하게 메꾸지는 못하므로, 필러 위에 마감재를 몇 도막 칠해서 표면을 완전히 메꾼 후, 상도 마감을 칠해야 한다.

우드필러는 기공에 잘 채워지고 또한 너무 빨리 마르지 않는 것이 이상적이다. 기공 내의 필러는 제거되지 않으면서도, 표면에서는 여분이 쉽게 닦여야 하고, 최종적으로는 수축이 생기지 않으면서, 돌처럼 단단하게 굳어져야 한다. 하지만 이건 지나친 요구다. 뒤에 설명하겠지만, 대부분의 페이스트 우드필러는 이런 조건의 일부만 겨우 충족한다. 페이스트 우드필러는 크게 유성 필러와 수성 필러로 구분할 수 있다.

유성 페이스트 우드필러

유성 페이스트 우드필러는 결합제(바인더), 염료, 용제(솔벤트)로 구성된다. 오일 혹은 알키드 결합제에 따라서 취급 방법 및 건조시간이 정해진다. 또 결합제는 필러를 목재 기공에 부착시키는 역할을 한다. 많은 분량을 차지하는 반투명 안료는 미분의 실리카 혹은 석영-실리카 광물이며, 수축을 막는 역할을 하는데, 전체 필러 무게의 65% 정도를 차지한다. 용제는 필러의 점성을 조절하고, 필러를 깨끗이 닦아내는 것이 가능한 작업 시간을 결정한다. 색상이 있는 필러에는 색상 안료가 첨가되어 있다.

기공 메꾸기 | **179**

제 11 장

자자는 유성 필러를 선호하는데, 그 이유는 수성 필러보다 사용하기 쉽기 때문이다. 특히 마감에서 색상을 맞춰야 하는 경우에는 미묘한 색 조절이 더 용이하다. 유성 필러는 '내츄럴(natural)' 혹은 색이 있는 형태로 시판된다. '내츄럴' 제품은 아주 옅은 황백색 퍼티 색상인데, 원하는 조색제(colorants)를 첨가해서 사용한다.

유성 필러 준비

모든 페이스트 우드필러가 구입해서 바로 사용할 수 있는 형태는 아니다. 희석해서 사용하는 것도 있고, 추가로 색을 첨가해야 하는 것도 있다.

페이스트 우드필러는 크림과 같은 걸쭉한 점성을 지니고 있어야 적절하게 작업이 가능하다. 조정이 필요하면, 미네랄 스피릿이나 나프타로 필러를 희석한다. 작은 프로젝트는 건조속도가 빠른 나프타가 좋다. 그러나 칠하고 닦아내는 데 시간이 많이 필요하면, 미네랄 스피릿이 적합하다. 안료는 용기 바닥에 쉽게 가라앉기 때문에, 필러를 사용하기 바로 전에 완전히 뒤섞어준다.

작업물에 스테인을 칠할 거면, 필러에 유성 스테인을 첨가해서 메꿈 작업과 스테인 작업을 동시에 수행할 수 있다. 이때 액상 스테인을 사용하면 필러가 희석되므로, 점성에 영향을 미치지 않도록 농축 조색제를 사용하는 것이 제일 낫다. 조색제는 필러와 호환이 되는 한 아무거나 사용할 수 있다. 안료 분말, 회화용 유화물감, UTCs, 혹은 저팬 컬러(Janpan color) 모두 좋다. 단순하게 필러에 넣어 섞는다. 유화물감처럼 걸쭉한 것은 미네랄 스피릿 혹은 나프타로 일차 희석시킨 후에 첨가한다.

유성 필러 사용

필러는 원 목재에 바로 칠할 수도 있고, 씰링한 후에 칠할 수도 있다. 대부분의 경우, 원 목재에 칠해서 문지른 후, 여분을 닦아내는 방법으로 적용한다. 그러나 씰링한 후에 필러를 칠하면, 메꿔진 기공과 주변 목재 사이의 대비가 뚜렷해진다. 또한 표면에서 필러가 쉽고 고르게 닦아지므로 작업이 더 용이하다. 색상이 있는 필러를 사용할 경우엔, 칠하는 씰러의 양을 통해서, 채색하는 색상도 조절할 수 있다. 예를 들어 씰러를 두껍게 칠하면, 목재 표면이 완전히 차폐되므로, 필러는 기공에만 들어간다. 그러나 씰러를 얇게 칠하면, 필러 색상의 일부가 표면에 남는다.

씰러는 아무거나 사용할 수 있지만, 필러 및 상도 마감재와 호환이 되어야 한다. 디왁스드 셸락은 쉽게 구할 수 있고, 모든 마감재와 호환되며, 빨리 건조되고, 얇게 칠해도 차폐가 잘되므로 저자가 가장 선호하는 씰러다. 유성 필러를 수성 상도 마감과 함께 사용할 때는, 씰러 및 차폐 도막용으로도 사용할 수 있다. 래커 마감에는 래커를 희석해서 씰러로 사용한다. 비닐(vinyl)은 컨버전 바니쉬와 래커에 사용하는 특수 씰러다. 무슨 씰러를 사용해야 할지 잘 모르면, 마감재를 희석해서 사용하면 된다.

왼쪽이 씰링한 표면에 필러를 칠한 것인데, 필러가 기공을 주변 영역보다 더 어둡게 만들기 때문에 대비가 뚜렷하여, 더 아름답게 보인다.

제 11 장

원 목재에 유성 필러를 바로 칠 할 수 있다. 여기서는 색상이 있는 컬러 필러를 사용했는데, 기공 및 주변 목재가 전부 어둡지만, 기공이 좀 더 어둡다.

원 목재 혹은 스테인을 칠한 면에, 워시코트를 먼저 칠하고 나서, 필러를 칠하는 것도 한 방법이다. 최종적으로 색상을 제어하는 데는 이 방법이 더 유리하다.

씰러를 제조할 때는, 고형분이 7~10% 정도 되도록 만든다. 이것은 셸락의 경우 1/2~3/4 파운드컷에 해당한다. 샌딩씰러나 비닐씰러는 희석제와 같은 비율로 섞는다. 씰러를 붓이나 스프레이건으로 칠한다. 건조된 후, 320-grit로 가볍게 사포질해서 매끈하게 만든다.

필러를 스프레이건으로 칠하는 것도 가능하다. 그러나 붓으로 바르고 삼베처럼 올이 굵은 천을 사용해서 기공에 채우는 것이 더 쉽다. 다른 방법으로는 고무 스크레이퍼나 스퀴지(squeegee)로 면을 가로질러 문지르면서 기공 안으로 밀어 넣는다. 여분을 제거하면서, 동시에 필러를 기공 안으로 밀어 넣는 것이다.

조금 기다리면 표면에 남은 필러가 희미해지는데, 이때는 대부분 용제는 없어졌지만 아직 와이핑할 수 있을 정도의 습기는 남아 있다는 뜻이다. 깨끗한 천이나 삼베 조각을 사용해서 가볍게 면을 문질러서 기공에 채우고, 여분은 닦아낸다. 필러를 하룻밤 건조시킨 후, 필요하면, 한 번 더 바른다. 작업이 끝나면, 320-grit로 사포질한 후, 마감재를 칠한다.

[TIP] 마호가니처럼 거친 목재는, 처음에 필러를 많이 희석해서 한 번 슬러시 형태로 칠하고, 그 다음에 희석하지 않은 필러를 칠하면 결과가 더 좋다.

대부분의 유성 혹은 용제 기반 마감재는 유성 페이스트 우드필러 위에 바로 칠해도 별 문제가 없다. 그러나 상도로 수성 마감재를 쓸 때는 부착이 잘 안 될 수 있으므로, 필러 위에 디왁스드 셸락을 씰러로 칠한 다음, 상도 마감재를 칠하는 것이 좋다. 상도로 래커를 쓸 때는 너무 두껍게 칠하지 않도록 한다. 래커 용제가 필러를 무르게 하여 주름이 잡힐 수 있기 때문이다. 따라서 래커를 붓으로 칠할 때는 셸락으로 표면을 씰링한다. 래커를 분무해서 칠한다면, 단순히 처음 몇 도막은 안개처럼 옅게 칠한다. 컨버전 바니쉬, 촉매화 래커, 혹은 여타 2액형 마감재를 사용한다면, 필러 위에 비닐씰러를 칠함으로써, 혹시 있을지도 모르는 상도와의 역반응을 미리 막아 주는 것이 좋다.

기공 메꾸기 | **181**

제 11 장

수성 필러

수성 필러 성분은 유성 필러와 기본적으로 같다. 단지 유성 필러의 성분인 물, 수성 레진 대신에 솔벤트, 유성 바인더를 사용하는 것이 다르다. 수성 필러의 성분 특성상 제조사가 완전히 투명한 필러를 제조하는 것도 가능하고, 보다 '내츄럴'한 옅은 미색의 필러 및 안료 필러를 제조할 수도 있다. 여러 가지 투명 젤 형태의 제품이 있으며, 이들은 건조된 후에도 투명하다.

수성 필러는 유성 필러과 비교해서 장점도 있고 단점도 있다. 먼저 장점으로는, 수성 필러가 건조된 후에는, 그 위에 알코올 염료, NGR 스테인 같은 용제 기반 스테인을 사용할 수 있다. 오일 필러를 사용하면, 그 위에 스테인이 고착되지 않는다. 또한 수성 필러는 사포질이 훨씬 쉽고, 마감재와 부착 문제가 없기 때문에 아무 마감재나 상도로 칠할 수 있다.

단점으로는, 수성 필러는 너무 빨리 건조되므로, 시간 내에 칠하고 깔끔하게 닦아내기 매우 어렵다. 또한 씰러 도막에 들러붙기 때문에, 씰러에 손상을 주지 않고 닦아내는 것이 불가능하다. 마지막으로, 수성이기에 목재 표면의 결을 일으킬 수 있다(grain raising).

수성 필러 사용

수성 필러는 건조가 빠르고 씰러에 들러붙기 때문에, 원 목재에 직접 붓으로 바른 다음 바로, 천이나 스퀴지를 사용해서 가능한 한 잔여분을 많이 닦아내고, 완전히 건조시키는 것이 최선이다. 이후 사포질로 필러 잔분을 제거하고, 목재 표면과 평을 맞춘다. 사포질을 했을 때, 필러가 쉽게 가루가 된다면 충분히 건조된 상태다. 상대습도 50~60%에서 2시간 정도 지나면, 사포질할 수 있을 정도로 건조되며, 습도가 높으면 건조시간이 더 길어진다.

대부분의 수성 필러는 구입해서 바로 사용할 수 있으나, 필요하면 최대 10%까지 물을 첨가해서 점성을 조절할 수 있다. 이 경우 건조시간도 줄어든다. 건조시간을 늦추고 싶으면, 같은 제조사로부터 지연제을 구입해서 첨가하거나, 프로필렌 글리콜(propylene glycol)을 첨가한다. (5%부터 시작하면 된다.)

일부 수성 필러는 건조된 후 뿌옇게 된다. 그러나 스테인이나 오일을 얇게 칠하면, 깊이감이 느껴진다. 그러나 수성 투명 아크릴 필러를 사용한 경우엔 오일을 칠하면 안 된다.

원하면, 이제 스테인을 칠할 수 있다. 단, 사포질 후 12시간 이내에 스테인을 칠해야 하며, 알코올이나 글리콜에테르 기반의 스테인을 사용해야 한다. 알코올 염료, NGR 염료, 속건성 안료 와이핑 스테인을 사용할 수 있다. 그리고 여러 수성 스테인 제품을 사용할 수 있는데, 물과 더불어 용제도 들어 있어야 한다. 스테인의 호환성을 알아보기 위해서, 건조된 필러 표면에 스테인을 칠한 후 닦아본다. 필러의 색상이 변하거나 진해지면, 스테인이 충분히 잘 부착된다는 뜻이다.

마호가니에 유성 필러를 칠한 것이다. 오른쪽부터, 내츄럴 필러, 원 목재에 갈색 필러, 씰링한 후 마호가니 색상 필러, 그리고 흑색 염료를 씰링한 후 화이트 필러를 각각 칠한 것이다.

컬러 필러와 내츄럴 필러

원하는 효과를 얻기 위해서, 색상이 들어 있는 필러 혹은 내츄럴한 미색의 필러 등 원하는 것을 선택해야 한다. 특정 효과를 얻기 위해서는, 수성 필러와 유성 필러 중에서 잘 선택해야 한다. 필러 위에 칠하는 마감재가 외관에 영향을 미친다는 것을 명심해야 한다. 일반적인 기준은 다음과 같다.

유성 컬러 필러

자연스러운 외관을 원한다면, 원 목재에 내츄럴 필러를 칠한다. 유성 제품을 칠하면 그렇듯이, 바인더로 인해서 목재의 색상이 깊어진다. 바인더는 시간이 지나면 황변현상이 생길 수 있으므로, 애쉬와 같은 매우 밝은 색상의 목재에는 내츄럴 필러가 적합하지 않다.

기공과 나머지 부분을 동시에 스테인 처리한다면, 필러와 스테인을 혼합해서 원 목재에 칠한다. 먼저 색상이 제대로 나오는지 자투리 목재를 사용해서 몇 번 시험을 해봐야 한다. 이 기법을 적용하면 일반적으로 기공 구조가 강조된다.

기공을 나머지 목재와 같은 색상으로 칠함으로써, 기공을 드러내고 싶지 않다면, 목재를 씰링한 다음, 기공 사이 목재와 같은 색상의 필러로 칠한다.

필러 조색제의 호환성

조색제	호환되는 필러
안료 분말	유성 필러 혹은 수성 필러
UTCs(Universal Tinting Colorants)	유성 필러 혹은 수성 필러
청동 안료, 펄 안료, 금속 플레이크(알루미늄)	유성 필러 혹은 수성 필러
유성 염료	유성 필러
유성 스테인, 유성 페인트	유성 필러
회화용 유화물감	유성 필러
저팬 컬러(Japan watercolors)	유성 필러
수성 스테인, 라텍스 페인트	수성 필러
수성 염료	수성 필러
회화용 아크릴 물감	수성 필러

기공을 목재와 대비되게 해서 기공을 드러내고 싶다면, 그냥 두거나 아니면 원하는 색상으로 먼저 목재에 스테인을 칠한다. 이제 목재를 씰링한 다음, 목재와 대비되게 밝은 색상 혹은 어두운 색상으로 컬러 필러를 칠한다.

위 사진이 이러한 기법을 적용한 것이다.

제 11 장

▶ 필러 색상 조정

183쪽의 표를 참고해서 필러와 호환이 되는 조색제를 섞어서, 페이스트 **필러의 색상을 조정**할 수 있다. 기공 속의 필러 색상은 최종 마감에 아주 큰 영향을 미친다는 것을 알아야 한다. 기공과 주변 영역 사이의 약간의 색상 차이도 아주 큰 효과가 생긴다.

스테인에 적용하는 색채 이론은 페이스트 우드 필러에도 그대로 적용된다. (162쪽의 기본 색채 이론을 참고한다.) 그러나 특별히 컬러 필러과 관련된 내용은 다음과 같다.

- 필러를 어둡게 만들고 싶다면 흑색, 반다이크 브라운(Van Dyke brown; 진한 갈색), 로엄버(raw umber; 갈색), 번트엄버(burnt umber; 짙은 암갈색)를 첨가한다. 흑색을 넣으면 색상이 차가워지는데, 적색을 첨가해서 이를 보정할 수 있다.
- 목재 색조의 필러를 밝게 칠하고 싶으면 로씨에나(raw sienna; 황갈색) 혹은 골든오커(golden ochre; 황금빛 황토색)를 사용한다. 백색을 첨가하면 파스텔 색조가 된다.

마호가니에 유성 필러를 칠한 것이다. 제일 왼쪽이 내츄럴 필러고, 그다음이 번트씨에나(burnt sienna; 짙은 적갈색)를 첨가한 것이며, 그다음은 흑색을 첨가한 것인데 차가운 느낌이 들고, 맨 오른쪽은 적색을 첨가해서 따뜻한 느낌이 난다.

- 목재를 차가운 색조로 만들려면, 로엄버를 소량 첨가한다. 이 안료는 녹색끼를 띠기 때문에 따뜻한 색을 중화시킨다.
- 목재의 색조를 따뜻하게 만들려면, 주황색이나 적색을 소량 첨가한다.

수성 컬러 필러

기공을 주변 목재에 묻히게 만들려면, 내츄럴 필러 혹은 목재와 같은 색상의 필러로 칠한다. 내츄럴 수성 필러는 건조되면 분필 같은 연한 미색의 느낌이 나므로, 마호가니나 월넛 같은 어두운 목재뿐만 아니라 밝은 색의 목재에서도 색조를 조정할 필요가 있다.

목재가 완전히 자연스럽게 보이도록 만들고 싶다면, 투명 필러를 사용한다. 기공을 목재의 색상보다 어둡게 만들고 싶다면 암갈색 필러를 칠하고, 건조된 후 여분을 사포질로 제거한다.

기공과 중간 영역을 동시에 채색하고 싶으면, 용제 기반 염료(알코올 혹은 NGR)를 칠한다. 염료는 기공 이외 부분을 채색하고, 동시에 필러의 색상도 깊게 만든다.

왼쪽 사진은 이상의 기법을 적용한 결과다.

화이트 오크에 수성 필러를 칠한 것이다. 왼쪽부터 투명 필러, 내츄럴 필러, 암갈색 필러, 암갈색 필러 위에 알코올 염료 스테인을 각각 칠한 것이다.

폴리에스테르 분무

스테인을 칠하고 나서, 혹은 일부 목재에서는, 이졸라(isolante)라고 불리는 촉매화된 우레탄 차폐 씰러를 먼저 칠하는 것이 좋다. 차폐 도막을 칠하고 두 시간 정도 건조시킨 후, 첫 번째 폴리에스테르 도막을 칠한다(A). 크로스해칭(상하좌우로 교차) 형태로 분무한다.

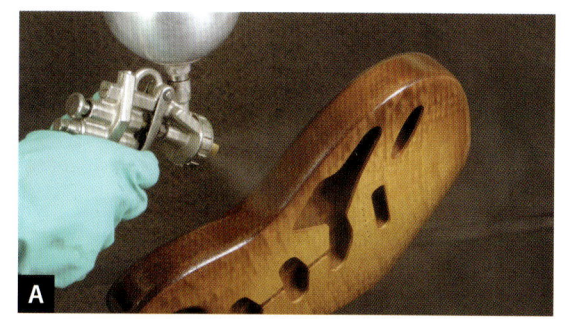

▶ 217쪽의 "편평한 면에 분무하기"를 참고한다.

폴리에스테르는 이전 도막이 다 마르기 전에 다음 도막을 칠하는, 웨트온웨트(wet-on-wet; 번지기 기법)으로 분무한다. 손가락으로 건드려봐서 아직 액체 상태면 좀 더 기다려야 한다. 약간 끈적하고 지문이 남는다면, 이어서 다음 도막을 분무한다(B). 세 번 정도 칠하면 대부분이 메꿔지므로, 이후 여분을 사포질로 제거할 수 있다.

12시간이 지난 후, 기공의 모양이 안 보일 때까지 폴리에스테르를 사포질해서 제거한다(C). 이때 사포질로 바탕까지 갈려나가는 일이 종종 있는데, 이때는 작은 터치업 스프레이건으로 색을 분무해서 수정한다(D).

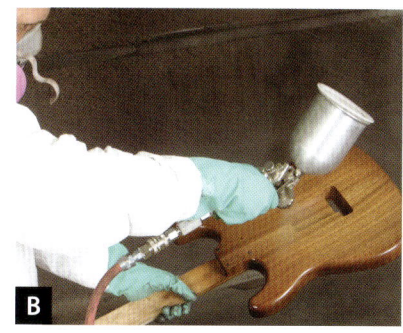

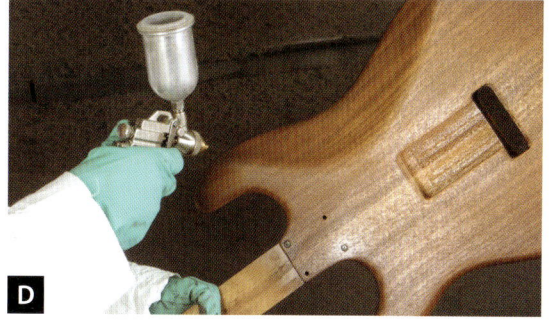

투명 바니쉬

스프레이건 대신에 손으로 마감재를 칠해서 기공을 메꾼다면, 고형물 함량이 무게비 혹은 부피비로 40%가 넘는 바니쉬를 사용하는 것이 가장 쉬운 방법이다. 붓으로 3~5도막을 칠하는데, 각 도막 사이마다 건조시킨다(A). 마지막 도막을 사포질했을 때, 가루가 생길 정도로 충분히 건조되었으면, 편평한 샌딩블록을 사용해서 사포질한다(B). 이렇게 몇 번 사포질한 후엔, 사포를 접어서 손에 잡고 사포질한다(C). 역광 아래에서 살폈을 때, 기공의 형상이 보이지 않으면 작업이 완료된 것이다.

유성 필러

메꿈과 스테인 작업을 동시에 수행하기

원하면, 스테인을 칠하는 동시에 기공도 메꿀 수 있다. 컬러 필러를 원 목재에 직접, 혹은 워시코팅한 목재 위에 칠한다. 적색 색조를 얻으려면, 호환이 되는 시판 스테인을 필러에 첨가한다(A).

먼저 기공에 있는 분진을 전부 제거한다(B). 이제 천 조각에 필러를 묻혀 원을 그리면서, 기공에 다져 넣는다(C). 작업물의 크기가 작으면 한 번에 필러를 전부 칠할 수도 있지만, 필러가 너무 빨리 마르면, 테이프로 구간을 나눈 뒤 작업한다(D). 필러가 희미해지면, 삼베 같은 천을 사용해서 표면에서 필러 여분을 바로 닦아낸다(E).

스테인 작업 후 메꿈 작업하기

목재에 스테인을 칠하고 씰러를 칠함으로써, 스테인을 고정시키고, 또한 필러가 목재의 색상에 영향을 주는 것을 막는다. 가볍게 사포질한 후(A), 분진을 제거한다. 이제 붓으로 필러를 고루 칠한 후, 고무 스퀴지, 신용카드, 판지 등으로 필러 여분을, 나뭇결 방향으로 긁어낸다(B). 가장자리 방향으로 긁어내며, 스퀴지 날에서 필러를 수시로 닦아낸다. 표면에서 필러의 색상이 희미해지면, 삼베 혹은 성기게 짠 면직물로 전부 닦아낸다. 삼베를 뭉쳐서 표면을 닦아내는데, 이번에는 결 방향으로 작업한다(C). 몰딩이나 복잡한 형상에서는 소프트우드 조각으로 필러를 긁어낸다(D). 여분의 필러를 전부 제거한 후엔 8자 모양으로 닦아낸다. 320-grit로 가볍게 사포질한다.

수성 안료 필러

수성 필러는 건조시간이 짧기 때문에 원 목재에 직접 칠한 후, 여분은 사포질로 제거하는 것이 최선이다. 붓, 롤러, 스프레이건 등으로 자유롭게 필러를 칠한다(A). 여분을 스퀴지로 바로 긁어내는데, 작업 방향은 신경쓸 필요가 없다(B). (결 방향으로 긁을 필요가 없다.) 이제 깨끗한 천에 물을 적신 다음, 가능한 한 많은 양의 필러를 닦아낸다. 필러는 몇 시간 후에 사포질이 가능하며, 사포질했을 때 쉽게 가루로 나와야 하며, 뭉치면 더 건조시켜야 한다. 편평한 구역은 원형 샌더에 220-grit를 붙여서 사포질하고(C), 몰딩은 손으로 사포질할 것을 추천한다(D). 나뭇결도 깨끗하게 보이고, 기공 속 필러도 보인다면 작업이 제대로 된 것이다.

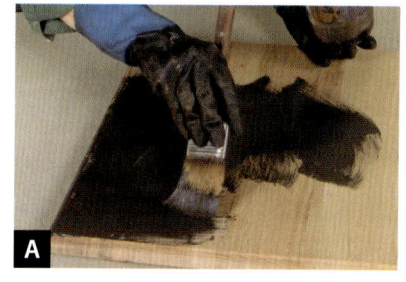 

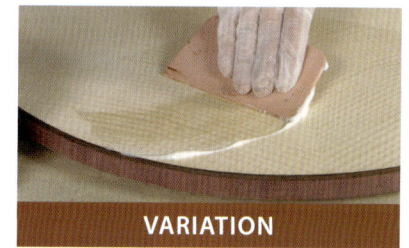

[VARIATION] 필러가 목재의 자연스러운 외관에 영향을 주지 않게 하려면, 투명 수성 필러를 사용한다.

소석고 필러

소석고(plaster of paris)는 아주 쉽게 사용할 수 있는 필러다. 영국에서는 프렌치 폴리싱에 전통적으로 사용하던 방법이다. 소석고에 물을 섞어서 상당히 걸쭉한 필러를 만든다. 면천을 사용해서 원을 그리듯이 기공에 채워 넣는다(A). 전 면적을 전부 칠한 후엔, 마를 때까지 기다린다. 그런 다음 젖은 천으로 여분을 닦아낸다(B). 하룻밤 건조시킨 후, 220-grit로 사포질한다. 이제 투명 보일드 린시드오일(아마인유)을 칠한다. 어두운 색조를 원하면, 적절한 염료를 오일에 첨가한다. 오일을 칠하면, 뿌옇던 표면이 거의 투명하게 변한다(D).

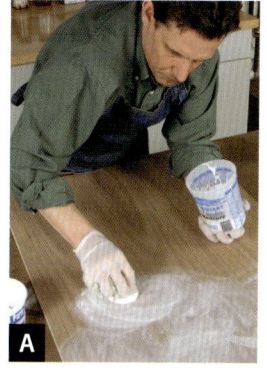 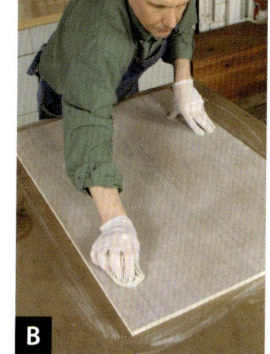
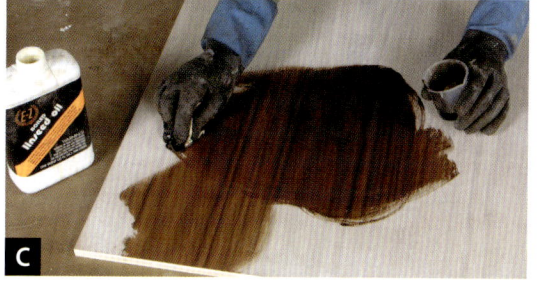

가공을 부분적으로 메꾸기

오일 슬러리 필러

예전부터 사용되어온 방법인데, 표면을 부분적으로 메꾸는 쉬운 방법이 있다. 오일 종류의 마감재를 습식 샌딩 방식으로 기공에 메꿔 넣는 것이다. 먼저 보일드 린시드오일, 텅오일, 대니쉬오일(Danish oil), 혹은 오일/바니쉬 혼합물 등을 넉넉하게 바른다(A). 15분 정도 지난 후 닦아내고, 하룻밤 건조시킨다.

다음 날, 한 번 더 칠하는데, 이번엔 600-grit 방수사포를 사용해서 원을 그리듯이 습식 샌딩한다(B). 원리는 목재 분진, 전날 칠한 마감재, 지금 새로 칠한 마감재를 전부 섞어 슬러리 형태로 만들어서 기공에 메꿔 넣는 것이다. 30분은 지나야 하지만, 너무 오래 두면 끈적해져서 닦아내기 어렵다. 기공에 약간의 색을 넣고 싶다면, 표면에 로튼스톤(rottenstone; 트리폴리(tripoli)석; 역자주: 연마에 쓰이는 규질 석회석)을 약간 뿌린 후, 오일과 함께 습식 샌딩해서 기공을 메꾼다(C). 원하면 더 칠할 수도 있지만, 여기서 멈추면 결과가 더 자연스럽다. 원하면, 좀 더 단단한 마감재를 희석해서 상도로 칠한다. 예를 들면, 1파운드컷 셸락, 래커 희석액, 1:1로 희석한 바니쉬 등을 사용할 수 있다.

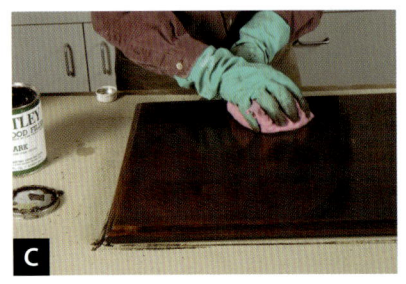
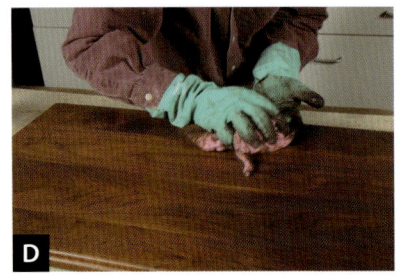

슬러시 필(slush fill)

희석한 필러를 한 번 칠하면, 기공은 부분적으로 메꿔진다. 어두운 색상의 필러를 사용하고, 기공 주변 목재의 색상은 그대로 두고 싶다면, 목재 표면을 먼저 씰링한 후, 320-grit로 사포질한다. 미네랄 스피릿이나 나프타로 필러를 희석해서 크림처럼 만든다(A). (필러와 희석제를 보통 같은 비율로 섞는다.) 붓으로 필러를 칠해 기공을 메꾼다(B). 그런 다음, 헝겊으로 원을 그리듯이 문지른다(C). 희석제에 따라 약간 다르지만, 15~30분 정도 지나면 필러가 희미해진다. 이때 깨끗한 헝겊을 뭉쳐 표면의 여분을 닦아낸다(D).

제 12 장

씰러

씰러 기초
- 브러싱 씰러 (194쪽)
- 샌딩씰러 분무 (195쪽)
- 복잡한 형상에서의 스커프 샌딩(scuff-sanding) (195쪽)

유용한 씰러
- 1파운드컷 셸락의 제조 및 사용 (196쪽)
- 피쉬아이 수리 (197쪽)

마감작업에서 씰러(sealers)의 역할은, 제10장에서 설명한 대로, 얼룩 조절을 포함하여 여러 가지가 있다. 그러나 가장 중요한 목적 중 하나는 이어지는 마감재 도장작업을 위해서 표면을 손질하는 것이다. 그 외에도 씰러는 여러 기능을 가지고 있는데, 부착력 증진, 건조시간 단축, 결이 일어나는 것을 최소화하고, 기저의 물질이 올라와서 영향을 주는 것을 막는 것 등이다.

이 장에서는 씰러의 여러 역할, 그리고 종류 및 용도를 설명한다.

씰러와 사포질

어느 마감재든지 초기 하도(base coat)는 목재 내부로 침투한다. 일어난 나뭇결을 마감재가 감싸면서 경화하므로 목재 표면이 약간 거칠거나 불규칙해진다. 이렇게 경화된 나뭇결을 편평하게 사포질해서, 다음 마감재를 칠하기 좋도록 매끈하게 만든다. (이어지는 도막은 목재 내부로 침투하지 않으므로 사포질이 거의 필요 없다.)

대부분의 수성 마감재 및 유성 폴레우레탄은 사포질이 잘되므로 특별히 씰러가 필요하지 않다. 처음에 하도로는, 마감재 자체를 희석해서 칠하면, 침투도 잘되고 건조시간도 빠르다. 그러나 대부분의 바니쉬나 래커는 사포질을 하면 뭉치는 경향이 있다. 이때는 적절한 샌딩씰러를 먼저 칠하는 것이 효과적이다. 사용할 마감재와 호환이 되는 씰러를 마감재 판매업체로부터 추천받아 사용한다.

제 12 장

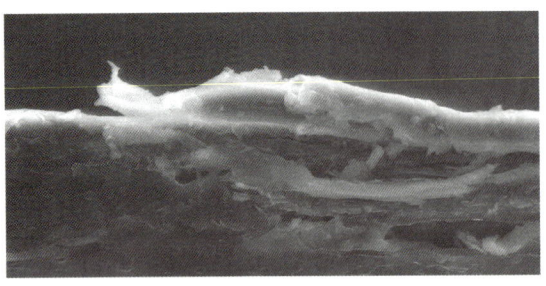

오른쪽은 씰러 한 도막을 칠한 목재 표면의 현미경 확대 사진이다. 가운데를 보면, 씰러가 일어난 나뭇결 가닥을 둘러싸고 있어서, 씰러가 경화된 후에는 사포질할 때 쉽게 잘려나간다.

사진은 유성 글레이즈 위에 수성 마감재를 칠한 경우인데, 마감재가 쉽게 벗겨진다. 디왁스드 셸락 도막을 중간에 칠함으로써, 이질적인 이 두 재료를 부착시킬 수 있다.

▶ 마감재를 이용한 씰링

마감재를 칠하고 전에, 특정 씰러로 목재 면에 바탕칠을 반드시 해야 한다는 생각은 오해다. 사실은 어떤 마감재든지 하도로 칠하면 그것이 **씰러**가 된다. 중요한 것은 첫 번째 도막은 사포질이 쉬워야 한다는 것이다. 매끈하게 사포질이 되어야. 다음 도막을 칠하는 것이 용이하다. 일부 마감재는 사포질이 잘 안 되기 때문에 씰러로는 부적합하며, 따라서 사포질이 잘되는 특수 씰러가 개발되었다.

부착 문제 해결

목재 내부에 존재하는 수지(레진)와 마감재, 혹은 서로 다른 두 마감재가 화학적으로 호환되지 않으면 부착 문제가 발생한다. 예를 들어, 북미산 향나무는 래커와 바니쉬를 무르게 만든다. 유성 페이스트 우드필러와 글레이즈를 수성 마감재 도막들 중간에 사용하면 제대로 부착이 안 된다. 고형분이 많은 현대적인 컨버전 마감재도 부착문제가 있다. 이들은 도막이 두꺼워서, 사포질이 잘된 표면에는 제대로 부착되지 않는다. 이런 경우에는 부착을 증진시키기 위해서 씰러를 사용하는 것이 일반적이다.

건조시간 및 결이 일어나는 문제

폴리우레탄이나 바니쉬를 희석해서 하도로 칠하면, 사포질하기 전에 상당히 오래 건조시켜야 한다. 이때는 속건성 씰러(fast-dry sealers)를 사용할 수 있다. 속건성 씰러를 사용하면, 씰러를 칠하고, 상도 마감재를 한 번 정도 칠하는 작업까지는 하루에 마칠 수 있다.

수성 마감재를 사용하면 나뭇결도 일어나고, 목재 내부로 제대로 침투되지도 않는다. 이런 경우에 사용할 수 있는 제품이 중성 씰러(neutral-pH sealer)인데, 결이 일어나는 것을 최소화하고, 침투도 잘된다.

스테인 전이 및 오염 방지

스테인과 마감재의 희석제가 서로 비슷하면, 스테인 전이(stain migration)가 일어난다. 주로 수용성 염료 스테인 위에 수성 마감재를 칠하는 경우에 발생한다. 이 경우에 씰러를 칠하면, 스테인의 색상이 마감재 쪽으로 옮겨가는 것을 막을 수 있다.

왁스, 실리콘, 기계 윤활유 등이 묻으면 마감 표면에 피쉬아이(fisheye)라고 불리는 얼룩이 생기는데, 주로 재마감(refinishing)할 때 생긴다.

▶ 197쪽의 "피쉬아이 수리"를 참고한다.

상도를 칠하기 전에, 차폐 도막(중도)으로 씰러를 칠하면, 보통은 문제를 해결할 수 있다.

씰러의 종류

씰러에는 여러 종류가 있으므로, 마감재의 종류 및 상황에 맞춰 선택한다. 씰러와 마감재 사이의 호환성은 마감재 판매업체에 문의한다.

샌딩씰러

샌딩씰러(sanding sealer)는, 래커 혹은 바니쉬 기반의 마감재를 단순히 희석한 것인데, 이때 스테아르산 아연(zinc stearate)이나 레진(일반적으로 비닐 수지)을 첨가해서 변화를 준 것이다. 이 첨가제로 인해서 마감재의 사포질도 용이해지고, 이어지는 도막도 잘 칠해진다.

스테아르산 아연을 첨가한 샌딩씰러의 단점은, 첨가제를 넣지 않은 경우와 비교해서, 부착력이 좋지 않고, 더 무르며, 내구성도 나빠진다. 따라서 주방 찬장이나 욕실장 같이 내수성이 중요한 경우에는, 상황에 따라 신중하게 사용해야 한다. 그리고 바탕에 두껍게

피쉬아이는 분화구처럼 표면에 두루 나타난다. 마감재가 경화되었다면 사포로 제거한다.

씰러에는 여러 종류가 있다. 왼쪽부터 각각 유성 속건성 샌딩씰러, 투명 혹은 안료 형태의 셸락 씰러, 페인터 프라이머(primer for paint), 래커 기반 비닐 및 스테아르산 샌딩씰러, 글루사이즈, 수성 씰러다.

둘 다 속건성 바니쉬 씰러지만, 왼쪽은 스테아르산 아연(나무 스틱에 묻은 부분)이 들어 있어서 폴리우레탄 마감과 사용하기엔 부적합하다. 오른쪽은 스테아르산 아연이 들어 있지 않아서 폴리우레탄 마감에 적합하다.

제 12 장

사진은 래커 기반 샌딩씰러인데, 스테아르산 아연 첨가제가 들어 있기에 사포질이 아주 쉽고, 이후 래커 도막이 잘 칠해진다.

도막을 올리는 용도로는 절대 사용해서는 안 된다. 얇게 칠하고, 사포질로 얇은 도막만 남기는 것이 가장 이상적이다.

비닐씰러

샌딩씰러에 포함된 스테아르산 아연과 마감재가 서로 반응하여 나쁜 효과를 줄 수 있는 경우에는 비닐씰러를 사용한다. 예를 들어, 폴리우레탄 바니쉬는 스테아르산 씰러에 부착되지 않으며, 고성능 래커 및 바니쉬도 마찬가지다.

비닐씰러는 부착력이 아주 좋고, 내수성이 뛰어나다. 두 종류의 마감재를 서로 부착시켜주는 능력도 뛰어난다. 사실 전문가들은 유성 글레이즈, 페이스트 우드필러를 용제 기반 래커, 컨버전 바니쉬와 함께 사용할 때는, 비닐씰러를 자주 사용한다. 또한 티크, 자단(rosewood) 등의 목재 내부에 포함되어 있는 천연수지는 유성 마감재의 경화를 방해하는데, 이를 비닐씰러가 막아준다.

작업 속도가 빠르면, 비닐씰러를 붓이나 천으로 칠하는 것도 가능하지만, 기본적으로는 속건성 분무용으로 제품이 시판된다. 비닐씰러를, 씰러와 마감작업을 한 번에 할 수 있는 것('one-step sealer/finishes')으로 시판되고 있는 비닐/알키드 바니쉬(vinyl/alkyd-based varnishes)와 혼동하면 안 된다. 비닐은 안타깝게도 사포질이 잘 안 되기 때문에, 일반적으로는 니트로셀룰로오스(nitrocellulose) 등의 수지를 비닐씰러에 첨가해서 사포질이 잘되게 만든다.

셸락

셸락(shellac)은 천연수지인데, 구하기도 쉽고, 사용하는 것도 간편하다. 마감 관련 문제를 미리 막을 수 있는 것 중 가장 보편적인 것이 셸락이다. 디왁스드 셸락(dewaxed shellac)을 수성 마감재, 폴리우레탄과 같이 사용하면 아주 좋은 효과를 얻을 수 있다.

셸락은 사포질도 잘되고, 그 위에 마감재도 잘 칠해진다. 수성 마감재와 관련이 있는, 나뭇결이 일어나는 현상도 막아준다. 또한 수성 마감재는 보통 차가운 색조인데, 셸락으로 인해서 호박색(amber) 계통의 따뜻한 색상을 띠게 된다. 그리고 디왁스드 셸락은 수성 염료가 수성 마감재 상도 쪽으로 전이되는 것을 막아준다.

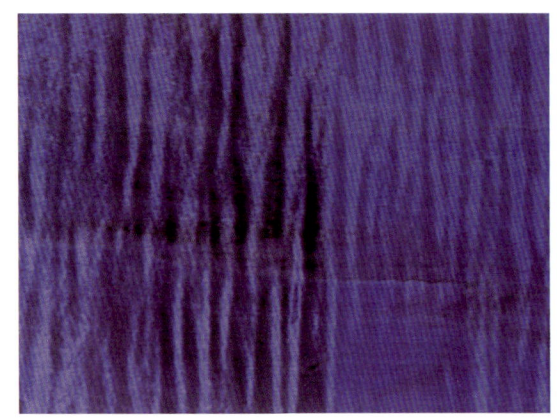

컬리 메이플에 염료를 칠한 다음, 왼쪽 반만 디왁스드 셸락을 칠했다. 이후 전체 면을 수성 래커로 칠했다. 셸락이 염료와 수성 래커가 섞이는 것을 막아주기 때문에, 왼쪽이 더 선명하고 깔끔하고 풍부한 느낌이 든다.

제 12 장

코코볼로(ccobolo; 역자주: 열대 아메리카산 자단) 내의 천연수지는 유성 마감재의 경화를 방해한다. 사진에서 왼쪽 반만 유성 바니쉬를 칠하기 전에 글루사이즈를 칠해서 씰링한 것이다. 오른쪽은 3주가 지났지만, 경화가 제대로 되지 않아서, 화장지가 표면에 붙는다.

셸락은 결이 일어나는 것을 최소화하고, 부착이 좋아지고, 사진의 월넛에서 보듯이 결이 선명해지고 따뜻한 느낌이 난다. 왼쪽은 수성 마감재인데, 창백한 플라스틱 같은 느낌이 들기 때문에 만족스럽지 못하다.

셸락은 차폐용 도막으로 아주 적격이다. 자단에 포함된 천연수지, 북미산 향나무에 포함된 화학물질은 유성 상도(top coat)의 경화를 방해하는데, 셸락으로 이를 막을 수 있다. 유성 목재 필러나 글레이즈를 칠하고, 그 위에 수성 상도를 칠하면 서로 부착이 잘 안 되는 문제가 있는데, 이는 중간에 셸락을 한 도막 칠해주면 해결된다.

물론 셸락도 완벽한 것은 아니다. 래커나 바니쉬보다 내구성이 약하고, 열이나 알코올에도 아주 강한 것은 아니다. 따라서 내구성, 내수성이 중요한 경우엔 적절하지 않을지도 모른다.

글루사이즈

글루사이즈(glue size)를 씰러로 사용하면, 몇 가지 역할을 수행하게 된다. 첫째로 나뭇결의 목섬유를 고정, 경화시켜주기 때문에, 이것이 사포질로 쉽게 제거된다. 또한 MDF(medium density fiber board; 중밀도 섬유판)의 단면처럼 공극이 아주 많은 경우 이를 차폐시킬 수도 있다. 자단에 유성 마감재를 사용하는 경우엔, 글루사이즈가 목재의 천연수지를 미리 막아주기 때문에, 마감재의 경화가 제대로 진행될 수 있다.

과거에는, 아교나 PVA(polyvinyl acetate) 접착제를 물로 희석에서 직접 만들어서 사용했다. 그러나 요즘 시판되는 글루사이즈는 폴리비닐알코올이라는 수성 레진을 사용해서 제조된다. 시판 제품이 직접 만들어 쓰는 것보다 낫다. 만약 직접 만들길 원하면, PVA 접착제(일반적인 옐로우 혹은 화이트 목공용 접착제)와 물을 1:10 비율로 섞어서 만든다.

글루사이즈는 농축액 형태로 시판되므로, 공극이 많은 목재나 MDF에 칠할 때는 물로 희석해서 사용한다. 가정에서는 PVA 접착제와 물을 1:10 비율로 섞어서 만들 수 있다.

씰러 | 193

브러싱 씰러

글자 그대로 붓으로 칠하는 씰러다. 이 형태의 샌딩 씰러는 투명 비닐/알키드인데, 유성 폴리우레탄이나 바니쉬와 같이 사용할 수 있다. 제품 용기에 들어 있는 그대로 희석하지 않고 사용한다. 아무 붓이나 사용해서 균질하게 표면에 칠한다(A). 사포질하기 전에 완전히 건조시켜야 하며, 사포질했을 때 분필처럼 쉽게 가루로 갈아져야 제대로 건조된 것이다.

편평한 면은 600-grit 스테아르산 사포(stearated sandpapers)를 세 등분으로 접어서 사포질한다(B). 손에 대고 가볍게 사포질하는데, 부재의 각진 모서리를 갉아내지 않도록 주의한다. 사포질할 때는 늘 호흡기 보호장비를 착용해야 한다(C). 벨크로 원형사포는 고리형 샌딩패드에 붙여서 사용한다(D). 모서리 부분에서는, 검지를 사포 뒤에 받치고 수평으로 유지하면서 작업하면, 모서리의 각을 보호할 수 있다(E).

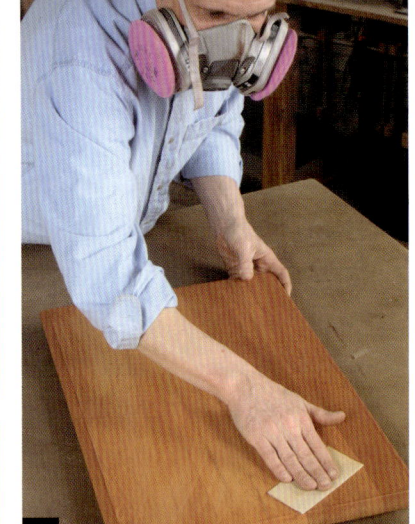
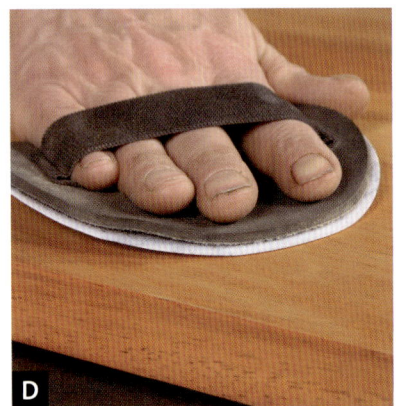

샌딩씰러 분무

스테아르산 아연이 포함된 샌딩씰러는 사용하기 전에 잘 섞어야 한다. 분무한 후(A), 최소 한 시간은 건조시킨 후, 사포질한다. 파이크러스트 테이블 상판처럼 복잡한 형상의 면을 사포질할 때는 P600-grit(역자주: FEPA 등급이며, CAMI 등급으로는 360~400-grit에 해당한다.) 사포를 세 등분으로 접어서, 가장자리의 몰드 바로 전까지 밀어준다(B). 몰딩 형상 자체는 수세미 사포를 사용해서 사포질한다(C). 이후 나프타나 미네랄 스피릿으로 분진을 완전히 제거한 다음(D), 마감재를 칠한다.

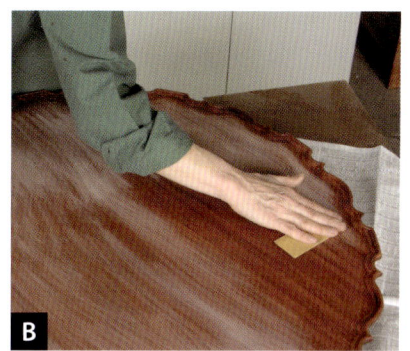

복잡한 형상에서의 스커프 샌딩 (scuff-sanding)

알판구조의 문짝처럼 복잡한 형상을 사포질해야 하는 경우엔, 원형 샌딩패드와 원형 사포 사이에 쿠션 패드를 붙이고 작업한다(A). 가장자리 몰딩(B), 그리고 알판의 안반달(cove) 몰딩(C)은 수세미 사포를 사용해서 사포질한다. 작업 중 실수로 씰러나 스테인을 갈아버렸다면, 동일한 스테인으로 칠해준다. 아니면 셸락에 터치업 파우더(touchup powders; 역자주: 안료 분말)를 첨가해서 색상을 맞춘 후, 칠한다(D).

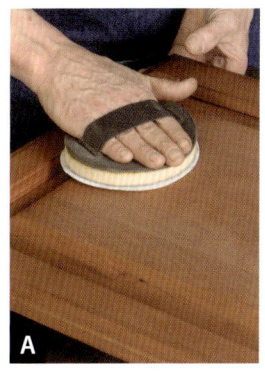
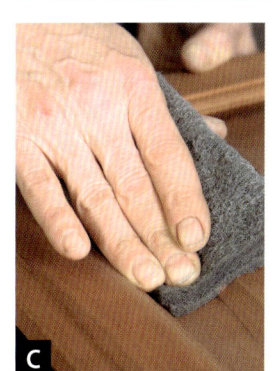

1파운드컷 셸락의 제조 및 사용

1파운드컷 셸락은 범용으로 사용할 수 있는 매우 유용한 씰러다. 마감과 관련된 여러 문제를 미연에 방지해주며, 수분 흡수가 잘되는 천을 사용하면 쉽게 바를 수 있다(A).

자주 사용하면, 다음처럼 간단하게 제조할 수 있다. 깨끗한 유리병을 4등분해서 눈금을 표시한다(B). 눈금 하나까시만 디왁스드 셸락 조각으로 채운다(C). 그런 다음 유리병 전체를 변성 알코올(denatured alcohol)로 채운다. 이제 10분 간격으로, 2시간 동안 흔들어준다.

피쉬아이 수리

마감재를 칠했는데 피쉬아이(fisheye)가 생긴다면, 마감재가 경화되기 전에 도로 제거하는 것이 최선이다. 그러나 건조가 느린 편인 바니쉬, 폴리우레탄은 이것이 가능하지만, 다른 마감재는 건조속도가 빨라서 어려울 수 있다. 또한 제거하는 과정에서 바탕의 스테인을 갈아낼 위험성도 있다. 그리고 마감재가 경화된 후에 피쉬아이가 나타나는 경우도 있다. 이때는 마감재가 경화된 후에 사포질로 제거해야 한다.

400-grit 사포를 샌딩블록에 감싸쥐고, 피쉬아이 형상이 사라질 때까지 사포질한다(A). 스테인이나 원목재를 갈아내지 않도록 주의해야 하며, 위험하다 싶으면 탄성이 좋은 초미세(ultrafine; 울트라파인) 수세미 사포 패드로 바꿔 작업한다(B). 분진을 제거한 후, 문제가 되는 구역에 디왁스드 셸락을 몇 도막 칠한다(C). 문제가 크지 않으면, 이런 식으로 피쉬아이를 발생시키는 오염물질을 덮어버리는 것이 가능하다. 그러나 문제가 광범위하게 나타나면, 마감재에 피쉬아이 첨가제를 넣는 것이 낫다. 첨가제는 컵당 몇 방울이면 충분하다. 따라서 소형 점적기(dropper)가 없다면, 작은 나무 스틱에 묻혀 방울로 떨어뜨린다(D).

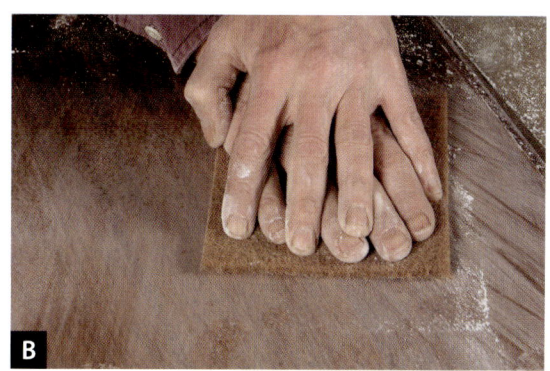

마감재 선택, page 200

반응성 마감재, page 222

증발성 마감재, page 239

수성 마감재, page 257

마감재 표면 광내기, page 273

단원 V

마감재

목재에 칠하는 마감재는 보호와 장식이라는 두 가지 기능을 가지고 있다. 마감재는 목재를 연속되는 막으로 둘러싸서 외부 손상 및 습도 변화로부터 목재를 보호한다. 또한 마감재는 광택, 반사, 색상 등을 통해서 목재에 깊고 풍부한 느낌을 더한다.

적절한 마감재를 고르는 것이 간단해 보일지도 모른다. 그러나 각 제품마다 내구성, 사용 난이도, 건조 특성 등이 많이 다르기 때문에 어려울 수도 있다. 이 단원에서는 프로젝트에 따라 마감재를 선택하고 사용하는 방법에 대해서 설명한다. 최적의 작업 기법과 환상적인 광을 낼 수 있는 기법(rub out)에 대해서도 알아본다.

제 13 장

마감재 선택

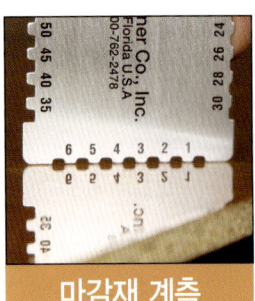

마감재 계측
- 부착 실험 (213쪽)
- 도막 두께 측정 (214쪽)
- 점도 측정 (214쪽)

붓질 기초
- 붓 손질 (215쪽)
- 기본 붓질 (215쪽)
- 셸락 및 래커를 붓으로 칠하기 (216쪽)

분무
- 편평한 면에 분무하기 (217쪽)
- 복잡한 형상에 분무하기 (218쪽)
- 수직면에 분무하기 (218쪽)
- 캐비닛 내부 분무 (219쪽)

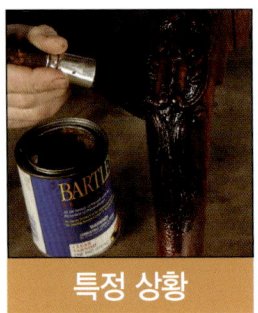

특정 상황
- 조각면 분무 (220쪽)
- 양면 마감 (220쪽)
- 알판구조에서 붓으로 칠하기 (221쪽)
- 조립 전 마감 (221쪽)

너무 많은 종류의 마감재가 시판되고 있기 때문에, 적절한 것을 선택하는 것이 오히려 어렵다. 일부 마감재는 매력적이고 사용하기 쉬운 반면에, 보호 기능이 충분하지 않을 수도 있다. 또 내구성은 좋으나, 원하지 않는 색상이 들어 있는 마감재도 있다. 별도의 장비가 없으면, 당장 사용할 수 없는 제품도 있다.

이 장에서는 이러한 변수들을 정리해서, 마감재를 선택하는 방법에 대해서 설명한다. 기본적인 마감재를 대상으로 성분을 알아보고, 목적에 따라 성분을 조정하는 방법을 설명한다. 또한 여러 마감재에 적용할 수 있는, 통상적인 도장기법에 대해서 설명한다.

마감재 선택

마감재를 선택할 때는 다음 세 가지를 고려해야 한다. 그것은 내구성, 외관, 그리고 사용법이다. 그 다음에는 수리가 용이한지, 광내기가 수월한지, 그리고 독성이 있는지 등을 고려한다.

첫 단계는 작업물의 사용 환경이다. '습기, 용제(솔벤트), 음식물에 자주 닿는가? 마모가 생기거나 긁힐 가능성이 많은가? 아니면 주로 전시용인가?' 등 사용 환경에 따라서 마감재가 가져야 하는 내구성 수준이 결정된다.

제 13 장

사진은 문양이 있는 마호 가니-수자목(satinwood) 상판이다. 셸락 같은 단단한 도막의 마감재를 칠하면, 문양의 광택이 확연히 살아난다. 아래쪽은 곧은 결로 제재한 화이트 오크 상판인데, 침투성 마감재(penetrating finishes)를 칠해서 자연스러운 느낌을 살렸다.

사진의 사전 받침대는 플랫(flat; 무광) 래커를 두 번 분무한 것인데, 보호기능은 필요한 범위 내에서 최소로 하고, 대신에 목재의 자연스러움을 살렸다.

그다음 중요한 고려 사항은 마감재의 외관이다. 마감재를 얇게 칠해서 원 목재를 살릴 것인가, 아니면 마감재를 두껍게 칠해서 깊이감을 강조할 것인가? 또한 황색 등을 사용해서 목재에 색상을 넣을 것인가, 아니면 세월이 지나도 가능한 한 색상이 변치 않도록 할 것인가?

마감재를 칠할 수 있는 장비는 갖추고 있는가? 깨끗하고 난방이 되며, 건조한 작업 공간이 있는가? 인화성 용제를 안전하게 분무할 수 있는 설비를 갖추고 있는가?

사진의 왼쪽은 피클링 스테인(pickle stain) 위에 니트로셀룰로오스 래커를 칠한 것이다. 피클링 스테인의 알키드 기저와 래커가 반응해서 백색 스테인에 황변이 생겼다. 오른쪽은 수성 아크릴 스테인 위에 황변이 생기지 않는 CAB-아크릴 래커를 칠한 것이다.

마감재 선택

증발성 마감재

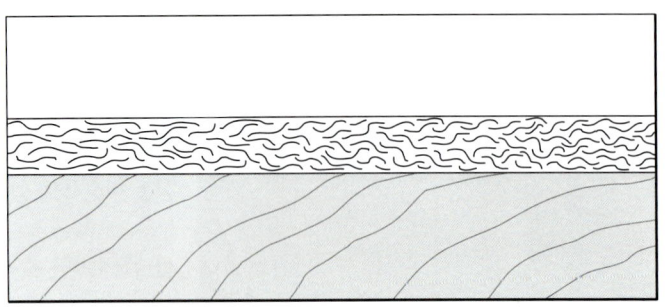

A

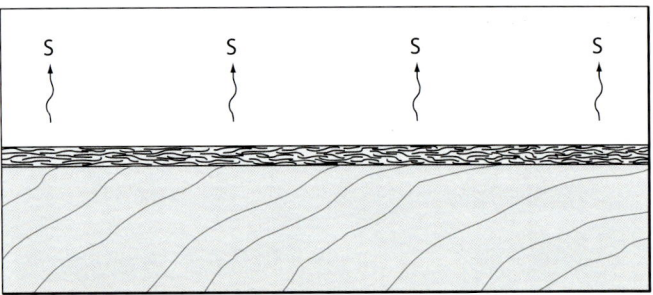

B

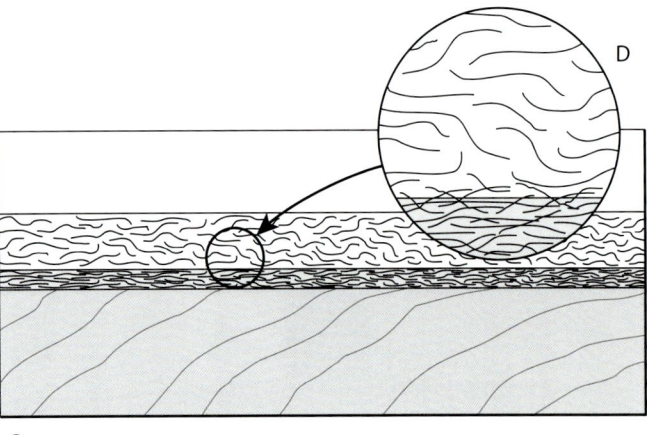

C

습윤상태의 증발성 마감재는 실같이 긴 분자가 용제에 의해서 분리되어 있는 상태다(A). 삶은 스파게티(폴리머 분자)가 끓는 물(용제)에 떠다니는 것을 생각하면 된다. 물이 없어지면 스파게티는 바닥에 다져지면서 단단한 물질이 된다. 증발성 마감재에서 용제가 기화하면 이와 똑같은 변화가 생긴다(B). 마감재를 한 도막 더 칠하면, 새 도막 내의 용제가 바닥에 다져진 가닥을 도로 녹이기 때문에(C), 두 도막이 서로 엮어진다(D).

이런 질문에 답을 하다 보면, 가장 적합한 마감재를 고를 수 있다. 적절한 마감재를 찾기 전에, 마감재의 두 기본 범주에 대해서 이해하는 것이 중요하다. 그것은 증발성 마감재(evaporative finish)와 반응성 마감재(reactive finish)다.

증발성 마감재와 반응성 마감재

모든 마감재는 증발성 마감재이거나 반응성 마감재다. 액상 레진이 경화해서 고형물이 되고 보호막을 형성하는 과정을 기준으로 분류한 것인데, 마감재의 특성과 관련이 깊다.

증발성 마감재는 마감재 레진을 용제(솔벤트)에 녹여서 제조한다. 마감재 속의 용제가 증발하면서 마감재가 경화된다. 대표적인 것이 셸락과 니트로셀룰로오스 래커다. 레진에서는 화학적인 변화가 일어나지 않으므로, 증발성 마감재를 넌컨버전(nonconversion) 마감재라고 부른다. 또한 열에 의해 물러지므로, 열가소성(thermoplastic) 마감재라고도 불린다.

반응성 마감재에서는 레진이 경화하면서 다른 화합물로 변한다. 반응성 경화에서는 액상 레진이 다른 물질과 반응하여 새로운 화합물을 만들기 때문에 교차결합(cross-linking) 경화 혹은 컨버전 경화로 알려져 있다. 유성 바니쉬와 촉매화 래커(catalyzed lacquer)가 이에 속한다. 바니쉬는 공기 중의 산소에 노출되면 자동으로 경화되고, 촉매화 래커는 촉매를 첨가하면 경화가 일어난다. 레진 분자가 경화된 마감재로 변하면, 원래의 용제와 접촉해도 도로 용해되지 않으며, 열에 의해서도 쉽게 물러지지 않는다.

내구성

마감재에서 내구성이란 긁힘, 눌림, 열, 액체 등으로 인해서 생길 수 있는 손상에 대한 저항성을 말한다. 마감재를 선택할 때는 내구성을 주된 요소로 고려해야 한다. 내구성이 높은 마감재를 원한다면, 증발성 마감재보다 반응성 마감재가 낫다.

증발성 마감재의 레진은 열이나 특정 용제에 물러지거나 용해되므로, 반응성 마감재보다 전반적으로 내구성이 떨어진다. 증발성 마감재의 이런 특성은 나중에 마감재를 수리하거나 광을 낼 때는 유리하지만, 흠집이 잘 생긴다는 것이 단점이다. 증발성 마감재 중에서는 니트로셀룰로오스 래커와 아크릴이 전반적으로 내구성이 가장 좋다.

증발성 마감재는 원 용제에 다시 용해되므로, 나중에 수리하는 것이 용이하다. 사진은 래커 마감한 기타인데, 긁힌 부분에다 래커 희석제를 바르면, 밝게 보이는 긁힌 자국이 바로 없어진다.

반응성 마감재

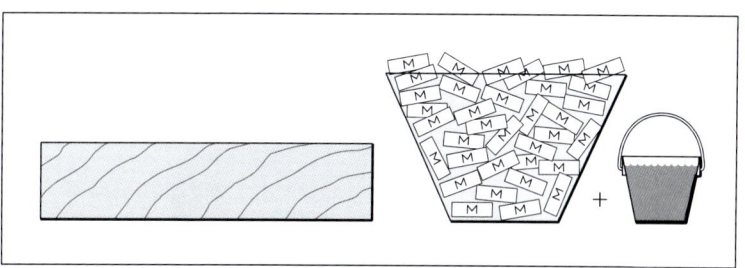

A

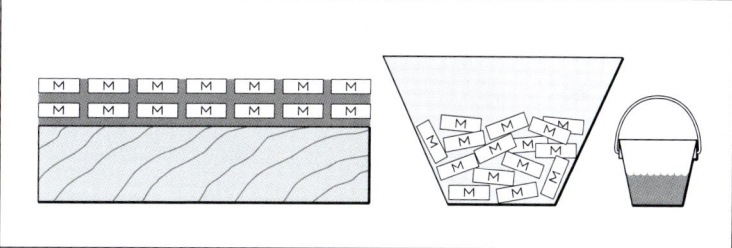

B

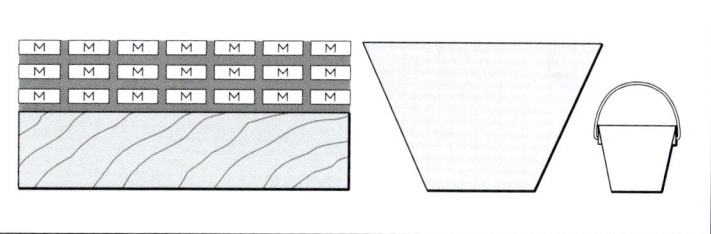

C

반응성 마감재는 큰 분자로 구성되어 있는데, 중합(重合)반응을 통해서 작은 분자로부터 만들어진 것이다. 양동이에 벽돌, 그리고 모르타르의 성분인 모래, 점토, 석회가 섞여 있다고 생각해보자(A).

벽돌은 마감재 단량체(모노머)에 해당하고, 모르타르 성분은 마감재 내의 각 화학성분에 해당한다. 모르타르 성분에 물을 첨가하면 시멘트로 굳어지면서 벽돌을 서로 연결시키듯이, 촉매를 첨가하면 마감재의 화학성분이 중합체(폴리머)를 형성한다(B). 모르타르가 건조되는 것은 화학적인 교차결합(cross-links)이 일어나는 것에 해당한다. 새로운 벽돌 층을 쌓으면(마감재 도막을 덧칠하면), 앞선 층을 용해시키는 것이 아니고 그냥 그 위에 붙는다(C).

제 13 장

소형 나무 계단은 긁힘에 대한 저항성이 높아야 하므로, 폴리우레탄으로 마감하는 것이 좋다. 또한 사진에서 보듯이, 느릅나무(elm) 등 아주 단단한 목재를 사용하는 것이 현명하다.

순수 오일은 제외하고, 반응성 마감재가 증발성 마감재보다 훨씬 내구성이 좋다. 레진 분자가 단단하게 교차결합하므로 수분이 마감재를 쉽게 통과할 수 없기 때문이다. 또한 내용제성도 증발성 마감재보다 낫다. 손으로 작업할 수 있는 것 중에는 유성 폴리우레탄이 가장 내구성이 높다. 촉매화 래커, 바니쉬, 우레탄, 폴리에스테르는 분무로 칠하는 것이 최선이다. 예외는 있지만, 일반적으로 반응성 마감재가 증발성 마감재보다 광내기 및 수리가 더 어렵다.

외관

마감재의 외관에 영향을 미치는 세 가지 요소는 도막의 품질, 색상, 그리고 목재 내부로 침투하는 깊이다. 마감재가 막을 형성하지 않고 목재 내부로 침투하게 함으로써 자연스러운 느낌이 나도록 할 것인지, 아니면 표면에 단단하고 투명한 보호막을 입힐 것인지 사용자가 결정해야 한다.

자연스러운 목재 외관을 유지하고자 할 때는, 순수 오일인 텅오일, 린시드오일, 혹은 왁스, 오일-바니쉬 혼합물(Watco™ 등) 등이 많이 사용된다. 이러한 비광택 마감재는 목재 내부로 침투해서 경화되므로, 표면의 윤기는 은은하고 멋지다. 그러나 표면에 단단한 막을 형성하지 않기 때문에, 마모나 액체 침투에 대한 보호 기능은 제한적이다.

내구성이 중요하고, 또한 기공을 메꿈으로서 광택이 풍부하고 깊은 느낌이 나도록 하고 싶으면, 셸락, 래커, 바니쉬처럼 막이 단단하게 형성되는 마감재를 사용해야 한다. 토닝, 글레이징 등을 이용해서, 다양하게 채색할 때 이들 마감재가 사용된다. 단지 몇 도막만 칠할 거면, 셸락, 래커, 바니쉬, 촉매형 마감재로도 자연스러운 목재 외관을 유지할 수 있고, 또한 보호기능도 순수 오일보다 낫다.

마감재의 색상도 고려 대상이다. 일부 마감재는 목재를 상당히 짙고 깊은 느낌이 들게 만들며, 광택도 증가한다. 오일이나 유성 바니쉬가 제일 그렇고, 용제 기반 래커 및 셸락도 그렇다. 반면에 대부분의 수성 폴리우레탄, 아크릴 마감재, 그리고 촉매형 마감재는 목재의 원 색상을 별로 변화시키지 않는다. 이들은 광학적으로 투명하며, 또한 목재 내부로 깊이 침투하지 않고 표면에 머무르기 때문이다.

목재의 밝은 색상을 그대로 유지하고 싶다면, 오렌지색 셸락이나 텅오일/페놀 수지 바니쉬(tung oil/phenolic resin varnish) 같은 어두운 색상의 마감재는 적합하지 않다. 색상이 지나치게 어두워지기 때문이다. 백색 바탕 위에 칠하면, 황색 색조가 생기는 마감재도 있다.

제 13 장

Brian Boggs가 만든 체리 의자인데, 와이핑 바니쉬를 칠했다. 화사한 윤기가 흐르고, 체리의 미묘한 방사 반점(ray fleck)이 잘 드러난다. 얇은 도막으로 칠했기 때문에, 섬세하게 수작업한 테넌페그(tenon peg; 장부결속용 나무못) 및 조각 면이 잘 드러나며, 또한 도막의 내구성도 충분하다.

원형 접시인데, 황변을 막기 위해서 황변이 일어나지 않는(nonyellowing) 아크릴 수성 마감재를 칠했다. 아래쪽은 메이플로 만든 보관함인데, 페놀 수지/텅오일 와이핑 바니쉬를 칠했기에, 약간 황색 색조를 띤다.

작업 안전 및 환경에 대한 고려 사항

바니쉬 혹은 래커와 같은 용제 기반 마감재에 포함되어 있는 용제는 인화성이 있고 유독하다. 수성 마감재는 작업 중 화재 위험성이 없고, 환경, 건강 문제가 적다. 용제 기반 바니쉬나 래커 대신에 천연 오일을 사용할 수도 있는데, 천연 오일에는 용제가 포함되어 있지 않으며, 고형분이 100%이고, 또한 재생 자원이다. 셸락은 옥수수에서 증류한 에틸알코올을 용제로 사용하므로, 안전하게 작업할 수 있는 마감재다. 특별히 유독한 것도 아니고, 냄새도 나쁘지 않다.

서랍에 보일드 린시드오일을 칠했는데, 체리와 메이플이 잘 대비되고 문양도 확 드러난다. 내구성을 향상시키기 위해서, 그 위에 니트로셀룰로오스 마감재를 칠했다.

제 13 장

밀랍(beewax), 셸락, 광유는 식용 수준으로 안전한 마감재다. 밀랍을 얇게 썰어 광유에 넣은 다음, 중탕으로 데워서 녹인다.

1970년대에 이르러 페인트에 납 사용이 금지되기 전까지는, 취사기구나 유아용 가구 등을 통해서 마감재가 인체로 유입되는 것이 큰 문젯거리였다. 그러나 요즘 시판되는 투명 마감재는 완전히 경화되면 독성이 없다. 그렇지만, 장난감 및 삼킬 가능성이 있는 곳에 사용되는 마감재는 공급업체나 제조사에 문의하는 것이 현명하다. 먹어도 되는 완전히 안전한 마감재는 식용 왁스, 순수 천연 오일, 광유(mineral oil; 鑛油), 그리고 셸락 정도로 알려져 있다.

작업 환경이 춥거나 먼지가 있으면, 속건성 증발성 마감재 혹은 분무형 촉매화 래커 같은 반응성 마감재를 사용하면, 수 분 안에 바로 건조되므로 먼지가 앉는 것을 막을 수 있다. 셸락이나 래커 같은 증발성 마감재가 낮은 온도에 대한 적응성이 가장 좋고, 또한 덥고 습한 날씨에서는 지연제를 첨가해서 조절할 수 있다.

레진, 용제, 첨가제

대부분의 투명 마감재는 레진(수지), 용제(솔벤트), 그리고 첨가제로 구성되어 있다. 레진으로 인해서 마감재는 목재 보호기능 및 장식기능이 생긴다. 용제는 마감재의 점성을 조절함으로써 레진이 목재 내부로 침투하고 부착할 수 있도록 만든다. 용제로 마감재의 흐름성 및 평활성을 조절할 수 있으므로, 다양한 도장 도구를 사용하는 것이 가능하다. 첨가제는 마감재의 점성을 조절하고, 광택을 결정한다. 일부 마감재는 양생을 촉진하고, 제품의 사용 수명(제품의 유통기한 및 제품 개봉 후 사용 기한 모두)을 늘리는 기능을 가지고 있다.

레진

마감재를 단순히 바니쉬 혹은 래커 중에서 선택하든가, 아니면 업체의 마케팅에 의존해서 선택하기보다는 레진(수지)을 기준으로 선택하는 것이 낫다. 다음이 시판되는 목재용 마감재에 사용되는 수지이며, 하나의 마감재에 여러 종류의 레진이 포함된 경우도 있다.

아크릴 수지(acrylic resins)는 부착이 좋고, 경도가 높고, 빛에 대한 안정성이 좋고(대부분 황변이 없다), 광택을 내는 것도 용이하다. 아크릴 수지는 반응성도 있고 증발성도 있다.

알키드 수지(alkyd resins)는 인성(toughness)이 높고, 부착이 좋고, 연성(flexibility)도 좋다. 알키드 수지는 바니쉬, 래커, 컨버전 마감재, 수성 마감재 등 광범위하게 사용된다.

아미노 수지(amino resins)는 매우 강하나 취성(역자주: 소성변형이 별로 없이 부스러지는 성질)이 너

사진의 맨 오른쪽이 일반적으로 시판되는 폴리우레탄인데, 방향족(芳香族) 소야오일 유랄키드(aromatic soya oil uralkyd)다. 왼쪽의 두 깡통 제품은 외장용 비황변 지방족(脂肪族) 폴리우레탄(nonyellowing aliphatic polyurethane)이다.

텅오일은 린시드오일보다 색이 밝다. 바닥에 있는 판재가 이들을 칠한 것인데, 목재 자체의 자연스러운 외관을 유지할 수 있다.

무 강해서 독립적으로 사용하기는 어렵다. 따라서 알키드 등 다른 수지와 혼합해서 컨버전 래커 및 바니쉬를 제조하는 데 사용된다.

셸락은 부착이 잘되고 광택을 내기에도 아주 좋다. 그러나 열에 약하고 내용제성(solvent resistance)도 아주 좋은 편은 아니다.

페놀 수지(phenolic resin)는 단단하고 취성적인데, 통상 텅오일과 섞어서 바니쉬를 제조한다. 내구성이 매우 좋아서 실외용 바니쉬의 기저(base)에 많이 사용된다.

우레탄(urethane)은 내용제성, 내열성, 내마모성이 뛰어난 강한 합성수지다. 우레탄은 서로 다른 두 종류가 있다. 하나는 실내용으로 황변현상(yellowing)이 생긴다. 다른 하나는 실외용으로 황변현상이 없다.

셀룰로오스(cellulose)는 목화나 목재의 섬유소를 사용해서 만든 합성수지다. 마감재 제품에 사용되는 것은 두 종류로, 니트로셀룰로오스와 셀룰로오스 아세테이트 뷰티레이트(cellulose acetate buryrate; CAB)다. 둘 다 취성적이고 단단하며 속건성이다. 니트로셀룰로오스는 황변이 있고, CAB 래커는 황변이 적다.

비닐(vinyl)은 씰러로 사용되는 각종 수지, 그리고 라텍스 페인터 및 일부 컨버전 바니쉬에 들어가는 수지를 통칭하는 말이다. 부착 능력 및 유연성이 아주 뛰어나다. 상도 마감재 제품으로는 다른 수지와 혼합해서 사용한다.

린시드오일 및 텅오일(linseed and tung oil)은 마감에서 사용되는 대표적인 건성유다. 스테인, 씰러, 마감재 등 여러 마감재료의 근간이 되는 오일이다.

폴리에스테르(polyester)는 2~3가지 성분이 별도로 포장되어 있으며, 이들을 사용 전에 섞는다. 매우 단단하고 경도가 높으며, 두껍게 칠해도 균열이 생기거나 갈라지지 않는다.

[TIP] 용제(solvent)와 희석제(thinner)를 혼돈하는 경우가 종종 있다. 용제는 마감재 안의 수지를 녹이거나 분해해서 액상으로 만드는 액체다. 반면에 희석제는 페인트나 바니쉬의 점성을 낮춰서 묽게 만들어주는 것으로, 단순히 호환이 되는 액체이며, 수지를 용해시키지 않는다.

제 13 장

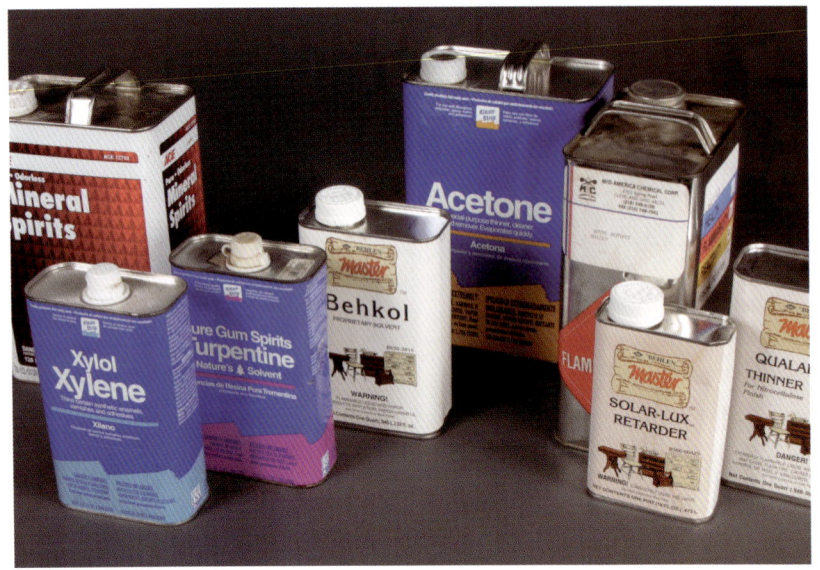

마감재에 사용되는 기본적인 용제로 (왼쪽부터) 미네랄 스피릿, 자이렌(탄화수소), 테르펜(terpenes; gum spirits turpentine), 알코올(변성 에탄올), 케톤(아세톤), 에스테르(아세트산 부틸), 글리콜 아세테이트(래커 및 스테인 지연제), 그리고 래커 희석제(용제 혼합물)다.

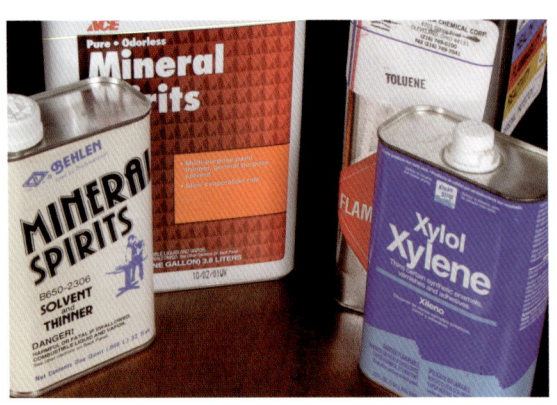

탄화수소는 지방족과 방향족으로 나뉜다. 미네랄 스피릿은 일반적인 것과 무취(odorless)가 있는데, 무취 미네랄 스피릿이 증발이 더 느리다. 자이렌 및 톨루엔은 증발 속도가 훨씬 빠르다.

용제와 희석제

마감재 혹은 마감용 제품에 사용되는 용제는 화학 특성을 기준으로 분류할 수 있다. 마감재 안의 수지가 각 용제와 어떻게 반응하는지에 대해서, 기본적인 내용은 알고 있어야 한다.

물은 염료 및 여러 수지(아라비아 고무 등)를 용해시킬 수 있지만, 수용성이 되므로 마감재에는 쓰이지 않는다. 물은 희석제로만 쓰이며, 모든 마감재는 물에 희석되도록 제조 가능하다.

실내등유(kerosene), 미네랄 스피릿, 나프타, 페인트 희석제, 톨루엔, 자이렌 같은 탄화수소(hydrocarbons)는 용제도 되고 희석제도 된다. 탄화수소는 지방족(aliphatic)과 방향족(aromatic) 두 가지로 구분된다. 지방족은 느리게 증발하고 유분이 많으며, 방향족은 빠르게 증발한다.

테르펜(terpenes; 테레빈유(turpentine)와 d-리모넨)은 식물에서 추출한다. 테레빈유는 소나무에서 추출하고 d-리모넨은 감귤류에서 추출한다. 이 용제는 앞에서 언급한 탄화수소와 거의 100% 혼용되므로, 석유계 탄화수소에 거부반응이 있는(주로 냄새 때문에) 사람들이 선호한다.

변성 알코올 및 메탄올 알코올(denatured and methanol alcohol)은 셸락 등 대부분의 천연 식물성, 동물성 수지뿐만 아니라 일부 합성수지도 용해시킨다. 또한 염료도 용해시킨다. 다른 용제와 혼합해서, 래커와 같은 합성 마감재를 희석시키는 데 널리 사용된다.

아세톤 및 메틸에틸케톤(methyl ethyl ketone)과 같은 케톤(ketones)은 래커 수지, 그리고 촉매화 래커 및 폴리에스테르를 포함한 일부 컨버전 마감재에 대한 용제다.

글리콜에테르(glycol ethers)는 독특한 점이 있는데, 각종 천연 및 합성수지를 용해시키는 동시에 물에도 잘 섞인다. 여러 용제 및 수지와 널리 호환이 되기 때문에, 수성 마감재의 성분으로 사용된다. 증발이 느리기 때문에 속건성 마감재의 지연제로도 사용된다.

첨가제

마감재 제조사는 용도에 따라 다양한 첨가제를 마감재에 첨가한다. 점성을 높이는 것도 있고, 양생을 촉진시키는 것도 있고, 광택을 줄이는 것도 있고, 그리고 제품 용기 안에서 막이 생기면서 굳어지는 것을

제 13 장

마감재에 사용되는 일반적인 첨가제인데, 왼쪽부터 지연제(용제 기반 및 수성(水性)), 저팬드라이어, 유니버설 UVA 첨가제, 소광제(flatting agent), 그리고 피쉬아이 첨가제다.

방지하는 첨가제도 있다. 또한 마감재의 흐름과 평활성을 좋게 만드는 것도 있고, 박테리아 및 곰팡이를 막아주는 것도 있다.

제품 자체에 들어 있는 첨가제는 사용자가 어쩔 수 없지만, 특정 문제를 해결하기 위해서 사용자가 직접 넣을 수 있는 일반적인 첨가제 몇 가지가 있다.

지연제(retarders)는 일부 용제의 증발 속도를 느리게 만드는 것으로, 백화현상(blushing)이 생기거나 마감재의 흐름 및 평활성이 좋지 않을 때 사용한다. 증발이 느린 케톤(slow-evaporating ketones), 탄화수소, 알코올, 그리고 글리콜 에테르 등이 일반적인 지연제다.

저팬드라이어(Japan drier; 건조제)는 추운 날씨에서 유성 마감재의 경화를 촉진시킨다.

자외선 안정제(ultraviolet light stabilizers)는 두 종류가 있다. 자외선 흡수제(UVAs; ultraviolet light absorbers)와 힌더드 아민 광 안정화제(HALs; hindered amine light stabilizers)다. 전자는 원 목재 및 스테인 처리한 목재의 색상이 변하는 것을 막고, 후자는 자외선으로 인해 수지가 열화되는 것을 막는다.

플로우아웃 첨가제(flow-out additives)는 피쉬아이(fisheye) 등 실리콘 오염으로 인한, 마감재와 목재 사이의 호환성 문제를 없애는 첨가제다.

소광제(flatting agents)는 마감재의 광택을 줄이는 첨가제다. 마감재에 소광제를 첨가할 수는 있지만, 무광, 약광, 반광 등 처음부터 원하는 광택의 마감재를 구입하는 편이 낫다.

[TIP] 투명 마감재에 나뭇결이 안 보이도록 많은 안료를 첨가한 것이 페인트다. 안료 중에는 백색이 가장 불투명하고 색이 덜 바래기 때문에 대부분의 페인트에 포함되어 있다.

마감재 시험 방법

마감재의 성능을 정확히 모르면, 항상 자투리 목재를 사용해서 시험해봐야 한다. 세 가지를 주로 봐야 하는데, 그것은 부착, 경도, 그리고 내수성 혹은 내용제성이다.

스테인, 글레이즈, 혹은 다른 마감재 위에 마감재를 칠하는 경우엔 부착 능력이 중요하다. 여러 제품 간에 호환성이 불확실하다면, 간단한 부착 실험을 해본다.

▶ 213쪽의 "부착 실험"을 참고한다.

제13장

마감재의 경도를 시험할 때는, 완전히 경화된 후에 엄지손톱으로 눌러서 자국을 만들어본다. 혹은 마감 위에 종이를 얹어놓고, 볼펜으로 글씨를 써보고 마감재에 자국이 생기는지 본다.

완전 경화된 마감의 내수성 혹은 내용제성은 다음과 같이 확인한다. 물, 알코올, 가정용 세제, 혹은 여타 용제를 표면에 10방울 정도 떨어뜨린 후, 작은 접시를 덮어둔다. 몇 시간 후에 용제를 닦아내고 손상이 생겼는지 확인한다.

마감작업 기본

다음 장부터는 각각의 마감재를 칠하는 최선의 방법에 대해서 설명한다. 그전에 여기서는 거의 모든 마감재에 적용되는, 기본적인 사용법에 대해서 설명한다.

마감재 준비

사진은 목재 표면에 바니쉬를 칠한 것이다. 다른 내용제성 실험은 모두 통과했지만, 래커 희석제를 사용한 실험에서는 몇 시간 후에 자국이 남았다.

마감재를 제품 용기에 담아둔 채로 사용하는 것보다, 필터를 사용해서 거르고 작은 용기에 나눠 담는 것이 좋다. 마감재를 희석할 때는 점도컵(viscosity cup)을 이용하는 것이 정확하다. 점도컵은 바닥에 작은 구멍이 정밀하게 뚫려 있는 작은 컵이다. 선택한 컵을 기준으로, 마감재가 완전히 흘러나가는 데 걸리는 시간을 측정해서 점도를 판단한다(예를 들면, Ford no.4(ASTM no. 4) 컵에서 16초 등). 산업체에서 사용되는 각종 도장별로, 요구되는 점도 등급이 일반적으로 규정되어 있다.

다중 코팅(multiple coats)

마감작업의 첫 번째 순서는 스테인을 거르는 일이다. 필터 지지대는 실험기기 판매상에서 구입할 수 있다. 마감재가 제품 용기에 가득 차 있는 경우에는, 용기를 기울여서 마감재가 옆면을 타고 흘러내리도록 따른다.

순수한 오일 마감재나 오일/바니쉬 혼합물은 많아야 몇 번 칠하고, 그 다음엔 닦아내야 한다. 막이 형성되는 마감재는 최소 몇 번은 칠해야 내구성이 보장된다. 셸락, 래커같이 고형분이 적은 증발성 마감재는 최소한 너덧 번 칠해야 한다. 고형분이 많은 바니쉬도 적어도 두 번은 칠한다.

마감재의 고형분 함량은 보통 제품 용기나 사용설명서에 표시되어 있다. 두 가지 수치로 표시되어 있는데, 하나는 무게를 기준으로 한 고형분 함량이고 다

제 13 장

광택이 약광, 반광, 플랫인 마감재는 사용 전에 잘 휘저어 섞어서 소광제를 분산시켜주어야 한다. 나무 스틱 끝의 편평한 부분으로 바닥에 붙은 소광제도 긁어 섞는다.

건도막 두께(dry-mil thickness)를 계산하려면, 마감재의 고형분 부피를 알아야 한다. 제품 용기 겉면이나 사용설명서에 내용이 없으면, 제조사에 문의한다.

른 하나는 부피를 기준으로 한 고형분 함량이다. 사용자에서 중요한 것은 부피를 기준으로 한 수치인데, 습도막 두께(wet-mil thickness)로부터 건도막 두께(dry-mil thickness)를 계산할 수 있기 때문이다. 습도막 두께는 간단한 도구를 사용해서 측정할 수 있다.

▶ 214쪽의 "도막 두께 측정"을 참고한다.

예를 들면, 고형분의 부피 함량이 35%이고, 습도막 두께 2-mil로 3번 칠했다면, 건도막 두께는 2.1mil(3×2×0.35mil)로 계산된다.

마감재 광택

마감재의 광택은 유광, 약광, 플랫 등 여러 가지다. 어두운 색상의 목재에, 마감재를 세 번 이상 칠할 예정이면, 처음 두 번은 유광을 사용하면서 마감재 층을 쌓아 올리고, 맨 나중에 약광 마감재를 칠하는 것이 좋다. 이렇게 하면 약광이나 플랫을 다중 코팅했을 때 종종 볼 수 있는, 뿌옇고 탁하게 되는 현상을 막을

수 있다. 반광, 약광, 플랫 같은 무광 마감재를 사용할 때는 마감재를 잘 저어서 소광제를 분산시켜야 한다. 납작한 나무 스틱의 끝을 이용해서, 용기 바닥에 쌓인 소광제도 긁어내어 섞어주는 것이 좋다.

내부 마감

옷이나 음식을 보관하는 서랍, 서랍장, 장식장 등의 내부에는 건성유로 만든 마감재를 절대 사용하지 않는다. 모든 오일, 바니쉬, 변성 오일(modified oils), 오일/바니쉬 혼합물 등이 여기에 해당하는데, 냄새가 없어지지 않고 오래간다. 대신에 셸락이나 래커를 사용하는 것이 좋다. 반응성 2액형 마감재도 좋다.

천연수지가 많이 함유된 하드우드의 마감

자단, 코코볼로, 그리고 여러 자단 대체재에 함유된 천연 오일은, 산소가 오일에 침투해서 양생시키는 과정을 방해한다. 따라서 건성유 기반의 마감재를 이러한 목재에 직접 칠하는 것은 피해야 한다. 바니쉬를 칠할 때는, 셸락이나 비닐씰러로 원 목재를 씰링한 다음 칠한다.

마감재 선택 | 211

제13 장

각 도막 사이의 사포질

각 도막 사이에 수행하는 사포질은 얼룩을 없애고, 면을 매끈하게 만들고, 마감재 도막 간에 부착을 증진시킨다. 각 도막을 4~6시간 내에 칠하고, 앞서 칠한 도막 표면이 깨끗하고, 또한 제조사에서 특별히 요구하지 않는 한, 일반적으로는 사포질이 필요하지 않다. 반응성 마감재는 사포질 전에 일정 경화시간이 반드시 필요하다. (제품의 사용설명서를 확인한다.) 증발성 마감재는 앞서 칠한 도막을 용해시키므로, 도막 사이의 사포질은 흠집을 제거하기 위해서 실시하는데, 이때는 보통 240- 혹은 320-grit 사포를 사용한다. 반응성 마감재를 사포질할 때는, 사포자국이 눈에 띠지 않도록, 입자가 고운 400-grit 정도의 사포를 사용한다. 확신이 없으면, 400- 혹은 600-grit 사포를 사용하는 게 안전하다. 복잡한 형상을 사포질할 때는 쿠션이 붙은 사포를 사용한다.

작은 꼭지형 목재 손잡이를, 눈의 크기가 12mm인 철망으로 만든 스크린박스에 올려두고, 분무하는 모습이다. 공기 압력이 철망 사이로 빠지므로 부품이 날아가지 않는다.

부재별 마감

큰 프로젝트는 가능한 한 작게 분해해서 작업한다. 뒤판, 서랍 바닥판 등은 가능하면 별도로 마감작업한다. 예를 들어, 여러 부재로 구성된 복잡한 프로젝트는, 각 부재에 대한 마감작업을 마친 후에 조립한다. 작은 부재는 마감재에 담그거나, 목재 소폭판에 붙이고 붓으로 칠한다. 작은 조각에 분무해서 칠할 때는 스크린박스(screen box) 위에 올려놓고 작업하든지, 테이프로 자투리 합판 위에 고정시켜놓고 작업한다.

사진은 마호가니로 만든, 공을 움켜쥔 새의 갈고리 발톱 모양을 조각한 가구의 발(ball-and-claw foot)이다. 조각을 선명하게 유지하기 위해서, 회화용 붓으로 셸락을 두 번 가볍게 칠하고, 0000 스틸울로 가볍게 사포질했다.

양면 마감

부재의 양쪽 면을 모두 마감작업해야 할 때는, 한꺼번에 작업하는 것이 언제나 최선이다.

▶ 220쪽의 "양면 마감"을 참고한다.

작업속도도 빠를 뿐만 아니라, 습도가 매우 낮거나 아주 높은 경우에 생길 수 있는 뒤틀림을 막을 수 있다.

조각면 마감

조각된 면에 마감재를 칠할 때는, 가능한 한 적은 양만 칠하고, 도막 사이 사포질은 안 하는 것이 조각 형상을 선명하게 유지하는 방법이다. 보통은 분무해서 칠하는 것이 최선이다. 나는 고형분이 적은 래커나 셸락 마감을 선호한다.

부착 실험

마감재의 부착 능력을 정확히 모르면, 자투리 목재를 사용해서 실험을 해본다. 적어도 4일 정도 마감재를 경화시킨 후에, 새 날을 끼운 작토 나이프로, 간격 3mm, 길이 50mm로 일련의 칼금을 긋는다. 칼금은 마감재를 완전히 자르고, 목재면에 도달하도록 그어야 한다. 그리고 나서 90° 방향으로 돌려서, 마찬가지로 일련의 금을 긋는다(A). 손가락으로 가볍게 문질러서 표면의 부스러기를 전부 제거한다. 투명한 포장 테이프의 깨끗한 면을 골라, 길이 150~200mm로 자른 다음, 손가락이나 지우개를 사용해서 크로스해칭한 칼금 위에 단단하게 눌러 붙인다(B). 이제 테이프의 한쪽 끝을 잡고, 완전히 180° 뒤로 젖혀서, 천천히 잡아 당긴다.

이때 마감재 부스러기가 떨어져 나오는 크로스해치 구역을 살핀다. 떨어지는 구역이 20% 이하면, 부착이 괜찮은 것으로 본다. 그러나 그 이상이면 부착이 그저 그렇거나 나쁘다고 볼 수 있다. 월넛 패널에 보일드 린시드오일 씰러를 칠하고, 그 위에 수성 래커를 칠한 경우는 당당히 합격점이었다(C). 밝은 색상의 메이플 판재에 칠한 경우는 불합격이었다(D).

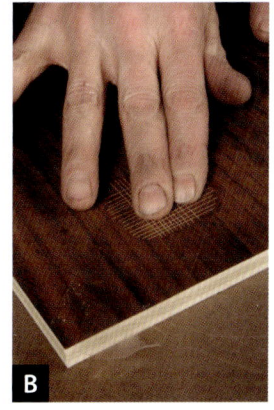

마감재 계측

도막 두께 측정

마감재가 적절하게 성능을 발휘하기 위해서 필요한, 습도막(wet-film), 혹은 건도막(dry-film) 최대 두께가 제시되어 있다. 도막 두께를 측정할 때는 간단한 도구인 도막두께 측정 게이지(mil gauge)를 사용한다. 도막 두께 측정 게이지는 금속판에 요철이 이빨처럼 성형되어 있는 것인데, 길이가 여러 가지다. 눈금 단위는 mil(1/1,000인치; 25마이크로미터)을 사용한다. 자투리 목재에 마감재를 붓으로 혹은 분무로 칠한 후(A), 게이지를 젖은 마감재 위에 눌러 90°로 세운다(B). 게이지를 표면에서 떼어 들어올린 후, 마감재가 묻지 않는 첫 번째 이빨과 그 옆에 마감재가 묻은 이빨 옆의 숫자를 확인한다(C). (사진에서는, 잘 보이도록 게이지로 표면을 긁었다. 6-mil에는 자국이 없고, 5-mil에는 자국이 생겼다.) 따라서 이 경우는 습도막 두께가 5mil(125마이크로미터)이다.

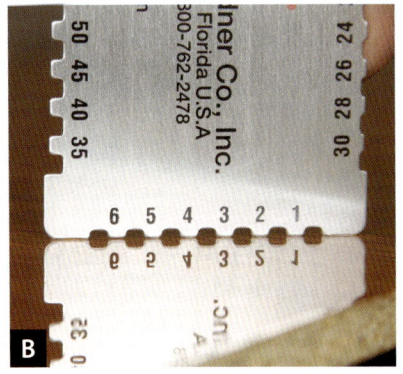 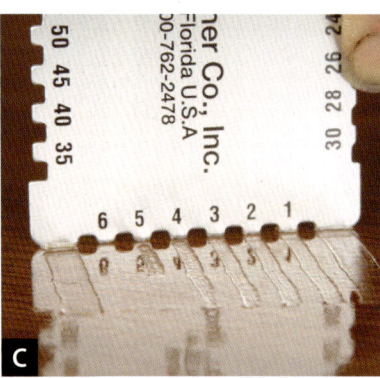

점도 측정

마감재의 점성은 점도 컵(viscosity cup)으로 측정한다. 점도 컵은 스프레이건 공급업체에서 구입 가능하며, 가격은 만 원 정도다.

점도는 온도에 영향을 받기 때문에, 측정하기 전에 마감재의 온도를 21°C(70°F)에 맞춘다. 점도컵을 마감재에 완전히 담근다(A). 이제 표면 위로 150mm 들어올린 후(B), 컵의 제일 위쪽 테두리가 마감재 표면에 드러나는 순간부터, 아래 구멍에서 마감재의 흐름이 깨어지기 시작하는 순간까지의 시간을 측정한다(C).

여기서 점도는 시간을 초(sec)로 표시한 값이다. 마감재 제조사에서 기준으로 삼는 점도 컵과 형태가 다른 점도 컵을 사용한다면, 환산표를 사용해서 결과값을 변환한다. 컵의 구멍에 잔여물이 남아 있으면 제대로 측정되지 않으므로, 작은 붓을 사용해서 깨끗이 세척한다.

붓 손질

마감재 안에 불순물이나 붓의 털이 들어가는 것을 막기 위해서, 붓을 사용하기 전에 미리 손보는 것이 필요하다. 톱밥 분진이나 여타 공기 중에 떠도는 먼지로부터 붓을 보호할 수 있도록, 붓을 서랍 안에 보관하는 것이 가장 좋다(A). 붓을 사용하기 전에 털을 앞뒤로 털어서 먼저를 제거한다(B). 빠진 털도 보이면 전부 제거한다. 희석이나 세척에 사용하는 용제에, 붓의 금속 덮개(ferrule) 아래까지 완전히 담근다. 그러고 나서 제품 용기 테두리에 눌러 용제의 여분을 제거한 후, 깨끗하고 마른 면천으로 닦는다(C). 이렇게 하면, 도장을 시작할 때 더 매끈하게 칠해지며, 나중에 붓을 세척하는 것도 더 쉽다.

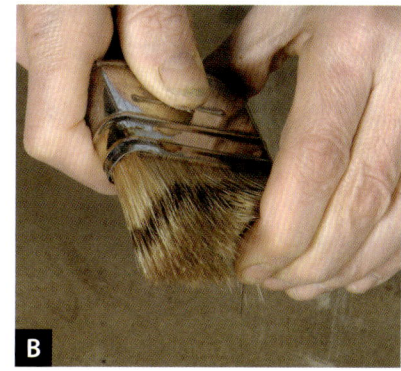 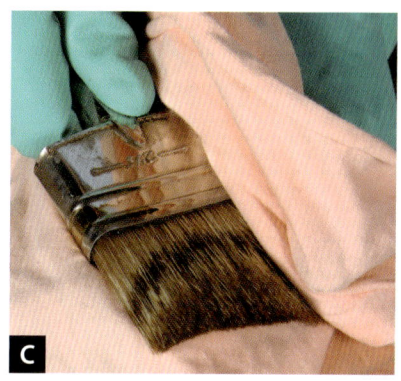

기본 붓질

상판처럼 편평한 면에서 하는 붓질이 마감작업의 기본이다. 앞에서 설명한 대로 붓을 손질해서 준비한 후, 마감재를 붓털의 반까지 적신다. 용기 옆면을 사용해서 여분의 마감재는 짜낸다(A). 가장자리에서 75mm 정도 안쪽에서부터 시작하여(B), 가장자리 방향으로 부드럽게 칠하고 단부에서 들어올린다(C).

처음 시작한 위치로 도로와서 반대 방향 끝까지 전부 칠한다(D). 이 과정을 반복하는데, 매 붓질이 6~12mm 정도 서로 겹치게 한다(E). 가능한 한 빨리 칠해야, 마지막에 팁오프(tip off)할 수 있는 여유가 있다. 팁오프는 붓을 수직으로 세워서 표면을 가로질러 옆으로 부드럽게 끌면서 정리하는 작업을 말한다. 바니쉬는 팁오프할 시간이 있지만, 속건성 래커나 셸락은 좀 어렵다.

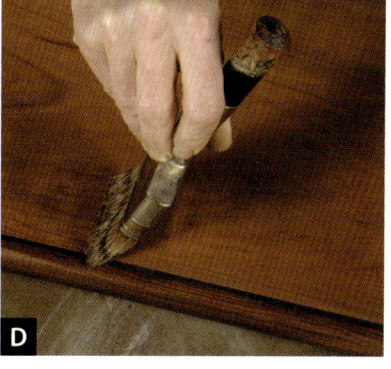 

붓질 기초

셸락과 래커를 붓으로 칠하기

래커나 셸락처럼 건조가 빠른 마감재는, 더 빨리 건조되는 희석제를 섞어서 사용하는 편이다. 셸락은 1파운드컷을 사용한다. 래커는 붓도장용 래커와 래커 희석제를 같은 비율로 혼합해서 사용한다. 이때 붓은 미술붓이 제일 나은데, 붓털이 많지 않아서 마감재가 적게 묻는 것이 좋다(A). 그러면 붓질을 처음 시작할 때, 많은 양이 한꺼번에 칠해지는 것을 피할 수 있다. 붓의 폭을 기준으로 작업하는 대신, 구역별로 나눠서 작업한다.

100mm×100mm 크기로 나누고, 가장자리 근처에서 시작하여 단부에서 들어올리는 방식으로 칠한다(B). 붓에 마감재를 다시 묻히고 인접 구역도 칠한 다음, 두 구역을 빠르게 왕복하면서 섞어 칠한다. 이 방식으로 셸락이나 래커를 모서리에서 아주 얇고 빠르게 칠하는 것도 가능하기에, 복잡하거나 좁은 영역도 칠할 수 있다(C). 둥근 모양 혹은 목선반 가공품에 칠할 때는, 붓을 뒤집어가면서, 원을 그리듯이 칠하면 흘러내리는 것을 막을 수 있다(D).

편평한 면에 분무하기

상판처럼 편평한 면에 분무할 때 사용하는 기본적인 기법이 있는데, 크로스해치(crosshatch), 박스코트(box-coat), 혹은 더블패스(double-pass) 스프레이라고 불리는 기법이다. 먼저, 네 가장자리 단면에 직각으로 분무한다. 그리고 나서 사진처럼 스프레이건을 45° 방향으로 조준한 후, 한 번 더 분무하는데, 이때는 윗면에도 일부 칠해진다(A). 윗면에 칠할 때는, 나뭇결에 직각 방향으로 가로질러 분무하는데, 몸 쪽 가장자리부터 시작한다. 분무를 시작할 때는, 스프레이건이 단부에 도달하기 이전부터 방아쇠를 당겨서 분무를 시작하고(B), 표면과 수직을 유지하면서, 상판을 가로질러 분무한다. 이때 스프레이건과 표면 사이의 거리를 정확하게 유지해야 한다. (거리는 스프레이건 사용설명서를 참고한다.) 또한 스프레이건이 반대편 가장자리를 벗어날 때까지 방아쇠를 계속 당기고 있어야 한다. 이어서 계속 분무하는데, 이전에 분무한 구역을 반 정도 겹쳐서 분무한다(C). 전체 면을 분무한 후에는, 상판을 90° 돌린 후, 같은 작업을 반복한다(D). (회전작업대 위에 놓고 작업하면 편하다.) 이 크로스해칭 기법을 사용하면, 마감재를 균질하게 칠할 수 있다.

[TIP] 마감재가 맺힌 부분이 생기면, 바탕의 섬세한 토너나 글레이즈에 손상을 주지 않도록 조심하면서, 손가락으로 바로 닦아낸다. 그리고 나서 그 부분에 다시 분무한다.

복잡한 형상에 분무하기

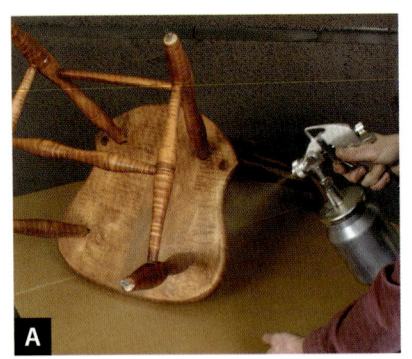

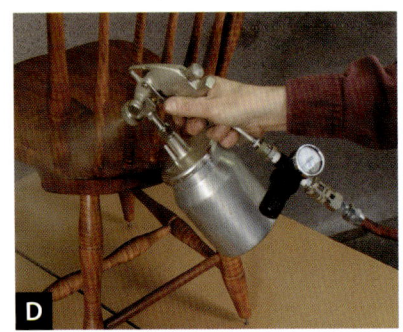

의자처럼 입체적이고 복잡한 가구의 표면에 분무할 때는, 잘 안 보이는 곳부터 먼저 분무하고, 잘 보이는 곳은 제일 나중에 분무한다. 의자를 뒤집어놓고, 의자 좌판의 밑면부터 분무한다(A). 의자 등받이 가로대 밑면처럼 눈에 잘 띄지 않는 곳도 빠트리지 않도록 한다(B). 등받이살 및 가로대에 분무한 뒤, 좌판의 가장자리에 분무한다. 좌판의 윗면은 마지막에 칠할 예정이므로 남겨둔다. 좌판 윗면 뒷부분에 등받이살이 연결되는 부분은, 앞쪽에서 등받이살 방향으로 바로 분무한 후(C), 회전작업대를 빠르게 180° 뒤로 돌린 다음, 좌판 윗면의 뒷부분에 분무한다(D).

수직면에 분무하기

오디오장같이 큰 수직면에 분무할 때는, 압력공급식 분무장치(pressure-feed spray rig)를 쓰면 편하다. 수직면의 아랫부분에서 시작하여 위로 올라가면서 분무한다(A). 압력공급식 분무장치에서는 스프레이건을 옆으로 90° 뉘이면 수평 방향 패턴이 된다. 중력식 혹은 흡입식 스프레이건을 쓰는 경우는 수평 방향 패턴이 되도록 에어캡을 돌린다. 편평한 면에 분무할 때와 마찬가지로, 매 분무마다 이전에 분무한 것이 반 정도 겹치도록 분무한다(B). 그러나 방울이 맺히는 것을 막기 위해서는 한 번만 지나가면서 분무하고, 반복하지 않는다. 회전작업대 위에 올려놓고 작업하면, 쉽게 돌리면서 양면에 분무할 수 있다. 전면 프레임(face frame)에 분무할 때는 아래쪽에서 시작하여 위로 올라가면서 분무하는데, 가능하면 스프레이건 패턴의 폭을 프레임의 폭에 맞춘다(C).

캐비닛 내부 분무

사진은 메이플 오디오장인데, 이처럼 덩치가 큰 가구는 윗면과 아랫면을 따로 분리해서 작업하고, 뒤판도 떼어내고 작업한다. 내부의 네 면을 각각 분부하는데, 뒤쪽부터 시작한다.

각 면의 둘레 네 모서리를 먼저 분무하는데, 윗면의 모서리를 먼저 분무한 다음, 전면 프레임의 뒤편을 내려가면서 분무한다(A). 이때 스프레이건을 수직으로 세워 수직 패턴으로 분무한다. 바닥면 모서리에 분무할 때는 다시 방향을 바꾼다(B). 마지막으로, 패널 중앙에 분무한다(C). 윗면과 두 측면에 먼저 분무하고, 바닥은 오버 스프레이로 인해서 면이 거칠어질 수 있으므로, 마지막에 분무한다(D). 부스(분무실)에서 작업할 때는, 작업물을 부스 뒤편에 두고, 필터 방향으로 분무한다. 이렇게 하면 스프레이 비말이 가구에서 멀어지는 방향이 된다. 실외에서 작업할 때는 바닥팬(floor fan)을 작업자 뒤편에 두고 작업하면, 같은 결과를 얻을 수 있다.

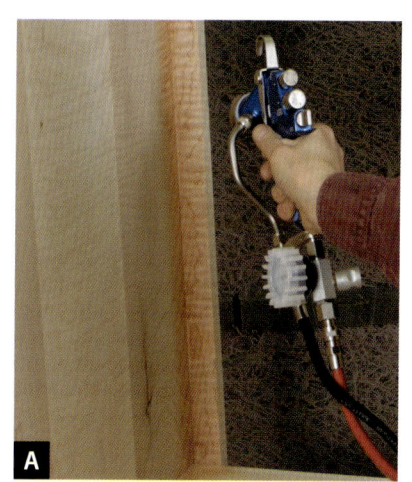

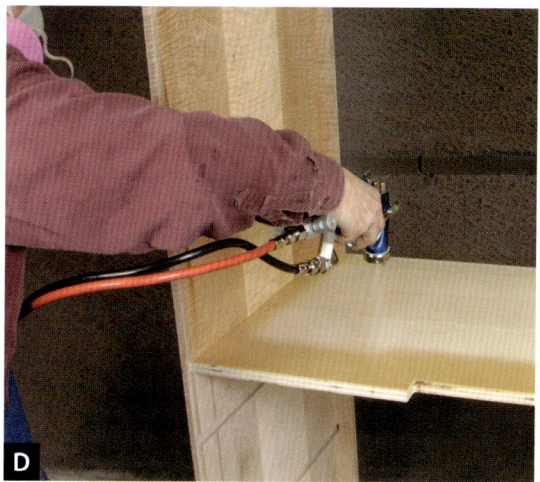

조각면 분무

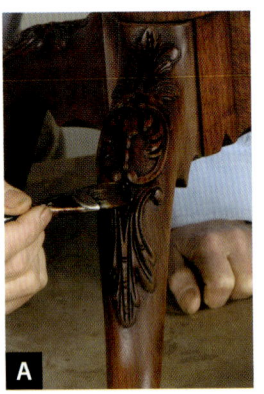 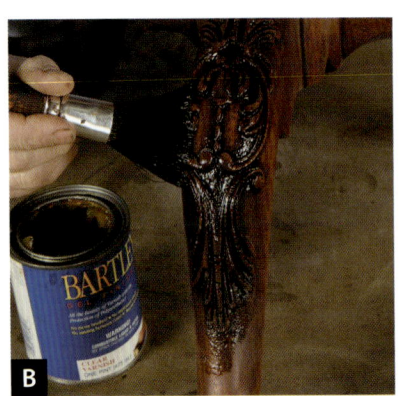

조각면의 마감은 특히 조심스럽게 진행해야 한다. 저자는 셸락 씰러를 칠한 후, 그 위에 젤 바니쉬(gel varnish)를 칠하는 방법을 선호한다.

작은 미술붓으로 1파운드컷 셸락을 칠해서 씰링한다(A). 건조된 후에 회색 수세미 사포 중에서 제일 고운 것(0000)으로 가볍게 사포질한다. 분진을 제거한 뒤, 거친 강모붓을 사용해서 조각 사이로 약광(satin)의 젤 바니쉬를 약간 칠한다(B). 굳어지기 전에 구두솔을 사용해서, 우묵 들어간 부분에서 젤 바니쉬 여분을 제거한다. 마치 구두 닦듯이, 구두솔에서 바니쉬를 제거해가면서, 조각부에 부드러운 약광의 윤이 생기도록 문지른다(C).

[VARIATION] 셸락으로 씰링한 후, 젤 바니쉬 대신에 플랫(flat)이나 약광(satin)의 분무형(에어로졸 스프레이) 래커를 사용한다.

양면 마감

상판, 문짝 등 주변 부재에 완전히 구속되어 고정된 원목 부재는 양쪽 면을 모두 마감처리해야 한다. 그래야 습도가 많이 변해도, 뒤틀리는 현상이나 너비굽음이 발생하지 않는다. 상판에 분무할 때는, 두 개의 단열 파이프 위에 올려두고 작업한다. 판재에 나사를 박아 네일보드(nail board; 나사를 박은 마감작업용 보드)를 만들고, 파이프를 나사 사이에 끼워 넣는데, 나사의 높이가 단열재보다는 적어도 25mm 정도 낮아야 한다. 상판의 윗면이 아래로 가도록 단열 파이프 위에 올려놓고(A), 밑면에 분무한다(B). 상판을 뒤집을 때 손으로 잡아야 하므로, 가장자리 일부는 분무하지 말고 남겨둔다. 상판의 가장자리를 잡고, 단열 파이프를 제거한 후, 상판의 윗면이 위로 보이도록 나사 위에 올린 후, 윗면을 분무한다(C).

알판구조에서 붓으로 칠하기

알판구조를 마감할 때는 네일보드를 사용한다. 작업속도가 빠르고, 또한 작업 중에 마감재 방울이 반대편으로 흘러 넘어가는 것을 막을 수 있다. 패널의 뒷면에 칠하되, 가장자리에는 아직 칠하지 않는다(A). 가장자리를 잡고 뒤집어서, 네일보드 위에 도로 놓는다(B). 사진은 알판구조의 문짝인데, 미술붓처럼 디바이더가 없는 작은 붓을 사용해서 바니쉬를 칠한다. 그래야 붓질을 시작할 때 틈새에 마감재가 고이지 않는다. 가로대, 세로대(선대), 그리고 중앙 패널에 칠한 다음, 가장자리에 칠한다(C). 마른 천을 사용해서 붓에서 여분의 마감재는 닦아낸 후, 이로써 틈새에 고인 마감재가 있으면 닦아낸다.

조립 전 마감

접착 조립 전에 마감작업을 먼저 하면, 접착제가 삐져나오는 일도 없고, 좁은 틈에도 칠할 수 있고, 틈이나 구석에 마감재가 고이는 일도 없다. 사진은 체리로 만든 파이프 담배 상자인데, 청색 마스킹테이프로 접착 부분을 덮은 다음 마감작업을 실시한다. 가조립한 상태로 테이프를 붙일 선을 표시하고, 송곳으로 이음부도 표시한다(A). 또 같은 테이프로 사각홈(다도)에도 붙인다(B).

셸락을 칠한 다음, 테이프를 제거하고 접착제를 칠해서 조립한다. 셸락이 칠해진 부분에서는 접착제가 붙지 않으므로, 접착제를 깨끗이 닦아낼 수 있다(C). 혹은 접착제가 어느 정도 굳은 다음에는 쉽게 뜯어낼 수 있다. 그러나 접착제가 완전히 건조된 후에는 제거하는 것이 쉽지 않으므로 주의한다.

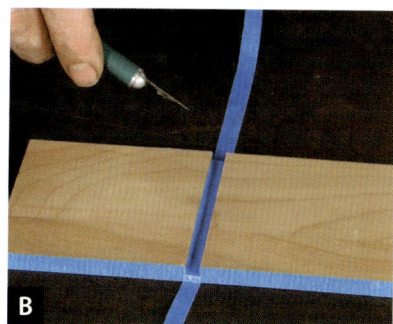

[VARIATION] 장부맞춤을 조립 전에 마감할 때는, 장부는 테이프로 감싸고, 장붓구멍은 종이수건으로 막는다.

제14장

반응성 마감재

오일 및 바니쉬
- ▶ 순수 오일 마감 (232쪽)
- ▶ 와이핑 바니쉬 (233쪽)
- ▶ 붓으로 바니쉬 칠하기 (234쪽)

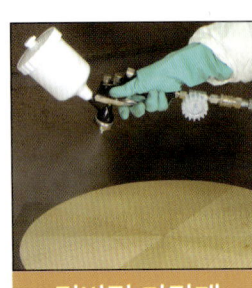

컨버전 마감재
- ▶ 컨버전 바니쉬와 촉매화 래커 (235쪽)
- ▶ 폴리에스테르와 2K 우레탄 적용 (236쪽)

페인트
- ▶ 유성 페인트를 붓으로 칠하기 (237쪽)
- ▶ 페인트 및 색조 보정 컨버전 바니쉬 분무 (238쪽)

반응성 마감재는, 산소 혹은 마감재를 사용하기 전에 첨가하는 촉매와 반응해서 경화하는 마감재다. 오일, 바니쉬, 컨버전 마감재가 반응성 마감재다. 이 장에서는 반응성 마감재에 대해서 자세히 알아보고, 사용법 및 문제점에 대한 해결법도 알아본다. 반응성 마감재를 순수 오일, 중합화된 오일(heat modified oils), 바니쉬, 그리고 컨버전 마감재로 나눠서 설명한다.

순수 오일

마감재에 사용되는 천연 오일은 린시드오일, 텅오일, 소야오일(콩기름; soya oil), 홍화유(safflower oils), 야자유 등 다양하다. 린시드오일은 아마에서 채취하고 텅오일은 유동(油桐)나무 열매에서 얻는다. 이들은 극동지역이 원산지이나, 지금은 미국뿐만 아니라 남미에서도 재배되고 있다. 소야오일(콩기름)이나 홍화유 같은 반건성유(semidrying oils), 그리고 야자유 같은 불건성유(nondrying oils)는 바니쉬 및 기타 마감재의 성분으로 사용된다. 이들 중에서 린시드오일 및 텅오일이 가장 많이 쓰이는 마감재다.

텅오일과 린시드오일 같은 건성유는, 공기 중의 산소와 반응하는 자동산화중합(auto-oxidative polymerization) 반응을 통해서, 액상에서 탄성이 있는 고형물로 변한다. 간단히 설명하면, 오일을 얇은 도막으로 칠하면, 산소가 자동으로 오일 분자에 침투하면서, 더 큰 분자를 형성한다는 뜻이다. 이렇게 분자가 서로 연결되는 것을 교차결합(cross-linking)이라고 한다.

제 14 장

린시드오일과 텅오일이 가장 일반적인 오일 마감재다. 둘 중에 텅오일(오른쪽)이 색상이 더 연하고, 시간에 따른 황변도 더 적으며, 내수성도 더 낫다.

이 두 오일은 표면에 단단한 막을 형성하지는 못한다. 대신에 목재의 세포 속으로 침투하면서 탄성 있는 고형물이 되면서 색상에서 깊은 느낌이 나게 하고 문양을 드러나게 한다. 목재를 잘 관리하고 수분, 화학물질, 스테인 등과 장시간 접촉하지 않는다면, 이들 마감재는 매력적이고, 자연스러운 느낌을 주며, 작업도 쉽다. 천연 텅오일(raw tung oil)은 아직도 많이 사용되고 있지만, 정제 린시드오일(raw linseed oil)은 건조시간이 길어서 사용되지 않는다.

보일드 및 중합 오일

정제 린시드오일에 열을 가한 후, 상온에서 식히면, 오일이 더 빨리 건조된다. 이렇게 열처리한 제품을 보일드 린시드오일(boiled linseed oil)이라고 부른다. 그러나 오늘날 보일드 린시드오일이라고 시판되는 제품은 실제로 열처리하지는 않는다. 대신에 화학 건조제를 첨가해서 건조시간을 단축시킨 것이다. 시판되는 중합 린시드오일(polymerized linseed oil) 제품에는, 그 내용이 제대로 표시되어 있는 경우가 많지

중합 오일 마감재(polymerized oil finishes)

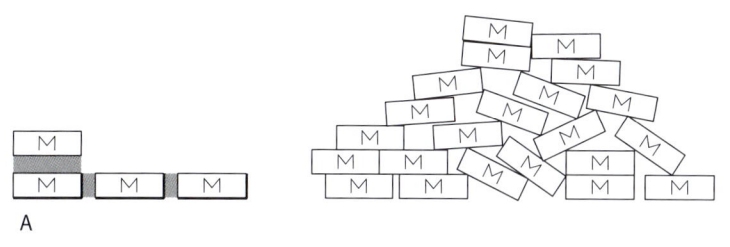

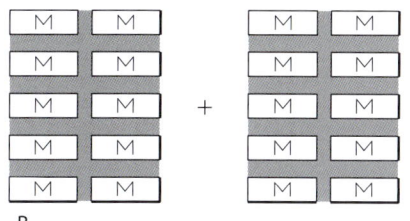

제13장에서와 마찬가지로 벽돌을 사용해서 설명한다. 천연 텅오일이나 린시드오일을 상온에서 건조시키면, 벽돌을 잔뜩 옆에 쌓아두고, 이를 하나씩 사용해서 천천히 벽체를 쌓는 것과 같다(A). 그러나 오일을 열처리해서 전중합(pre-polymerization)하면, 큰 규모로 선제작(폴리머)되므로, 같은 크기의 벽체를 더 빠르게, 그리고 더 적은 양의 시멘트(교차결합)로 제작할 수 있다(B).

으나, 대니쉬오일(danish oil)은 확실하게 표시되어 있다.

중합 텅오일(polymerized tung oil)은 적절한 열처리를 통해서 경화속도 및 내구성도 높인 것이다. 오일을 열처리 하면, 천연 오일보다 훨씬 걸쭉해지므로 보통 희석제를 첨가한다.

제14장

오일은 여러 번 많이 칠할수록, 깊이감이 더해지고 문양도 더 드러난다. 사진은 문양이 있는 메이플인데, 왼쪽은 보일드 린시드 오일을 7번 칠한 것이고, 오른쪽은 2번 칠한 것이다.

바니쉬는 소비자가 가장 좋아하는 마감재 중 하나다. 제품마다 성분 및 점성이 다양해서, 와이핑으로 칠하는 묽은 제품부터 걸쭉한 페이스트 형태의 젤 바니쉬까지 있다.

오일과 바니쉬

오일과 바니쉬의 **기본적인 차이는**, 오일은 두껍게 칠하면, 무르고 주름

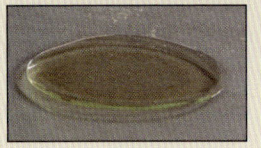 

이 잡히고 껌같이 된다. 따라서 침투성 마감재로 분류된다. 그러나 오일을 단단한 천연 혹은 합성수지와 함께 열처리하면, 단단하고 광택이 많고 내구성이 좋은 마감재가 된다. 바니쉬는 필름과 같은 막을 형성한다. 사진은 유리면에 바니쉬(왼쪽)와 순수 오일(오른쪽)을 칠한 것인데, 차이를 볼 수 있다.

오일 마감 기초

오일 마감을 하는 목적은 좀 더 천연에 가까운 자연스러운 느낌을 만들기 위한 것이다. 오일은 목재의 색상에서 깊은 느낌이 나게 하고, 문양을 드러나게 만든다. 오일 마감은 액체나 마모에 취약한 반면, 유지 관리는 쉽다. 표면에서 광택이 사라졌거나, 표면이 긁혔거나 손상을 입었다면 단순히 오일을 또 칠하면 된다.

단단한 마감재인 셸락이나 래커를 칠하기 전에 오일을 칠함으로써, 목재를 밀폐시키고 문양이나 나뭇결을 잘 드러나게 만든다. 단단한 상도가 긁힘, 액체, 열 등에 저항하게 된다. 오일은 단단하지 않다. 따라서 목재에 스테인이나 글레이즈를 칠한 경우에는, 그 색상이 보호되지 않으므로, 오일은 좋은 선택이 아니다. 특히 의자 팔걸이, 서랍 전면부처럼 손에 자주 닿고 긁히는 부분을 제대로 보호하지 못한다.

적절하게 건조가 될 수 있도록 오일은 얇게 칠하는 것이 제일이다. 특히 날씨가 추운 경우에는 경화시간이 길어지므로, 얇게 칠해야 한다. 텅오일을 너무 두껍게 칠하면, 뿌옇게 된다. 린시드오일은 칠해놓으면 옅은 호박색이지만 1년 이상 지나면 황변이 발생한다. 어두운 색상의 목재에서는 황변이 별 문제가 되지 않지만, 메이플이나 버치와 같은 밝은 색상의 목재에서는 달갑지 않다. 텅오일은 황변현상이 적다.

주의: 오일이 묻은 천은 자연발화 가능성이 있으므로, 화재 발생 위험이 높다. 따라서 20쪽에서 설명한 대로 적절한 방법으로 폐기해야 한다.

바니쉬

오늘날에는 다양한 종류의 바니쉬가 시판되고 있다. 알키드(alkyd), 페놀 수지, 혹은 우레탄 수지를 각종 오일에 섞어 만든 것이 일반적인 현대적 바니쉬다.

224 반응성 마감재

제 14 장

오일과 바니쉬의 기본적인 차이는, 오일과 달리 바니쉬는 단단하고 광택이 있는 막으로 경화된다는 것이다. (옆의 설명을 참고한다.)

원래 바니쉬는 호박, 코팔, 샌드락(sandarac) 등 천연의 화석화된 수지를 린시드오일 같은 건성유와 함께 열처리해서 제조했다. 이 바니쉬를 올레오레진 바니쉬(oleoresinous varnishes)라고 하는데, 열처리를 통해서 오일이 용해되면서 레진과 결합한다는 의미다. 열처리된 올레오레진 바니쉬는, 천연 수지 혹은 합성 페놀 수지를 사용해서 여전히 생산되고 있다.

대부분의 현대적인 바니쉬는 알키드 바니쉬다. 린시드오일, 소야오일, 홍화유, 텅오일을 가열해서 산(acid) 및 알코올 화합물과 혼합한다(알코올과 산을 합해서 만든 용어가 알키드(al-kyd)다.) 알키드를 제조할 때 산 대신 이소시아네이트(isocyanate)를 사용하면 우레탄/알키드(유랄키드; uralkyd)가 된다. 이것이 시판되는 유성 폴리우레탄이다.

바니쉬의 특성을 구분하는 주요 기준 중 하나는, 오일과 수지의 비율인데, 이를 유장(oil length)이라 부른다. 바니쉬 속의 오일의 양은, 오른쪽 그림에서 보듯이, 경도 및 유연성에 영향을 미친다. 바니쉬에 포함된 수지의 종류도 바니쉬의 특성에 영향을 미친다.

알키드 기반의 장유성(long-oil) 및 중유성(medium-oil) 바니쉬가 다목적 실내 마감용으로 사용되는데, 보호기능이 준수한 편이다. 린시드오일 기반 알키드는 제조과정에서 많은 용제가 필요하기 때문에, 요즘은 점점 사라지는 추세다. 대신에 밝은 색상을 띠며, 황변이 적은 소야오일 기반의 알키드로 대체되고 있다.

페놀 장유성 바니쉬는 실내용으로도 사용되지만, 기본적으로는 실외용이다. 통상 텅오일을 사용해서 제조한다.

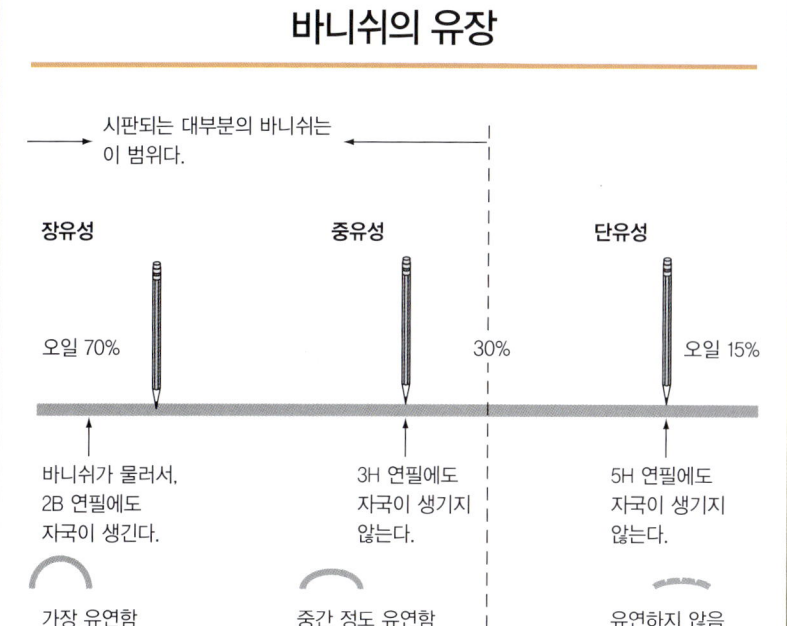

바니쉬의 유장

바니쉬에 포함된 오일의 양이 마감의 경도 및 유연성(내굴곡성)을 결정한다. 장유성 바니쉬는 경도보다는 유연성이 중요한 실외용으로 주로 사용된다. 책상이나 테이블 같은 가구는 수지의 양이 많은 마감재를 사용하면, 경도가 높아져서 내구성이 좋아진다. 대부분의 시판 바니쉬는 유장이 30~70% 범위다. 단유성 바니쉬는 높은 열을 가해서 양생시켜야 하므로 전문업체에서만 사용된다.

각 바니쉬마다 각각의 특징이 있다. 텅오일/페놀 수지 바니쉬(맨 왼쪽)의 색상이 가장 어둡다. 소야(soya; 콩) 알키드가 색상이 가장 연하다(맨 오른쪽). 오른쪽에서 두 번째가 속건성 바니쉬인데, 비닐 변성 알키드(vinyl-modified alkyd)다.

제 14 장

붓으로 칠할 때는, 바니쉬가 가장 적합한 마감재임에 틀림없다. 작업 가능 시간이 길기 때문에, 마감재가 맺힌 자리, 붓자국 등 여러 문제를 수정할 수 있는 여유가 있기 때문이다.

지는 않다.

바니쉬는 붓으로 칠할 수도 있고, 와이핑으로 칠할 수도 있고, 스프레이건으로 분무하는 것도 가능하다. 대기환경 규정에 맞춰 용제 사용량을 줄여서, 상당히 걸쭉한 바니쉬도 있다. 이러한 마감재를 와이핑이나 분무로 칠하고자 한다면, 나프타 혹은 미네랄 스피릿으로 희석해서 사용해야 한다. (왼쪽의 설명을 참고한다.)

[TIP] 바니쉬를 붓으로 칠할 때, 대부분의 마감 전문가들은 합성 강모붓 대신에, 바니쉬가 많이 적셔지는 천연 강모붓을 선호한다. 그러나 세척은 합성 강모붓이 훨씬 쉽다.

▶ '희석 불가'의 의미

요즘 시판되는 거의 대부분의 바니쉬는 제품 설명을 읽어보면 희석하지 말라고 되어 있다. 이 경고문은 대기 **환경보전법**(Clean Air Act of 1990)과 관련이 있다. 마감재 제조사는 미국 각 주의 용제배출 기준을 따라야 하는데, 제품에 희석제를 섞으면 그 기준을 만족시킬 수 없기 때문이다. 많은 제조사가 희석하지 않고도 사용할 수 있는 마감재를 만들기 위해서 애쓰고 있지만, 일부는 점성이 상당히 높다. 바니쉬에 희석제를 첨가해서 사용한다고 해서 법적으로 문제가 되진 않지만, 희석하지 않고 사용할 수 있는지 먼저 검토해본다. 마감재가 너무 걸쭉하면, 실온까지 온도를 높여본다.

오일/바니쉬 혼합물

순수 오일 마감에서 얻을 수 있는 원목의 자연스러운 느낌과 바니쉬를 칠했을 때 형성되는 얇은 도막을 동시에 원하는 소비자가 있으며, 이를 만족시키기 위해서 극단적인 장유성 바니쉬라고 할 수 있는 제품도 개발되었다. 이런 마감재로 가장 대표적인 것이 대니쉬오일(Danish oil)인데, 노르딕오일(Nordic oil) 혹은 스칸디나비아오일(Scandinavian oil)로도 시판된다.

이 마감재는, 오일만 칠했을 경우보다 내구성이 약간 증가하지만, 오일 마감과 흡사하다. 오일과 마찬가지 방법으로 칠하고, 일정 시간 기다린 후, 여분을 닦아낸다. 보일드 린시드오일이나 순수 텅오일보다 약간 더 빨리 건조하고, 수지의 양이 적어서 비교적 빠르게 필요한 두께의 도막을 칠할 수 있다.

우레탄/알키드 바니쉬는 일반적으로 폴리우레탄(polyurethane)이라고 불린다. 폴리우레탄의 내열성, 내용제성, 내마모성은 최고 수준이다.

속건성 바니쉬는 비닐 알키드를 사용해서 제조한다. 15~30분 만에 빠르게 건조되므로, 먼지가 앉는 것을 막을 수 있다. 그러나 나머지 셋만큼 내구성이 좋

제14장

이 종류의 마감재는 표준적인 성분 기준이 없기 때문에, 성분이 뭔지는 각자 추측할 수밖에 없다. 이런 불확실성 때문에 많은 마감 전문가들은 직접 제조해서 사용한다. 처음에는, 실내용 알키드 바니쉬, 나프타, 그리고 린시드오일 혹은 텅오일을 1:1:1/4 정도의 비율로 시작하는 것이 좋다. 오일을 적게 사용할수록, 바니쉬의 내구성 및 경도가 떨어지는 것을 막을 수 있다. 오일로 인해서 늘어난 건조시간은 저팬드라이어(Japan drier)를 첨가하면 줄어든다.

오일/바니쉬 혼합물은 순수 오일과 마찬가지 방법으로 칠하지만 약간 다른 점이 있다. 첫째로, 오일/바니쉬 혼합물은 순수 오일보다 건조가 빠르므로 더 일찍 와이핑해야 한다. 두 번째는 오크처럼 기공이 많은 목재에서 오일/바니쉬 혼합물을 미네랄 스피릿으로 희석해서 사용하면 문제가 생긴다. 표면에 흥건히 바르면 여분의 마감재를 와이핑으로 닦아낸 후에도 기공에서 오일이 계속 스며나온다(블리딩). 이 문제를 해결하는 방법은 세 가지다. 첫째는 너무 많이 바르지 않는 것이다. 대신에 한두 번 얇게 칠하고 건조시킨다. 기공이 씰링된 후에는 블리딩이 일어나지 않는다. 두 번째는 지켜보면서, 오일이 블리딩하지 않을 때까지, 계속 닦아낸다. 마지막은, 오일을 칠하기 전에 1/2 파운드컷 셸락으로 표면을 밀폐시키는 것이다.

컨버전 마감재

컨버전 마감재에서는 다수의 성분을 사용 전에 섞어주는데, 이때 비로소 경화가 시작된다. 촉매형(catalyzed), 2액형(two-part), 혹은 2성분(two-component) 등으로 불린다. 컨버전 마감재에 사용되는 수지는 여러 종류지만, 크게 세 부류가 있다. 아미노(amino), 우레탄(urethane), 그리고 폴리에스테르(polyester)인데, 순서대로 자세한 내용을 알아본다.

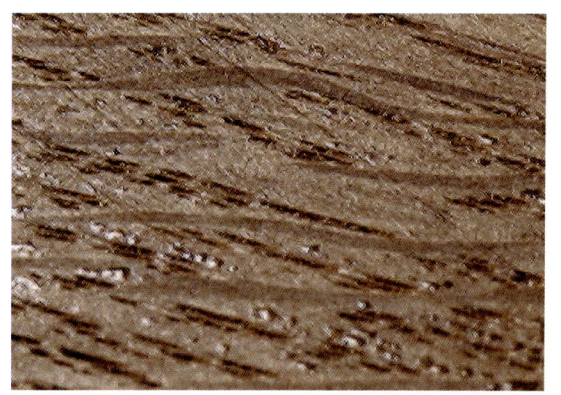

블리딩된 오일이 표면에서 굳어지면 고무 같은 딱지가 되는데, 마른 천으로는 닦아내기 어렵다. 천에 래커 희석제를 묻혀서 닦아내는 것도 가능하지만, 예리한 스크레이퍼를 사용하는 것이 최선이다.

▶ 제품 용기 내에서 경화되는 것을 막는 방법

제품 용기 내 공간에도 산소가 있기 때문에, 오일 및 바니쉬의 일부가 건조될 수 있다. 이것을 막기 위해서 뚜껑을 덮기 전에 **불활성 기체를 주입**하면서 산소를 몰아낸다. 사진은 비활성 질소와 이산화탄소의 혼합물인 피막 형성 방지 가스(anti-skinning gas) 제품인데, 바니쉬 용기 안으로 주입하는 모습이다.

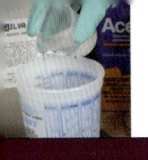

제 14 장

촉매화 래커(맨 왼쪽)와 컨버전 바니쉬(가운데)는 둘 다 사용 전에 촉매와 섞어야 한다. 전변성 래커(오른쪽)는 번거로운 혼합 과정은 없지만, 내구성이 조금 떨어진다.

아민 기반 컨버전 바니쉬

아민 기반 컨버전 바니쉬에는 세 종류가 있다. 컨버전 바니쉬, 촉매화 래커(catalyzed lacquer; 후변성 래커), 그리고 전변성 래커(precatalyzed lacquer)다.

컨버전 바니쉬 - 주방 찬장, 사무 가구처럼 건조가 빠르고, 내구성이 좋고, 단단한 마감이 필요할 때는 컨버전 바니쉬(conversion varnish)가 기본이라 할 수 있다. 컨버전 바니쉬는 두 가지 성분으로 구성되어 있는데, 하나는 수지이고 다른 하나는 산 촉매(acid catalyst)다. 수지는 아미노 수지와 알키드의 혼합물이다. 내구성과 유연성을 좋게 만들기 위해서, 불건성유 기반 알키드와 비닐이 첨가되기도 한다. 산 촉매는, 제조사에서 명시한 비율에 의거해서, 사용 전에 첨가한다. 대부분의 컨버전 바니쉬는 무색 투명하고, 최소량의 황변만 생긴다. 컨버전 마감재에는 두 가지 단점이 있다. 하나는 양생이 일어나면서 포름알데히드가 발생하는데, 유독하고 발암물질이다. 두 번째는 너무 여러 도막으로 도장하면, 마감에 미세균열이 생길 수 있다.

촉매화 래커 - 촉매화 래커(catalyzed lacquer; 후변성 래커)의 특성은 컨버전 바니쉬와 유사하지만, 니트로셀룰로오스나 혹은 여타 셀룰로오스 기반 코레진(coresin)이 첨가되어 있다는 것이 다르다. 이것은 기존의 래커 사용자를 위해서 개발되었는데, 래커처럼 보이지만 내구성이 더 좋고, 고형분 함량이 더 많아서 광 내기가 더 수월한 제품이다. 촉매화 래커는 황변이 일어나므로, 코레진으로 아크릴이나 아크릴-뷰티레이트(acrylic-butyrate)가 첨가되지 않은 한, 무색 투명해야 하고 황변이 없어야 하는 경우에는 부적합하다.

전변성 래커(Precatalyzed lacquer) - 이 컨버전 마감재는 컨버전 바니쉬와 후변성 래커(촉매화 래커)의 특징을 모두 띠고 있다. 단, 촉매를 사용 직전에 첨가하는 것이 아니라, 마감재에 이미 포함되어 있다는 것이 다른 점이다. 기본적으로 번거로운 혼합 과정을 없애기 위해서 만든 제품이다. 각 제품의 내구성은 제조 과정에 따라 많이 다르나, 통상 후변성 래커와 일반적인 용제 기반 래커의 중간 정도다.

2액형 폴리우레탄

이 형태의 폴리우레탄은 유성 폴리우레탄과 많이 다르다. '2K 폴리우레탄'(독일어 Komponent에서 유래)이라고도 불리는데, 사용 직전에 두 성분을 혼합한다. 실내용과 실외용이 있는데, 2K 폴리우레탄은 매우 강하고 내구적이다. 미국에서는 많이 쓰이지 않지만, 유럽에서는 이태리 가구, 승용차 내부, 악기, 사무용 가구 등에 칠하고, 유리같이 마감할 때 많이 쓰인다. 다른 컨버전 마감재와는 달리 연마가 아주 잘되기 때문에, 최고의 내구성, 투명도, 그리고 광택이 필요하다면 이것이 제일 좋다.

이들 폴리우레탄은 컨버전 바니쉬 혹은 래커와는 달리 도막 두께에 대한 제한이 없다. 그러나 건조시간이 더 길고, 작업 가능 시간이 상당히 짧다. 대부분의 제조사는, 글레이즈, 씰러, 스테인도 동시에 판매하는 2K 폴리우레탄 시스템을 구축해서 시판하고 있다. 그럼에도 불구하고, 스테인, 글레이즈 등과 호환성 문제가 있을 수 있다.

제 14 장

2성분(2K) 우레탄은 특정 용도로 제조된 매우 강한 마감재다. 왼쪽의 실외용 바니쉬는 문짝에 적합하고, 오른쪽의 실내용 우레탄/아크릴 제품은 광택이 잘 나게 만든 제품이다.

폴리에스테르는 매우 단단하고 강한 마감재다. 제조업체에 따라 2~3개의 별도 성분으로 구성되어 있다. 3성분 제품은 악천후 하에서 상황에 맞춰 조절할 수 있는 제품이다.

폴리에스테르

폴리에스테는 가장 강하고 단단한 마감재다. 보통 레스토랑 내부, 회의용 탁자, 차량 내부, 그리고 음악가가 격렬하게 연주하는 고급 악기에서 볼 수 있다. 성분은 폴리에스테르 수지, 그리고 양생을 시작하게 만드는 과산화물개시제(peroxide initiator)다. 전체적인 반응을 빠르게 만드는 또 하나의 성분은 조촉매(promotor)인데, 수지에 포함되어 있지 않으면, 별도로 첨가할 수 있다.

폴리에스테르는 2K 폴리우레탄, 래커 혹은 여타 마감재를 칠하기 전에 하도로 많이 쓰인다. 고형분 함량이 매우 높기 때문에(90% 이상), 아주 두껍게 칠할 수 있으며, 수직으로도 쌓을 수 있다. 아주 깨끗한 용기를 사용해서 정밀하게 혼합을 해야 하는 까다로운 점은 있으나, 유리에 근접하는 단단한 마감이 필요하면 폴리에스테르가 그 답이다.

컨버전 마감재 기초

컨버전 마감재를 칠할거면 작업물의 표면을 최대 150-grit까지만 연마하는 것이 좋다. 더 이상 연마하면 부착에 문제가 생긴다. 그러나 고급 가구를 대상으로는, 150-grit로는 표면 자국을 전부 제거할 수 없다. 따라서 표면을 더 매끈하게 만들고 싶으면, 마감재를 희석해서 칠한다. 만약 마감재 제조사가 이 방식을 권하지 않으면, 특수 씰러를 사용한다.

전변성(precatalyzed) 제품을 제외한 모든 컨버전 마감재는 사용 전에 혼합해야 한다. 설명서를 보면 대부분 혼합하는 방법을 부피를 기준으로 설명하고 있으므로, 무게를 잴 필요는 없다. 그러나 일부는 무게 및 부피 기준을 모두 명시하고 있다. 2K 우레탄은 혼합이 아주 쉬워서, 보통은 마감재와 경화제를 2:1 비율로 섞기만 하면 된다.

반응성 마감재 | 229

제 14 장

비닐씰러는 모든 아민 기반 마감재(오른쪽) 아래에 칠할 수 있다. 특수 폴리우레탄 이졸라(isolante) 씰러는 2K 폴리우레탄 및 폴리에스테르 마감재(왼쪽)에 사용할 수 있다.

사진은 이졸라(isolante) 씰러인데, 소량을 혼합할 때는 부피보다는 무게를 기준으로 혼합하는 것이 더 정확하다.

각 성분을 미리 계량해서 깨끗한 플라스틱 혹은 유리병에 나눠 담아두면, 작업시 바로 혼합할 수 있고 마감재의 낭비도 줄일 수 있다.

일단 혼합한 후에는 제품 사용법에 명시된 대로 일정 시간 내에 사용해야 한다. 특정 제품을 지속적으로 사용한다면, 각 작업마다 어느 정도의 양이 필요한지 알게 될 것이다. 희석제를 첨가하기 전에, 항상 촉매부터 먼저 섞는다.

촉매화 래커(후변성 래커), 전변성 래커, 그리고 컨버전 바니쉬를 사용할 때는 적절한 도막 두께로 칠하는 것이 아주 중요하다. 일반적으로 건도막 두께는 4~5mil(0.100~0.125mm)을 초과해서는 안 된다.

▶ 214쪽의 "도막 두께 측정"을 참고한다.

폴리에스테르와 2K우레탄은 건도막 두께 제한이 없으므로 얼마든지 쌓아 올릴 수 있다.

아민 기반, 2K 폴리우레탄, 폴리에스테르 마감재 작업에서 생기는 문제는 주로 낮은 부착력, 부정확한 혼합, 아니면 다음 도막을 칠하는 시간대를 놓치는 데서 기인한다. 부착에 문제가 있으면, 마감재가 부딪히거나 눌리거나 습기에 노출되었을 때, 그 부분이 하얗게 된다. 혼합이나 작업시 문제가 있으면, 주름이 잡히거나 실균열이 생긴다. 이러한 문제들은 사포질 후 다시 칠함으로써 해결할 수 있는 경우도 있다.

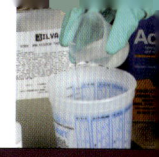

제14장

컨버전 마감재를 시험 판재 위에 칠해보면, 주름 혹은 피쉬아이 등의 문제점이 있으면 바로 나타난다.

본 작업을 시작하기 전에, 자투리 판재을 사용해서 칠하고, 5~10분을 기다린 후 혹시 문제가 생기는지 살펴본다. 중요한 프로젝트면, 시험 판재 위에 물을 바르고 24시간 기다리면서 내수성도 살펴본다. 부착 성능도 점검해봐야 한다.

▶ 213쪽의 "부착 실험"을 참고한다.

시험 후 아무런 문제도 생기지 않으면, 프로젝트에 첫 번째 도막을 칠한다. 다른 마감재와 마찬가지로 컨버전 마감재를 분무할 때는 적절하게 환기가 이루어져야 한다. 아민 기반 마감재는 건조되면서 포름알데히드를 발생시키므로, 새로 작업한 것은 환기가 잘되는 구역에서 양생시켜야 한다. 제품 사용법에 명시된 대로 일정 시간 내에 두 번째 도장을 실시해야 한다. 두 번째 도장을 너무 늦게 하거나, 사포질을 제대로 하지 않고 진행하면, 나중에 주름이 잡히거나 실균열이 생길 수 있다.

[TIP] 유성 글레이즈에 아민 기반 마감재를 사용한다면, 제조사가 요구하는 글레이즈를 사용하든지, 아니면 두 비닐씰러 도막 중간에 글레이즈를 칠한다.

▶ 컨버전 마감 용어 설명

컨버전 마감재에 익숙하지 않으면, 업계에서 통용되는 용어가 혼란스러울 수 있다. 몇몇 용어를 간단하게 설명한다.

지방족 우레탄(aliphatic urethane) – 황변이 일어나지 않는, 탁월한 실외용 우레탄.

방향족 우레탄(aromatic urethane) – 유성 폴리우레탄. 2K 우레탄에 사용되는 황변이 생기는 우레탄.

촉매(catalyst) – 반응성 마감재의 양생을 촉진하거나 활성화시키는 화학물질.

균열(crazing) – 마감재 표면이 미세하게 갈라지는 것을 말하며, 주로 마감재를 너무 많이 칠해서 생기는 문제다.

건도막 두께 단위(dry-mil film thickness) – 마감재가 건조한 후의 도막 두께를 재는 단위로 1mil은 1/1,000인치(25마이크로미터)에 해당한다.

포름알데히드(formaldehyde) – 아민 기반 마감재에서 발생하는 성분이며, 유독하다.

개시제(initiator) – 폴리에스테르 마감재가 교차결합함으로써 양생을 시작하도록 만드는 과산화물.

멜라민 수지(melamine resin) – 컨버전 바니쉬와 래커에 사용되는 아미노 수지의 한 가지.

조촉매(promoter; 助觸媒) – 폴리에스테르 마감재에 들어 있는 코발트 기반의 화학물질로 양생 속도를 빠르게 한다.

가사 시간(pot life; 可使期間) – 복수의 성분으로 구성된 마감재에서, 혼합한 후에 작업이 가능한 시간.

재도장 가능 시간(recoat window) – 마감재를 연속적으로 칠할 때, 이어지는 도막을 성공적으로 칠할 수 있는 시간적 여유.

요소포름알데히드(urea formaldehyde) – 컨버전 바니쉬 및 래커에 쓰이는 수지.

주름(wrinkling) – 컨버전 바니쉬에서 두 번째 도장 작업을 적절하게 실시하지 않으면 생기는 결함이다.

순수 오일 마감

마감재로 보일드 린시드오일 같은 순수 오일을 사용할 때는, 먼저 오일을 데운 후에 칠하면 침투가 빠르다. 중탕으로 65°C까지 데운다(A). 처음에는 자유로이 넉넉하게 칠하는데, 빠진 부분이 보이면 다시 칠하면 된다(B). 15~30분 정도 그냥 둔 다음, 천을 사용해서 표면의 잔분을 전부 제거한다.

하룻밤 건조시킨 후, 두 번째 칠을 하는데, 이때는 가열하지 않은 오일을 사용한다. 처음과 같은 방식으로 칠하나, 이때는 600-grit 방수사포를 사용해서 습식 샌딩으로 칠할 수 있다(C). 이렇게 하면 오일과 사포분진으로 만들어진 슬러리가 기공을 메꾸면서, 표면이 더 매끈해진다. 이제 천으로 표면을 닦아내면 얇은 오일 도막이 남는다. 오일은 얼마든지 여러 겹 칠할 수 있다. 칠할 때마다 목재에 깊이감과 윤기가 더해진다. 오일이 건조된 후에 마지막에는, 왁스를 칠하거나 깨끗한 마른 천으로 문질러 광택을 낸다.

[**VARIATION**] 순수 텅오일을 미네랄 스피릿과 1:1 비율로 희석하면, 더 빨리 건조된다. 이때는 오일을 미리 데울 필요가 없다.

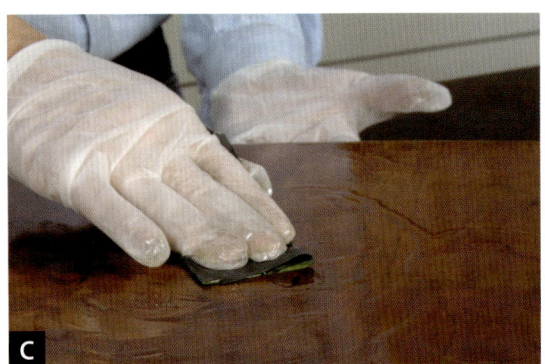

와이핑 바니쉬

바니쉬를 와이핑으로 칠하기 전에, 마감재 고형분의 양을 정해야 한다. 오늘날 대부분의 제품은 고형분이 30% 이상이며, 이런 마감재는 미네랄 스피릿과 1:1 비율로 희석한다(A). 나프타로 희석하면 건조속도가 더 빠르다.

처음에는 표면에 흠뻑 칠하고, 몇 분 후에 닦아낸다(B). 2~4시간이 지나면, 한 번 더 칠할 수 있을 정도로 건조된다. 이어지는 작업에서는 Viva™ 같은 결이 없는 종이수건을 접어서 사용하는 것을 개인적으로 선호한다. 바니쉬를 플라스틱 용기에 담아서 종이수건 앞부분 25mm 정도에 묻힌 다음 부재 표면을 닦는다(C). 오일은 칠한 다음 전부 닦아내지만, 바니쉬는 얇은 도막으로 칠한 다음 건조시킨다. 보통 하루에 2~3회 칠할 수 있으며, 중간 사포질은 필요하지 않다.

3~4회 칠한 후에는, 가볍게 사포질해서 표면을 매끈하게 만들어주는데, 고급스러운 마감을 위해서는 이 단계가 중요하다. 600-grit 사포로 가볍게 사포질한다(D). 최종적으로 0000 스틸울로 문질러서 매끈하게 만든다. 자연스러운 저광을 원하면 여기까지만 작업하고, 깊이감과 광택을 보태고 싶으면, 추가로 더 칠한다.

오일 및 바니쉬

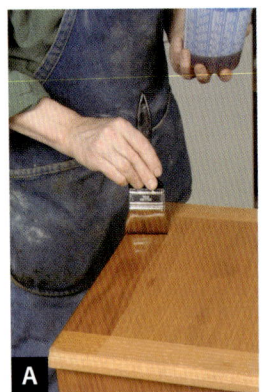
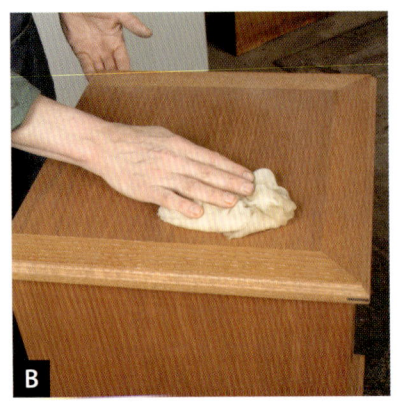

붓으로 바니쉬 칠하기

바니쉬를 붓으로 칠하는 경우엔, 먼저 씰러를 칠한다. 바니쉬 샌딩씰러, 혹은 사용할 바니쉬를 나프타와 1:1로 희석해서 칠한다. 셸락을 사용할 수도 있는데, 셸락은 30분 내에 가볍게 사포질(scuff-sanding; 스커프 샌딩)할 수 있을 정도로 건조가 빠르다(A). 스커프 샌딩 후에는 점조성 천으로 사포분진을 모두 닦아낸다(B).

이제 희석하지 않은 바니쉬를 붓으로 칠한다.

▶ 216쪽의 "셸락 및 래커를 붓으로 칠하기"를 참고한다.

붓을 수직으로 세워 문질러, 면을 고르게 만든다(C). 최소 2회 칠하며, 두꺼운 도막을 원하면 횟수를 늘린다. 매 도막을 하루 내에 이어서 칠한다면, 도막 중간에 굳이 사포질할 필요는 없다. 그러나 붓자국이나 혹시 있을지 모르는 분진은 가볍게 사포질해서 제거할 수 있다. 방수사포에 미네랄 스피릿을 뿌려서 사용하거나, 그냥 마른 사포를 사용한다. 일부 마감재는 사포면에 찌꺼기가 뭉치는데, 연마패드로 닦아낼 수 있다(D).

수직면에 칠할 때는, 처음에 수평 방향으로 칠한 다음, 붓을 세워서 위에서 아래로 펴 바른다(E).

234 | 반응성 마감재

컨버전 바니쉬와 촉매화 래커

컨버전 바니쉬와 촉매화 래커는 칠하는 방법이 동일하다. 사진은 컬리 메이플 상판인데, 스테인 및 글레이즈 위에 촉매화 래커를 칠했다. (본 작업 전에, 시험용 판재에다 스테인 및 글레이즈를 칠해서 결과를 검증했다.)

'메이플(maple)' 수성 염료로 상판을 채색한 다음, 8시간 동안 건조시켰다. 그다음엔 상판과 시험 패널 모두에 비닐씰러를 한 도막 칠했다. 30분을 건조시킨 후, 320-grit 사포로 표면을 매끈하게 사포질했다(A). 그다음엔, 상판과 시험 패널에 유성 글레이즈를 칠했다(B, C). 2시간 동안 글레이즈를 건조시킨 후, 비닐씰러를 한 도막 더 칠하고, 한 시간 건조시킨 후, 가볍게 사포질했다.

제조사는 대부분 촉매화 래커는 희석하지 말라고 권하지만, 분무가 용이하도록 희석제를 10% 정도 첨가해서 사용하는 것을 나는 선호한다. 이제 첫 번째 도막을 칠한다(D). 처음 한 번만 칠하면, 도막이 얇아서 외관이 아주 매력적이다. 그러나 내구성을 최대한 높이기 위해서는 한 번 더 칠하는 것이 좋다. 처음 칠한 후 2시간 정도 건조시킨 후 600-grit 사포로 가볍게 사포질해서 흠집 및 분진을 제거하고, 두 번째 도막을 칠한다. 주름 등 문제가 있다면, 두 번째 도막을 칠한 후에 비로소 드러난다. 따라서 시험 패널에 먼저 분무해보고 작업한다.

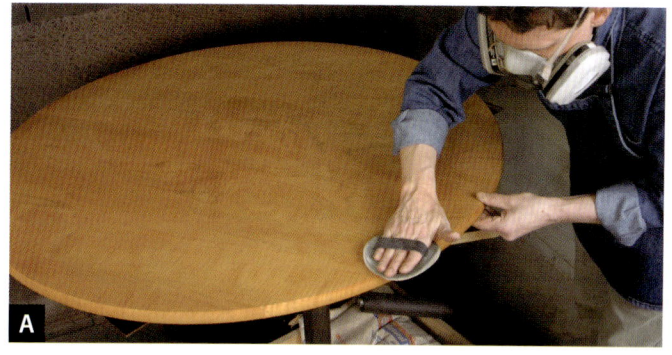

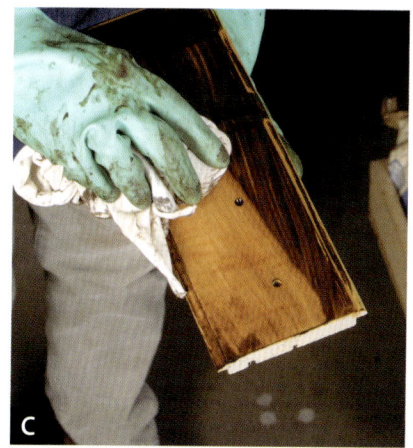

컨버전 마감재

폴리에스테르와 2K 우레탄 적용

폴리에스테르로 두께를 올리고 기공을 메꾸는 기저로 사용하고, 2K 우레탄을 상도 도막으로 올리는 방법을 설명한다. 사진은 애쉬로 제작한 상판에 열대목인 자단(padauk; 紫檀)으로 테두리를 장식한 것이다. 열대목에 폴리에스테르나 2K 폴리우레탄을 칠할 때, 혹은 유성 스테인이나 유성 글레이즈를 칠할 때는 이졸라씰러를 먼저 칠해야 하므로, 여기서도 그렇게 한다. 작은 양을 혼합할 때는 저울을 이용하면 보다 정확하게 계량할 수 있다. 이졸라씰러를 분무한 후에 2시간 동안 건조시킨다(A).

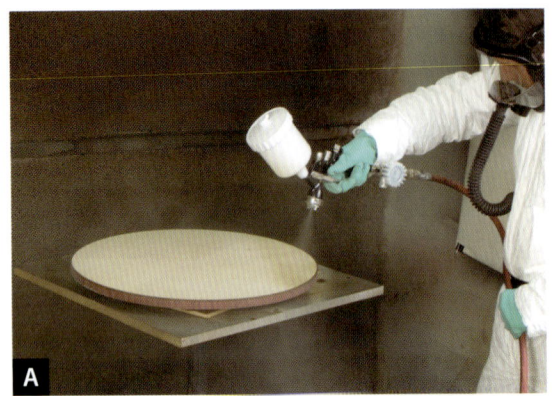

폴리에스테르를 혼합할 때는 아주 깨끗한 용기를 사용해야 한다. 플라스틱 계량컵을 사용하면 되는데, 먼저 내부 오염물질을 아세톤으로 잘 닦아낸다. 제조사가 권하는 아세톤 희석제(thinner)로 폴리에스테르를 희석해야 하며, 사진의 아세톤은 세척할 때만 사용한 것이다(B).

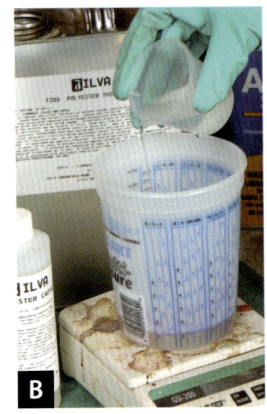
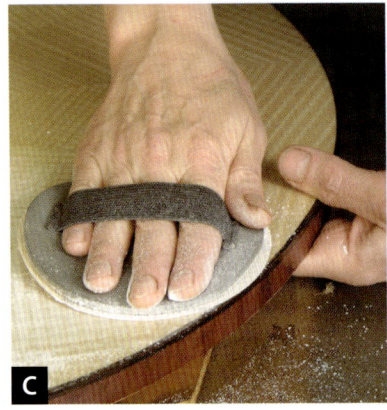

폴리에스테르 하도를 분무한다. 컬리 애쉬(curly ash)의 결을 잘 메꾸기 위해서, 두 번씩 크로스해칭으로 분무하고, 한 시간 후에 또 한 번 같은 방법으로 분무한다. 12시간을 건조시킨 후 320~600-grit로 편평하게 사포질한다(C). 미세분말 형태의 폴리에스테르 사포분진은 독성이 강하므로, 분무실 안에서 작업하고 분진을 제거한다. 공방 안에서 사포질할 때는 다운드래프트 테이블(down-draft table)을 사용하든지 샌더에 집진기를 연결해서 사용한다. 사포분진을 전부 제거한 후에 2K 우레탄 상도를 칠한다(D). 여기서는 유광(gloss) 제품을 칠했으며, 나중에 광을 내서 표면을 거울같이 만들 수 있다.

주의: 2K 우레탄에는 이소시아네이트(isocyanate)가 포함되어 있으므로 취급에 특히 주의해야 하며, 보호장구를 착용한다. 항상 장갑을 끼고 혼합한다. 저자

는, 사진에서 보듯이, 공기가 별도로 공급되는 호흡장구를 선호한다. 카트리지가 붙어 있는 형태도 괜찮지만, 이때는 눈까지 보호할 수 있는 전면형 마스크를 사용해야 한다. 카트리지는 주기적으로 교체한다.

유성 페인트를 붓으로 칠하기

페인트 도장 전에 표면을 180-grit까지 사포질한 다음, 변성 알코올로 표면을 깨끗이 닦는다(A). 이제 양질의 프라이머(primer)를 칠하는 것이 중요하다. 페인트 판매점에 문의해서 목적에 맞는 최상의 프라이머를 선택한다. 스테인을 차폐시키는 용도의 제품도 있고, 기존의 마감 위에 칠하는 데 더 적합한 제품도 있다. 사포질이 더 잘되는 제품도 있다. 여기서는 셸락 기반의 프라이머를 사용했는데, 이런 여러 기능을 두루 만족시키고, 아주 빨리 건조된다(B).

프라이머를 한 번 칠하고, 1시간 건조시킨 후, 220-grit로 사포질한다. 프라이머를 칠한 후에는 눌린 자국 등 흠집이 더 잘 보이므로, 이때 확인한다. 눌린 자국이 있으면, 라텍스 우드필러로 메꾸고 220-grit로 사포질해서 편평하게 만든다. 프라이머를 한 번 더 칠하고, 한 두시간 건조시킨 후, 320-grit 사포로 붓자국을 없앤다.

페인트에 페인트 컨디셔너(parint conditoner)를 첨가할 것을 권하며, 이는 페인트의 흐름을 좋게 만든다(C). 좋은 강모붓을 사용해서, 일반적인 방법으로 칠한다. 가장자리 형상이 복잡한 경우엔, 가능하면 전체 몰딩을 한꺼번에 털로 감싸면서 칠한다(D). 뒤편에서 빛을 비추면서 빠진 곳이 없는지 살펴본다. 마지막으로, 붓의 끝을 세워 페인트 위를 끌면서 정리한다.

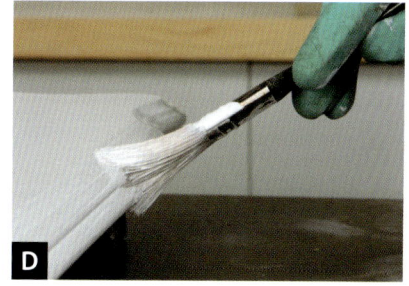

[TIP] 붓을 신문지에 눌러 남은 페인트를 전부 짜낸 후, 용제를 사용해서 씻는다.

TIP

페인트

페인트 및 색조 보정 컨버전 바니쉬 분무

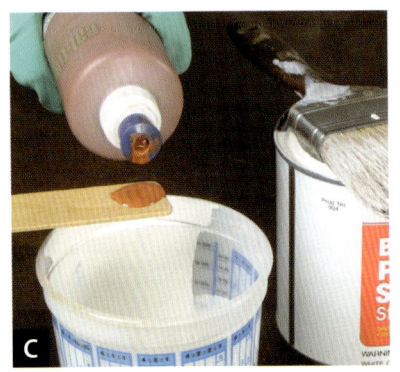
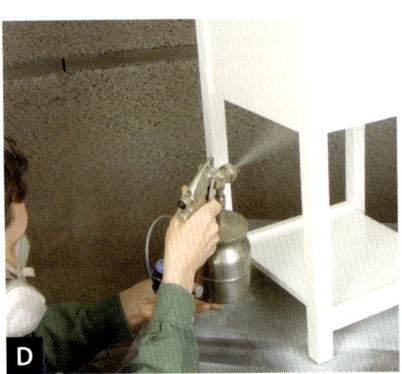
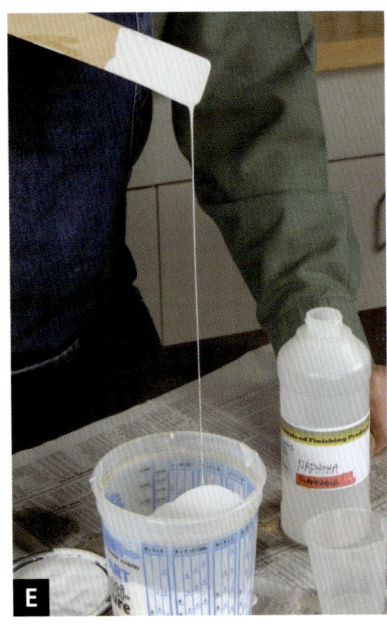

유성 혹은 기타 용제(solvent) 기반의 페인트는 스프레이건으로 분무하는 게 제일 낫다. 본 작업에서는 약광의 투명 컨버전 바니쉬에, 부피로 15% 정도 백색 조색제를 첨가하고, 짙은 암갈색(burnt umber) 3방울을 떨어뜨려서 옅은 황백색(off white) 페인트를 직접 만들었다(A). 페인트 칠을 하기 전에 먼저 150-grit로 모서리를 가볍게 사포질한다.

프라이머를 먼저 칠한다(B). 여기서는 촉매화 프라이머를 사용했는데, 컨버전 바니쉬만큼 강한 내구성을 가지고 있다. 페인트가 어두운 색상이면, 밝은색 프라이머를 상도로 칠하면 비쳐 보일 수 있기 때문에, 프라이머도 어두운색을 사용하는 것이 좋다. 색상이 들어 있는 프라이머를 구입할 수도 있지만, 농축 조색제(concentrated tint)를 백색 프라이머에 첨가해도 된다(C). 프라이머는 보통 1~2회 칠한다. 프라이머를 칠한 후, 건조시키고, 320-grit로 매끈하게 사포질한다.

칠하기 전에 먼저, 페인트가 더러워지지 않도록 표면의 분진을 깨끗이 제거하는 것이 필요하다. 압축공기를 사용해서 분무실(spray booth)에서 필터 방향으로 분진을 불어낸다. 마땅한 장치를 갖추고 있지 않으면, 점조성 천을 사용하거나, 아니면 천에 나프타를 묻혀 닦아낸다. 이렇게 하지 않으면, 분진이 공기 중에 떠다니다가 나중에 페인트 위에 내려앉는다. 작업물을 깨끗이 준비했으면, 페인트 상도를 분무한다. 한 번 분무한 후에, 2시간 동안 건조시키고 나서, 600-grit 사포로 조금이라도 문제가 있는 부분은 모두 편평하게 다듬는다. 그런 다음 마지막으로 한 번 더 분무한다(D).

유성 페인트를 칠할 때도 마찬가지 절차로 작업한다. 대신에 씰러로는 유성 페인트와 호환이 되는 프라이머 혹은 셸락을 사용한다. 유성 프라이머를 사용하면 전반적인 내구성이 좋아진다. 페인트를 희석할 때는 미네랄 스피릿 대신에 나프타를 사용하면, 건조시간도 단축되고 흐르는 현상도 막을 수 있다(E).

제 15 장

증발성 마감재

셸락

- 프렌치 폴리싱 (248-249쪽)
- 패딩 셸락 (250쪽)
- 셸락을 붓으로 칠하기 (251쪽)

래커

- 분무로 래커 마감하기 (252쪽)
- 기공을 메꾼 후의 래커 마감 (253쪽)
- 페인트 위에 래커 분무하기 (254쪽)
- 래커를 붓으로 칠하기 (255쪽)
- 크랙클 래커(crackle lacquer) (256쪽)

증발성 마감재에서는 마감재 안의 용제가 공기 중으로 증발하면서 수지만 남아 양생된다. 근본적으로 이 과정에서 수지는 변하지 않는다. 대표적인 증발성 마감재 두 가지는 셸락과 용제 기반 래커다. 수성 마감재도 증발성이 많지만, 반응성인 것도 있다. 수성 마감재에 관해서는 제16장에서 설명한다.

셸락

셸락은 인도 및 태국 등지에서 서식하는 락깍지벌레의 분비물에서 얻는 천연수지다. 나무에서 고치 모양의 분비물을 채취한 후 정제한 조각형태(플레이크) 혹은 버튼 모양의 셸락이 시판되는데, 알코올에 녹여서 사용한다. 미리 용해된 셸락 제품도 시판되고 있고, 조각 혹은 버튼 모양으로 시판되는 고체 셸락을 구입한 후, 알코올에 녹여 사용해도 된다.

채취하는 장소, 계절, 그리고 환경조건에 따라서 미가공 셸락(seed-lac이라고 일컬어짐)은 짙은 가넷(석류석) 색상(왼쪽 위), 혹은 연한 카라멜 색상(오른쪽 위)을 띤다. 이를 정제해서 버튼 모양의 셸락(buttonlac)를 만든다(아래쪽).

정제 공정을 통해서 셸락에서 왁스 및 색을 거르면, 짙은 가넷 색(오른쪽)부터 오렌지 색(가운데), 그리고 황금색(왼쪽)까지 다양한 색상이 된다. 바닥의 판재는 각각의 셸락을 칠한 것이다.

액상 셸락은 왁스가 들어 있는 것도 있고(왼쪽의 세 가지 제품), 디왁스드된 것도 있다(오른쪽 세 가지 제품). 맨 오른쪽은 패딩 래커인데, 셸락과 래커 용제(솔벤트)로 제조된 것이다.

셸락의 가장 중요한 특성은 색상, 그리고 색상의 일부 혹은 전부를 제거하는 데 적용한 기법, 천연 왁스를 제거했는지 여부 등이다. 셸락의 색상은 옅은 황금색으로부터 짙은 갈색까지 다양하다. 색상 자체는 마감작업에 영향을 미치지 않는다. 고체 형태의 셸락이 액상의 셸락보다 색상이 더 다양하다.

채취한 셸락의 고유색은 화학적 표백이나 여과 공정을 통해서 제거할 수 있다. 화학적 표백은 분자구조에 변화를 일으키고, 따라서 여과 공정으로 색을 제거한 셸락만큼 안정적이지 못하다. 화학적으로 표백한 셸락은 조각이 아니라 백색 분말 형태다. 액상 형태의 화학 표백 셸락은 '백색(white)' 혹은 투명 셸락으로 시판되는데, 액상일 때는 화학적으로 표백되었는지 알 길이 없다.

수지 속의 천연 왁스 성분은 셸락의 내수성을 떨어뜨리고, 또한 폴리우레탄이나 수성 마감재 사이에 부착 문제를 일으킨다. 따라서 이런 마감재로 작업할 때는 디왁스드 셸락을 씰러코트(sealer coat)로 사용하는 것이 현명하다. 제품에 디왁스드 셸락(dewaxed shellac)이라고 표시되어 있다.

사용 기한

선혼합된 다양한 액상 셸락 제품이 시판되고 있지만, 셸락 플레이크(고체 조각)나 버튼을 구입해서 알코올에 녹이면 된다. 액상 제품을 사용하는 것이 편한 건 사실이지만, 신선도를 확실하게 보장할 수 없기 때문에, 직접 녹여서 사용하는 전문가가 많다. 셸락은 알코올에 녹이는 순간부터 화학적으로 변하기 때문에 신선도는 중요한 요소다. 수년 지난 셸락을 사용해도 괜찮다는 사람도 있긴 하지만, 경험적으로 보면 디왁스드 플레이크를 녹여서 만들고 반년 내에 사용했을 때, 전반적인 내수성이 가장 뛰어나다. 사용 기한을 넘긴 셸락은 다음 둘 중 한가지 문제가 있다. 단단하게 굳어지지 않거나, 다른 마감재를 셸락 위에 칠했을 때 주름이 잡힌다. 셸락 용액을 직접 만든 경우엔 반 년에서 1년 정도가 통상 사용할 수 있는 기한이다.

제 15 장

고체 셸락 플레이크 및 버튼은 서늘하고 건조한 곳이라면, 아무리 오래 보관해도 품질에는 문제가 없다.

셸락을 상도까지 전 과정에 적용할거면, 디왁스드 플레이크를 사용해서 직접 녹여서 쓸 것을 권한다. 그렇지 않고, 일반적인 씰링, 워시코팅, 토너 베이스로는 쓸 때는 시판되는 선혼합 액상 셸락을 사용해도 좋다. 액상 셸락 제품을 구입할 때는 제조일자가 표시된 제품을 구입하는 것이 좋다. 그러고 나서 제품에 표시된 유효 기간 내에 사용해야 한다. 액상이든 플레이크든 모든 셸락은 서늘하고 건조한 곳에 보관해야 한다.

셸락 용해

고체 셸락은 변성 알코올에 특정 혼합 비율로 녹인다. 이것을 컷(cut)이라고 표현한다. 컷은 알코올 3.8ℓ(1갤런; 1gallon)에 녹인 셸락의 양을 파운드(1lb=0.45kg)로 표현한 것이다. 따라서 2파운드컷(2-lb.-cut) 셸락이라고 하면, 알코올 3.8ℓ에 셸락 수지 0.9kg(2lb)를 녹인 것이고, 5파운드컷 셸락은 알코올 3.8ℓ에 셸락 수지 2.3kg(5lb)를 녹인 것이다.

셸락 플레이크를 녹여서 셸락 용액을 만들 때는, 비율에 맞춰서 필요한 만큼 제조한다. 시판되는 액상 셸락은 보통 2-, 3- 혹은 4파운드컷 제품이 많은데, 필요에 따라서는 희석해서 사용한다. 시판 액상 셸락을 다른 컷(cut)으로 변환할 때는 242쪽의 표를 이용한다.

[TIP] 셸락을 용해시키는 변성 알코올은 '셸락 희석제(shelllac thinner)'라고 표시된 제품을 사용한다.

변성 알코올(denatured alcohol)은 에탄올인데, 이것은 술에 들어 있는 알코올과 같다. 그러나 변성 알코올에는 사람이 섭취할 수 없도록 첨가제가 들어 있다. 변성 알코올 성분은 190-proof 에탄올과 3% 메탄올, 그리고 1% MIBK가 일반적이다. 프루프(proof)를 2로 나누면 순수 에탄올의 양(%)이 된다. 즉, 200-proof는 100% 에탄올이고, 190-proof는 95% 에탄올이다. 200-proof 에탄올을 사용해야 한다고 주장하는 사람도 있는데, 플레이크의 용해 속도는 약간 증가한다. 그러나 시판 액상 셸락과 비교했을 때, 내구성 등 다른 특성이 좋아진다는 증거는 없다.

셸락 고형분

셸락 용액에 포함된 고형분의 양이다. 건도막 두께를 계산할 때 사용할 수 있다.

컷(CUT)	고형분(무게%)
1/4lb.	3.5%
1/2lb.	7%
1lb.	14%
1.5lb.	18%
2lb.	22%
3lb.	31%
4lb.	37.5%
5lb.	42%

혼합 비율에 맞춰, 필요한 만큼 셸락 용액을 제조해 사용한다. 예를 들면, 플레이크 2온스(57g)를 알코올 8온스(227g)에 녹이면 2파운드컷 셸락 0.24ℓ가 만들어진다.

증발성 마감재 | 241

제15장

눈대중으로 계량하는 방법도 여러 가지 있지만, 저울을 사용하는 것이 최선이다. 필요한 알코올과 셸락의 양을 계량한 다음, 유리병 혹은 플라스틱 병에 담아 섞는다. 셸락이 녹지 않고 바닥에 모여 뭉치는 것을 막기 위해서, 30분 간격으로 병을 흔들어준다. 셸락이 다 녹으면, 병에 제조일자를 표시해두고, 1년 내에 전부 사용하는 것이 좋다.

래커

래커는 건조가 빠르며, 목재에 깊이감이 생기게 하고 풍성한 느낌이 들게 만든다. 래커의 종류에 따라 차이가 있지만 내구성은 보통부터 아주 우수한 것까지 있으며, 광택을 내기도 수월하다. 래커는 몇 가지 종류가 있으며, 성능이 서로 다르다.

니트로셀룰로오스 래커(nitrocellulose lacquer)가 가장 일반적인 래커다. 내수성은 보통이나, 열(heat) 및 일부 용제에 민감하게 반응한다. 니트로셀룰오오스 래커의 가장 큰 단점은 시간이 지나면서 황변이 생긴다는 것이며, 따라서 밝게 채색한 목재 및 백색 마감에는 적합하지 않다. 니트로셀룰로오스 래커는 진한 호박색도 있고, 옅은 색도 있고, 무색 투명한 것도 있으나, 아크릴 래커만큼 색상에 전혀 영향을 미치지 않는 것은 아니다. 요즘 시판되는 대부분의 니트로셀룰로오스 래커는 옅은 호박색 계열이다.

셸락을 녹여서 보관하는 용기로는, 가능하면 플라스틱 뚜껑을 가진 유리병이 좋다. 병의 목 부분에 테플론(Teflon) 테이프를 감든지 바셀린(petroleum jelly)을 발라두면, 뚜껑이 달라붙는 것을 막을 수 있다.

일반적인 용도로는, 최고의 마감재로 래커를 꼽는 전문가가 많다. 니트로셀룰로오스 래커(왼쪽)는 옅은 황색 액체인데, 시간이 지나면 황변이 일어난다. 아크릴 래커(오른쪽)는 무색 투명하고 황변이 없다.

셸락 농도 변환

기존 액상 셸락의 농도를 희석할 때는 다음 표대로 알코올을 첨가한다. 예를 들면, 2파운드컷을 1파운드컷으로 만들려면 2파운드컷 셸락 용액 1 분량마다 2/3 분량의 알코올을 보탠다.

알코올 양 : 기존 컷(cut)의 양

기존 컷	1/4lb.	1/2lb.	1lb.	1.5lb.	2lb.	3lb.
1/2lb.	1:1					
1lb.	3:1	7/8:1				
1.5lb.	4 1/2:1	1 2/3:1	1/3:1			
2lb.	5:1	2:1	2/3:1	1/4:1		
3lb.	8 3/4:1	3 3/4:1	1 1/2:1	3/4:1	1/3:1	
4lb.	11:1	5:1	2:1	1 1/4:1	3/4:1	1/4:1
5lb.	12 3/4:1	5 3/4:1	2 3/4:1	1 1/2:1	1:1	7/8:1

아크릴 변환 래커(acrylic-modified lacquers)는 아크릴과 황변이 없는 셀룰로오스 수지인 CAB(Cellulose Acetate Butyrate; 셀룰로오스 아세테이트 뷰티레이트)의 혼합물을 기반으로 제조한다. 니트로 셀룰로오스 래커와 특성이 유사하나, 완전히 무색 투명하다. 따라서 밝은색 목재에 칠해도 호박색이 나타나지 않으며, 시간이 지나도 황변이 생기지 않는다.

래커는 고형분이 20% 정도다. 따라서 용제가 기화하고 나면, 처음 칠한 두께의 1/5 정도만 도막으로 남는다. 더구나 분무가 용이하도록, 사용자가 희석시키는 것이 보통이다. 희석제(thinner)의 양은 얼마든지 마음대로 할 수 있으나, 도막을 빨리 올리려면 가능한 한 적은 양을 사용해야 한다.

셸락 및 래커 칠하기

셸락과 래커는 붓 혹은 스프레이건으로, 비슷한 방식으로 칠한다. (프렌치 폴리싱 기법에서만 다르며, 이것은 248쪽에서 설명한다.) 셸락과 래커의 주요 장점은 둘 다 매우 빠르게 건조하고, 또한 이어서 칠한 도막이 앞서 칠한 도막을 녹이면서 서로 섞인다는 것이다.

> 202쪽의 "증발성 마감재와 반응성 마감재"를 참고한다.

건조가 너무 빨라서, 표면에 분진이 앉을 시간적 여유가 별로 없다. 수지가 화학적인 변화를 일으키지 않으므로 사포질 및 추가 도장이 빠르게 이어질 수 있어서 하루에도 몇 번씩 칠할 수 있다. 사포자국이 있더라도 이어서 칠하면 녹아 없어지므로, 각 도막 사이의 사포질에는 240-grit로 충분하다.

셸락 및 래커와 관련된 문제는 대부분 날씨와 관련이 있다. 고온다습한 날씨에서는 칠한 후 얼마 지나지 않아서, 표면이 흐릿해진다. 이것을 백화현상

> ### ▶ 래커 첨가제
>
> 래커 희석제(lacquer thinners; 락카 신너)를 사용하면 날씨에 맞춰 휘발속도를 정할 수 있다. 휘발속도가 빠른 제품('fast' thinner)은 10~16℃ 정도의 기온에 적합하고, 중간속도 제품('medium' thinner)은 16~27℃에 적합하다. 27℃ 이상의 고온에서는 휘발속도가 느린 제품('slow' thinner)을 사용한다.
>
> 추운 날씨에서는 중간속도 제품에 아세톤을 1:1 비율로 혼합하여 휘발속도를 증가시켜 사용한다. 고온다습한 날씨에서는 중간속도 래커 희석제 1ℓ 당 래커 지연제를 30~60g 정도 첨가하여 휘발속도를 늦춰 사용한다. 이외에도, 래커에 실리콘을 첨가하여 피쉬아이(fisheye)를 방지할 수 있고, 유동성 조정제(flow additives)를 첨가하여 오렌지필(orange peel)을 줄일 수도 있다.

(blushing)이라 일컫는데, 공기 중의 수분이 마감재에 침입하면서, 수지 성분이 밀려나오는 현상이다. 건조되면서 이 현상이 저절로 사라지지 않으면, 기화가 더 느린 희석제를 표면에 분무함으로써, 마감재를 도로 용해시켜 문제를 해결할 수 있다. 혹은 다음 도막을 칠하기 전에, 백화현상이 생긴 부분을 사포로 제거하는 것도 가능하다. 고온다습한 날씨에서는 래커 지연제(retarder)나 기화가 느린 희석제를 래커에 첨가하는 전문가가 많다.

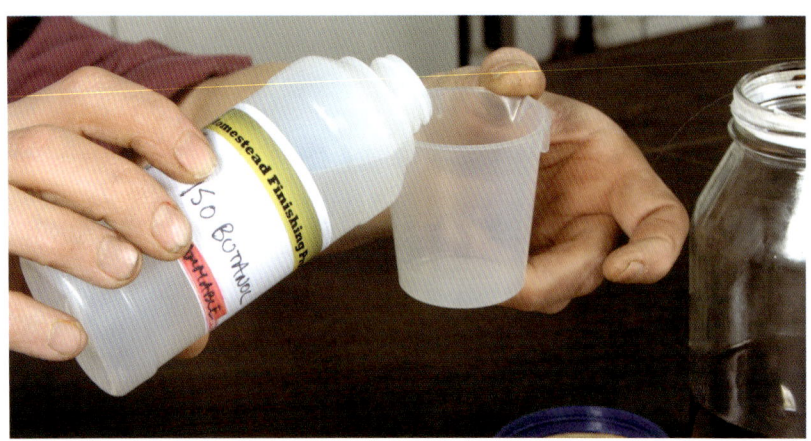

아이소뷰탄올(isobutanol)은 기화가 느린 알코올이다. 셸락에 아이소뷰탄올을 부피비로 10%까지 첨가할 수 있으며, 붓 혹은 분무로 칠하는 것이 쉬워진다. 아이소뷰탄올을 구할 수 없으면, 래커 지연제(retarder)를 사용해도 된다.

또 다른 일반적인 문제는 핀홀(pin hole)인데, 주로 기공 위에 작은 구멍이 생기는 것이다. 이것은 앞서 칠한 마감재의 용제가 완전히 기화하지 않은 경우, 혹은 습한 날씨에 도막을 너무 두껍게 칠한 경우에 나타난다. 이 문제를 해결하는 것은 상당히 어렵지만, 사포로 가능한 한 많이 없앤 후, 습도가 좀 낮을 때 다시 칠함으로써 문제를 어느 정도까지는 해결할 수 있다.

셸락을 붓으로 혹은 분무로 칠하고 나면, 뾰족한 모서리 부분에서 두껍게 쌓이는 경우(fat-edge)가 있다. 이것은 셸락이 건조되는 과정에서 불균형 표면장력이 발생하면서 생기는 현상이다. 이것은 마감재에 실리콘 습윤제(wetting agent)를 첨가하면 해결된다. 표면장력과 관련된 또 하나의 문제는, 197쪽에서 설명했듯이 래커에서 발생하는 피쉬아이(fisheye)다. 피쉬아이는 그냥 닦이지 않는다. 건조된 후에 사포로 제거하든지, 아니면 피쉬아이 첨가제를 래커에 바로 혼합한 다음, 이전 래커 도막이 마르기 전에 표면에 다시 분무한다.

셸락과 래커를 붓으로 칠하기

셸락과 래커는 천연 혹은 합성붓을 사용해서 칠할 수 있다. 개인적으로는 1- 혹은 1 1/2파운드컷 셸락 용액을 선호한다. 붓으로 칠하는 래커는 분무용 래커와

셸락 혹은 래커를 붓으로 칠할 때는, 두껍게 칠하는 것보다 얇은 도막으로 여러 번 칠하는 것이 낫다. 도막이 얇으면 건조도 빠르고, 붓자국도 적기 때문에 사포질이 수월하다.

기본적으로 성분은 동일하나, 기화속도가 느린 용제를 사용하므로, 건조되기 전에 표면에서 더 잘 흘러펴진다. 특정 래커 제품에 적용하는 특정 희석제는 기화속도가 느린 희석제인 것이 일반적이다. 따라서 중간 정도 기화속도를 가지는 시판 래커 희석제를 사용해도 된다. 셸락이나 래커를 붓으로 칠할 때는 얇은 도막으로 여러 번 칠하는 것이 좋다. 특히 형상이 복잡한 표면은 더욱 그러하다. 붓자국이나 티끌을 사포로 없애는 것은 도막을 적어도 두 번은 올린 후에 실시하는 것이 좋다.

염료 스테인을 바인더(결합제)없이 칠한 표면에 셸락이나 래커를 칠하면, 용제 및 마찰로 인해서 염료 스테인이 묻어나오는 것을 볼 수 있다. 이때는 붓질을 조심스럽게 하거나, 아니면 대니쉬오일, 보일드 린시드오일, 텅오일과 같은 오일 기반 제품으로 염료를 씰링(sealing)함으로써 문제를 해결할 수 있다. 씰러코트를 적어도 하룻밤 건조시킨 후, 셸락이나 래커를 붓으로 칠한다. 염료 위에 에어로졸 형태의 셸락을 분무하는 것도 또 다른 해결책이다.

제 15 장

[TIP] 에어로졸 셸락은 사용하기 편하고, 또한 왁스가 포함되어 있지 않아서, 다른 마감재랑 호환성이 좋다.

셸락과 래커를 분무로 칠하기

셸락 및 래커는 분무로 칠하는 것이 용이하나, 가연성이므로 비산에 주의해야 한다. 실외에서 작업하든지, 아니면 제대로 갖춰진 분무실에서 작업해야 한다.

▶ 13쪽의 "스프레이 마감"을 참고한다.

처음 몇 도막은 래커가 균일하지 않게 흡수되므로, 보통은 씰러코트로 셸락을 칠하든지, 아니면 샌딩씰러나 비닐씰러를 먼저 칠한다. 씰러코트를 반드시 칠해야 하는 것은 아니지만, 마감작업을 더 빨리 마칠 수 있다. 가구가 수분에 노출되는 환경이라면, 비닐씰러를 사용한다. 씰러를 칠하기 전에 먼저, 보일드 린시드오일이나 텅오일을 얇게 바르면, 목재의 문양이 잘 드러나고 입체적인 느낌이 살아난다.

셸락이나 래커를 분무할 때는, 희석하지 않은 하이솔리드 래커(high-solids lacquers)를 분무하는 경우를 제외하고는, 분무 세팅을 점성이 낮은 마감재 작업에 맞춘다. 개인적으로 주로 2파운드컷 셸락이나, 고형분 21%의 래커에 희석제 50~100%를 첨가해서 사용한다. 습한 날씨에서 작업할 때는 기화가 느린 희석제를 사용하든지, 아니면 일반 희석제에 래커 지연제를 첨가해서 사용한다. 터빈구동 방식의 스프레이건으로 셸락을 분무하면, 뜨거운 공기로 인해서 기화가 빠른 변성 알코올이 빠르게 빠져나가므로, 지연제를 섞어서 사용하면 도움이 된다.

셸락을 얇은 도막으로 칠하면 건조가 잘된다. 각 도막은 2~3mil(50~75마이크로미터; 1mil=1/1,000인치)이 넘지 않도록 분무하고, 하루에 최대 2회까지만

분무한다. 래커는 하루에 3회까지 분무할 수 있다. 셸락 및 래커 모두, 온도 21°C, 상대습도 50%를 기준으로, 각 도장 사이에 1~2시간 정도 간격을 두면 적절하다. 습도가 아주 높으면, 시간 간격을 좀 더 늘린다. 분진 등을 제거할 목적이 아니라면, 둘 다 도막 중간 사포질은 필요하지 않다. 그러나 가능한 한 매끈한 면을 최종적으로 얻기 위해서, 3~4회 분무 후에는 사포질을 하는 전문가가 많다.

셸락이나 래커를 칠하기 전에 보일드 린시드오일 혹은 텅오일을 얇게 바르면, 목재의 문양이 잘 드러나고 표면에는 입체감이 생긴다.

제15 장

셸락을 칠하는 특별한 방법

래커는 안 되지만, 셸락을 칠할 때 사용할 수 있는 방법 두 가지가 있다. 프렌치 폴리싱(French polishing)과 패딩(padding) 기법인데, 둘 다 천으로 셸락을 문질러 칠하는 기법이다.

프렌치 폴리싱

프렌치 폴리싱은 오래된 전통적인 기법인데, 셸락을 손으로 여러 도막으로 칠해서, 매끈하고 흠집 없는 유광 마감을 얻을 수 있다. 제대로 하면, 얇은 도막을 여러겹 쌓아서, 래커나 바니쉬처럼 두껍게 칠하지 않아도, 깊고 윤기 있는 마감을 얻을 수 있다. 바니쉬나 래커는 광을 내기 위해서는 건조될 때까지 기다려야 하지만, 프렌치 폴리싱에서는 칠하는 동시에 문지르면서 고광으로 만들 수 있다.

단순히 붓이나 분무로 칠하는 것보다는 힘이 더 들지만, 숙달하기 그리 어려운 작업은 아니다. 요즘에 래커 분무로 대부분 대체되었지만, 프렌치 폴리싱만의 장점이 있다. 마감재가 빨리 마르고, 역겨운 냄새가 없으며, 고가의 장비가 필요하지도 않다. 전통 가구를 재현할 때나 악기 도장에는 아직도 많이 사용된다.

프렌치 폴리싱 작업은 세 단계로 구분할 수 있다. 기공을 메꾸는 단계, 셸락을 칠하는 단계, 그리고 세척 단계다.

먼저 셸락을 칠하기 위해서, 기공을 메꿔서 표면을 매끈하고 편평하게 만든다. 이 작업은 기공이 많아서 표면이 거친 목재만 필요하다. 프렌치 폴리싱에서는 페이스트 우드필러 대신에 로튼스톤(rottenstone; 트리폴리석(tripoli石); 분해한 규질(硅質) 석회석)이나 부석분(浮石粉; pumice)으로 메꾼다. 기공을 메꾸는 작업은 까다로우므로, 체리나 메이플처럼 나뭇결이 고와서 메꿈 작업이 필요없는 목재를 사용해서 프렌지 폴리싱을 연습해보는 것이 좋다.

셸락은, 오일이 묻은 목재 표면에, 아주 얇은 도막으로 여러 번 칠한다. 셸락을 칠하는 패드는, 가운데에 흡수력이 좋은 면이나 모(wool)로 뭉치를 만들고, 모슬린(muslin; 속이 비치는 고운 면직물)으로 둘러싸서 만든다. 문지르다 보면, 셸락이 마르면서 패드와 붙게되는데, 이때는 베이비 오일을 패드에 조금씩 뿌려가면서 작업한다.

마지막 단계는 작업 중 뿌린 베이비 오일을 제거하는 과정이다.

[TIP] 기공이 많은 목재에 스테인 처리를 하고, 프렌치 폴리싱을 할 예정이면, 스테인으로는 안료 스테인 대신에 염료 스테인이나 화학 스테인을 사용하는 것이 좋다. 패드 및 거친 메꿈재와 마찰이 발생하면, 안료 스테인은 쉽게 벗겨지기 때문이다.

프렌치 폴리싱을 제대로 하면, 아주 얇은 셸락 도막으로도 깊이감이 탁월한 고광 마감을 구현할 수 있다.

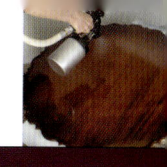

제15장

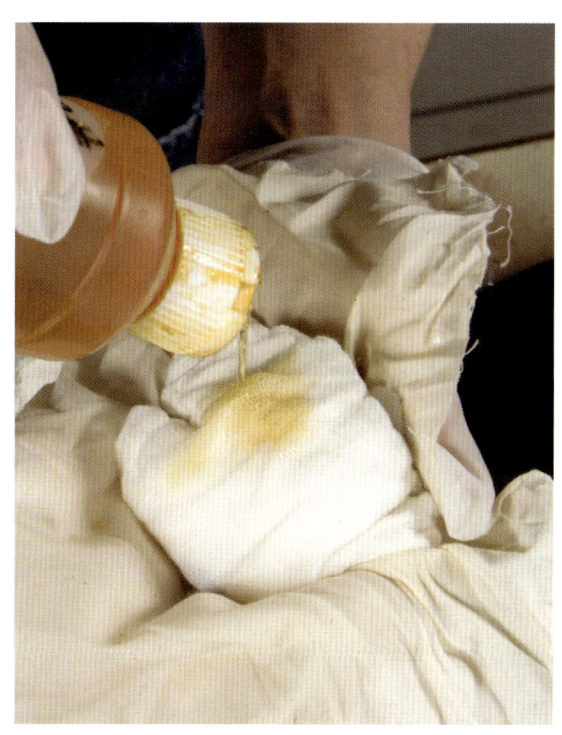

전통적으로 패드는 모(wool) 뭉치를 아마(linen) 천에 감싸 만들었다. 그러나 면천을 모슬린에 감싸서 만들어도 된다. 셸락은 노즐이 있는 플라스틱 통에 담아서 사용하면 된다.

프렌치 폴리싱이나 패딩 셸락에 사용한 패드는 유리병에 넣어 꼭 닫아두면, 시간이 아주 많이 흐른 뒤에도 다시 사용할 수 있다.

패딩 셸락

패딩 셸락이란 헝겊 패드를 사용해서 셸락을 얇게 칠하는 방법을 일컫는다. 프렌치 폴리싱과는 달리 윤활 목적으로 오일을 사용하지 않는다. 또한 두 종류의 천으로 패드를 만들지 않고 흡수력이 좋은 한 가지 천으로 셸락을 칠한다. 와이핑 바니쉬와 마찬가지로 셸락을 매우 얇게 칠한다. 그러나 셸락은 매우 빨리 건조되므로, 건조시간이 수시간 혹은 수일이 걸리는 바니쉬와는 달리, 수 분 내에 추가 도막을 칠할 수 있다. 패딩 셸락으로 칠하면, 하룻만에 충분히 셸락 마감을 마치고, 이어서 광을 내고 왁스 작업을 진행할 수 있다.

셸락을 칠하는 패드는 부드럽고 흡수력이 좋으며, 가능하면 보풀도 없어야 한다. 개인적으로는 패딩천 (padding cloth) 혹은 트레이스천(trace cloth)이라고 불리는 제품을 사용한다. 패드는 공기가 통하지 않는 유리병에 넣어 보관할 수 있다. 셸락은, 노즐이 붙어 있고 짜서 사용하는 플라스틱 통에 담아, 패드에 뿌려가면서 사용한다.

주의: 패딩래커(padding lacquer)라고 불리는 제품이 있는데, 이것은 셸락에 래커용 용제 및 윤활제를 첨가한 것이다. 이것은 래커 마감한 가구를 수리할 때 사용하는 제품이므로, 마감을 위해서는 일반적인 셸락을 사용하는 것이 좋다.

프렌치 폴리싱

먼저 깨끗한 면천으로, 보일드 린시드오일을 부재 표면에 문질러 바른다(A). 그다음엔, 기공이 큰 목재는 기공을 메꾼다. 방법은 로튼스톤을 표면에 흩뿌린 다음, 원을 그리듯이 결을 따라 메꾼다. (스테인을 칠하지 않는 경우엔 4F 부석분(pumice)을 사용할 수 있다.) 로튼스톤이 표면에서 오일과 섞이면, 색상이 짙어지므로 뿌연색이 옅어진다(B). 색상이 여전히 뿌옇다면, 오일을 더 첨가한다. 결이 잘 메꿔졌는지 역광 아래에서 확인한 후, 깨끗한 천으로 여분을 닦아낸다. 다음날 오일과 로튼스톤을 추가로 칠한 다음, 3일 이상 건조시킨다.

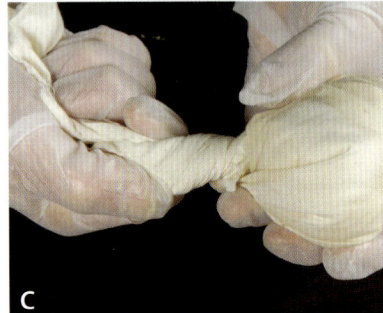
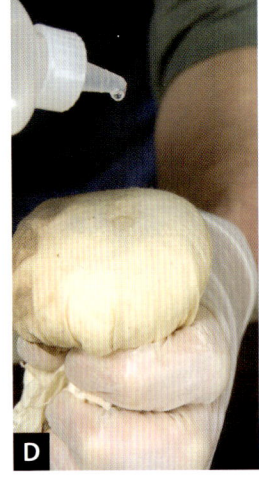
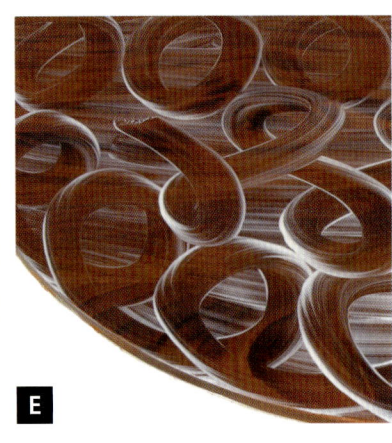

그다음은 패드로 셸락를 칠하는 단계다. 면 혹은 모를 골프공 크기로 뭉치고, 80TPI(thread-per-inch; 역자주: 국내에서 사용하는 면번수(綿番手)로는 20~30수 정도에 해당한다.) 무표백 모슬린을 한 변이 35cm 정도인 정사각형으로 잘라서, 그 둘레를 감싼다(C). 변성 알코올 28g을 안쪽 뭉치에 붓고, 바닥 부분에 솔기나 주름이 생기지 않도록 하여, 모슬린 끝을 돌려 감는다. 깨끗한 면에 가만히 눌러서, 패드 바닥을 편평하게 만든다. 이제 다시 모슬린을 열고, 내부 뭉치에 1파운드컷 디왁스드 셸락 28g 정도를 부어 넣는다. 작업면 한쪽 끝에서 반대편 끝까지 직선으로 3번 밀어 문지른다. 셸락이 마르면, 뭉치에 셸락을 더 붓는다.

셸락이 너무 끈적해서 잘 문질러지지 않으면, 패드 바닥에 베이비 오일 몇 방울을 떨어뜨려서 윤활제 역할을 하도록 만든다(D). 그런 다음 원 혹은 8자 모양으로 문지른다. 부재 가장자리는 15~20cm 폭의 소용돌이 모양으로 문지르고, 부재 중앙은 8자 모양으로 문지른다(E). (사진은 작업 과정을 설명하기 위해서 일부러 백색 연마 조제(polishing compound)를 섞은 것이다.) 15~20분 후에, 표면에서 광이 나기 시작한다. 지금 하는 작업의 목적은 셸락으로 목재의 결을 완전히 메꾸는 것이다. 2파운드컷 셸락을 사용하면, 작업 시간을 단축시킬 수 있다. 결이 다 메꿔지고, 셸락이 표면을 렌즈처럼 덮은 상태가 되었다면, 작업이 끝났으므로 하룻밤 건조시킨다.

다음날, P600-grit 사포면에 미네랄 스피릿이나 나프타를 바른 다음, 작업 표면을 가볍게 사포질한다(F). 이후엔 0000 스틸울이나 회색 연마패드로 표면을 더 매끈하게 연마한다. 이제 사포분진을 제거한 다음, 2파운드컷 셸락을 사용해서, 전날과 마찬가지 방식으로 표면에 문질러 바른다. 베이비 오일을 패드에 바르고, 소용돌이 혹은 원형으로 문지르면서 고루 칠한다. 패드가 마르기 시작하면, 셸락을 더 보충하지 말고, 대신에 14~18kg 정도의 힘으로 세게 누르면서 작업한다(G). (얼마나 눌러야 하는지는 체중계를 이용하면 확인할 수 있다.) 하룻밤 건조시킨 후, 기공이 더 이상 보이지 않을 때까지만 하면 된다. 기공이 큰 거친 목재는 3일 정도 걸리지만, 기공이 작은 목재는 하루면 된다.

하루 이틀 건조시킨 후, 표면에서 오일 잔여분을 제거한다. 방법은 깨끗하고 부드러운 천에 나프타를 묻혀서 표면을 닦는다. 그런 다음, 최종 광내기 작업을 하는데, 먼저 변성 알코올 28g을 깨끗하고 흡수력이 좋은 면천에 붓는다(H). 알코올이 천에 촉촉하게 고루 젖도록 손으로 주무른다. 그런 다음 표면을 가로질러 부드럽게 닦는다. 알코올이 점점 마르면, 닦는 속도도 더 빠르게 해서, 솔로 구두에 광을 내듯이 닦는다(I). 천에 오일이 많이 묻으면, 천의 면을 돌려가면서 작업한다.

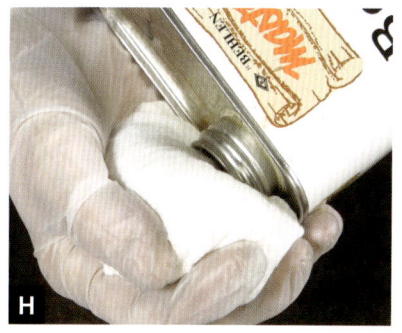

패딩 셸락

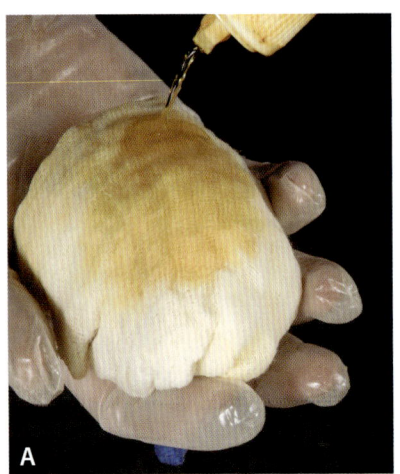

패딩 셸락(padding shellac)은 제품이 아니라 작업 기법을 일컫는 말이다. 프렌치 폴리싱과 다른 점은 윤활용 오일을 쓰지 않는다는 것이다. 또한 패드를 만드는 법과 사용하는 방법이 다르다.

패드는 보풀이 없고 흡수력이 좋은 천을 뭉쳐서 만드는데, 바닥에 주름이나 솔기가 없어야 한다. 변성 알코올 28g 정도를 패드에 부은 후, 고루 주물러서 알코올이 고루 적셔지도록 만든다. 그런 다음, 패드 바닥에 28~56g 정도의 2파운드컷 셸락을 붓는다(A). 이제 작업 표면에 흥건히 적시도록 바른 다음, 여분을 닦아낸다(B). 30분이 지난 후, P600-grit로 스커프 샌딩(가볍게 사포질)하고, 분진을 닦아낸다.

이제 패드에 셸락을 다시 붓는다. 몸 쪽 가장자리부터 시작하는데, 한쪽 끝에서 시작하여 반대편 끝까지 끌면서 한 번에 칠하는데(C), 마치 비행기가 이착륙하듯이 칠한다(D). 그다음엔, 방금 칠한 구역 위에 겹쳐서 다시 한번 칠하는데, 이번엔 반대쪽에서 시작하여 같은 방식으로 칠한다. 같은 방식으로 부재의 전폭을 칠하는데, 항상 결 방향으로 칠한다. 전체 면을 다 칠한 후에는 충분히 건조시킨 후, 작업을 반복한다. 이후, 가장자리 단면 및 마구리도 같은 방식으로 작업한다.

패드가 마르기 시작하면 셸락을 더 붓는다. 패드가 마르면, 실오라기가 빠져 끈적끈적한 셸락에 붙거나, 문지른 자국이 남는다. 셸락이 건조된 후에는 고운 사포와 0000 스틸울을 사용해서 남은 자국을 없앤다. 셸락은 얼마든지 두껍게 도막을 올릴 수 있다.

패딩 방식은 편평한 표면에 칠할 때 적합하다. 구석이나 패드가 닿기 어려운 좁은 구역은, 붓으로 몇 번 먼저 발라 도막을 올린 다음 시작한다.

셸락을 붓으로 칠하기

붓으로 셸락을 칠하기 전에, 먼저 붓을 변성 알코올에 담가 털을 풀어주고 여분의 알코올은 짜낸다. 붓의 털 길이 반 정도까지 1파운드컷 셸락에 적신 다음, 여분은 병 가장자리에 눌러서 덜어낸다(A).

사진은 파이크러스트(piecrust) 상판인데, 이처럼 형상이 복잡한 경우엔 가장자리에서 붓을 깔끔하게 끌어올릴 수 없으므로 방법을 약간 바꾸어야 한다. 셸락을 붓에 조금만 묻힌 다음, 조각된 부분과 상판이 만나는 부분에서 붓질을 시작하여 상판의 가운데 방향으로 칠한다(B). 계속해서 반대편 끝까지 칠하는데, 필요하면 셸락을 조금씩 더 묻힌다. 셸락을 묻힌 다음 붓질을 다시 시작할 때는 이전에 칠한 부분 쪽으로 거꾸로 조금 갔다가 앞쪽으로 칠해서 붓질이 겹치도록 한다(C). 세로 홈이나 여타 입체적인 형상은 붓의 모서리를 이용해서 칠한다(D). 조각부도 같은 방법으로 칠한다. 단부는 부드럽게 위아래로 움직이는 동작으로 칠한다(E).

신속하고 율동적인 동작으로, 셸락이 굳어지기 전에 인접 영역과 겹치도록 칠한다. 셸락이 굳어져서 붓질로 뜯기는 현상이 일부 생긴다고, 작업을 멈추고 그 부분을 수리하려고 애쓰는 것은 문제를 더 악화시킬 뿐이다. 나중에 셸락이 건조된 후에 거친 부분은 사포질로 없앨 수 있다.

셸락의 좋은 점은 전체를 다 칠한 시점이 되면, 건조가 빠르기 때문에, 바로 다음 도막을 시작할 수 있다는 것이다. 그러나 최대 3회까지 도막을 올린 후에는, 작업을 중단하고 6~8시간 건조시킨 후, 추가로 진행한다.

분무로 래커 마감하기

사진은 스테인을 칠하지 않은 월넛 탁자인데, 다리는 조각한 것이다. 샌딩씰러를 2회 칠한 다음, 유광 래커도 2회 칠하고, 그다음에 약광 래커를 한 번 칠했다. 회전받침대 위에서 작업하면 빠르게 구석구석 칠할 수 있다.

먼저 샌딩씰러를 래커 희석제와 같은 비율로 혼합한 다음, 가볍게 2회 분무한다. 탁자의 아랫부분부터 칠하는데, 회전받침대를 돌리면서 분무를 멈추지 말고 일정하고 균질하게 분무한다. 안쪽에서 바깥 방향으로 순차적으로 칠하는데, 먼저 다리의 안쪽에서 시작하여 바깥면까지 칠한다(A). 밑면에 칠할 때는 분무 패턴의 폭을 150mm에 맞추고, 폭 전체에서 무화(atomization)가 균질하게 일어나는지 확인한다.

▶ 55쪽의 "스프레이건 세팅"을 참고한다.

두어 시간 동안 씰러를 건조시킨 후, P600-grit로 스커프 샌딩 후 분진을 불어 떨어낸다. 이제 유광 래커를 래커 희석제와 같은 비율로 섞어 희석한 다음, 두 번 칠한다. 하룻밤 건조시킨 후, P320-grit로 사포질하고, 회색 합성 연마패드로 문지른다. 마감재의 두께가 얇으므로 모서리나 구석 부분은 조심해서 작업한다. 곡면부는 연마패드를 사용한다. 압축공기로 불어 떨거나 집진기로 분진을 제거한 다음, 점조성 헝겊으로 전체를 닦아준다(B).

마지막 작업 전에, 집진기로 작업면의 먼지를 전부 제거하고, 작업자의 옷도 압축공기로 깨끗이 불어낸다. 약광 래커를 잘 흔든 다음, 고운 필터로 거른 후, 스프레이건에 넣는다. 더블패스 기법으로 분무한다(D).

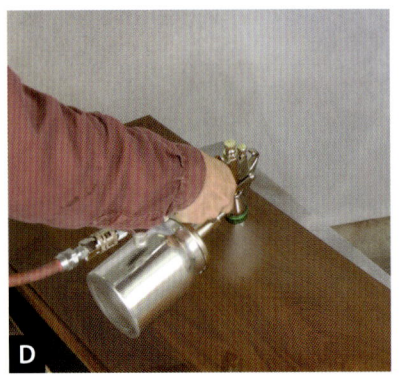

▶ 217쪽의 "편평한 면에 분무하기"를 참고한다.

기공을 메꾼 후 래커 마감하기

마호가니의 기공을 메꾸고 난 후 래커를 칠하면, 가장 우아한 마감이 된다. 래커를 칠하기 전에 먼저, 수성 염료로 채색하고, 샌딩씰러로 표면을 씰링한 다음, 어두운 색상의 유성 페이스트 우드필러로 기공을 메꾼다.

샌딩씰러와 래커 희석제를 같은 비율로 섞어 희석한 다음, 워시코트로 분무한다(A). 상판의 가장자리 및 모서리에 암갈색 염료 토너를 가볍게 뿌려서 멋을 낸다(B). 이후 한 시간 정도 건조시킨다. 래커와 희석제를 2:1로 혼합한 다음, 더블패스 기법으로 3회 칠한다. 각 도막 사이는 2시간 정도 건조시킨다.

하룻밤 건조시킨 후, 기공 위치에서 옴폭한 부분(pore craters)이 있으면, 편평하게 사포질한다. 처음에는 손으로 사포질하는 것이 좋다. 넓고 편평한 면은, 마감재가 충분히 두꺼우면, 전동 샌더로 조심스럽게 사포질한다(C). 단부의 곡면 윤곽은 합성 연마패드로 작업한다. 사포분진을 제거한 다음, 깨끗한 점조성 헝겊으로 표면을 닦고, 래커를 4회 더 분무한다.

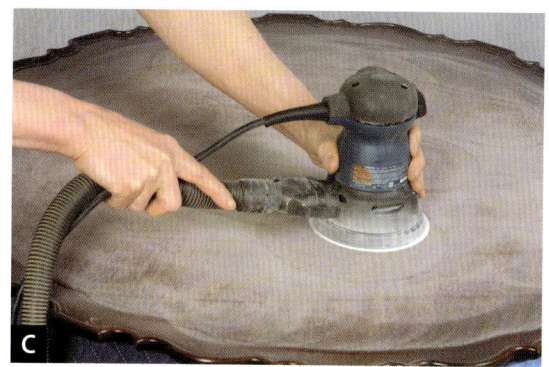

모서리 윤곽에 래커가 너무 두껍게 쌓이면 플라스틱 느낌이 난다. 따라서 모서리 윤곽을 피해서, 가장자리에서 안쪽 방향으로 분무한다(D). 적어도 일주일을 건조시킨 후, 광내기 작업을 진행한다.

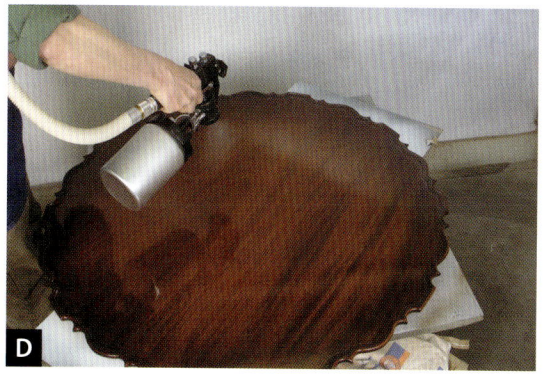

페인트 위에 래커 분무하기

피아노, 고급 악기, 고급 가구 등에서 볼 수 있는 깊은 느낌의 광택을 내는 방법은 다음과 같다. 먼저 불투명 페인트를 칠하고, 그 위에 투명 래커를 여러 겹 칠한다. 이후 마감재가 경화된 후에 광을 낸다. 사진의 테이블은 페인트를 칠한 후, 니트로셀룰로오스 래커를 칠한 후, 광을 낸 것이다.

첫 번째 작업으로 220-grit로 시포질을 한다. 그런 다음 물을 발라 나뭇결을 일으킨 다음, 다시 사포질하면 면이 매끈해진다. 다음으로 상도의 색상에 맞춰 프라이머를 칠한다. 원하면, 샌딩씰러나 비닐씰러에 조색제를 넣어서 칠해도 된다(A).

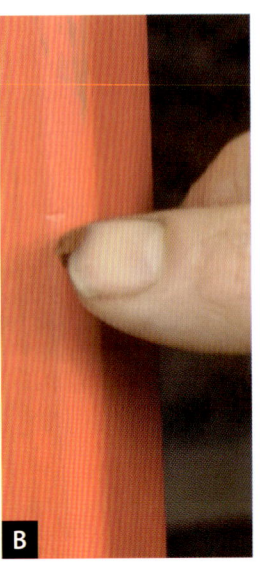

프라이머 도막이 건조된 후에는 흠집이 없는지 잘 살핀다. 프라이머가 단색이므로 흠집이 있으면 확연히 드러난다. 흠집은 필러로 전부 메꾼다(B). 필러가 마른 후에는, 전체를 220-grit로 다시 사포질한 다음, 프라이머를 한 번 더 칠한다. 건조시킨 후, P320-grit로 매끈하게 사포질한 다음, 페인트를 칠한다.

유색 래커(colored lacquer)는 구하기 쉽지 않으므로, 투명 래커에 조색제(colorants)를 부피로 15~20% 정도 첨가해서 만들어 사용한다. 여기서는 탁자 하부는 흑색으로, 그리고 상판은 적색으로 칠했다(C). 2회 분무한 다음, P600-grit로 사포질하고, 2회 더 분무했다.

페인트를 하룻밤 건조시킨 후, P600-grit로 사포질하고, 회색 합성 연마패드로 문지른다. 사포분진을 전부 제거한 후, 투명 래커를 칠한다(D). 래커를 희석할 때 희석제는 가급적 적게 사용해야 수직면에서 흘러내리지 않는다. 한 시간 간격으로 서너 번 칠하고 건조시킨 후, 320-grit로 사포질한다. 이후 서너 번 더 칠하고 2주간 경화시킨 후, 광을 낸다.

래커를 붓으로 칠하기

래커를 붓으로 칠하는 것은 셸락을 붓으로 칠하는 것만큼 쉽지는 않다. 래커는 아주 빠르게 굳어지므로, 붓끝으로 붓자국을 없애가면서 칠할 여유가 없다. 이러한 단점이 있지만, 빠른 건조시간, 투명도, 그리고 광택의 품질이 이를 상쇄시킨다.

넓고 편평한 면에 칠할 때는 두껍게 칠한 다음, 자체 무게로 평활해지도록 두는 것이 최선이다. 마감재를 많이 흡수하는 굵은 천연 강모붓을 사용한다. 단부에서 75mm 정도 떨어진 안쪽부터 시작하여, 반대편 단부까지 한 번에 쭉 칠한다. 그다음에 그 옆으로 평행하게 12mm 정도 간격을 띄우고 같은 방식으로 칠한다(A). 매번 붓을 단부에서 끌어올린 후에는, 바로 처음 붓을 댄 위치로 가서, 그곳에 고인 래커를 펴준다. 다음 구역으로 넘어가기 전에, 12mm 띄운 부분도 펴서 칠한다(B).

마호가니 장식장처럼 형상이 복잡한 경우에는, 래커 희석제를 10% 정도 첨가하고, 빠르게 작업한다(C). 스테이플 보드를 사용해서, 부재의 양면을 동시에 작업한다(D). 2회 칠한 후에 P320-grit 사포로 작은 기포, 붓자국, 방울 등을 제거한다. 이후 2회 정도 더 칠한다. 회색 연마패드로 곡면을 매끈하게 만든다. 약광(satin) 마감을 원하면, 유광(gloss) 래커를 칠한 다음, 광내기 단계에서 약광으로 만드는 것도 가능하고, 아니면 처음부터 약광 래커를 칠해서 끝내는 것도 가능하다.

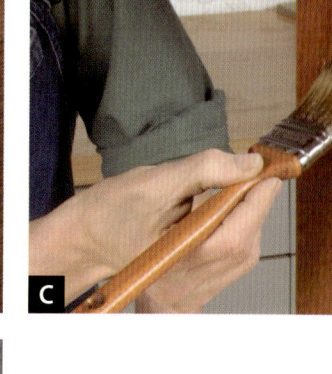

크랙클 래커(crackle lacquer)

페인트로 마감한 표면은 세월이 흐르면서 미세 균열이 생기기도 한다. 반면에 크랙클 래커(crackle lacquer)를 사용하면, 처음부터 의도적으로 균열을 넣을 수 있다. 크랙클 래커는 매우 취성적이다. 따라서 일반적인 래커를 먼저 칠하고 그 위에 크랙클 래커를 칠하면, 크랙클 래커가 마르면서 균열이 생긴다. 이때 균열 사이로 바탕의 일반 래커가 드러난다.

크랙클 래커는 불투명한 것도 있고, 투명한 것도 있다. 여기서는 불투명 크랙클 래커를 사용했다. 먼저 바탕에 통상의 유색 래커를 분무하고(A), 건조된 후 사포질한다. 이후 하룻밤 더 건조시킨 후, 크랙클 래커를 칠한다. 크랙클 래커를 제대로 사용하려면, 연습이 필요하다. 적정량을 가능한 한 빠르고 균일하게 칠해야 한다. 더블패스 기법으로 분무할 수도 없고, 또한 균열이 생기기 시작할 때 다시 분무하면 망치게 된다. 두껍게 많이 분무하면 큰 균열이 생기고, 얇게 분무하면 작은 균열이 생긴다(B). 뒷면의 큰 균열에서 그 차이를 확인할 수 있으며, 오른쪽 바닥에 보이는 것은 연습용 판재다. 상판 윗면에는 작은 균열이 더 잘 어울리는 것 같다(C).

제 16 장

수성 마감재

손으로 칠하기

- 수성 마감재를 붓으로 칠하기 (267쪽)
- 수성 마감재를 와이핑으로 칠하기 (268쪽)
- 밀크 페인트 (269쪽)

분무해서 칠하기

- 수성 마감재를 분무로 칠하기 (270쪽)
- 하이브리드 수성 마감 (271쪽)
- 수성 페인트를 분무로 칠하기 (272쪽)

용제 기반 마감재에는 화재 및 건강과 관련된 문제가 있으므로, 수성 마감재가 그 대안이 될 수 있다. 수성 마감재는 건조속도가 빠르고, 세척이 쉬우며, 역겨운 냄새도 나지 않는다. 따라서 용제 기반 마감재를 분무할 수 있는 시설을 구비하지 못한 소형 공방에 아주 적합하다.

수성 마감재의 역사

용제 기반 마감재는 인화성이고 유독하고 환경에 유해하므로, 그 대안으로 1980년대에 투명 수성 마감재가 개발되었다. 마감재를 칠한 후, 용제는 기본적으로 증발하고마는 캐리어(carrier)이므로, 제조사는 용제를 다른 걸로 대체하는 걸 생각하게 되었다. 이때 독성 및 인화성이 없는 물이 적절한 대체재였을 것이다.

수성 마감재는 냄새가 별로 없고 빠르게 건조하며, 손으로 혹은 분무로 칠할 수 있다. 우리 공방의 품질관리 책임자가 뒤편에 앉아 빠진 부분이 없는지 자세히 살피고 있다.

제 16 장

'수성'의 의미

'수성(water-based)'은 물을 희석제로 사용하는 마감재에 붙이는 용어다. 그러나 물이 수지의 진정한 용제는 아니다. 업계에서는 마감재의 화학성분을 구분하려고 'water-borne', 'water-reducible'이라는 용어도 사용하지만, 일반적으로는 'water-based'라고 말하면 된다.

같은 수성 마감재라도 투명도, 따뜻한 느낌, 색상, 결을 일으키는 정도, 흐름성 등 특성이 약간씩 다르다. 왼쪽부터, 실외용 수성 스파 바니쉬(spart varnish), 아크릴 우레탄 혼합물(acrylic urethane blend), 아크릴 코폴리머(acrylic co-polymer; 아크릴 공중합체(共重合體)), 그리고 유변성 우레탄(oil-modified urethane)이다.

안료가 포함되지 않은 라텍스 페인트를 최초의 수성 마감재로 볼 수 있다. 이 페인트는 걸쭉하고 잘 칠해지지 않아서 사람들이 좋아하지 않았다. 그러나 그 이후 품질이 크게 향상되었다. 특히 수지 및 첨가제가 크게 개량되었다. 안타깝게도 초기의 나쁜 인상이 아직 남아 있고, 잘못된 정보도 많이 돌아다니고 있으므로, 여기서 자세히 설명하고자 한다.

수성 마감재 성분

유성 마감재와 마찬가지로 수성 마감재도 수지, 용제, 그리고 첨가제로 구성되어 있다. 통상 소수성(疏水性)인 수지를 물과 혼합해야 하므로, 유제(emulsion; 에멀젼) 또는 분산액(dispersion) 형태로 제조하는데, 둘 다 중합화된 수지의 입자를 물, 계면활성제, 용제, 첨가제랑 같이 분산시킨다. 사실 수성 마감재가 제대로 성능을 발휘하게 하려면, 최대 20가지 정도의 성분이 필요하다. 수성 마감재를 구성하는 성분이 투명도, 따뜻한 느낌, 색상, 결을 일으키는 정도, 흐름성 등의 특성을 결정한다.

여러 작업 조건에 대해서, 각 성분이 모두 제대로 작동하도록 만드는 것은 상당히 어렵다. 예를 들어, 계면 활성제는 표면장력을 낮추어 마감재가 평활하게 도장되도록 만드는데, 이때 생기는 기포를 제거하기 위해서 소포제(消泡劑; defoamer)를 첨가한다. 흐름성과 유합(coalescence)을 좋게 만들기 위해서 기화가 느린 특수 성분(tail solvent라고 불린다.) 및 기타 첨가제가 필요하다. 그리고 에멀젼은 물의 점성을 낮추므로, 수직면에서 마감재가 아래로 흐르는 것을 막기 위해서, 증점제가 필요하다.

수성 마감재에 들어가는 주된 수지 2가지는 아크릴과 우레탄이다. 둘 다 투명도, 윤기, 부착력, 광내기가 좋고, 대부분 황변도 없다. 이 두 수지는 반응성 및 증발성 양생 모두 가능하다. 아크릴과 우레탄의 반응은 자가교차결합(self-cross-linking)이라고도 불리는데, 분자 간 교차결합에 산소가 들어가면서 더 강한 마감이 된다.

제 16 장

수성 마감재 제조에는 아크릴이나 우레탄, 혹은 이 둘 모두가 사용된다. 실내용과 실외용이 있는데, 둘 다 우유와 흡사하게 보이지만, 건조된 후에는 투명하다.

용제 기반의 마감재와 마찬가지로 수성 마감재의 우레탄도 방향족이거나 지방족이다. 둘 다 용제 기반 제품과 같은 수준으로 긁힘, 눌림, 열, 그리고 용제에 대한 저항성을 지니고 있다. 제조사는 두 수지를 동시에 사용함으로써 물성을 더 좋게 만든다. 예를 들어, 우레탄에 아크릴을 첨가하면 내열성 및 내용제성이 높아진다. 아크릴에 우레탄을 첨가하면 광을 내는 것이 수월하고, 부착력이 좋아지며, 가격도 낮아진다. 실제로 최근 수성 마감재에 사용되는 차세대 수지는 아크릴-우레탄 분자를 사용해서 제조한다.

수성 마감재 사용

수성 마감재를 사용해보면, 용제 기반의 마감재와는 다른 외관 및 거동을 보인다는 것을 알 수 있다. 단점이 있긴 하지만, 투명도, 적은 냄새, 황변이 없는 특성, 속건성 등 수성 마감재가 지니는 여러 장점을 누릴 수 있다. 수성 마감재가 가지는 차이점을 외관, 결이 일어나는 현상, 흐름성 및 평활성, 장비 세척, 그리고 날씨와 관련된 문제 등을 위주로 설명한다.

외관

초기 수성 마감재는 목재에 창백한 느낌을 준다는 것이 단점이었다. 용제 기반 마감재처럼 목재의 색상을 깊고 풍부하게 만들지도 않았다. 그러나 요즘엔 과거와 다른 수지 및 첨가제를 사용하기 때문에 문제의 많은 부분이 해결되었다. 그래도 수성 마감재는 래커, 셸락, 바니쉬와 같은 용제 기반의 마감재와는 시각적으로 다르다.

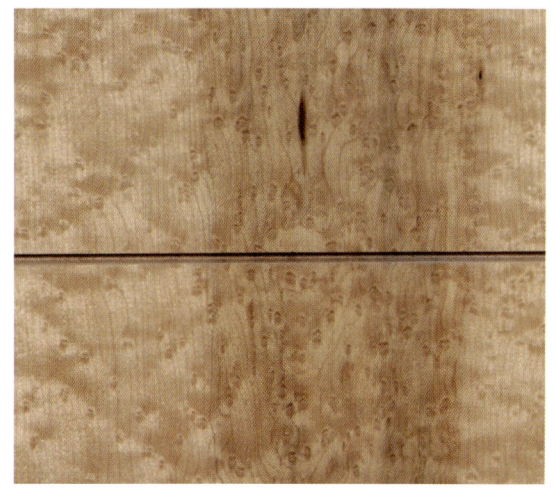

현대적인 수성 마감재와 용제 기반 마감재는 작업 후에 보면 외관이 서로 비슷하다. 판재의 윗부분은 아크릴 우레탄, 그리고 아랫부분은 니트로셀룰로오스 래커를 칠한 것이다.

수성 마감재 | 259

제 16 장

수성 마감재에 따뜻한 느낌이 나도록 하는 방법 몇 가지가 있다. 제일 위는 수성 마감재만 칠한 경우이고, 두 번째는 마감재를 칠하기 전에 벌꿀 색상의 염료를 먼저 칠한 것이고, 세 번째는 디왁스드 셸락으로 씰링을 먼저 한 것이고, 맨 아래는 마감재에 황금색 염료를 첨가한 것이다.

체리, 월넛, 마호가니 등에 수성 마감재를 칠하면, 용제 기반 마감재를 칠했을 때 생기는 호박색(amber; 琥珀色)의 따뜻하고 기분 좋은 느낌이 부족하다. 피클링(pickled; 백색 안료를 사용한 스테인) 혹은 밝은 스테인을 칠한 목재는 이게 문제가 되지 않는다. 사실, 색 변화 및 황변이 일어나지 않는 특성은 장점이 될 수도 있다. 그러나 수성 마감재의 색상이 좀 더 따뜻했으면 하는 경우에는 다음 방법을 사용할 수 있다.

- 수성 마감재를 칠하기 전에 호박색으로 염색한다. 염료 스테인을 희석해서 사용하는데, 바니쉬나 래커를 칠했을 때의 황색과 비슷하게 색상을 맞춘다.
- 원 목재를 디왁스드 셸락을 사용해서 씰링한다. 이렇게 하면, 수성 마감재 아래로 따뜻한 호박색이 비치고, 아울러 수성 마감재로 인해서 나뭇결이 일어나는 현상(grain raising)도 막을 수 있다.
- 호환이 되는 스테인을 마감재에 소량 첨가한다. 첨가제 형태로 시판되는 것도 있지만, 황금색 계통 스테인을 직접 첨가하면 된다. 염료 분말을 사용한다면, 소량의 물에 미리 녹인 다음, 마감재에 첨가한다.

결이 일어나는 현상

용제 기반의 마감재와는 달리, 수성 마감재는 목섬유를 일으켜 세우기 때문에 목재 표면이 매우 거칠어진다. 여러 수성 마감재 제조사들이 결이 일어나는 문제를 최소화할 수 있는 씰러를 개발했다. 그러나 문제가 완전히 사라지지 않으면, 다음처럼 해결한다.

- 사포질을 180-, 220-grit에서 멈추지 말고, 320-grit까지 진행한다.
- 180-grit까지 사포질한 다음, 표면에 물을 묻혀서 결을 일으켜 세운다. 물이 마른 후에 220-grit로 사포질한다.
- 셸락 씰러코트를 칠하면, 결이 일어나는 것을 최소화할 수 있다. 월넛이나 체리처럼 색이 짙은 목재에 셸락을 칠하면, 따뜻한 느낌의 색상이 된다.
- 원 목재에 유성 스테인을 먼저 칠한다. 이때 스테인이 수성 마감재와 호환이 되는지 확인해야 한다. 필요하면 부착력도 미리 시험해본다.

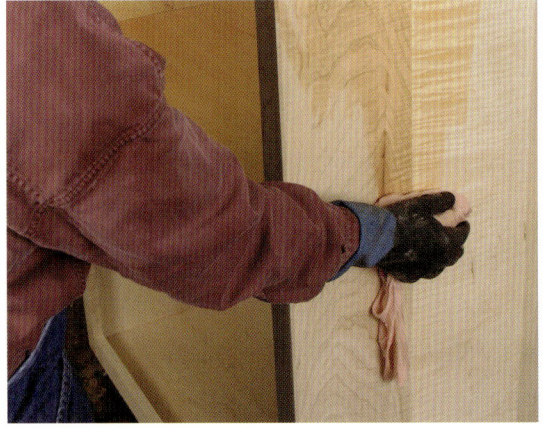

디왁스드 셸락을 씰러코트(sealer coat)로 칠하면, 나뭇결이 일어나는 것을 최소화할 수 있고, 창백한 느낌 대신에 깊이감이 느껴진다.

제 16 장

▶ 213쪽의 "부착 실험"을 참고한다.

흐름성 및 기포

수성 마감재 중 일부 제품은 붓으로 칠했을 때 기포가 상당히 많이 생긴다. 이 경우엔 다른 붓을 사용해본다. 저자의 경험으로 보면, 수성 마감재를 칠할 때는 털이 고운 태클론 붓(Taklon brushes)이 최고다. 기포가 계속 생기면, 붓을 다른 회사 제품으로 바꿔본다.

유합(coalescence)이 불완전하면, 흐름성이 좋지 않아서 면이 울퉁불퉁해진다. 날씨가 더워서 마감재가 너무 빨리 건조하거나, 터빈에서 나오는 뜨거운 공기로 인해서 이런 현상이 생길 수 있다. 마감재의 온도는 21°C에, 그리고 작업 환경은 적어도 18°C에 맞추는 것이 최선의 해결책이다. 이게 어려우면 마감재 제조사로부터 지연제를 구입해 첨가하여 건조시간을 늦춘다. 그러나 뭔가를 추가로 첨가하지 않고도 문제를 해결할 수 있으면, 그렇게 하는 편이 낫다.

수성 마감재를 칠하고 나서 보면, 별로 만족스럽지 않다. 용제 기반 래커나 셸락만큼 흐름성 및 평활성이 좋지는 않다. 그러나 유합에는 시간이 필요하므로 기다려야 한다. 마감재 안의 용제가 반응할 시간이 필요하다. 밤에는 대책 없이 보였던 표면이, 다음날 아침이 되면 완벽하게 평활한 투명 마감에 되어 있는 것을 자주 볼 수 있다.

[TIP] 지연제로 물을 사용할 수 있는 것처럼 알고 있는 경우도 있지만, 이것은 잘못된 정보다. 물을 첨가하면 건조속도가 느려지는 것이 아니라, 오히려 빨라진다.

▶ 수성 마감재용 첨가제

수성 마감재의 성분이 복잡하기 때문에, 용제 기반 마감재와는 달리, **첨가제**로 문제를 해결하는 것은 쉽지 않다. 수성 마감재에 다른 것을 첨가하기 전에, 장비의 셋업이나 기법을 먼저 바꿔볼 것을 권한다. 별 문제 없이 넣을 수 있는 유일한 첨가제는 증류수라 할 수 있다. 증류수는 투명 마감재에는 20%까지, 그리고 페인트에는 10%까지 첨가할 수 있다. 이래도 문제가 없어지지 않으면, 기법을 바꾸든지, 아니면 마감재를 다른 제품으로 바꾼다.

물을 너무 많이 첨가하면, 마감재의 화학성분이 바뀌면서 표면장력이 증가한다. 이로 인해서 기포가 맺히거나 흐름성이 나빠진다. 흐름성과 평활성을 좋게 하기 위해서 건조시간을 늘리고 싶다면, 제조사가 추천하는 지연제를 사용한다. 목공 관련 잡지를 보면, 래커 희석제, 미네랄 스피릿, 혹은 해프앤해프(half-and-half; 역자주: 지방분을 빼지 않은 전유(全乳)와 유지방분이 적은 크림으로 만든 식용 유제품)를 첨가하라는 조언을 볼 수 있다. 그러나 이건 옳지 않은 내용이며, 이걸 추천하는 제조사도 전혀 없다.

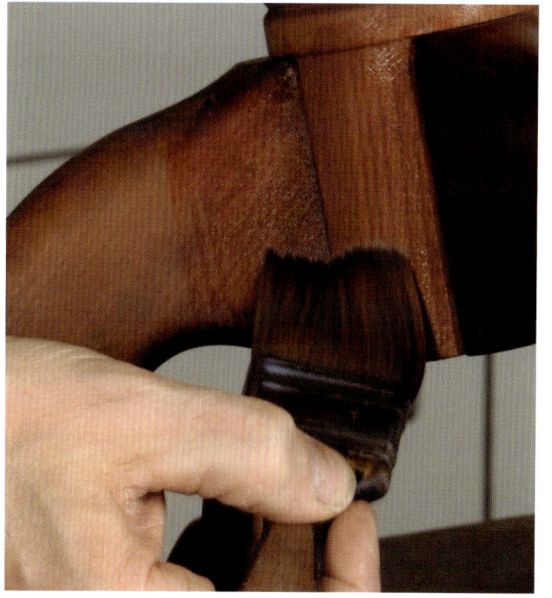

수성 마감재를 칠할 때는 털이 고운 태클론 붓이 최고다. 사진은 목선반에서 가공한 탁자 하부를 50mm 붓으로 칠하는 중이다. 붓의 끝이 뾰족하고 경사져 있어서, 복잡한 형상도 용이하게 칠할 수 있다.

제 16 장

장비에서 굳어진 수성 마감재를 떼어내는 데는, 마감재 제조사가 시판하는 수성 세척제가 아세톤이나 래커 희석제보다 낫다.

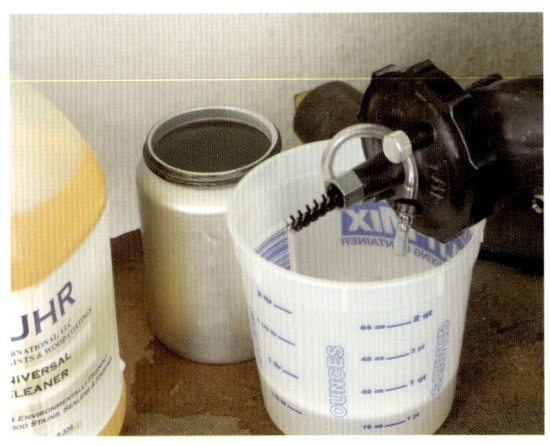

작업면에서 마감재가 반사되어 튀면서, 스프레이건 에어캡의 노즐 및 공기 구멍이 막힐 수 있다. 마른 마감재는 손톱이나 이쑤시개로 쉽게 뜯어낼 수 있다. (사진에서는 뾰족한 도구가 보이지만, 이는 잘 보이도록 연출한 것이고 실제는 칼을 사용하지 않는다.)

고온 다습한 날씨에서는, 도장 후 옆에서 선풍기를 틀어주면, 마감재를 건조시키는 데 도움이 된다.

장비 세척

수성 마감재는, 마르기 전에는 물로 세척할 수 있다. 작업이 끝나면 바로 물로 세척하고, 비누칠을 해서 말린다. 분무 장비에 묻은 수성 마감재는 대부분 물로 씻어낼 수 있으나, 스프레이건이나 컵의 금속부에는 단단하게 달라붙는다. 마감재 유입 경로에 스테인레스 스틸 부품이 적용된 중력식 스프레이건을 사용하고, 여기에 플라스틱 컵을 부착해서 작업하는 것이 좋은 방법이다.

수성 마감재가 건조된 후에는 래커 희석제, 아세톤, 혹은 특수한 수성 세척제를 사용해서 제거할 수 있다. 분무 작업을 가끔씩 계속 진행하는 경우엔 스프레이건 안에 마감재를 최대 4시간까지는 그냥 두어도 된다. 그동안에는 노즐에서 건조된 마감재를 가끔 떼어내 주기만 하면 된다. 4시간이 지나면 스프레이건을 완전히 세척해야 할 것이다. 에어캡 속에 마감재 찌꺼기가 많다면, 공기압을 줄이든지 스프레이건을 작업물에서 좀 더 멀리 떨어뜨려서 분무한다.

작업 날씨

기온이 13°C 이하이거나, 상대습도가 90% 이상이면 작업하지 않는 편이 좋다. 높은 습도 하에서 작업하는 것이 가능하긴 하지만, 일반적인 경우처럼 도막을 두껍게 올리기는 어렵다. 날씨가 추우면 작업실도 난방을 하고, 마감재도 따뜻하게 만든 후 사용해야 한다. 작업 기법이나 온도, 공기압 등을 조절해서도 해결되지 않는 문제가 있으면, 해당 문제를 해결할 수 있는 첨가제가 있는지 제조사에 문의한다.

수성 마감재는 칠하기 전에 걸러서 사용한다. 여과지는 중간 수준 혹은 고운 것을 사용한다.

수성 마감재 칠하기

목재 표면을 180- 혹은 220-grit로 사포질해서 다듬는다. 스테아르산 사포(stearated sandpaper)는 마감재를 칠한 후 피쉬아이가 생길 수 있으므로 피한다. 사포질 후 면을 깨끗하게 닦는다. 수성 마감재는 건조속도가 빠르므로, 표면에 먼지가 쌓이는 문제가 바니쉬처럼 심각하지는 않지만, 그래도 조심해야 한다. 또한 가능하면 작업 구역으로 신선한 공기가 흐르도록 만든다.

원하면 샌딩씰러를 먼저 칠할 수 있는데, 샌딩씰러를 칠하면 사포질할 때 가루가 잘 생기면서 사포질이 더 잘된다. 그러나 대부분의 수성 마감재는 스스로 씰링이 되기에, 별도의 씰러가 필요하지 않으므로 이 과정이 항상 필요한 것은 아니다. 수성 마감재는 제품 용기에서 덜어서 바로 사용할 수도 있고, 물로 10~20% 정도 희석해서 사용하는 것도 가능하다. (10%가 넘는 경우에는 제조사에 확인한다.) 마감재는 항상 중간 정도 혹은 고운 여과지로 거른 후 사용한다.

[TIP] 용제 기반 제품을 사용할 때는 금속 용기 테두리에 구멍을 뚫어 사용하는 경우가 있다. 그러나 수성 마감재에선, 구멍을 뚫어서 쇠가 노출되면 녹이 슬기 때문에 그렇게 하면 안 된다.

붓으로 칠하기

수성 마감재는 곱고 부드러운 합성 강모붓을 사용해서 칠한다. 저렴하고 뭉툭한 형태의 붓은 라텍스 페인트용이며, 이 붓을 사용하면 붓자국이 생긴다. 태클론 붓, Chinex™, Tynex™, Orel™ 등이 다 좋다. 순수한 합성 강모붓보다는, 동물과 합성수지의 털을 섞어 제작함으로써 마감재가 더 많이 흡수되도록 만든 붓이 아주 좋다. 작업 전에 붓을 물에 담가서 털을 풀어준다. 붓에 마감재를 묻히기 전에 여분의 수분은 짜내야 한다. 바닥 등 넓은 면적에 칠할 때는 합성패드 밀대로 칠한다. 패드는 마감재를 묻히기 전에, 먼저 물을 뿌려 촉촉하게 만든 후 사용한다.

분무로 칠하기

수성 마감재를 분무하는 과정은 기본적으로 용제 기반의 래커나 셸락을 분무하는 경우와 같다. 그러나 스프레이건의 셋업 및 분무 기법은 약간 달리 해야 하는데, 이는 마감재 제조사에 문의해야 한다.

대부분의 수성 마감재는 스프레이건을 중간 정도 혹은 낮은 점성의 액상을 기준으로 맞춘다.

스프레이건 세척 순서

하나의 스프레이건으로 수성 및 용제 기반 마감작업을 모두 실시한다면, 적합한 용제를 사용해서 세척한 후 사용해야 한다.

상황	세척 단계 1	세척 단계 2	세척 단계 3
유성 마감재나 래커에서 수성 마감재로 변경하는 경우	래커 희석제	변성 알코올	물
수성 마감재에서 유성 마감재나 래커로 변경하는 경우	물	변성 알코올	래커 희석제
수성 마감재에서 셸락으로 변경하는 경우	물	변성 알코올	
셸락에서 수성 마감재로 변경하는 경우	변성 알코올	물	

수성 마감재를 간단하게 분무할 때는, 작업자 뒤편에 선풍기를 약하게 틀어 놓고, 비산되는 마감재를 반대편으로 불어낸다. 페인트받이 비닐로 주변 장비 및 작업대를 덮어 보호한다.

수성 마감재 제조사는 마감재를 1~2mil 정도로 얇게 분무하라고 권한다. 그러나 최근 제품은 더 두껍게 분무할 수 있는 것도 있다. 수성 마감재는 수직면에서 쉽게 흘러내리므로, 얇게 여러 번 분무해야 한다. HVLP 터빈 시스템을 이용해서 수성 마감재를 분무한다면, 용량이 작은 것은 무화가 제대로 일어나지 않으므로, 적어도 3단 터빈을 사용해야 하다.

수성 마감재의 각 도막 사이에서 사포질할 때, 스테아르산 사포를 사용하면, 분진이 뭉치는 것을 막아주는 성분으로 인해서, 나중에 도막에서 피쉬아이가 발생한다. 이런 부작용을 없앤 차세대 사포가 3M Fre-Cut Gold, Mirka Royal 등이다. 저자는 수성 마감재의 도막 사이 사포질에서는, 탄화규소 방수사포로 습식 샌딩하는 것보다, 이들 사포로 건식 샌딩하는 것을 선호한다.

제 16 장

한 후, 투명 수성 상도로 마감하는 것을 좋아한다. 이 방식을 하이브리드 마감(hybrid finishing)이라고 일컫는다.

용제 기반 제품 위에, 디왁스드 셀락을 부착도막으로 칠해주기만 하면, 대부분의 용제 기반 스테인, 글레이즈 위에 수성 마감재를 칠할 수 있다. 어떤 경우에는 부착도막 없이도 용제 기반 제품 위에 수성 마감재를 칠할 수 있다. 그러나 이 경우는 미리 제조사에 문의하거나 부착 실험을 해봐야 한다.

▶ 213쪽의 "부착 실험"을 참고한다.

용제 기반의 제품 위에 수성 상도를 칠해서 부착 실험을 수행하는 경우에는, 일주일 이상 완전히 경화시킨 후에 실험을 진행해야 한다.

수성 페인트

수성 제품이 독보적으로 많이 쓰이는 곳은 치장 용도의 페인트다. 평활성 때문에 유성 페인트를 선호하는 전문가도 많지만, 실내의 벽, 트림(trim) 등에는 수성 (라텍스) 페인트를 사용하는 전문가가 더 많다.

수성 페인트에 사용되는 수지는 여러 가지이지만, 비닐과 아크릴이 가장 많이 쓰인다. 비닐 라텍스 페인트는 석고보드 등 내열성, 내화학성, 내마모성이 필요하지 않은 면에 사용된다. 그러나 가구에는 아크릴 수지나 우레탄 수지가 가지고 있는 보호기능이 필요하다. 가구에는 수성 아크릴 및 우레탄 페인트가 가장 적합하지만, 구하기 쉽지 않다. 차선책은 트림이나 내구성이 필요한 면에 칠하는 아크릴 페인트인데, 페인트 가게에서 구할 수 있다. 가구용 페인트의 성분으로, 비닐이 아니라 아크릴이 포함된 것이라야 한다.

통상의 로진 처리된 점조성 헝겊을 수성 마감재에 사용하면 문제가 생긴다. 대신에 보풀이 없는 젖은 천이나 수성 마감재에 사용할 수 있는 특수 점조성 헝겊을 사용한다.

사포분진을 제거할 때는 통상의 로진(rosin; 역자 주: 송진 등을 가열해서 굳힌 것) 처리된 점조성 헝겊 대신에, 수성 기반의 점조성 헝겊을 사용한다. 혹은 보풀이 없는 젖은 천을 사용해도 된다. 수성 마감재에 스틸울을 사용하면 스틸울에 녹이 생길 수 있으므로 피하고, 대신에 수세미 사포 패드(synthetic steel wool pad)를 사용한다.

하이브리드 수성 마감

스테인, 글레이즈 등 여러 용제 기반 제품은 작업 가능시간이 길고 유분이 있어서 작업이 용이하다. 그래서 많이 마감 전문가들은 용제 기반의 결메꿈재, 스테인, 글레이즈, 그리고 토너를 사용해서 목재에 채색

제 16 장

사진은 가구용으로 적합한 100% 아크릴 페인트(아크릴 폴리머)에 대한 제품 표시 예다. 성분에 비닐, 비닐 라텍스, 혹은 아크릴-스티렌(styrene; 스티렌은 비닐의 한 종류다)이 포함되어 있으면, 라텍스 페인트다. 그 외 성분으로는 용제(물, 미네랄 스피릿), 안료(이산화티탄(titanium dioxide), 탄산칼슘(calcium carbonate)), 그리고 소광제(cristobalite; 크리스토발라이트)다.

선혼합된 시판 밀크 페인트는 분말 형태이며, 사용 직전에 물을 첨가한다.

미국에서 시판되는 대부분의 라텍스 페인트는 붓이나 롤러를 사용해서 칠하는 것이기 때문에, 흘러내리거나 튀는 것을 막기 위해서 높은 점성으로 걸쭉하게 제조된다. 점성이 높은 페인트는 압축공기를 사용하는 스프레이건으로는 제대로 분무되지 않는다. 전문가들은 희석하지 않은 라텍스 페인트를 에어리스(airless) 장비로 분무한다. 따라서 압축공기를 사용하는 범용 장비 혹은 HVLP 장비를 가지고 작업한다면, 페인트를 희석해야 한다. 아니면 점성을 높이지 않은 수성 페인트를 구입해야 하는데, 전문매장에서 구할 수 있다.

가구용으로 인기 있는 수성 페인트가 하나 있는데, 밀크 페인트(milk paint) 혹은 카세인 페인트(casein paint)라 불리는 것이다. 우유의 주 단백질인 카세인을 이용한, 전통적인 페인트 제조법에서 유래된 페인트다. 카세인은 내구성이 아주 높은 바인더(결합제)인데, 석회(lime)를 넣은 물에 용해된다. 이로 인해, 다른 수성 마감재의 화학반응과 유사한, 콜로이드 분산(colloidal dispersion)이 생긴다. 여기에 엄버(umber; 암갈색)나 오커(ochre; 황토색) 같은 천연 광물 안료를 첨가한다. 선혼합된 시판 밀크 페인트는 분말 형태이며, 물에 섞어서 사용한다.

수성 마감재를 붓으로 칠하기

원하면, 수성 마감재 바탕에 디왁스드 셸락을 씰러로 칠할 수 있다. 사진은 체리 탁자인데, 셸락은 결이 일어나는 것도 방지하고, 화학 스테인으로 사용된 수산화나트륨 찌꺼기를 밀폐시키는 역할도 한다(A). 셸락을 쓰지 않으면, 220-grit로 사포질한 후, 표면을 증류수로 적셔서 결을 일으켜 세운다. 건조된 후에는 320-grit로 다시 사포질한다.

합성 강모붓을 물에 담가 부드럽게 만든 후, 여분의 수분은 짜낸다. 마감재를 중간 정도 혹은 고운 여과지로 거른 후 컵에 담고, 붓털의 중간까지 마감재에 담근다. 컵 옆면에 붓을 눌러 여분을 덜어낸다(B). 붓의 끝을 이용해서 부드럽게 칠한다(C). 털을 세게 눌러 칠하지 말고, 붓끝으로 마감재를 흘리듯이 칠한다. 마감재가 굳기 전에, 붓을 수직으로 세워서, 붓끝으로 표면을 쓸면서 작업면 전체를 평활하게 다듬는다. 모서리, 구석, 그리고 편평하지 않은 곳은 마감재를 붓끝에만 살짝 묻혀 정교하게 칠한다(D). 따뜻하고, 또한 환기가 잘되어 건조가 잘되는 방에서 작업하는 것이 좋으나, 붓으로 칠하는 동안에는 마감재에 바람이 직접 닿는 것은 좋지 않다.

첫 번째 도막이 마른 후에는 표면이 거칠게 느껴진다. 스테인을 칠하지 않은 경우에는 이 단계에서 가볍게 사포질한다. 그러나 스테인을 칠했다면, 스테인을 갈아내지 않기 위해서, 한 번 더 칠한 후에 사포질한다. 형상이 복잡한 구역에서는 쿠션이 있는 연마패드를 이용한다(E). 탁자 하부는 두 번 정도 칠하면 되지만, 쉽게 마모되는 상판은 세 번 정도 칠한다.

손으로 칠하기

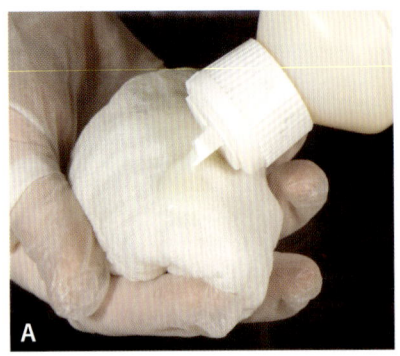

수성 마감재를 와이핑으로 칠하기

수성 마감재를 와이핑(wiping)으로 칠하면, 붓으로 칠할 때와는 달리, 기포가 생기지 않는다. 먼저 부피로 10~20%의 물을 마감재에 첨가한다. 바인더 없이 염료를 칠했다면, 디왁스드 셸락으로 먼저 표면을 씰링 한다. 사진은 스테인을 칠하지 않은 탁자인데, 1파운드컷 디왁스드 셸락으로 씰링한 후, P400-grit로 가볍게 사포질했다.

부드럽고 흡수력이 좋고 보풀이 없는 천을, 바닥에 솔기나 주름이 없도록 해서, 손에 잘 잡히도록 뭉친 다음, 28g 정도의 물로 적신다. 그런 다음 희석한 마감재 14~28g 정도를 패드 면에 묻힌다(A). 작업면의 한쪽 끝에서 반대쪽 끝까지 일정한 속도로 부드럽게 칠한다(B). 앞서 칠한 구역과 25mm 정도 겹치도록 칠한다. 작업면에 문지르는 자국이 생기기 시작하면, 패드에 마감재를 보충한다. 전부 칠한 다음에는, 드라이어로 바람을 불어 수분을 증발시키면 바로 건조된다(C). 곧이어 또 칠할 수 있다. 그러나 한 시간 안에 최대 4회까지만 칠한다.

탁자 하부처럼 형상이 복잡한 구역에는, 붓으로 칠하면 기포가 생길 수 있으므로, 와이핑으로 칠하는 것이 적절하다. 다리에 칠할 때는 사진처럼 패드를 둘레에 감싸서 칠한다(D).

유광 제품을 와이핑으로 칠하면, 문지른 자국이 남으므로, 광내기를 통한 표면처리가 필요하다. 약광이나 플랫이면 별도의 표면처리를 하지 않아도 괜찮은 수준이다. 여기서는 상판에 4회 칠한 후에, 400-grit로 사포질하고, 다시 회색 합성 패드로 가볍게 문질러서 마무리했다.

밀크 페인트

가구점에서, 재질이 송판이고 마감되지 않은 코트걸이를 구입한 후, 밀크 페인트를 칠하면 잘 어울린다. 못이나 스테이플 자국을 우드퍼티로 메꾸고, 150-grit로 사포질한 후, 뾰족한 모서리도 없애준다(A). 옹이가 있으면, 디왁스드 셸락으로 씰링한다.

분말 형태의 시판 밀크 페인트를 물과 1:1 비율로 섞는다. 잘 저은 다음, 15분간 기다린다. 합성 강모붓으로 페인트를 칠한다(B). 첫 도막을 칠한 후에는 결이 상당히 많이 일어나므로, 방진 마스크를 착용하고, 가볍게 사포질해서 없앤다. 젖은 천으로 분진을 닦아낸 후, 두 번째이자 마지막 도막을 칠한다.

오래된 가구처럼 만들기 위해서, 적색 페인트를 칠한 후 그 위에 연한 버터밀크 색상의 페인트를 칠했다(D). 모두 건조된 후에, 스틸울로 모서리 부분에서 버터밀크 색상을 갉아내면, 낡은 가구 같은 느낌이 난다.

밀크 페인트는 물얼룩이 잘 생기는 경향이 있으므로, 투명 마감재를 위에 칠해서 보호해주는 것이 좋다. 유성 마감재를 칠하면 페인트의 색상이 더욱 깊어지지만, 수성 마감재를 칠하면 별 변화가 없다(D).

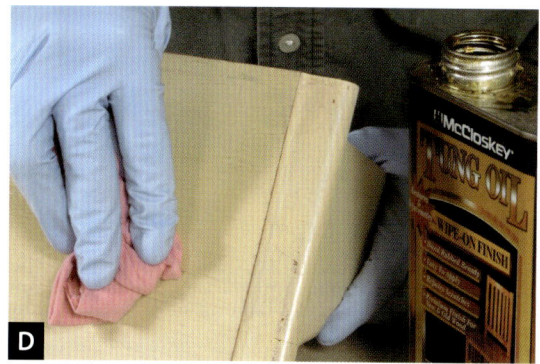

분무해서 칠하기

수성 마감재를 분무로 칠하기

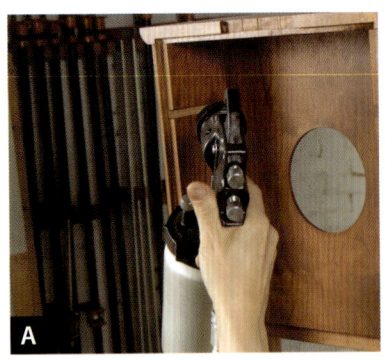

수성 마감재를 분무하기 위해서는, 먼저 마감재를 걸러서 스프레이건 컵에 채우고, 토출량이 적게 스프레이건을 조절한다. 처음에는 바닥이나 내부 등 숨겨져 있는 면에 뿌리면서 작업에 대한 감을 잡는다(A). 스프레이건은 천천히 일정한 속도로 움직이고, 작업면과의 이격거리도 일정하게 유지한다. 한 구역을 전부 칠한 다음엔, 수직면 등에서 마감재가 맺히거나 흘러내리는 것이 있는지 확인한다. 만약 그렇게 보이면, 너무 두껍게 칠하고 있다는 뜻이므로, 스프레이건의 토출량을 조절하든지, 분무하는 동작을 좀 더 빨리 하든지, 아니면 면에서 좀 더 멀리 띄워서 분무한다. 스프레이건이 적절하게 조절되고 작업 속도에 대한 감을 잡은 다음에는 외부 면도 칠한다(B). 문짝에 분무할 때는 네일보드(nail board)를 이용한다.

첫 도막은 한 시간이 지나면 사포질이 가능하다. 그러나 스테인을 칠한 경우라면, 스테인이 긁히는 것을 방지하기 위해서, 두 번째 도막을 칠한 후에 사포질한다. 이때는 400-grit 이상 고운 사포를 사용한다(C). 사포분진은 젖은 천으로 먼저 닦은 후, 수성 페인트용 점조성 헝겊으로 다시 닦아낸다. 최종적으로, 한두 시간 간격으로, 몇 번 더 칠한다(D). 사진은 벽시계인데, 플랫(flat; 광이 거의 없음) 마감을 하고자 한다. 색상이 어두운 목재에 플랫 마감재를 3회 분무하면 뿌연 느낌이 난다. 따라서 유광 마감재를 2회 먼저 분무한 후, 그 위에 플랫 마감재는 한 번만 분무한다.

하이브리드 수성 마감

사진의 기타처럼, 유성 기반 제품 위에 수성 상도 마감재을 칠하는 하이브리드 방식도 가능하다. 먼저 푸른색 계열의 수성 페이스트 필러로 나뭇결을 메꾼다. 그다음엔 전체 면을 알코올 염료로 칠한다. 이제 디왁스드 셸락을 씰러로 분무한다(A). 셸락 도막으로 인해서, 이후 칠하는 흑색 쉐이딩 토너의 효과가 더 잘 드러난다. 투명 디왁스드 셸락에 흑색 염료를 섞어서 토너를 만든 후(B), 뒷면과 옆면에 분무한 후, 메이플로 제작된 전면 쪽으로는 햇살이 비치듯이 칠하는 선버스트 기법으로 쉐이딩 처리한다(C).

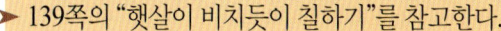
139쪽의 "햇살이 비치듯이 칠하기"를 참고한다.

토너를 하룻밤 완전히 건조시킨 후, 수성 씰러를 칠한다. 이는 유성 페이스트 필러로 메꿔지지 않은 기공을 완전히 메꾸기 위한 것이다. 기공 형상이 보이지 않을 때까지 씰러를 사포질한다(D).

마지막 단계로, 투명한 100% 아크릴 래커를 전체 면에 분무하는데, 한 시간 간격으로 3회 칠한다. 하룻밤 건조시킨 후에 3회 더 칠한다(E). 이제 적어도 2주 이상 양생시킨 후, 고광(high gloss)으로 광내는 작업을 진행한다.

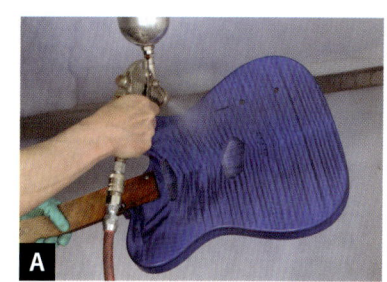

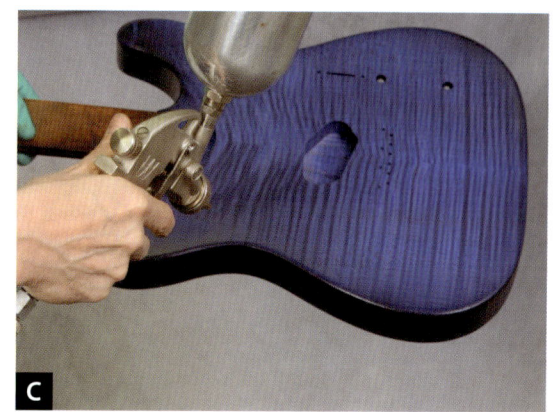

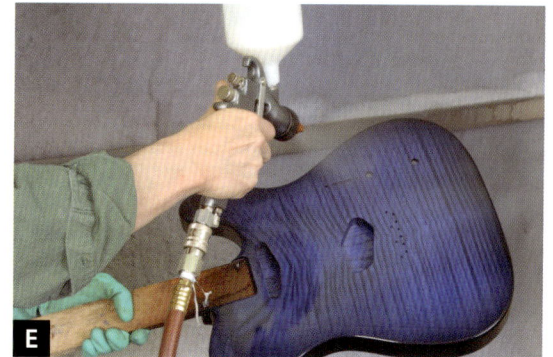

수성 페인트를 분무로 칠하기

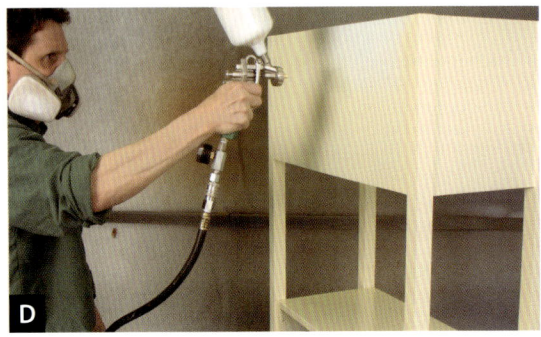

에어리스 스프레이건을 쓰지 않는 한, 라텍스 페인트는 희석한 후 분무해야 한다. 컴프레서 혹은 터빈구동 방식 스프레이건 용도로 점성이 낮은(non-thickened) 특수 수성 페인트도 제조되지만, 구하기 쉽지 않다. 대신에 차선책으로 100% 아크릴 페인트를 사용한다. 쉽게 구할 수 있고 색상도 다양하다. 이는 전자레인지 카트 윗면처럼 내마모성이 필요한 부위에 적합하다.

붓이나 롤러로 칠하는 아크릴 페인트는 점성이 높으므로, 물을 부피의 10% 정도 첨가해서 희석한 후 분무한다(A). 범용 스프레이건이나 터빈구동 방식의 스프레이건을 사용해서 분무할 수 있으며, 노즐은 큰 것을 사용한다. 저자는 저렴한 중력식 스프레이건에 2.2mm 노즐을 장착해서 사용한다. 이 스프레이건은 세척하기도 쉽고, 또한 무화(atomization; 미세 분무)가 더 잘되도록 만들기 위해서 공기압을 보통 이상으로 높일 수도 있다.

프라이머를 칠하고, 퍼티로 균열이나 쪼개진 부분을 메꾼다(B). 건조된 후에, 퍼티 및 프라이머를 사포질한 후, 분진을 닦아낸다. 첫 도막을 분무할 때는 공기압을 낮춰서, 구석이나 후미진 곳에도 잘 분무되도록 한다(C). 넓은 영역에 최종적으로 분무할 때는 공기압을 높여서 무화가 잘되도록 하는데(D), 작업 전에 미리 자투리 패널에 시험해본다.

제 17 장

마감재 표면 광내기

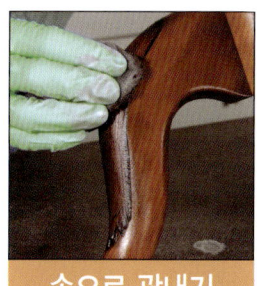

손으로 광내기

- ▶ 얇은 도막에 대한 연마 작업 (280쪽)
- ▶ 연마와 왁싱을 동시에 진행하기 (281쪽)
- ▶ 손으로 유광 마감하기 (282쪽)
- ▶ 손으로 약광 마감하기 (283쪽)

전동공구로 광내기

- ▶ 전동공구로 습식 샌딩하기 (284쪽)
- ▶ 버핑으로 유광 마감하기 (285쪽)
- ▶ Abralon으로 약광 마감하기 (286쪽)

마감의 마지막 단계는 표면에 광을 내는 과정이다. 이 과정을 통해서 흠집을 수리하고, 표면을 연마하고, 원하는 수준의 광택을 구현한다. 사실 광을 내는 과정은 선택 사항이므로, 현재 외관이 만족스러우면 굳이 필요하지 않다. 그러나 광내기 기법을 숙지하고 있으면, 필요할 때 문제점을 해결할 수 있고, 원하면 특수효과를 낼 수 있다.

마감재 광내기

광을 내는 것은 연마재를 사용해서 마감재 표면에 곱고 일정한 연마 자국을 만드는 과정이다. 입자가 더 고운 연마재를 순차적으로 사용하여, 반사가 없는 플랫(flat)에서부터 고광까지 모든 광택을 만들어낼 수 있다.

광내기 작업은 보통 두 단계에 걸쳐 이루어진다. 첫 단계는 흠집을 수리하고, 면을 편평하게 만드는 과정이다. 이때는 코팅 처리된 연마지를 사용한다. 두 번째 단계는 원하는 광택까지 폴리싱(polishing)하는 단계다. 스틸울, 합성 연마패드, 그리고 연마재 분말을 사용한다.

습식 샌딩 후 버핑(buffing)을 하면, 최고로 우아한 고광 마감을 얻을 수 있다. 사진은 마지막에 손으로 글레이징해서 좀 더 완벽하게 마무리하고 있는 모습이다.

273

제17장

도막이 형성되는 모든 마감재는 갈아서 광을 낼 수 있지만, 마감재에 따라 난이도는 약간씩 다르다. 셸락, 용제 기반 래커, 그리고 많은 수성 래커와 같은 증발성 마감재는 열가소성이고, 단단하고, 취성적이다. 연마도 쉽고, 버핑(buffing)을 통해서 단시간 내에 균일한 광택을 만들 수 있다. 증발성 마감재의 도막은 용해되어 서로 이어져 있으므로, 연마 과정에서 각 도막의 층이 서로 분리되지 않는다. 반면에 반응성 마감재는 마감재 도막 각 층의 단부가 연마되면서, 인접한 층이 노출되어 선모양으로 드러난다.

대부분의 유성 바니쉬, 촉매형 바니쉬, 그리고 폴리에스테르는 열경화성인 반응성 마감재인데, 강하고 유연해서 잘 연마되지만, 광택이 균일하지 않아서 폴리싱으로 유광을 내기 어렵다. 2K 폴리우레탄이나 촉매화 래커같이 단단하고 강한 열경화성 마감재는 버핑을 통해서 고광으로 만들 수 있지만, 용제 기반 래커나 아크릴보다 작업 속도가 느리다.

텅오일, 린시드오일, 대니쉬오일, 오일/바니쉬 혼합물과 같이 무른 마감재는 왁스를 칠하거나 천으로 문질러 광을 내는 것(burnish)은 가능하지만, 연마해서 광을 내는 것(rubbing out)은 불가하다.

일부 마감재에는 고운 광산란(light scattering) 실리카(규소)가 첨가되어 있어서 플랫, 약광, 반광까지의 광이 난다. 흠집을 제거하기 위해서 이 마감재를 연마하는 것도 가능하지만, 이 과정에서 원래 의도된 광이 사라질 수 있으므로, 가능하면 그냥 두는 것이 좋다.

광택 내기

매끈하고 자국이 없는 고광 표면에서는 빛이 완전히 반사된다. 그러나 항상 고광이 필요한 것은 아니고, 둔한 광이 필요한 경우도 있다. 유광 마감재를 칠한 후 연마해서 무광으로 만들 수도 있고, 소광제가 포함된 마감재를 사용해도 광택이 없다.

마감재의 광택 수준은 반사율로 구분한다. 맨 왼쪽이 유광인데, 용기 윤곽이 잘 보이고 글씨도 읽을 수 있다. 가운데는 약광인데, 그림이 희미하고 글씨를 읽는 것도 쉽지 않다. 맨 오른쪽은 플랫인데 별로 반사되지 않는다.

원하는 광택 수준에 맞춰 마감재를 연마한다. 400-grit로 사포질하면 광택이 별로 없고, 400~1000-grit 사포를 사용하면 플랫에서 약광까지 만들 수 있다. 1200-grit 사포로는 반광(semigloss)을 만들 수 있다. 곱게 폴리싱하면, 유광 마감을 구현할 수 있다.

소광제는 투명한 작은 입자(보통은 실리카)인데, 긁힌 자국과 유사한 방식으로 빛을 산란시킨다. 제조사마다 광택을 약간씩 다르게 정의하고 있으나, 산업용 마감재는 광택 등급을 보다 자세하게 정의하고 있다.

광택의 수준은 광택계(glossmeter)라는 광학기구를 사용해서 측정한다. 특정 각도(일반적으로 60°)로 반사되는 빛을 측정하는데, 광택을 보다 정확하게 이해하는 데 도움이 된다.

[TIP] 고광 마감의 단점은 약간의 흠집도 확연히 눈에 띈다는 것이다.

광택 등급

광택 표현	광택 수준	반사 이미지
플랫(flat)	10	무반사
계란광(에그쉘; eggshell)	10~20	약간의 윤기; 달걀 껍질 정도
약광(새틴; satin)	20~35	희미한 이미지; 글씨 확인이 어려움
반광(semigloss)	35~70	이미지의 윤곽이 구분되는 정도; 희미한 글씨
유광(gloss)	70~85	광택은 있지만 반짝이지 않음; 글씨는 읽을 수 있음
고광(high-gloss)	85+	반짝이는 광택; 거울 수준; 세부 및 윤곽이 자세히 보임

연마재

마감재를 연마하는 데는 여러 연마재가 사용된다. 앞서 설명한 대로, 초기에 면을 편평하게 연마하는 데는, 코팅처리된 연마지(abrasive papers)를 사용한다. 이후, 스틸울, 합성 연마패드, 연마재 분말 등을 사용해서, 원하는 수준의 광택으로 만든다.

연마지

탄화규소(silicon carbide) 방수사포가 제일 많이 쓰이는 종류다. 연마오일(rubbing oil), 미네랄 스피릿, 나프타, 혹은 식기세척제를 소량 첨가한 물 등을 윤활제로 사용해서 작업하면, 분진이 사포면에 뭉치지 않는다. 요즘은 분진이 뭉쳐 붙지 않는 산화알루미늄(aluminum oxide) 혹은 탄화규소 사포가 있으며, 일부 마감재의 건식 샌딩에 사용할 수 있다. 건식 샌딩의 잇점은, 작업을 진행하면서 마감재가 완전히 갈려 나가지 않도록, 확인하고 조절하는 것이 가능하다는 것이다. 습식 샌딩 중에는 원 목재가 드러나도, 윤활제 때문에 마감재가 덮힌 상태로 보인다.

마감재를 연마하는 데 사용되는 여러 연마재다. 왼쪽부터 부석분(dry pumice) 및 로튼스톤 분말(rottenstone powder); 컴파운드 페이스트(compound paste)와 액상 연마제(liquid polishes); 합성 및 일반 스틸울; 폼 접착 패드, 방수사포; 그리고 연마윤활제(rubbing lubricants).

제17장

스틸울, 수세미 사포(합성 스틸울), 플렉시블 샌딩패드

스틸울의 등급은 숫자(aught system)로 표현하는데, 3(매우 거침)부터 0000(매우 고움)까지 있다. 연마에 많이 사용되는 것은 보통 000이나 0000이다. 일반 스틸울 대신에 수세미 사포도 있는데, 이는 연마재 입자가 들어 있는 부직(nonwoven; 不織) 합성섬유 패드다. 스틸울 및 수세미 사포 모두 건식 및 습식 샌딩에 사용할 수 있다.

▶ 28쪽의 "스틸울"을 참고한다.

고정식 광택 장비를 이용할 때는, 버핑휠을 회전시키면서, 실리카 연마재 스틱을 휠에 갖다대서 묻힌다.

세 번째는 플렉시블 샌딩패드다. 탄화규소(silicon carbide) 방수사포 뒷면에 폼(foam)패드를 붙이고, 벨크로(찍찍이) 부착이 되도록 만든 것이다. 사포에 쿠션이 있어서, 분진이 굳어진 부분을 갈아내는 경우, 혹은 균일하지 않은 면을 편평하게 만들 때는 비효과적이다. 그러나 균일하게 긁힌 자국을 도입함으로써, 플랫이나 약광의 광택을 만들 때 사용된다. 탄화규소 사포와 마찬가지로 윤활제를 발라 습식 샌딩하면 아주 좋다.

연마재 분말, 페이스트, 스틱

연마재 분말은, 사포질 및 스틸울로 연마한 후에, 마감재를 폴리싱할 때 쓴다. 전통적으로 부석분(浮石粉; pumice; volcanic glass; 흑요석)이나 로튼스톤(rottenstone; 트리폴리(tripoli)석; 분해된 규질(硅質) 석회석)이 폴리싱에 사용되었다. 부석분은 1F(거친 등급)부터 4F(고운 등급)까지 시판된다. 로튼스톤은 부석분보다 곱고, 한 가지 등급만 있는데, 유광 마감이 가능할 정도로 곱다. 부석분이나 로튼스톤은 비눗물이나 연마오일에 섞어, 페이스트 형태로 만들어 사용한다.

폴리싱에 사용할 수 있는 현대적인 실리카 연마재도 있다. 일정한 크기의 입자를 사용해서 정밀 제조된 실리카 연마재는 액상 현탁액, 페이스트, 고체 스틱 등의 형태로 시판된다. 현탁액 및 페이스트는 손으로 직접 작업하든지, 혹은 손에 잡고 사용하는 전동 버퍼를 이용한다. 고체 스틱은 고정식 광택장비(buffing equipment)에서 사용한다. 페이스트나 액상 현탁액은 차량 용품점에서 구할 수 있으나, 고체 스틱은 전문 업체를 통해서 구해야 한다.

실리카 연마재는 통상 '컴파운드(compounding material)' 혹은 '폴리싱제(polishing material)'라는 이름으로 시판된다. 컴파운드를 먼저 사용하고, 그 다음에 폴리싱제를 사용한다. 'coarse(거친) no. 1', 'medium(중간) no. 2', 'fine(고운) no. 3' 순서로 사용한다. 제조사마다 거칠기 표시가 약간씩 다르므로, 동일 회사의 제품을 사용하도록 한다.

제 17 장

와이핑 바니쉬처럼 마감재 도막이 얇은 경우엔, 고운 사포로 가볍게 사포질하고, 이어서 스틸울로 가볍게 문지른다.

도막의 두께와 표면 연마

표면을 연마하면 마감재의 일부가 제거되므로, 연마재의 두께를 고려해서 작업 강도를 정해야 한다. 대부분의 마감재는 많이 연마할 필요는 없다. 와이핑 바니쉬와 같은 얇은 도막은 고운 사포로 가볍게 사포질한 후, 스틸울로 가볍게 연마한다. 반면에 원 목재나 스테인이 드러나도록 갈지 않고도, 면을 아주 편평하게 만들고 싶다면, 처음부터 마감재를 두껍게 칠해야 한다. 면을 고광으로 마감하면 표면의 흠집이 확연히 드러나므로, 면을 완전히 편평하게 만드는 것이 아주 중요하다.

유광 마감을 원하면, 마호가니, 월넛, 오크 같은 기공이 큰 목재는 기공을 메꾸어야 한다. 손으로 연마해서 약광으로 마감하는 경우엔, 기공을 안 메꿔도 별 차이가 없다. 기공이 큰 어두운 색상의 목재를 유광 마감한다면, 어두운 색상의 페이스트인 '에보니(ebony)'와 '다크 왁스(dark wax)'를 사용한다. 그렇게 하지 않으면, 기공에 채워진 컴파운드 찌꺼기가 하얗게 보인다.

앞서 설명한 대로, 반응성 마감재(바니쉬, 촉매화 래커, 그리고 2성분 마감재)의 도막은, 증발성 마감재와는 달리, 용해되어 섞이지 않는다. 따라서 너무 과하게 연마하면 여러 도막 층이 갈려 나가면서, 각 층의 경계선이 노출된다. 이런 문제를 미연에 방지하려면, 스테인이나 페이스트 우드필러를 칠하고 난 후, 반응성 마감재를 3회 칠해서 씰링한다. 하룻동안 마감재를 건조시킨 후, **P600-grit**로 편평하게 사포질한다. 그런 다음, 마지막으로 한 번 더 완전히 칠한다.

래커, 셸락, 수성 마감재와 같은 증발성 마감재도 처음에 3회 칠한 다음, 하룻밤 건조시킨다. 이후, **320-grit** 방수사포로 면을 다듬는다. 이후 3회 더 완전히 칠한 후, 연마한다.

[TIP] 마감재가 건조하면 단부부터 수축하며, 연마하는 동안 이 부분이 갈려나갈 위험이 많다. 따라서 분무할 때, 단부에 좀 더 많이 분무해서 미리 보충하는 것이 가능하다. 그러나 붓으로 칠하는 경우에는 이것이 어렵다.

모든 마감재는, 연마 전에 충분히 경화시키는 것이 중요하다. 완전히 경화된 마감재는 사포질 및 버핑이 빠르고 수월하게 진행된다. 따라서 가능한 한 오래 경화시키는 것이 좋다. 셸락, 용제 기반 래커, 수성 래커, 2성분 마감재는 적어도 일주일은 경화시켜야 한다. 유성 바니쉬 및 폴리우레탄은 최소한 2주는 경화시킨다. 처음 연마 작업을 시작했을 때 마감재가 사포에 뭉쳐붙는다면, 경화가 덜 된 것이므로 더 경화시켜야 한다.

제17장

얇은 도막에 대한 연마 작업

도막을 얇게 칠하고, 연마해야 하는 경우는 두 가지다. 하나는 목재의 자연스러운 느낌을 그대로 살리기 위해서 도막을 얇게 칠한 경우다. 다른 하나는 바니쉬나 일부 수성 래커 같은 반응성 마감재를 얇게 칠한 경우다. 이런 마감재는 각 도막이 서로 용해되어 섞이는 것이 아니므로, 과하게 연마하면 마지막 상도를 갈아내게 되어 도막 층이 선 모양으로 드러난다.

저자는 도막이 얇은 경우에는 앤티로딩 연마지(antiloading paper)를 사용해서 건식 샌딩한다. 건식 샌딩을 하는 경우에는, 마감재가 갈리는 정도가 눈에 보이므로, 작업의 진행 상황을 파악하기 쉽다. 건식 샌딩을 마친 후에는 스틸울로 연마한다.

얇은 도막을 대상으로 한 연마 작업이 제일 쉽고, 또한 과정이 과격하지 않으므로, 여러 마감재를 대상으로 이를 연습해두면, 연마에 대한 감을 익히는 데 많은 도움이 된다.

두꺼운 도막에 대한 연마 작업

도막이 두꺼우면, 역광을 이용해서 확인하면서, 보다 과감하게 연마해서 완벽하게 평을 맞출 수 있다. 면이 편평하게 되면 순차적으로 곱게 갈아내서 원하는 수준의 광택을 낼 수 있다. 이 작업에는 스틸울, 연마재 분말, 액상 페이스트(liquid pastes)를 사용한다.

흠집을 제거할 수 있는 범위 내에서, 가장 고운 방수사포를 사용한다. 개인적으로는 보통 400- 혹은 600-grit(P800-1000)에서 시작하지만, 오렌지필(orange peel) 현상이 있으면, 더 거친 사포를 사용한다. 손으로 해도 되지만, 넓은 식탁 같은 경우엔 직선 형태의 에어센더를 이용하는 것이 좋다. 작업 속도도 빠르고, 전문업체에서 제작한 고급 가구처럼 균질하게 갈아낼 수 있다.

일정 거칠기 수준까지는 습식 샌딩으로 작업하고, 그 이후는 손으로 연마해서 약광까지 마감하든지, 아니면 버핑을 수행해서 유광으로 만든다.

약광 마감

면을 600-grit(P1200)까지 사포질한 후, 연마해서 약광(satin)으로 마감한다. 손으로 작업하는 것도 가능하고 장비를 이용해도 된다. 손으로 작업할 때는 0000 스틸울을 사용해서, 일직선으로 움직이면서 연마한다. 이렇게 하면 외관은 독특하지만, 빛의 방향에 따라서는 스틸울 자국이 눈에 띈다는 것이 안 좋은 점이다. 대신에, 아주 고운 탄화규소 사포에 폼(foam) 패드를 덧댄, 플렉시블 샌딩패드(flexible sanding pad)를 사용할 수 있는데, 손에 직접 잡고 작업하든지 아니면 원형 샌더에 붙여 사용한다.

건식 샌딩할 때는 항상 앤티로딩 첨가제(antiloading additives; 사포면에서 분진이 뭉치지 않게 만드는 첨가제)가 들어 있는 사포를 사용한다. 사진은 스테에르산 사포인데, 사포면에 찌꺼기가 별로 생기지 않는다.

사진은 Stuhr사 제품인데, 직선 형태의 에어 샌더다. 이것을 사용하면 식탁 상판이나 피아노 뚜껑과 같은 넓은 면의 습식 샌딩도 단시간 내에 끝낼 수 있다.

제 17 장

Abralon은 탄화규소(silicon carbide) 사포를 부드러운 폼(foam)패드에 붙인 것인데, 벨크로로 원형 샌더에 부착해서 사용한다.

사진의 버퍼(buffer)는 샌더-폴리셔(광택기)라는 이름으로 시판된다. 속도 조절이 가능하고, 손잡이가 커서 아무 방향에서나 잡을 수 있는 형태가 제일 낫다. 울보닛의 뒷면이 벨크로 부착식이라서 탈부착이 쉽다. 컴파운드 작업과 폴리싱 작업에 별도의 보닛을 사용한다.

유광 마감

유광과 약광의 차이는, 유광 마감이 연마 자국이 더 곱다는 것뿐이다. 약광을 유광으로 폴리싱하려면, 거친 사포로 편평하게 손질한 후, 1000-grit(P2000)까지 습식 샌딩한다. 이후엔 전통적인 폴리싱 컴파운드인 부석분, 로튼스톤 등을 쓰거나, 액상 혹은 페이스트 형태의 폴리싱 컴파운드를 사용해서 마감한다.

유광 마감을 손으로 작업하는 것은 일이 너무 많다. 넓은 판재에 대한 광내기 작업이 많으면, 변속 전동 버퍼(power buffer; 광택기)를 사용하면, 시간을 많이 절약할 수 있다. 손에 잡고 사용하는 모델 중에는 광택기의 손잡이가 작업면과 평행한 것이 제일 낫다. 여기에 울보닛(wool bonnet)이나 폼패드(foam pad)를 붙여서 사용한다. 작은 입체 모양 부재를 자주 버핑한다면, 면패드를 붙여 쓰는 고정식 버퍼(pedestal buffer)를 구입하는 것도 생각해본다. 소형 장식물은 여기에 저속 그라인더를 장착해서 버핑할 수 있다.

유광 마감에서 연마 및 버핑 과정을 단순화할 목적으로, 많은 전문가들은 흘림 도장(flow-coating) 기법을 사용한다. 래커와 같은 증발성 마감재에 적절하다. 마지막 도막을 400-grit로 사포질해서 흠결을 제거한 후, 회색 합성패드로 면 전체를 연마한다. 분진을 제거한 후, 최종 도막을 칠한다. 이때 래커와 희석제를 1:2로 혼합해서 사용하며, 1ℓ당 60~90g 정도의 래커 지연제도 같이 첨가한다.

사진은 흘림 도장(flow-coating) 방식으로 칠한 것이다. 면이 완벽하게 편평한 것은 아니지만, 단계별 연마를 통해서 완벽하게 유광으로 만들 수 있다. 대량생산 혹은 시간을 단축시키고자 할 때 적합하다.

마감재 표면 광내기 | 279

얇은 도막에 대한 연마 작업

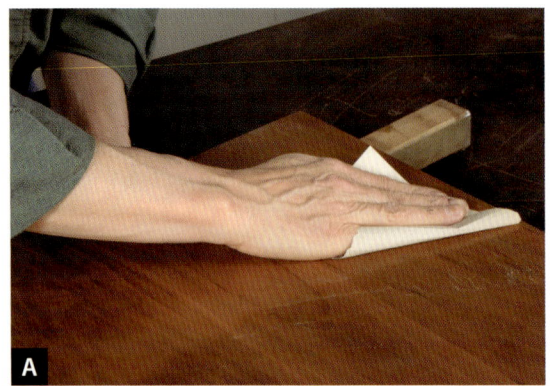

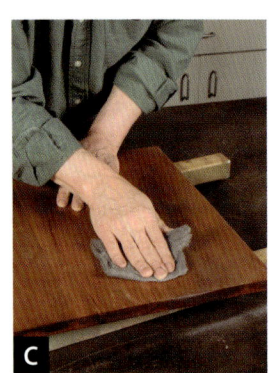

600-grit(P1200) 사포 시트를 4등분 한다. 짧은변 모서리 부분을 약지와 새끼손가락 사이에 끼우고, 손바닥으로 사포를 접는다. 그러고서 반대편 끝은 엄지와 검지로 잡는다(A). 사포를 연마패드처럼 사용해서 표면의 흠집을 제거한다. (사포가루가 쉽게 만들어지지 않으면, 더 경화시켜야 한다.) 모서리에서는 사포를 수평으로 유지하면, 마감재를 깎아내지 않게 된다. 천에 용제를 묻혀서 분진을 닦아낸다. 몰딩, 선반가공부, 조각부 등 복잡한 형상은 사포질하지 않는다.

0000 스틸울 패드를 길이로 300~350mm 정도 되게 자른다(B). 두 번을 포개서 접은 다음, 이를 사용해서 부재의 가장자리를 문지른다. 모서리 안쪽으로 75mm 정도까지, 간결하고 빠르게 문지른다(C). 빛을 옆에서 비춰보면, 둔한 연마 자국이 드러난다. 계속 문지르면, 기공의 바닥 및 꺼진 구역에서 반짝이는 것이 보인다. 스틸울을 좀 더 세게 누르면서 문질러 이걸 없앤다. 이제 모든 구역이 자연스레 섞이도록 전체 면을 몇 번 쭉 문지른다.

광을 더 올리기 위한 작업으로, 페이스트 왁스를 바르고 건조시킨 후, 버핑한다(D). 기공이 큰 목재에서, 기공 안에 밝은 색상의 왁스 혹은 컴파운드가 남는 것이 신경쓰이면, 어두운 색상의 다크왁스(dark wax) 혹은 폴리싱 컴파운드(polishing compound)를 사용한다. 몰딩, 선반가공부, 조각부에서는 스틸울을 좀 더 세게 누름으로써, 광을 조금 더 내준다. 스틸울을 작은 조각으로 잘라서, 몰딩 형상에 맞게 패드를 만들어 사용할 수도 있다.

연마와 왁싱을 동시에 진행하기

반광(semigloss) 마감을 원한다면, 스틸울 작업과 왁스 작업(waxing)을 동시에 실시할 수 있다. 사진은 술잔을 올리는 탁자인데, 체리로 만든 것이다. 수성 마감재를 사용했기에, 광택이 많이 난다. 연마도 해야 하고, 광택도 좀 줄여야 하는 상황이다. 체리 및 여타 어두운 목재는 어두운 색상의 왁스를 사용한다. 애쉬, 버치, 메이플 등 밝은 색상의 목재에는 천연 왁스를 사용하면 된다.

600-grit(P1200)로 표면을 가볍게 사포질한 후, 앞쪽에서 말한 대로 0000 스틸울 패드를 만든다. 패드 안에 나프타 혹은 미네랄 스피릿 28g 정도를 뿌린다(A). (미네랄 스피릿으로 인해 왁스의 건조시간이 약간 늘어난다.) 그리고 나서 다시 왁스를 패드에 1작은 술 정도 적신 후, 이 용제/왁스 혼합물로 목재를 문지른다(B). 원하면, 몰딩처리된 모서리나 틈새에, 여분의 왁스를 일부러 남겨두어, 낡은 것 같은 느낌을 만들 수 있다(C). 왁스가 부옇게 되기 시작할 때, 구둣솔로 문지르면 부드러운 광택이 생긴다. 사진의 왼쪽 부위는 왁스를 발라 연마한 것이고, 오른쪽 부위는 그대로 둔 것이다.

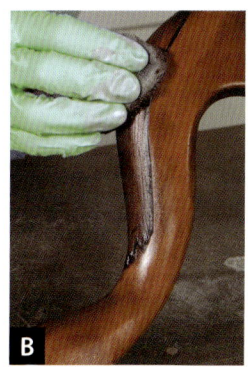

손으로 유광 마감하기

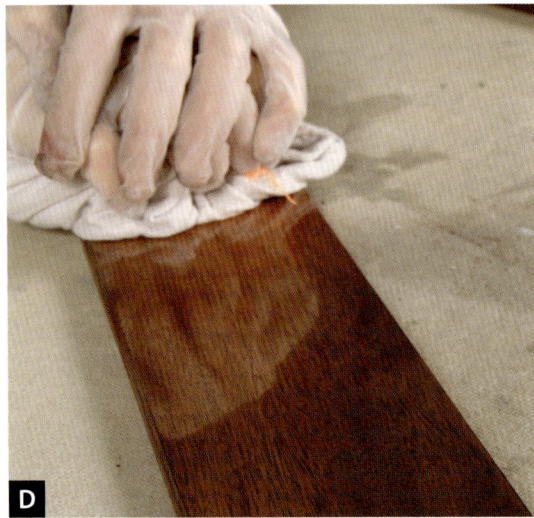

물 1ℓ당 식기세척제 한 뚜껑을 넣어 비눗물을 만든 다음, 이를 320-grit(P600)에 묻혀 사포질한다. 사포 1/4을 코르크 샌딩블록에 감은 다음, 습식 샌딩으로 붓자국 및 여타 흠집을 없앤다(A). 슬러리를 닦아내면 둔한 광택이 생긴 것을 볼 수 있다. 프레임처럼 폭은 좁은 부재는, 모서리를 갈아내지 않기 위해서, 손으로 사포질한다(B).

고운 사포로 바꿔가면서 1000-grit(P2000)까지 습식 샌딩한다. 습식 샌딩 후에는, 통상 연마재 분말을 사용해서 광택을 더 높인다. 먼저, 4F 부석분(pumice)으로 사포가 남긴 연마 자국을 제거한다. 젖은 천으로 원을 그리듯이 부석분을 문지른다(C). 광택 수준을 유광으로 높이기 위해서, 로튼스톤으로 문지른다. 마호가니처럼 기공이 큰 목재에서는, 부석분이나 로튼스톤 찌꺼기가 기공 안에 남을 수 있다. 이 경우에는 다크왁스를 칠한다(D). 광을 약간 줄이고 싶으면, 왁스를 칠한 다음, 0000 스틸울로 문지른다.

손으로 약광 마감하기

고급가구에서 종종 볼 수 있는, 매끈하고 비단결 같은 마감은 약광인 경우가 많다. 이때는 증발성 마감재를 사용하는 것이 제일 낫지만, 반응성 마감재라 할지라도, 최종 도막의 건도막 두께가 2~3mil(50~75마이크로미터) 이상이면 가능하다.

먼저 습식 샌딩으로 면을 편평하게 연마한다. 비눗물 대신에 러빙오일(rubbing oil)을 사용하면, 더 지저분하긴 하지만, 작업 속도가 빠르고 사포도 오래간다. 400-grit(P600-800)사포를 코르크블록 주위에 감아 사포질하며, 600-grit(P1200)까지 순차적으로 작업한다(A). 사포질은 가장자리 장식물 직전까지만 하고, 몰딩처리된 가장자리는 회색 합성 패드로 문지른다. 슬러리를 닦아내고, 패인 곳이 없이, 연마 자국이 균질하게 생겼는지 확인한다(B). 이 단계에서는 약간의 흠집이 보이더라도, 마감재를 갈아낼 위험이 있으므로, 그냥 두는 것이 낫다.

스틸울로 너무 과하게 갈아내는 것이 신경쓰이면, 울루브(wool lube), 울왁스(wool wax)로 불리는 스틸울 윤활제를 사용할 수 있다. 이것은 시럽 같이 걸쭉한 비눗물이다. 셸락이나 수성 마감재에는 이걸 사용하지 않는데, 알칼리성으로 인해서 마감재가 손상될 수 있기 때문이다. 이때는 러빙오일을 사용한다. 몇 방울 표면에 떨어뜨린 다음, 코르크블록에 스틸울을 감아 문지른다. 결 방향으로 문지르면 '브러쉬드-메탈 효과(brushed-metal effect; 역자주: 일방향 연마 자국으로 인한 약광)'가 나타난다(C). 전체 면을 6번 이상 작업한다. 가장자리 몰딩부는 손으로 문지른다(D).

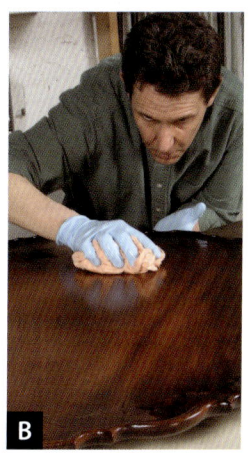

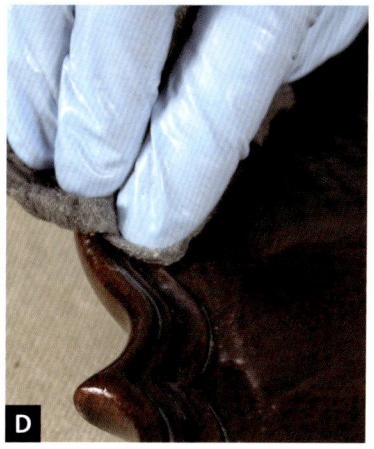

전동공구로 광내기

전동공구로 습식 샌딩하기

식탁 상판이나 피아노 같이 넓고 편평한 면을 마감할 때는, 직선 형태의 에어 샌더를 구해서 쓰는 것이 좋다. 이것은 두 개의 패드가 일직선 상에서 앞뒤로 움직이는, 강력한 샌더다. 상당히 무겁기 때문에(큰 모델은 약 15kg이다.), 사용자는 샌더의 작업 방향만 잡아준다. 사진의 제품은 1/3 크기의 사포 2개를 사용하는데, 작업 속도가 매우 빠르다. 작업할 면 위에 올려놓고, 샌더를 작동시킨 다음, 두 손으로 잡고 작업한다(A). 가장자리 부분에서 작업할 때는 샌더가 바깥으로 떨어지지 않도록 조심해야 하는데, 바깥쪽 패드의 반 이상이 상판 위에 놓이도록 한다(B).

Mirka abrasives사가 제조하는 Abralon은 기타(guitar) 몸체와 같은 복잡하고 입체적인 면을 습식 샌딩할 때 아주 좋다(C). Abralon은 개방셀 발포체(open-cell foam) 패드에 탄화규소 연마재를 붙이고, 뒷면에 벨크로를 부착한 제품이다. 원형 샌더에 직접 붙일 수도 있고, 필요하면 12mm 두께의 쿠션 패드를 삽입하는 것도 가능하다.

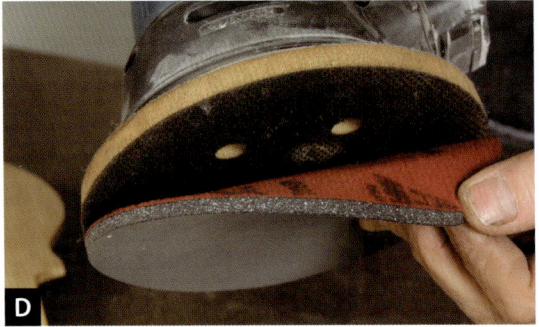

버핑으로 유광 마감하기

전동 버퍼를 이용해서 유광 마감하는 순서는 다음과 같다. 먼저, 표면을 효과적으로 연마할 수 있는 사포 중에서 가장 고운 사포를 이용해서 사포질한다. 사진의 반달형 탁자에 대해서는, 400-grit(P600)에서 시작해서 1000-grit(P2000)까지 사포질한다.

두 개의 패드를 이용하는데, 하나는 컴파운딩 페이스트(compounding paste)를 사용할 때 이용하고, 다른 하나는 더 고운 폴리싱 페이스트(polishing paste)를 사용할 때 이용한다. 300mm×300mm 면적당 컴파운드 페이스트 한 큰술을 뿌리고, 버퍼를 끈 상태로, 고루 펴 바른다(B). 버퍼를 작업면에 놓고, 가장 느린 속도에 맞춰 전원을 켠 다음, 바로 버퍼를 움직이기 시작한다. 3~5° 정도 기울여서 패드의 반 만 표면에 닿도록 한다(C). 가장자리에서 버핑할 때는, 면에 닿는 부분이 바깥 방향으로 회전하도록 해야 버퍼가 상판을 잡아채지 않는다(D). 가장자리를 먼저 버핑한 다음, 중앙부를 컴파운딩 패드로 버핑한다. 습식 샌딩으로 생긴 연마자국은, 컴파운드로 인해서 둔한 광택의 자국으로 바뀐다.

폴리싱 패드로 바꾸고, 폴리싱 페이스트를 사용해서 앞의 과정을 반복한다. 페이스트로 버핑하면, 바로 광택이 나타난다(E). 마무리는 마른 패드를 사용해서 가볍게 폴리싱하는데, 표면을 냉각시키기 위해서 물을 조금씩 분무하면서 작업한다. 거울 같은 고광으로 만들려면, 마지막 단계로 슈퍼파인폴리시(super fine polish)나 글레이즈를 바르고, 손으로 문지른다.

A

B

C

D

E

VARIATION

[**VARIATION**] Surbuf 패드는 소형 보닛(bonnet)인데, 원형 샌더에 벨크로 부착이 가능하다. 전동 버퍼만큼 빠르지는 않지만, 같은 방식으로 컴파운드 및 페이스트 작업이 가능하다.

Abralon®으로 약광 마감하기

스틸울로 브러쉬드-메탈 효과를 내는 방식을 사용하지 않고도 약광 마감을 얻고 싶다면, Abralon쿠션 연마패드를 원형 샌더에 붙여 사용하는 것이 한 방법이다. 이 패드를 사용하면, 스틸울로 손으로 일일이 작업하는 번거로움이 없으므로 업계에서 아주 많이 사용한다. 패드는 180에서 4000-grit까지 다양한 종류가 있다.

고운 사포로 붓자국, 오렌지필, 그리고 기타 흠집을 없앤다(A). 원형 샌더 작업시 윤활제로 비눗물을 사용하는 것이 가능하나(B), 이때는 누전회로차단(GFCI; ground fault circuit interrupt) 기능이 있는 콘센트를 사용해야 한다. 만약 그런 콘센트가 없으면, 러빙오일을 사용해야 감전 위험이 없다.

사포를 샌더의 패드 중앙에 붙이고, 샌더를 작업면 위에 올려놓은 다음, 전원을 켠다. 처음에는 느리게 움직이다가, 점점 빠르게 움직이면서 작업한다. 샌더가 회전하지 못하고 멈추면, 윤활제를 더 바른다. 다리나 에이프런에서는 12mm(1/2인치) 중간 패드(쿠션패드)를 추가로 삽입한 후 작업한다(C).

저자의 의견으로는, 전기식 팜 샌더(palm sander)보다는 압축공기를 사용하는 팜 샌더가 손에 부담이 훨씬 적다. 더구나 샌더의 높이가 작기 때문에, 비좁은 구역에서도 용이하게 작업할 수 있다(D).

유관업체

책에서 사용된 제품은 시중에서 대부분 구할 수 있다. 염료, 셸락, 우드필러, 래커, 바니쉬 등은 다음 업체를 통해서도 구할 수 있다.

Homestead Finishing Products
(216) 631-5309
www.homesteadfinishing.com

Woodcraft
(800) 225-1153
www.woodcraft.com

Rockler Woodworking and Hardware
(800) 279-4441
www.rockler.com

Klingspor's Woodworking Shop
(800) 228-0000
www.woodworkingshop.com

Touch Up Depot
(866) 883-3768
www.touchupdepot.com

Section 1
Temperature/Hygrometer gauge
Model # 63-1032
Radio Shack
(800) 843-7422
www.radioshack.com

Plastic containers
U.S. Plastic Corp.
(800) 537-9724
www.usplastic.com

Section 2
Premium Sandpaper
Klingspor's Woodworking Shop
(800) 228-0000
www.woodworkingshop.com

*Mirka Abrasives
(800) 843-3904
www.mirka-usa.com

*3M Corporation
(888) 364-3577
www.3M.com

Section 3
Safety Suppliers
Conney Safety Products
(800) 356-9100
www.conney.com

Spray Gun Cleaning Suppliers
Spray Gun Solutions
(303) 424-3741

Section 5
Flexible and contour sanding blocks
Klingspor's Woodworking Shop
(800) 228-0000
www.woodworkingshop.com

Section 6
Inlay kit
Woodcraft
(800) 225-1153
www.woodcraft.com

Section 9
Natural Dyes
Kremer Pigment
(800) 995-5501
www.kremer-pigmente.com

Earth Guild
(800) 327-8448
www.earthguild.com

Chemicals
Olde Mill Cabinet Shop
www.oldemill.com
(717) 755-8884

Section 9
Glue Size
Custom Pak Adhesives
(800) 454-4583
www.custompak.com

Section 11
Polyester Grain Filler
IC&S
(800) 220-4035

Section 13
Viscosity and Mil Gauges
Homestead Finishing Products
(216) 631-5309
www.homesteadfinishing.com

Section 14
Polyester, 2K polyurethanes
IC&S
(800) 220-4035

Conversion Lacquers and Varnishes
Sherwin Williams
(800) 474-3794
www.sherwinwilliams.com

ML Campbell
(800) 364-1359
www.mlcampbell.com

Mohawk Finishing Products
(800) 545-0047
www.mohawkfinishes.com

Section 16
Water-Based Finishes
Fuhr International*
(800) 558-7437
www.fuhrinternational.com

Compliant Spray Systems
(800) 696-0615
www.compliantspraysystems.com

Target Coatings
(800) 752-9922
www.targetcoatings.com

Section 17
Stuhr Sander
Cooper Power Tools*
(800) 845-5629
www.cooperpowertools.com

*Manufacturer; they may direct you to a retailer

역자 추천 사이트

공구/재료
공구몰 toolmt.co.kr
공구사랑 mok09.co.kr
꾸밈닷컴 99mim.com
두일공구 0921.co.kr
마끼다 lkmakita.co.kr
메무새 memuse.com
모두툴 modootool.com
소비트 sobit.co.kr
손잡이닷컴 sonjabee.com
신우종합상사 www.shtp.co.kr
오스모 osmomall.com
위넥스툴 winextool.co.kr
위시스 wwisys.com
이가철물 leesdeco.co.kr
철물닷컴 chulmool.com
툴크래프트 toolcraft.co.kr
헤펠레 hafele.co.kr
DeWALT dewalt.co.kr
FESTOOL festool.co.kr

목재
(주)나무친구들 www.woodfriends.co.kr
다우통상 daouwood.co.kr
빌드매니아 buildm.co.kr
아이베란다 iveranda.com
에스와이우드 sywoodmall.co.kr
털보우드 cafe.naver.com/tbwood

교육/제작/블로그
가구장이박홍구
https://blog.naver.com/gagu0007
대현공방 blog.naver.com/aerojsa
도현아빠 blog.naver.com/zen0505
목공방 미르 furniturestory.tistory.com
북한산목공소 cafe.naver.com/allwoodwork
빨간코 네모 blog.naver.com/fotojazz
스튜디오 올앤올 ollnall.com/index.html
우공공방 https://blog.naver.com/redghetto
워니워니 blog.naver.com/srju1092
은평공유센터 목공방 epshare.org
정석공방 https://blog.naver.com/skyeye74
정재원 가구 jeongjae.com
한국문화재재단 교육/체험
https://www.kous.or.kr
Bittersweet Story btsweet.blogspot.kr
LIVE IN 365 https://livein365.com/about
QUAD woodworks thequad.co.kr

해외
BESSEY Tools besseytools.com
CMT orange tools cmtutensili.com
FESTOOL festool.com
FineWoodworking finewoodworking.com
IRWIN Tools irwin.com
Lamello lamello.com
Lee Valley & Veritas leevalley.com
LIBERON liberon.co.uk
Lie-Nielsen Toolworks lie-nielsen.com
pfei pfeiltools.com
ROCKLER rockler.com
WOODCRAFT woodcraft.com

색인

ㄱ

가구업계에서 사용하는 방법　164
가사 시간　231
각 도막 사이의 사포질　212
강모붓　43
개방형 코팅과 밀폐형 코팅　29
개시제　231
건도막 두께　211
건조시간 및 결이 일어나는 문제　190
고정 및 이동 작업　17
고정식 드럼 샌더　32
고정식 벨트 샌더　32
고정식 샌더　32, 64
곡면 혹은 복잡한 형상 손질　74
곡선 스크레이퍼 날 세우기　41
공구　7
공기 배관　36
공기 압축기　35
공기 압축기 선택 방법　36
광물 안료　103
광택 등급　275
굳어진 붓을 되살리는 법　52
균질하게 토닝하기　138
글레이즈　122
글레이즈 구조　123
글레이즈 분무하기　133
글레이즈 칠하는 방법　126
글레이즈로 스테인의 명암 조절하기　133
글레이즈의 종류　125

글레이징 기초　123
글레이징과 토닝　125, 127
글루사이즈　193
글리콜에테르　208
금속염　143
금속착염 산성 염료　107
금속착염 솔벤트 염료　107
기공 메꾸기　176
기공 분포　177
기공을 메꾼 후 래커 마감하기　253
기본 붓질　215
기본 색채 이론　162
길소나이트/아스팔트 스테인의 제조　120

ㄴ

나뭇결의 선명도　113
난방　11
낡은 표면 모사하기　136
내광성　113
내구성　203
내부 마감　211
넌컨버전(nonconversion) 마감재　202
농축 안료 조색제　110
농축 조색제　109
눌린 자국의 수리　96
니트로셀룰로오스 래커　242

ㄷ

다운드래프트 테이블　34

색인

다중 코팅　210
단판 사포질하기　71
대니쉬오일　223, 226
대패　22
대팻날 세우기　38
노막 두께 측정　214
도막 두께 측정 게이지　214
도막의 두께와 표면 연마　277
두꺼운 도막에 대한 연마 작업　278
둥근 모서리 단면 사포질　79
드럼 샌더로 편평하게 깎기　70
드럼 슬리브　28
디스크 샌더　32
디테일 샌더　31

ㄹ

래커　242
래커 워시코트　158
래커 첨가제　243
래커를 붓으로 칠하기　255
레이어링으로 색상 조절하기　172
레진　206
레진 스틱　93
레진 워시코트　158
리넨　42

ㅁ

마감작업 기본　210
마감작업 도구　42
마감작업에 사용한 천을 폐기하는 방법　20
마감작업을 위한 공간　8
마감재　199
마감재 공급 원리　48
마감재 광내기　273
마감재 광택　211
마감재 선택　200
마감재 시험 방법　209
마감재로 메꾸기　178
마감재를 이용한 썰링　190
마감의 보관 및 폐기　15
마감 전 목재 표면 손질　59
마구리에서 스테인 흡수량 조절　154
매염제로 천연염료를 흡착시키는 방법　148
매염제로 천연염료 바인딩하기　141
먼셀 표색계　162
메꿈과 스테인 작업을 동시에 수행하기　186
메꿈재를 사용하지 않은 마감　177
메꿈재 사용　90
메꿈재에 색 넣기　94
메탄올 알코올　208
메틸에틸케톤　208
멜라민 수지　231
면을 편평하게 연마하기　60
모슬린　42
목선반에서 사포질하기　85
목재로 메꾸기　89
목재를 선택시키는 방법　141
목재 표면 채색　101
몰딩 처리된 단부를 손으로 사포질하기　81
물리적으로 홈집내기　135
밀크 페인트　269

ㅂ

바니쉬　224
반응성 마감재　203, 222
방향족 우레탄　231
백색 안료　103
백화현상　243
버핑으로 유광 마감하기　285
범용 스프레이건　45
벨트　28
벨트 샌더　30
벨트 샌더로 판재 단면 사포질하기　73
변성 알코올　208, 241
변재와 심재 색상 통일　169
보일드 린시드오일　223
보호 장비　47
복잡한 몰딩의 사포질　83
복잡한 형상에 분무하기　218
복잡한 형상에서의 스크프 샌딩　195
부분 분무　170
부스 관리　14
부재를 고정시키는 방법　75
부재별 마감　212
부착 문제 해결　190
부착 실험　213
분무로 래커 마감하기　252

분무 작업 규칙　50
붓　43
붓 세척 및 보관　51
붓 손질　215
붓으로 바니쉬 칠하기　234
붓으로 질감 표현하기　124
붓의 구조　44
브러쉬드-메탈 효과　283
브러싱 씰러　194
브론즈 안료　103
블로킹 스테인　165
비닐씰러　192

ㅅ

사각형 샌더　64
사각형 샌더로 사포질하기　70
사각형 샌더로 판재 단면 사포질하기　73
사포 거칠기　26
사포 관련 도구　29
사포를 오래 쓰는 법　64
사포 제품　27
사포질로 생긴 자국 혹은 뚫어진 곳 처리　121
산성 염료　106
산소계 표백제　147
색상 맞추기　164
색상을 맞추기 위한 조색　161
색상이 어두운 메꿈재 숨기기　99
색상이 옅은 메꿈재 숨기기　99
색상 조절　153

색상 통일　159, 161
색채 이론 연습　171
샌더　35
샌딩블록　76
샌딩블록 만들기　84
샌딩 스타　35
샌딩씰러　191
샌딩씰러 분무　195
샌딩패드　76
샙 스테인　165
석회 처리(liming)　152
선버스트(sunburst) 기법　139
선택적으로 스테인 칠하기　160
셸락　192, 239
셸락과 래커를 분무로 칠하기　245
셸락과 래커를 붓으로 칠하기　216, 244
셸락 및 래커 칠하기　243
셸락을 붓으로 칠하기　251
소광제　209
소석고 필러　187
손 사포질　77
손 사포질하기　66
손으로 스테인 칠하는 방법　111
손으로 약광 마감하기　283
손으로 유광 마감하기　282
수성 마감재　257
수성 마감재 사용　259
수성 마감재 성분　258
수성 마감재를 분무로 칠하기　270

수성 마감재를 붓으로 칠하기　267
수성 마감재를 와이핑으로 칠하기　268
수성 마감재용 첨가제　261
수성 마감재의 역사　257
수성 마감재 칠하기　263
수성 스테인 분무하기　117
수성 스테인 혹은 염료 칠하기　115
수성 안료 필러　187
수성 염료 사용　158
수성 컬러 필러　184
수성 페인트　265
수성 페인트를 분무로 칠하기　272
수성 필러　182
수세미 사포　28
수직면에 분무하기　218
순간접착제　93
순간접착제로 갈라진 곳 혹은 쪼개진 곳 메꾸기　98
순수 오일　222
순수 오일 마감　232
쉐이딩　129, 138
스크레이퍼　22
스크레이핑　67
스테인 기초 및 응용　102
스테인 보드 만들기　164
스테인 분무　112, 158
스테인 사용　110
스테인 선택　113
스테인 성분　107

색인

스테인 작업 후 메꿈 작업하기 186
스테인 전이 및 오염 방지 191
스테인 컨트롤러 칠하기 157, 166
스테인을 구분하는 방법 108
스트라이킹 아웃 134
스트로크 샌더 32
스틸울 28
스프레이건 44
스프레이건 구조 47
스프레이건 세척 및 보관 54
스프레이건 세척 순서 264
스프레이건 세팅 55
스프레이 마감 13
스프레이 부스 13
스핀들 샌더 33
슬러시 필 188
습도막 두께 211
실수한 부분을 토너로 감추기 139
씰러 189
씰러와 사포질 189
씰러의 종류 191

ㅇ

아닐린 염료 107
아민 기반 컨버전 바니쉬 228
아세톤 208
아이언 버프(iron buff) 149
아크릴 변환 래커 243
안료 스테인 102

안료 스테인의 원리 104
안료 젤 스테인 109
알칼리 스테인 144
알판 문짝에 스테인 칠하기 116
알판구조에서 붓으로 칠하기 221
암모니아 퓨밍 150
약광 마감 278
얇은 도막에 대한 연마 작업 278, 280
양면 마감 212, 220
양모 42
얼룩을 조절하는 방법 154
에어 공구 35
에어리스건 46
에어어시스티드건 46
에지 샌더 32
에폭시로 갈라진 곳 및 옹이 메꾸기 98
에폭시로 틈새 메꾸기 97
여러 층으로 채색하기 163
연마와 왁싱을 동시에 진행하기 281
연마재 입자 24
연삭 도구(sanding tools) 24
연삭 제품의 특성 24
열가소성(thermoplastic) 마감재 202
염기성 염료 107
염료가 목재에 색을 입히는 방식 106
염료 스테인 105, 109
염료의 혼합, 계량, 복제 119
염소계 표백제 147
오버롤 스테인 159, 165

오버스프레이 45
오비탈 샌더 30
오비탈 패드 샌더 35
오일 마감 기초 224
오일/바니쉬 혼합물 226
오일 슬러리 필러 188
옥살산 147
온도 및 습도 9
올레오레진 바니쉬 225
와이드 벨트 샌더 32
와이핑 바니쉬 233
왁스 크레용 93
외관 204
요소포름알데히드 231
용제와 희석제 208
워시코트 165
워시코트(washcoat) 선택 기준 155
워시코트 위에 젤 스테인 칠하기 167
워시코트 칠하기 166
원목에서 단판까지 편평하게 깎기 71
원형 샌더 31, 35, 64
원형 샌더로 편평하게 깎고 사포질하기 69
유광 마감 279
유니포밍 스테인 159
유성 스테인 바르는 방법 114
유성 스테인 분무하기 118
유성 와이핑 스테인 165
유성 컬러 필러 183
유성 페이스트 우드필러 179

유성 페인트를 붓으로 칠하기　237
유성 폴리우레탄　225
이동식 벨트 샌더　62
이동식 벨트 샌더로 편평하게 깎고 사포질하기　68
이퀄라이징 스테인　165
일부분만 손으로 칠하기　170

ㅈ

자외선 안정제　209
자외선 흡수제　209
작업 가능 시간과 건조시간　111
작업 안전 및 환경에 대한 고려 사항　205
재도장 가능 시간　231
저렴한 목재를 고급스럽게 만들기　173
저압 스프레이건　45
저팬드라이어　209
전동공구로 습식 샌딩하기　284
전동 디테일 샌더 사용　82
전동 샌더를 이용한 사포질　78
전동 샌딩 장비　62
전동 장비를 이용한 곡면 사포질　80
전변성 래커　228
절삭 공구　21
절삭 작업의 중요성　75
점도 측정　214
접착 조립 후, 사포질하기　85
접착제 얼룩 지우기　121
접착제가 삐져나오지 않게 하는 법　95

젤 스테인 적용　156
조각된 몰딩에 대한 사포질　82
조각면 마감　212
조각면 분무　220
조립 전 마감　221
조명　10
조촉매　231
줄　24
중합 린시드오일　223
중합 오일 마감재　223
증발성 마감재　202, 239
증발성 마감재와 반응성 마감재　202
지방족 우레탄　231
지연제　209
지터버그 샌더　35
집진 장비　34
쪽이 나간 부분의 수리　96

ㅊ

천연수지가 많이 함유된 하드우드의 마감　211
천연 호두 염료 만들기　148
천연염료　140
철분/식초 용액을 사용한 스테인 작업　149
첨가제　208
체리에 가성소다 칠하기　149
촉매화 래커　228
치즐팁 브러쉬　43

ㅋ

카드 스크레이퍼　23
캐비닛 내부 분무　219
캐비닛 스크레이퍼　23
캐비닛 스크레이퍼 날 세우기　40
컨버전 마감 용어　231
컨버전 마감재　227
컨버전 마감재 기초　229
컨버전 바니쉬　228
컨버전 바니쉬와 촉매화 래커　235
컬러 필러와 내츄럴 필러　183
크랙클 래커　256

ㅌ

태클론 붓　43
터빈 구동 스프레이건　56
테르펜　208
토너　122, 128
토너 제조 방법　129
토너와 쉐이더 칠하는 방법　131
토너와 조색제의 호환성　131
투명 바니쉬　185
투명 안료　103

ㅍ

파우더 퍼티　91
판재 단면 대패질하기　72
판재를 편평하게 깎기　65
판재의 색상 통일　168

색인

패딩래커 247
패딩 셸락 247, 250
패딩 스테인 122, 128
패딩 스테인 칠하기 137
퍼티로 틈새 메꾸기 97
퍼티와 기공 92
펄 안료 103
페더 샌딩 89
페어링 작업 77
페이스트 우드필러로 메꾸기 179
페인트 및 색조 보정 컨버전 바니쉬 분무 238
페인트 위에 래커 분무하기 254
편평한 면에 분무하기 217
포름알데히드 231
포터블 샌더 30
폴리에스테르 229
폴리에스테르 분무 185
폴리에스테르와 2K 우레탄 적용 236
폼패드 28
표면 상태 확인 87
표면 손질 공구 21
표백제 140, 146
표백제 사용법 151
프렌치 폴리싱 246, 248
프로파일 샌더 31
프리로딩 스테인 컨트롤러 157
프리로딩(Preloading)과 워시코트 적용 156
프리믹스 퍼티 91

플러터 샌더 35
플러터 시트휠 28
플로우아웃 첨가제 209
피쉬아이 191
피쉬아이 수리 197
피클링(pickling; 산세척) 152
필러 색상 조정 184
필러와 썰러 175
필러 조색제의 호환성 183

ㅎ

하이브리드 수성 마감 265, 271
합성 유기 안료 103
합판과 단판에 스테인 칠하기 160
합판과 원목의 색상 통일 169
핸드 스크레이퍼 22
핸드 스크레이퍼 날 세우기 39
햇살이 비치듯이 칠하기 139
화이트워싱(whitewashing) 152
화재 및 폐기물 처리 19
화학 스테인 140, 142
화학 스테인 작업 시 유의 사항 145
화학 스테인 제조 및 적용 145
환기 11
황변 113
후변성 래커 228
흑단 효과 처리(ebonizing; 에보나이징) 152
흑색 안료 103

홈집 수리 86
홈집을 최소화하는 방법 86
홈집 제거 방법 88
힌더드 아민 광 안정화제 209

기타

Abralon®으로 약광 마감하기 286
HVLP 45
HVLP 변환 건 57
LVLP 46
NGR 스테인 칠하기 116
1파운드컷 셸락의 제조 및 사용 196
2성분 메꿈재 92
2액형 폴리우레탄 228

도서출판 씨아이알의 관련 분야 도서안내

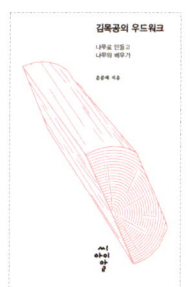
김목공의 우드워크
윤종배 저 /
2020년 12월 /
148쪽(115*185) /
14,000원

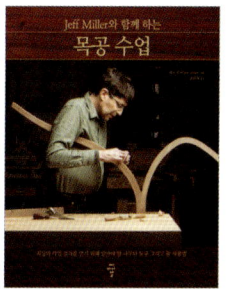
Jeff Miller와 함께 하는 목공 수업
제프 밀러(Jeff Miller) 저 /
윤종배 역 / 2020년 8월 /
204쪽(216*280) / 23,000원

핵심만 추린 목공 스케치업
데이비드 하임(David Heim) 저 /
이재규 역 / 2020년 2월 /
120쪽(215*215) / 15,000원

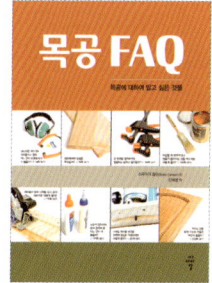
목공 FAQ
스파이크 칼슨
(Spike Carlsen) 저 /
진재성 역 / 2019년 11월 /
364쪽(188*257) / 20,000원

Jeff Jewitt의 목재 마감
JEFF JEWITT 저 /
최석환 역 / 2018년 9월 /
308쪽(222*275) / 34,000원

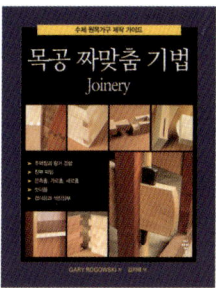
목공 짜맞춤 기법
LGary Rogowski 저 /
김지태 역 / 2017년 12월 /
408쪽(222*275) / 38,000원

사랑 가득 엄마표 가구 만들기
애나 화이트(Ana White) 저 /
이재규, 정복자 역 /
2017년 11월 /
196쪽(216*280) / 22,000원

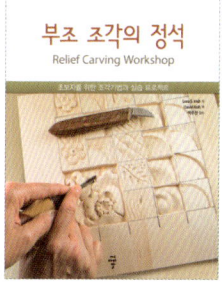
부조 조각의 정석
Lora S. Irish 저 /
David Koh 역 /
2016년 11월 /
138쪽(216*280) / 18,000원

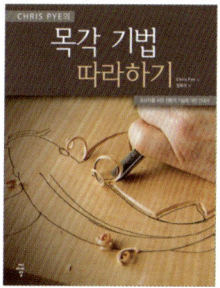
Chris Pye의 목각 기법 따라하기
Chris Pye 저 /
정복자 역 / 2016년 4월 /
160쪽(216*280) / 20,000원

하이브리드 목공
Marc Spagnuolo 저 /
이재규 역 / 2016년 2월 /
192쪽(210*276) / 22,000원

우드워킹 가이드
Lonnie Bird 외 저 /
김지태 역 / 2015년 9월 /
328쪽(222*275) / 34,000원

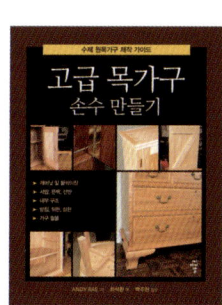
고급 목가구 손수 만들기
ANDY RAE 저 /
최석환 역 / 2015년 6월 /
328쪽(222*275) / 34,000원

가구디자인
Stuart Lawson 저 /
한정현 역 / 2015년 5월 /
228쪽(216*280) / 24,000원

우든펜의 정석
Barry Gross 저 /
고득수 역 / 2015년 5월 /
152쪽(216*280) / 20,000원

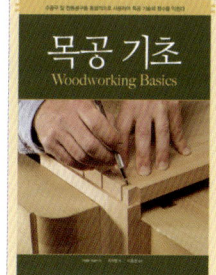
목공 기초
Peter Korn 저 /
최석환 역 / 2013년 7월 /
192쪽(215*275) / 22,000원

여러분의 원고를 기다립니다

도서출판 씨아이알은 목공예 분야의 좋은 책을 출판함으로써 목공예에 대한 관심 고취와 확산에 기여하고자 합니다.
목공예 분야의 책을 집필하거나 계획하고 계신 분들, 해외의 좋은 책을 번역하실 의사가 있으신 분들은 도서출판 씨아이알로 연락을 부탁드립니다.
책의 선정과 출간에 좋은 동반자가 되어드리겠습니다. 도서출판 씨아이알의 문은 날마다 활짝 열려 있습니다.

출판문의처 cir03@circom.co.kr
02)2275-8603

역자 |

최석환(국민대학교 창의공과대학 교수)
woodfinish@naver.com

감수 |

이재규

목공에 심취한 IT 엔지니어로,
인기 있는 목공 블로그 〈Bittersweet Story〉를 운영 중

수제 원목가구 제작 가이드
Jeff Jewitt의 목재 마감

초판인쇄	2018년 9월 20일
초판발행	2018년 9월 27일
초판2쇄	2021년 12월 10일

저 자	JEFF JEWITT
역 자	최석환
펴 낸 이	김성배
펴 낸 곳	도서출판 씨아이알

책임편집	박영지
디 자 인	송성용
제작책임	김문갑

등록번호	제2-3285호
등 록 일	2001년 3월 19일
주 소	(04626) 서울특별시 중구 필동로8길 43(예장동 1-151)
전화번호	02-2275-8603(대표)
팩스번호	02-2265-9394
홈페이지	www.circom.co.kr

I S B N	979-11-5610-618-0 93630
정 가	34,000원

ⓒ 이 책의 내용을 저작권자의 허가 없이 무단 전재하거나 복제할 경우 저작권법에 의해 처벌될 수 있습니다.